义务教育教师薪酬制度研究

刘明兴　周森◎主编

北京大学出版社
PEKING UNIVERSITY PRESS

图书在版编目(CIP)数据

义务教育教师薪酬制度研究/刘明兴,周森主编. —北京:北京大学出版社,
2020.10

(北京大学教育财政研究丛书)

ISBN 978-7-301-31682-5

Ⅰ. ①义… Ⅱ. ①刘… ②周… Ⅲ. ①义务教育—教师—工资制度—研究—中国 Ⅳ. ①G635.15

中国版本图书馆 CIP 数据核字(2020)第 188073 号

书　　　名	义务教育教师薪酬制度研究	
	YIWU JIAOYU JIAOSHI XINCHOU ZHIDU YANJIU	
著作责任者	刘明兴　周　森　主编	
责 任 编 辑	刘　军	
标 准 书 号	ISBN 978-7-301-31682-5	
出 版 发 行	北京大学出版社	
地　　　址	北京市海淀区成府路 205 号　　100871	
网　　　址	http://www.pup.cn　　　新浪微博:@北京大学出版社	
电 子 信 箱	zyl@pup.cn	
电　　　话	邮购部 010-62752015　发行部 010-62750672	
	编辑部 010-62767346	
印 刷 者	大厂回族自治县彩虹印刷有限公司	
经 销 者	新华书店	
	650 毫米×980 毫米　16 开本　24.5 印张　460 千字	
	2020 年 10 月第 1 版　2020 年 10 月第 1 次印刷	
定　　　价	99.00 元	

前　言

自《中华人民共和国教师法》1994年颁布至今，我国义务教育阶段师资队伍建设工作已经取得了长足的进步，特别是在教师待遇保障、人事管理、培养培训等体制、机制方面已经进行了很多变革。《中共中央 国务院关于全面深化新时代教师队伍建设改革的意见》明确要求，到2035年，教师综合素质、专业化水平和创新能力大幅提升，培养造就数以百万计的骨干教师、数以十万计的卓越教师、数以万计的教育家型教师；教师管理体制机制科学高效，实现教师队伍治理体系和治理能力现代化。为了加快推进义务教育教师队伍的建设与改革，实现治理体系和治理能力现代化的既定目标，我们需要对历史经验进行研究和反思，更加科学地总结各项教师政策在制定和贯彻过程中的问题及得失。

北京大学中国教育财政科学研究所（下文简称"北大财政所"）自2005年成立以来，一直将义务教育师资建设的相关研究作为工作布局中的重要组成部分。与政策使命相契合，我们的相关研究围绕以下几方面展开：教师人事制度与工资体制的历史变迁分析、贫困地区合格教师供给短缺的症结与对策、教师教育培训的体系建设与经费保障、教师的薪酬制度设计及其对教育产出的影响等。

2020年，在北大财政所成立十五周年之际，为了系统总结、反思与审视我们已有的研究成果，广泛听取学界同仁的批评和建议，我们和北京大学出版社决定联袂推出"北京大学教育财政研究丛书"，本书即为丛书之一。我的同事刘明兴教授和周森博士整理了我们与义务教育教师制度相关的研究成果，从中挑选出二十篇具有代表性的文章，它们或已在学术期刊上发表，或已通过我所的简报及教育财政政策咨询报告系列向政策制定者和学界发布。值得注意的是，书中提到的数据，均为文章发表或报告撰写时的数据，而非当前的统计数据。

根据所选文章的主题，本书分为以下五个部分。

第一部分为我国义务教育教师人事制度与薪酬体制的宏观概述，共五章，包括从宏观层面梳理自中华人民共和国成立以来我国历次教师工资体制改革的主要内容，分析现行教师工资体制的宏观运行机理及其困境、体制变迁过程中产生的主要争论、教师绩效工资体制改革在基层面临的矛盾等问题。该部分也讨论了如何进行宏观层面的政策设计以确保贫困地区的教师供给等问题。

第二部分重点讨论义务教育教师教育、培训及供给的财政策略，共四章，包括师范教育的经费支持机制、义务教育教师的培训与财政支持状况，以及解决代课教师问题的政策思考等内容。

第三部分是对义务教育教师工资水平与结构的实证研究，共四章。其中，既运用了统计年鉴数据进行历史趋势分析，也通过特定年份的基层调研数据进行跨地区比较；既分析了教师整体工资收入情况，也进一步讨论了特定教师群体（如农村特岗教师）的待遇问题。

第四部分通过抽样数据，研究了教师质量、人事管理、激励机制与学生成绩之间的关系，共三章。其中，特别关注了 20 世纪 90 年代末期以来，伴随着义务教育财政体制的重大改革，不同地区县乡教师人事管理体制和激励机制的内在变化特征及其对教学绩效的影响等问题。

第五部分重点探讨在不同历史时期针对师资队伍建设的各类改革呼声以及基层教师的实际诉求，共四章。本部分通过收集整理全国两会代表、委员的提案信息，全国网络问政平台的教师留言以及基层教师维权的调研案例，分析了在不同的中央地方财政体制和工资体制下，针对教师政策制定的公共参与行为以及政策落实过程中的教师诉求的演变特征及其逻辑关系。

百年大计，教育为本；教育大计，教师为本。通过建所以来十多年的持续研究，我们愈加认识到我国教师工作的复杂性和师资队伍建设的艰巨性。为了让教师成为让人羡慕的职业，让教师在岗位上有幸福感、事业上有成就感、社会上有荣誉感，还有许多教师政策的难点问题亟待透彻的研究与思考。我们期待这本文集的出版将有助于教育界的同仁和社会各界关心、关爱教师的人士了解我国现阶段的义务教育教师政策。北大财政所将坚持把这项研究工作更加深入地开展下去，为教师工作的美好未来而努力！

王蓉

2020 年 9 月于北大燕园

目　　录

第一部分　我国义务教育教师人事与薪酬制度宏观概述

第二部分　义务教育教师教育、培训及 供给的财政策略

第三部分　义务教育教师工资水平与结构

第四部分　教师人事、薪酬制度与学生成绩

第五部分　教师薪酬体制改革与诉求变化

第一部分

我国义务教育教师
人事与薪酬制度宏观概述

第一章 教师工资体制改革：历程、困境与出路[①]

刘明兴[②]

第一节 导 言

教师工资制度是国家收入分配体制的一个组成部分，它与国家机关和其他事业单位工资体制关联在一起，对社会产生广泛影响。教师工资体制的改革不仅关系到教师工作积极性，影响到教育的质量，而且关乎社会的稳定和健康发展。

2015 年年初，中央政府为配合养老保险制度改革，同时为解决机关事业单位人员工资多年来未涨、基层人员待遇偏低的问题，国务院办公厅转发人社部和财政部《关于调整机关事业单位工作人员基本工资标准和增加机关事业单位离退休人员离退休费三个实施方案的通知》（国办发〔2015〕3 号），开始了新一轮的薪酬体制改革。三个实施方案分别是：一是公务员基本工资的调整，二是事业单位工作人员基本工资的调整，三是机关事业单位离退休人员待遇的调整。这次改革的重要举措是，将部分津贴补贴或绩效工资纳入基本工资，适当提高基本工资的比重，同时冻结规范性津贴补贴工资增长，规定各地各部门不能自行提高津贴补贴水平和调整津贴补贴标准。可以看出，本轮工资体制改革的原初着眼点是关注到社会对工资"不透明"的情绪，冻结规范性津补贴，提高基本工资水平，将机关事业单位的薪酬置于阳光下，进而推动地区附加津贴制度改革。

随后，中央深改小组通过了"乡村教师支持计划"改革方案，并于2015 年 6 月，由国务院办公厅印发了《乡村教师支持计划（2015—2020年）》。该计划采用"越往基层、越是艰苦、待遇越高"的工资激励机制来推动教师流动。

[①] 本文收录于《中国教育黄皮书》（2016 年度）（周洪宇主编，湖北教育出版社）。

[②] 刘明兴，北京大学中国教育财政科学研究所教授。

2015年,中央财政在完善城乡义务教育经费保障机制有关政策调整中,扩大"特岗计划"实施范围,将连片特困地区以外的省级扶贫开发工作重点县纳入政策覆盖范围。同时,提高特岗教师工资性标准。

以上做法沿袭着2006年第四次工资体制改革的做法,进一步提升基本工资中的岗位工资,通过艰边津贴(及新设立的乡镇工作补贴制度)等手段实现向基层倾斜、向经济欠发达地区倾斜,同时对地方发放津补贴的行为进行了严格的管控。

总的来看,近期出台的各项政策,围绕着保障与提高基本工资发放、清理规范各类津补贴来进行,对规范教师的工资标准、水平和结构产生了显著作用,但局限性也比较明显。

1. 教师工资发放保障机制与工资正常增长机制之间的矛盾。以"提高基本工资占比"为切入点的改革方案,虽然强调了建立"工资正常增长机制"的重要性,却未能看到工资正常增长机制与中央财政为涨工资"买单"之间的矛盾,越是提高基本工资的占比,中央财政的保障压力越大,越是无法建立工资的正常增长机制。

2. 集权化的工资管理体制与教师激励机制之间的矛盾。财政集权体制下,虽然保障了教师工资的正常发放,但未能解决当前教师工资激励机制中"绩效工资不绩效"的问题。学校经费自主权的缺失使得绩效工资体制被虚化。

3. 集权化的工资管理体制与教师群体维稳之间的矛盾。教师工资发放保障机制的建立,未能从根本上解决教师群体的稳定问题。伴随着财政投入的不断增加,教师与公务员工资刚性挂钩机制被强化,而教师群体的集体性抗争活动反而在不断加剧。

4. 艰苦教师岗位津补贴制度难以因地制宜。绩效工资和艰边津贴制度的设计未能充分考虑县域内部学校艰苦岗位的差异性,而即将出台的乡镇工作补贴政策也无法有效解决此问题。尽管中央财政关于特岗教师专项资金政策的出台在一定程度上弥补了这一缺陷,但也使得教师工资体制的保障责任进一步形成了对中央财政的依赖。

总之,新一轮的教师工资体制改革方案并没有克服2006年改革中所面对的种种难题,其在中长期内的可持续性依然需要重新论证。

第二节　教师工资制度改革回顾

自新中国成立以来,机关事业单位的工资制度进行了多次改革,每次改革的宗旨都与当期所面临的实际问题密切相关。其中,1993年国务院发布《关于机关和事业单位工作人员工资制度改革的通知》(国发〔1993〕79号),一方面对教师工资发放进行了职级工资制度改革,另一方面实行工资分权管理,实现了机关与事业单位的工资制度脱钩。这成为教师工资制度改革的历史分水岭。工资分权管理后,地方机关和事业单位可以灵活运用地区津贴制度调整本地区和单位的工资,事业单位人员的收入水平开始越来越受到本单位各种事业性收入能力的影响。事业单位人员的收入水平与公务员工资的关系形成了非常复杂的局面。一些收费能力较强的事业单位(如重点学校),其人员的收入水平可能显著高于公务员;而收费能力较弱的事业单位,则可能连基本工资的发放都无法保障。故而,机关事业单位人员的工资收入差距不仅体现在地区和行政层级之间,即便是在同一个乡镇内部的不同单位之间也存在着差距。

不仅如此,在上述改革开始执行之后,1994年我国实行了分税制改革,财政体制的集权化加之宏观经济紧缩的影响,使得地方财政运转困难的问题日益凸显,部分地区农村基层的机关事业单位人员的工资发放缺乏保障的情况也越来越严重。另一方面,伴随着地区经济差距的逐步扩大,各种地方性津补贴占比逐渐上升,在工资收入的结构中基本工资占比倒挂的现象开始浮现,这意味着中央政府对于机关事业单位人员工资收入水平的政策调控能力开始衰退。其原因在于,自20世纪80年代以来,基本工资标准一直是由中央政府管控的,而各种津补贴则更多地是由地方政府根据本地的实际情况出台相应政策。

针对上述问题,自1997年开始,中央政府连续多次提高了机关事业单位人员的基本工资标准。为了确保工资政策的落实,中央财政在1999年决定针对中西部地区公务员基本工资的增资部分直接提供财力保障。随后,伴随着农村税费体制改革和"以县为主"改革,乡镇一级的公务员和农村基层事业单位人员的工资开始纳入县财政统发的机制。同时,中央财政不断加大对于县乡财政的补助力度,确保基层机关事业单位的正常运转。中央财政通过转移支付为实现财力下沉的政策努力还是非常见效的。自1999年至2009年之间,中国县级(包含乡镇)财政支出在全国财政支出的比重大约从30%提高到了45%。

在上述改革过程中,基层事业单位的财力保障状况得到了较为明显的改善。以义务教育部门为例,中央于2001年确立了在"国务院领导下,由地方政府负责,分级管理,以县为主"的农村义务教育管理体制。同时,实施了农村教师工资县级统筹、义务教育"一费制"、农村贫困家庭中小学生"两免一补"等的教育财政改革措施,逐步将农村义务教育纳入公共财政保障范围。伴随这一系列改革,农村公办教师工资的准时发放得到了保证。中央政府曾在 1993 年一度放松对于基层事业单位人员工资体制的管控,而随着上述这一系列财政体制改革,中央的管控再度被强化,且机关和事业单位人员工资之间的挂钩机制逐渐增强。

2006 年,国务院、人事部发布了《关于印发事业单位工作人员收入分配制度改革方案的通知》(国人部发〔2006〕56 号)、《关于印发〈事业单位工作人员收入分配制度改革实施办法〉的通知》(国人部发〔2006〕59 号)、以及《关于印发〈关于公务员工资制度改革和事业单位工作人员收入分配制度改革实施中的有关问题的意见〉的通知》(国人部发〔2006〕88 号),开启了 21 世纪以来我国首次重大的机关事业单位薪酬体制改革。本次改革进一步加提升了级别工资在基本工资中所占的比重,并通过艰边津贴等手段实现了向基层倾斜、向经济欠发达地区倾斜的政策目标。并且,艰边津贴的发放全部由中央财政承担。中央政府在加强中西部地区基本工资发放保障机制的同时,清理规范了各项津补贴的发放。

自 2008 年以来,伴随着义务教育免费政策在城市和农村的全面实施,中央推行了教师绩效工资制度改革(《关于转发人社部、财政部、教育部关于义务教育学校实施绩效工资指导意见的通知》(国办发〔2008〕133号))。是次改革对教师的津补贴制度进行了规范(学校通过各项创收为教师发放津补贴、奖金的行为受到了更加严格的控制),同时提高了公办教师(特别是义务教育阶段的教师)的工资待遇,也使得教师工资与公务员工资之间的硬性挂钩机制被进一步强化。

改革之后,教师工资主要由基本工资、绩效工资以及津补贴三部分构成。基本工资包括岗位工资(代替原来的技术等级工资)、薪级工资(代替原来的津贴工资)以及教护工资(岗位工资＋薪级工资的 10%),基本工资标准由中央政府统一制订;绩效工资包括基础性绩效工资(占绩效工资70%)和奖励性绩效工资(占绩效工资 30%),地方政府对于绩效工资的实发标准有一定自主权;津补贴的科目构成相对复杂,如艰边津贴属于全国统一标准的科目,但也包含许多地方政府自行设立的科目,故实发标准存在较大的地区差异;除此之外,改革之前就已经在发放的第十三个月工资(又称"奖金",按照当年十二月份的月基本工资计发),部分地区在本次改革之后继续沿用旧体制作为独立工资科目发放,部分地区将之与绩效工资合并发放。

尽管 2006 年的改革对于规范各地区公务员工资的标准、水平和结构产生了显著作用,但其局限性也比较明显。在其运行的八年间,不仅无法建立正常的工资增长机制,基本工资标准也一直没有得到提高。同样,自2008年教师工资制度改革之后,教师的基本工资标准至2014年一直没有提高。机关事业单位人员的待遇水平再次回到了依靠地方政府提高津补贴的老路上。例如,部分地区在年终根据当地政府的工作目标责任制考核的结果,发放各种名目的绩效考核奖,其实等于变相提高公务员和教师的津补贴水平。

针对上述问题,新一轮的机关事业单位薪酬体制改革在思路与方向上存在多方面的争议。例如,是否继续以提高基本工资在收入中的占比为主要抓手?是否继续强化公务员和事业单位人员之间的刚性工资挂钩机制?中央财政是否应当继续强化对于工资发放的财力保障机制?工资正常增长机制一直无法建立起来的根本原因何在,又如何解决?事实上,如果这些问题得不到有效解决,那么新一轮的改革方案就难以取得长效性的成果。

第三节　教师绩效工资体制的内在缺陷

2006年至2008年的机关事业单位薪酬体制改革重新加强了中央集权,在保障基本工资的发放、加强级别工资(薪级工资)的作用、清理规范各类津补贴的发放等方面,取得了较大的成效,但该体制在实际运行中所面临的矛盾和问题同样非常尖锐。

一、工资正常增长机制难以确立

20世纪90年代中后期,当时机关事业单位工资体制的突出问题是,落后地区特别是农村乡镇的公务员工资水平偏低,及时足额发放没有保障,而农村基层事业单位则出现了长期拖欠工资的严重问题。当前的矛盾却恰好相反,由于近年来的城镇化建设,大城市的生活成本迅速提高,来自一、二线城市的公务员、教师要求涨工资的呼声反而更强烈。

造成上述问题的直接原因是公务员和教师的基本工资标准连续多年没有提高。之所以会出现这一尴尬局面,首要的问题根植于集中统一的工资标准管理体制与地区经济发展不平衡之间的矛盾。在中央集权的管理体制下,决策部门需要考虑方方面面的因素,故而决策相对慎重,对于各种客观因素变化的政策反应也显得相对迟缓。

在实际操作中,由于施行全国统一的基本工资标准,国家统一调资时往往面临两难选择。如果增资幅度过大、频率过快,经济欠发达地区可能难以落实增资的政策;如果增资幅度过小、频率过慢,又可能难以应对经济发达地区的实际问题。其结果,不仅使得基本工资的正常调整机制难以真正建立,而且无论中央是否提高基本工资标准,地方政府都会自行出台各种津补贴和奖金政策,以缓解本地区机关事业单位人员要求涨工资的压力。

进而,中央政府被迫不断要对地方政府出台的各种津补贴政策进行清理规范。地方政府调整机关事业单位津补贴水准存在一定的"规律",即教师比照公务员、低级别公务员比照高级别公务员。由于行政级别较高的政府公务员收入存在示范效应,中央政府一直严格控制中央本级、省级的公务员津补贴水平。同时,由于采取了同城同待遇的工资决定机制,中央政府的这一调控措施也直接影响了省会级城市所在地政府机关事业单位人员工资水平的提高。尽管中央政府的调控措施有效地缩小了地区之间的水平差距和行政层级之间的垂直压缩率,但也导致了大城市公务员、教师工资水平偏低的局面。

如果中央放松对于津补贴的管控,那么总体工资水平的地区差距和垂直差距必然会再次拉大,从而促使经济落后地区的基层政府形成提高基本工资的压力,最终演变成全面的涨薪压力。

二、工资发放保障机制对于中央财政造成过大压力

按照现行财政体制,中西部地区调整公务员基本工资的新增支出全部由中央财政转移支付解决。1993 年《中华人民共和国教师法》颁布以来,规定"教师的平均工资水平应当不低于或高于国家公务员的平均工资水平",教师的基本工资与公务员存在刚性挂钩机制,中央财政实际上也在为中西部地区教师基本工资增资提供财力保障。尽管津补贴调整所需资金原则上由地方财政自行负担,但实际上,经济落后地区的津补贴发放同样依赖中央转移支付的支撑。也就是说,工资正常增长机制与中央财政保障能力之间存在矛盾。越是强化中央政府对于工资体制的集权,就越会加大中央财政的保障压力,也就越难以无法建立工资的正常增长机制。

现实中,除了军队武警、中小学教师、护士的基本工资标准以外,与公务员的基本工资挂钩的其他类别人员待遇标准还有多项,例如公检法、海关部门人员的津补贴等。因此,只要提高公务员和教师的基本工资标准,势必会产生连锁效应,财政的相应增资压力也不仅仅限于公务员和教师

本身。而财政保障机制越是集权在中央,连锁反应就越强烈。

需要注意的是,2006 年公务员绩效工资体制改革和 2008 年教师绩效工资体制改革其实是强化了中央财政保障机制的角色。该体制建立的背景是财政收入的增长率连续多年高于 GDP 增速。特别是 2007 年,中央和地方的财政收入增长率分别达到了 34.7% 和 31.1%,超过 GDP 增速 20 多个百分点。然而,2013 年中央财政收入的增速已经降到 7.1%,2014 年继续维持在这个低于 GDP 增速的水平上。2015 年一季度,中央本级一般公共预算收入同口径同比下降了 0.6%。

在财政增收局面日趋严峻的情况下,延续既往的政策思路,除非中央财政放弃原有的保障机制,否则持续增支压力很难承受。即便本轮改革可以提高工资待遇水平,也势必会陷入无力继续增资的局面,规范地方的各种津补贴的工作必将再次面临复杂的矛盾,重新陷入以往的困局。因此,如何理顺工资正常增长机制与工资发放财政保障机制的关系,是当前改革的关键所在。

三、绩效工资制度被严重虚化

教师工资体制改革显然不能仅仅着眼于提高教师群体的平均待遇水平,涨工资并不等于教师工作积极性的提高。虽然教师绩效工资体制在改革启动伊始就充分关注了教师激励机制的重要性,但是相应的机制设计在现实执行中却并不顺畅。本应依据绩效考核发放的奖励性工资部分往往只能采取平均分配的方式,激励机制被严重虚化。

一位黑龙江某县的教育局局长在访谈中表示,“地方上完全按照国家政策来落实绩效工资改革很困难,教师们不认可拿 30% 的绩效工资进行二次分配,觉得这是拿自己的钱去给别人发奖金”。

我们在走访河南的一所中职学校时发现,该校教师的奖励性绩效工资按照绩效考核结果分为三个等次发放,但是每个等次之间仅仅有 10 元钱的差距。我们在实地调查中发现,一些学校在对教师工资进行二次分配的时候,往往由于部分教师的抵制而流产,甚至得奖的教师迫于压力也会主动退还奖金。特别是在同一个地区内部,当部分学校施行平均分配时,其他原本打算执行绩效工资政策的学校也只能跟着一起搞平均主义。为此,部分地区的县区政府把教师的绩效工资集中起来,再根据考核结果进行统一发放,但却引起了全县多个学校教师的集体抵制。

云南省某县的教育局局长在与我们的交流中表现出了无奈的情绪:“最近教育局已经下文件要求各个学校不得对奖励性绩效工资进行二次

分配，以免引起老师们的不满。"换言之，绩效工资体制改革不仅未能调动教师工作的积极性，还对于教师群体的稳定带来了不利影响。

教师薪酬制度中的激励机制与教师群体的稳定并不存在必然的矛盾。许多义务教育阶段的学校在分级办学的时代都采取了各种与教师收入水平挂钩的奖惩措施，只要业绩考核和奖惩制度合理，就不会引起教师的集体抗议。究其原因，这些奖惩措施的资金来源往往是学校的各种收费收入，而收费的水平取决于学校的办学质量。

绩效工资体制改革的基本背景是，义务教育免费政策在城市和农村全面实施，包括高中和中职在内的基础教育阶段学校的收费（或创收）政策都在日渐收紧，各级财政为学校所拨付的公用经费中一般也不容许给教师发放津补贴，因此学校的经费支配自主权普遍下降，对于教师收入的调解能力和激励机制的设计能力都严重削弱。一旦学校依赖财政拨款来进行奖惩，而拨款总额却与学校的办学质量无关，则奖惩制度在教师内部就难以执行。一个可以观察到的现象是，工资体制越集权，教师群体的攀比效应越强，越难以把财政拨款与教学质量挂钩。

四、教师与公务员工资挂钩机制与教育工作自身性质不相适应

尽管 2008 年的教师工资体制改革在实际效果上强化了教师与公务员的工资收入挂钩，但是教师毕竟不是公务员。如果二者在工资水平和结构上趋同化，则可能使得教师薪酬体制与教育工作的自身特点相背离。

例如，县政府给公务员发放的"改革性津补贴"（如公车改革补贴），往往忽视了教师群体；或者，县政府为了绕开上级政府对于薪酬标准的管控，采取发放工作目标绩效考核奖的方式变相提高公务员待遇，也没有把教师考虑进来。这些待遇差异已经经常诱发教师的集体性抗议。

迫于教师群体的压力，部分地区最终干脆把这两部分收入在公务员和教师群体中同步发放。我们在实地调查中发现，这两部分收入的总和在个别地区甚至已经明显高于基础性和奖励性绩效工资的合计水平，教师的平均待遇虽然提高，但是教师薪酬结构却进一步被扭曲。

不得不提的是，绩效工资体制改革让高中教师的处境十分尴尬。近年来，部分地区的高中因基建规模过大，已经陷入了债务困境。而针对高中的收费政策却在逐步收紧，这让教师的实际待遇水平难以提高。各地政府出台政策提高教师津补贴水平之时，对于高中教师，往往是只给政策、不给钱。如果部分高中财力不足，则高中教师与义务教育阶段教师的待遇差距会进一步缩小。

高中教师的待遇与义务教育阶段教师以及公务员相趋同，这实际上与我国高考激烈竞争的格局并不相容。为了防止高考成绩滑坡，许多地方政府又从本级财政中单列专项资金，由本级财政保障高三学生的补课费，根据高考升学情况重奖高三毕业班的优秀教师，等等。诚然，这种做法有其现实的合理性，但如何与绩效工资体制相衔接，又成为决策部门必须面对的难题。

第四节　20 世纪 90 年代以来教师维权行动的演变特征

相对于公务员而言，教师的薪酬体制改革面临的一个更加棘手的问题是，尽管教师的总体工资水平已经有了显著提高，且各级财政（特别是中央财政）的保障力度不断增强，但是教师群体的不稳定因素却有增无减。也即，并非"涨工资"就可以让教师安心工作。为了反思这一现象，我们需要大致回溯一下教师（主要是基础教育阶段教师）的各类维权抗争行动的历史演变特征。

一、教师维权行动的历史特征

自 20 世纪 90 年代以来，宏观经济的衰退和中央财政集权，导致许多地区的地方财政陷入困境，教师群体的维稳问题开始显现。其中最为突出的矛盾是，乡镇政府拖欠农村教师的工资导致的农村教师（既有公办教师也有代课教师）上访维权活动。不过，尽管类似现象在当时比较普遍，但是跨乡镇、跨县区的大规模教师群体性抗议事件并不多见。

例如，我们走访的乡镇学区中在当时也因拖欠工资（校长和教师工资都被拖欠）而出现赴地级市的集体性上访。上访行动以乡镇学区为基本单位（也主要是状告学校所在地的乡镇政府领导），派出了若干名教师代表，但走访本身并无过激行为，且学区教学秩序正常；再如，一些学校因欠发工资，教师在放学时带领学生围堵乡镇政府，但多个乡镇教师联合围堵县市政府的情况并不多见。

2002 年之后，伴随着"以县为主"体制的确立，因拖欠工资引起的公办教师上访行动明显减少，教师维权行动主要集中在农村代课教师群体之中。但是，如果从教师群体性维权的发生频次、人数规模、跨乡镇乃至县区的串联程度、诉求对象的行政级别、举措的越轨化程度等方面进行对比，维稳的总体形势比 2002 年之前并没有好转。

第一，教育财政的集权化改革使得公办教师工资发放体制集中到了县级政府,这虽然确保了公办教师工资的正常发放,但是也导致代课教师相对公办教师的待遇差距进一步拉大,客观上刺激了代课教师的上访,且相关群体性上访行动的过激举措逐渐增多(如围堵县政府机关)。

第二,农村税费改革伊始,乡镇和农村学校的收费权被削弱,部分地区县财政(特别是中部地区的一些农业人口大县)不愿承担代课教师的工资,于是强行裁撤代课教师,这直接刺激了大量对抗性群体性事件的爆发。

第三,在县财政保吃饭、保运转压力加大的同时,西部地区的"普九"攻坚却要求增加教师数量。于是,一些地方领导通过临时招聘大中专毕业生的方式来补充师资。与农村代课教师一样,这些青年教师的心理不平衡感强烈,维权冲动更强于中老年的代课教师。一些县政府在招聘时会做出转正承诺,但最后难以兑现。当矛盾激化到一定程度,这些教师难免采取抗争性的手段。应当说,这一矛盾在"特岗教师"计划开始实施之后有所缓解,其代价则是提高了中央财政的保障压力。

另一个引发心理不平衡的原因是,同为编制内财政供养人员,许多地区的公办教师在县发工资后,与公务员待遇的差距依然存在。尽管基本工资的发放在教师和公务员之间已经采取了统一步调,但是公务员在各种津补贴上依然高于教师。类似诱因的维权行动在绩效工资体制改革之后迅速趋于蔓延。绩效工资体制改革在启动伊始就引起了全国性的教师抗议行动。此次抗议的诱因包括如下几方面:在中央颁布了绩效工资政策之后,各地区执行政策的步调并不一致,很多邻近县市的教师工资水平出现较大差异;在岗教师工资上涨的同时,地方财政的保障力度偏软,导致退休教师相对工资水平(替代率)下降;由于严控学校通过创收发放教师津补贴的做法,部分高中阶段的教师以及城市学校教师在改革之后实际收入水平不升反降。

这些问题引起部分教师的不满,诱发多个省份在岗教师和退休教师的集体性上访抗议活动。与此同时,各地区教师维稳问题的总体特征也发生了改变:

(1)公办教师取代代课教师开始成为维权群体的主力;

(2)在城市学校任教的教师代替农村教师成为抗争行动的领头羊;

(3)越轨式群体性抗争行动呈现突发态势,而以往的教师维权一般都需要经历一定的过程,从合规的上访行动逐渐演变为越轨性抗争;

(4)抗议活动往往是由高中教师策动,随后扩散到义务教育部门,乃至出现了全县内部许多学校全面罢课的局面。这种情况在2008年之前

是非常罕见的;

　　(5)教师在要求工资收入(主要是津补贴)与本地公务员刚性挂钩方面变得日益敏感;

　　(6)跨地区的攀比、传染效应增强。教师对于临近地区教师待遇的变化逐渐更加敏感。群体性抗争行动在某一个地区出现后,邻近地区也会很快出现类似行动。

　　2009年至2010年,随着绩效工资在各地区的逐步落实,教师的群体性维权行动趋于缓和。近年来,教师的集体抗议行动又有再次抬头的趋势。特别是东部和中部地区的一些县市,接连不断地出现了县域内部乃至跨县的罢课、上访活动。更有甚者,在2014年,个别地区的公务员也出现了公开的讨薪维权活动,其中一些垂直管理的行政部门(如工商、国税、环保、司法)扮演了突出角色。例如,湖南省多个县市工商局的公务员抗议工资待遇过低,并围堵省工商局"讨薪"。

　　公办学校教师对于公务员的各种显性、隐性待遇变动都非常敏感,早已不限于账面工资的差异,甚至一些传闻也会引起教师群体的大规模抗议。例如,2013年5月,湖北洪湖市教师罢课、围堵县政府。其原因是,该县为了完成"教育投入实现4%"的达标任务,把财政资金在上级检查结束之后抽走,结果被传为挪用改善教师待遇款项。

　　集体罢课作为一种越轨式的抗争手段已经越来越普遍。罢课的同时,教师可能在校园内静坐示威,也可能直接去围堵政府,但越来越不愿意采取制度化的维权方式。自2014年下半年以来,少数省会一级城市的城区学校开始加入了罢课抗议的风潮,如济南、南昌、武汉、昆明等地。

　　地方政府面对教师抗争开始更趋向于采取"花钱买稳定"的办法,应对手段更加软化。在2015年年初,我们走访河南某县时,当地教师的维权尚处于网络动员的阶段,该县政府就立即出台政策提高教师的津补贴,以防止事态扩大。尽管"花钱买稳定"的办法在短期内有助于迅速平息事态,但在长期内却会刺激更多的抗议行动。

二、教师维权抗争的行动逻辑

　　一种流行的看法是,中国人的思维习惯是"不患寡而患不均",因此在体制内人员的收入水平相对高于社会平均收入水平的情况下,需要以集权化的办法尽量缩小体制内人员的收入差距(避免相互攀比),这样就可以达到体制内维稳的目标。但是,从过去10多年的政策实践来看,为何工资发放保障机制的强化并没有带来体制内财政供养人员的维稳效果?

实际上,财政供养人员的集体性上访抗议行动需要满足一定的前提条件,除了财政供养人员收入相对于社会平均收入的差距之外,体制内稳定还取决于以下三方面因素:首先是制订薪酬标准的行政集权程度,决策者的行政层级越高,名义上的工资标准越统一,矛盾可能越大;其次是财政供养人员收入来源结构,来源结构越单一,越依赖于预算内拨款,越容易促成跨单位、跨地区的维权行动;第三是基层事业单位负责人对本单位人员的控制能力与意愿,此点与体制外维稳的道理相似。这三方面因素直接影响了相关人员的集体行动能力。这里以义务教育部门为例来说明其中的逻辑关系。

首先,组织者若欲进行大范围的动员,需要参与者具有一致性的利益问题。就薪酬体制而言,财政供养人员的收入来源越多元化,此种动员就越难以实施。税费改革前,尽管农村教师待遇普遍偏低,但由于财政、人事权力分散,公办教师或代课教师的收入水平、结构和聘用来源在学校内部和学校之间差异很大,那时候教师的个体诉求不容易统一起来,难以形成较大规模的集体行动。

当时,一些教学表现优秀的农村学校可以通过招收大量择校生来获取事业性收入,于是,第一线教学的骨干教师,奖金收入远远高于工资收入。比如,2000年时湖北某县一名优秀的农村初中教师骨干各种收入总和可达每月2500元,相当于当时乡镇公务员账面工资的3倍。

伴随着农村税费体制改革、"以县为主"以及农村免杂费政策的实施,国家连续多次提高了公务员和教师的基本工资标准,并强化了农村教师工资发放的财力保障机制。改革使公办教师与公务员之间以及公办教师群体内部的工资收入差距逐步缩小,然而优质师资的收入却明显下降。同时,维稳的难度反而大幅增加。一旦县财政没有将公务员和教师的收入水平绝对拉平,就很容易形成全体教师的不满。

其次,决策机制越集中,越容易为维权活动制造"依法抗争"的借口,也越容易产生跨单位、跨区域的传染效应。例如,相当一段时间内,为解决农村师资不足,县政府、教育局、乡镇、乡镇学区、村委会或学校都聘用了代课教师,各自聘用的条件、时间都不相同。如果一些决策是由不同主体(乡镇政府、教育管理部门、学校、村委会)所做出的,那么谁出的政策,教师们就会去找谁解决问题。此时,即使发生上访活动,也会分散在不同地域单元之内,难以演变成跨地区的集体性行动。如果由县政府统一聘用或者解聘代课教师,或由省、市级财政统一出台政策解决代课教师的待遇问题,那么原本分散化的矛盾就会迅速集中起来。

同样,关于薪酬标准的决策机制越集中,就越容易引起矛盾。比如,中央出台某一个增发工资政策后,除非能在财力上给予充分保障,否则一旦地方没有全面落实,就很容易导致跨地区的抗议活动。在基层财政供养人口各种来自预算外收入的津补贴被严格控制的情况下,这个问题会变得尤为严重。2009年各地教师大范围维权活动就是因为这个原因。

最后,体制内维稳的政策效果与基层单位的自主权密切相关。在分级办学的教育管理体制下,基层各单位都有一定的财政自主权和人事管理权,因此更容易建立学校/学区层面的激励机制,包括津补贴发放和人事调动机制。相应地,基层单位的主要负责人也有一定的主观能动性和政策自主权去提升教学绩效及确保教师队伍稳定;针对某些不稳定因素,乡镇、县教育局和乡镇学区都会各自承担一部分责任,也就减缓了教师向更高行政单位上访的可能性,有利于把矛盾化解在基层;同时,越处于基层的单位,其行政权力越小,对上访活动的反应就越敏感,在自身财力许可的前提下更有积极性,也容易以更低成本来缓解矛盾。

但在现行集权体制下,基层学校的管理层对教师的激励和控制力都大幅削弱。校长本人的工作绩效也缺乏相应的奖励制度配套,干好干坏都一样,岗位自身的吸引力下降。与其为了维稳而去得罪教师,还不如辞职不干。一位来自中部县教育系统的干部向我们表示,各级财政近年来对于义务教育的投入力度不小,但是许多学校却出现了"学生不想学、教师不想教、校长不想当"的局面。基层维稳的防火墙一旦瓦解,各方面的矛盾就会迅速聚集,高级别政府其实很难应对。

第五节　教师工资体制改革的风险与出路

相对于其他方面的财政支出来说,人员性经费支出的刚性更高,一旦处理不慎,便会迅速引起体制内的不稳定。随着公务员要求涨工资的压力日益攀升,事业单位人员不稳定因素也必然加剧。在机关和事业单位工资刚性挂钩的格局之下,工资体制的改革必须要进行通盘考虑。

一、当前教师群体的不稳定因素

20世纪90年代末期以来,围绕财政供养人口的薪酬体制所进行的多次改革,均是以不断强化中央财政的保障压力为代价。在财政增收局面日趋严峻的情况下,除非中央财政放弃原有的保障机制,否则中央政府很难承受因工资体制集权化所带来的持续财政增支压力。为了应对财政支出刚性,中央势必会强化税收上缴的压力,或者通过增发货币来刺激经济。显然,这些做法既不利于基层的维稳,也不利于经济的复苏。在短期内,一旦中央政府采取"只出政策不出钱"的办法,只要地方政府落实不到位,将会直接刺激包括教师和公务员在内的财政供养人员的不满情绪。

就当前的形势而言,县域内部的各级各类教育教师群体都存在一些潜在的维稳风险。

第一,2015 年中央新一轮薪酬体制改革启动的同时,地方政府已经着手大幅提高公务员和教师津补贴水平,津补贴的上涨先于基本工资上调。而调整津补贴的政策在各地间步骤不一致,省级政府没有对涨幅进行系统性的管理,地区间薪酬差距进一步拉大,中央本轮改革的目标(暂时冻结规范性津补贴、提高基本工资在薪酬中的占比、为地区附加津贴制度改革做好准备)已经陷入困局。

例如,我们走访某中部省份自治州的时候,该州州政府所在地的县级政府于年初大幅提高公务员和教师的津补贴,并刚性拉齐公务员和教师的薪酬水平,教师的薪酬涨幅一次性高达近 3 万元(全年合计)。这使得该县与周边县市的薪酬水平差距全面加大,而省级、州级政府无力进行管控,这显然制造了其他县市公务员和教师要求加薪的潜在压力。从这个意义上讲,教师抗议行动本身也已经开始推动异地公务员工资水平上涨。

第二,公务员和教师的社会保障体制并轨改革方案存在漏洞。首先,一些已经进行了多年改革试点的地区,机关事业单位人员在过往年度的社保缴费资金应当如何处理,尚没有形成一个完善的改革方案,这导致了地区间的不平衡问题。实际上,近期黑龙江肇东教师在维权诉求中就要求退还以往年度因改革试点而缴纳的社保费用;其次,社保并轨改革面对的另外一个难题是如何解决机关事业单位中大量编制外人员的社会保障问题。显然,并轨改革会加剧编制内外人员的攀比效应。

第三,部分地区的高中因基建规模过大,已经陷入了债务困境。而针对高中的收费政策却在逐步收紧,择校费按照有关部门的要求将于本年内彻底取消。特别是自去年以来,各地政府较为普遍地提高了基础教育阶段教师的津补贴水平,但是对于高中教师,往往都是给政策、不给钱。如果部分高中财力不足,则高中教师的待遇与义教阶段教师将会进一步缩小;部分高中迫于财务压力,强行裁撤代课教师,这也直接刺激了教师群体的不稳定因素。

第四,近年来政府投资新建了大量的公办幼儿园,学前阶段教师的规模增长很快。但是,公办幼儿园在基建完成之后,教师编制和人员性经费投入非常短缺,以低工资大量雇佣代课教师成为解决这一矛盾的主要手段。公办幼儿园的年轻代课教师之所以在短期内能够忍受低工资,是因为大家存在能够转正为编制内教师的期望,一旦期望落空,要么辞职,要么便可能被卷入抗争活动。

第五,随着经济的下行,一些民办学校的财务状况出现了问题,投资方发不出足额教师工资,甚至无力继续办学。由此诱发的教师讨薪,或者教师要求学校回归公办的请愿活动,将会日渐增多。

二、教师薪酬体制改革需要适度分权

为了应对上述政治风险,新一轮的教师薪酬体制改革需要考虑到财政供养人员的集体性抗议行动的内在机理。决策部门不应继续强化过往的政策思路,而有必要考虑对事业单位的薪酬制度进行市场化导向的改革,增加基层单位的自主权和工资水平的灵活度。概括而言,建立适应市场经济要求的薪酬体制要把握十六字原则:中央调控、省级统筹、弹性管理、科学增长。

第一,中央政府应逐步放弃对于基本工资的全国统一标准,改为对于地区间的总体薪酬差距进行"限高、托低、稳中"的调控,基本工资标准管控权则以省级统筹为基础向地方分权。同时,薪酬内部结构如基本工资与津补贴比例的调整权也下放到地方,并增强基层单位负责人对津补贴和奖金发放的自主权限。

在分权的架构下,中央政府的监管重点放在省会一级城市之间的工资水平差距调整之上,并对省内各县市工资水平的差距范围提出要求。在中央政策框定的范围之内,省级政府出台适合本省情况的政策细则。比如,省政府拟提高省直机关事业单位的工资水平,那么就必须负担下属各县市工资水平上调的责任,防止不同行政层级之间的工资水平差异加剧。

第二,中央简政放权的基础是省级政府的统筹能力。财政部部长楼继伟在《建立现代财政制度》一书中指出:"根据事权和支出责任,在法规明确规定前提下,中央对财力困难的地区进行一般性转移支付,省级政府也要相应承担起均衡区域内财力差距的责任,建立健全省以下转移支付制度。"

因此,薪酬体制改革应与中央转移支付体制改革同步推进,并与县级财力保障机制充分衔接起来。也即,如果部分县市的机关事业单位工资

水平与省会城市差距未能达到规定水平,则中央财政将扣减对于省级财政的转移支付或者税收返还,直接补助给相关县市。同理,如果地方的工资水平超过了中央的规定,则可以使用行政措施与财政激励手段相结合的方式加以规范。

在这个政策机制中,薪酬标准(乃至各项公共支出的标准)及浮动区间的核定、实施与监管需要多个中央部委的共同参与、配合,防止地方政府与部委之间形成共谋一起争夺中央财力的被动局面,这是逐步建立健全省级统筹体制的重要基础。

第三,中央对于各地区工资收入水平的宏观调控,应当基于机关事业单位的地区平均水平差异,而不是事无巨细地去干预具体部门、具体岗位的薪酬标准差异。例如,地方政府如果认为本地区的某些类型的岗位应当支付高于平均水平的工资(例如,一些工作条件艰苦的岗位、工作量强度大的岗位或者危险性强的岗位),只要不对整个区域的平均工资水平造成较大的影响,中央政府原则上给予地方自主权。

实际上,体制内维稳压力的上升会显著减缓中央对于工资水平的调控能力。例如,在本轮工资体制改革伊始,中央政府意图在冻结规范性津补贴的同时,先提高基本工资水平,再推动地区附加津贴制度改革,但是在教师抗议风潮的压力之下,地方政府被迫迅速提高了本地机关事业单位的津补贴水平,这样强制冻结津补贴的政策就无法落实了。

问题在于,类似"花钱买稳定"式的涨工资势必加剧薪酬体制的攀比效应和平均主义倾向,财政增资的结果也无法提高财政供养人员的工作积极性。因此,分权化的薪酬体制有助于抑制盲目攀比的心理,进而才能够确保基于工资调查的正常增资机制的建立。

第四,教师与公务员工资的挂钩机制在短期内很难取消,但可以做软化处理,这需要通过增强基层事业单位的经费自主权来实现。首先,政府要区分哪些公共服务是基本公共服务,哪些不是,对于已经超出了政府财力保障范围的公共服务,可以容许事业单位通过多渠道筹资来弥补财政投入的不足;其次,对于尚保留的学校收费项目(如高中阶段的学费),应当赋予学校一定的自主定价权,以实现收费标准和学校教育质量之间的市场化关联;再次,公办学校对于公用经费和预算外收入应当具有一定的自主支配权,用以对教师的收入进行微调。

一种意见强调,公办学校开设收费项目或者提高收费标准,将引起社会公众的不满情绪,诱发新的不稳定因素。而事实上,学校所面对的社会维稳压力主要是源于学校安全事件,而并非收费问题。从另一个角度上讲,增强学校对于教师收入的调解能力和激励机制设计能力,也可以扭转"绩效工资不绩效"的被动局面,反而有利于减缓教师群体的不稳定因素。

第五,保留学校对于薪酬水平的微调权,也为上级行政部门从宏观上调整工资标准提供了一扇观测窗口,否则基于工资调查的正常增资机制很难操作。对于决策部门来说,调整基本工资和津补贴标准需要综合考虑来自工资调查的市场信息以及基层单位的意见和诉求。学校对于教师收入的微调信息有助于决策部门判断工资调整标准的真实压力变化。比如,当课时津贴、班主任津贴的上浮频率快于绩效奖金,且类似现象在多个地区的学校同时出现的时候,就说明基层调薪的压力在增大。

三、艰苦岗位教师补贴制度改革

20 世纪 80 年代以来,许多县市(包括经济发达地区)为鼓励教师到农村艰苦学校任教,在本地区采取了浮动工资制,使在农村艰苦学校任教的教师享受更高的待遇。例如,对于农村教师上浮一级工资,对于偏远农村学校教师上浮两级工资。当然,类似政策的严重缺陷在于,往往只针对公办教师,代课教师无法享受。然而,在 2008 年教师绩效工资体制改革之后,为了与绩效工资体制接轨,类似向农村倾斜的地方性教师待遇政策在许多地区都被取消,因为绩效工资体制本身并没有考虑到县域内部艰苦岗位补贴的设置。

2006 年,中央出台了艰边津贴政策,主要设置在县级的水平之上,没有考虑到县域内部的差距。此外,艰边津贴标准主要是向西部高寒地区和少数民族地区倾斜,中部县市基本没有享受该项政策。加之中央对西部地区提供大量财政补助,而中部县市则多半靠自身财力负担地方教育人员性经费投入,结果导致中部一些县市的农村教师待遇反而低于西部,其农村教学岗位更难以吸引优秀人才任教。

为了解决上述问题,一个通行的办法是,逐步采取以每个学校为基础的将正在找工作的教师与教学岗位匹配起来的机制,对于不同学校的岗位制订不同的补贴和收入标准,避免教师总量过剩而贫困偏远学校严重缺编的问题愈演愈烈。应该设立县域内部的艰苦岗位教师补贴,并且补贴盯住岗位,不再区分在这些岗位上工作的究竟是公办教师还是代课教师。相对于城区,农村教师的岗位补贴可以初步分成四类标准:近郊区、农村川区、浅山区、深山区。划分的具体办法需要通盘考虑距离县城的距离、山区的海拔高度以及是否靠近交通干线等因素。补贴应当包括伙食、交通、通信补助等方面的内容。例如,倘若农村学校无法为教师提供必要的流转住房,那么该项补助则应当适度提高。

上述政策框架虽然简单,但在现实的执行中却会遇到各种问题:(1) 由于上述政策在实施细节上比较复杂,需要因地制宜,故而在补贴标准的制订上只能采取分权化的模式。问题是,如果在分权化的模式下,地方政府以财力不足为借口不愿意出台相关政策,怎么办?(2) 如果中央采取集权的方式出台政策标准,那么不同地区的标准应该有多大的差异?如果中央仅规定最高的标准,而在发达地区该标准水平无法满足现实的要求,怎么办?(3) 如果中央出台政策标准,那么财力保障机制如何设计? 如果中央"只出政策不出钱",那么政策在落实的过程就可能被虚化;或者,由于地方不执行中央的政策标准,引起教师的抗议,又如何处理?(4) 在农村工作的机关事业单位人员众多,并不仅限于教师。如果为农村教师发放补贴,那么对其他类别的财政供养人口产生攀比效应,怎么处理?

自 2013 年起,各地政府开始陆续推行农村艰苦学校教师岗位补贴政策。在本次改革中,中央政府改变了 2006 年艰边津贴政策的设计框架,改由地方政府自行出台政策,而中央财政针对地方实施情况给予奖补。这个分权化政策的出台,带来的效果是多方面的。

第一,地方政府执行政策的情况存在很大差异,没有施行该政策的县市不在少数。中西部地区各省级政府对于落实中央政策的积极性也有较大差异,如仅仅依靠中央资金对县市进行奖励,省本级不出钱,这也是造成县市积极性不高的一个重要原因。

第二,由于是分权化的实施,政策在执行过程中并没有直接引起教师群体(或者在农村地区工作的其他类别财政供养人员)的显著不稳定因素。执行或者不执行的地区,均表现得较为平稳,没有明显出现跨地区、跨部门的攀比效应。

例如,有些县为了防止艰苦岗位教师津贴政策引起农村机关事业单位的攀比,规定只有在一些偏远村小、教学点任教的教师才享受这一政策,而在乡镇政府所在地的学校就不享受此项政策。但也有一些地区,统一执行了乡镇工作津贴制度,并没有对教师给予特殊照顾。

2013 年的政策实践的启示是,分权化的模式在维稳风险控制方面的确起到了作用,也没有给中央财政背上沉重的包袱。该政策在部分县市并没有被执行,这说明单纯依赖中央财政奖补的效力还是有限,只有将中央财政奖补与省级统筹体制相结合,才能确保分权化薪酬体制改革模式最大限度地达成中央的政策目标。

2015年,中央政府在本轮工资体制改革中出台了乡镇工作补贴制度。按照人社部门的公开表态,该项改革的意义在于"落实中央加强基层干部队伍建设的要求,为稳定基层工作队伍,鼓励人员向基层流动,通过建立乡镇工作补贴制度,适当提高乡镇机关事业单位工作人员的工资待遇"。

此次乡镇工作补贴制度改革不仅需要考虑到前文所提及的问题,也需要考虑与地方政府现行的农村艰苦岗位补贴政策相衔接。目前,部分地区已经执行农村艰苦学校教师岗位补贴,或者已经把此项政策覆盖面扩大到了农村基层政府公务员薪酬制度的层面上,那么中央所制订的标准如果过低(低于地方已经施行的标准),那么地方恐怕难以调低既定标准;如果中央的标准制订的水平过高,那么谁又来提供相应的财力保障?

必须要注意的是,部分省份在2014年已经出台了本省的乡镇工作补贴制度,而没有执行乡村学校艰苦岗位补贴。这反映了两方面的问题:一是部分省份认为,单方面执行针对教师的艰苦岗位补贴,将会引起其他农村机关事业单位人员的攀比,需要执行统一政策;二是这些省份表现出了对本省机关事业单位的薪酬体制进行政策统筹的积极性,但这还不是一个普遍现象。

从执行乡镇工作补贴的省份来看,政策还是采取对农村地区一刀切的办法,没有考虑到农村地区内部所存在的差异。也就是说,即便是在省级统筹的体制之下,县级政府的政策自主权依然是非常必要的。

四、教育技术革命对于教师薪酬体制带来机遇与挑战

互联网教育技术革命不仅会引起教育方式的变革,而且会对教师的人事管理体制和薪酬机制造成重要的影响。互联网教育的兴起将会使得教育教学在方式方法上突破传统的学校边界,在线课程提供商、教师和学生之间的交流互动会变得更加丰富多样。显然,在线教育与受教育者之间的沟通不能替代课堂任课教师的工作,也只有更加充分地发挥任课教师的积极性,在线教育的功效才能发挥出来。因此,对于在线教育提供商来说,其与公办学校之间的合作是互联网教育全面发展的重要基石。

为了实现这个目的,在线教育提供商必须为使用网络终端的任课教师提供相应的激励机制。例如,目前一些在线教育提供商已经在许多公办学校(目前主要在高校层面)建立了由任课教师组成的"俱乐部",并尝试各种方案(包括经济上的激励机制)以便调动任课教师参与的积极性。一个更加大胆的构想是,在线教育提供商可以为各个学校"俱乐部"的骨

干教师提供期权激励计划。这对于教师薪酬体制而言是一场革命。

必须要指出的是,多年以来,各级政府一直尝试通过远程教学、在线教学等技术手段改变偏远地区薄弱学校的教学水平,但实际效果不佳,大量的软硬件设施处于闲置状态。为了实现既定的政策目标,有必要采取更为灵活的政策支持手段,将新兴的在线教育模式引入薄弱学校的课堂,而其中教师薪酬体制的市场化接轨将无疑是一个关键性的助力环节。例如,偏远学校可以考虑在公用经费中支出一定额度来购买互联网教育服务,而在线教育公司则可以为任课教师发放奖金。

诚然,教育技术的变革正在改变公办、民办教育之间的体制机制关系,"混合产权结构"既可以在学校层面出现,也可以在班级、课堂和教师层面出现。从长远计,新一轮的教师薪酬体制改革必须要充分考虑到这一变局的挑战。

第六节 小 结

综上所述,我们认为,当前的教师薪酬体制改革沿袭了以往的改革思路,不利于解决当前教师工资制度的核心矛盾和突出问题。当前由教师工资制度带来的各种问题,包括集中统一的工资制度与地区经济发展不平衡之间的矛盾,工资正常增长机制与工资发放财政保障机制的冲突,以及教师队伍的不稳定因素等。面对当前经济下滑的情形,教师薪酬体制改革需要对事业单位的薪酬制度进行市场化导向的改革,增加基层单位的自主权和工资水平的灵活度。概括而言,建立适应市场经济要求的薪酬体制要把握十六字原则:中央调控、省级统筹、弹性管理、科学增长。即,工资标准制定权限适度分权,不同地区的工资水平由地方政府根据本地的实际情况来定;工资发放财政保障机制从中央统筹,转变为省级统筹;通过增强基层事业单位的经费自主权,实现教师与公务员工资的挂钩机制的软化处理;给予学校对于薪酬水平的微调权,有助于决策部门判断工资调整标准的真实压力变化。中央政府针对教师工资水平的地区差异和垂直差距以及财政保障状况,建立综合性宏观调控机制;同时,关注教育技术革命给教师薪酬体制带来的机遇与挑战。

第二章　关于教师岗位购买的设想[①]

王　蓉　刘钧燕[②]

　　教师的供给及其能力建设是教育事业发展的关键所在。在一定意义上来说,教师是教育事业的第一资源,教师的质量就是教育的质量,教育的差距归根结底是教师的差距。减少教育发展的城乡差距,必须首先重视农村的教师问题。

第一节　我国农村中小学教师队伍的现状

　　当前,我国农村中小学的师资供给存在严重的问题:(1) 教师的学历水平普遍较低。2003 年,专科及以上学历的小学专任教师仅占全体农村小学教师队伍的 31.8%,本科及以上学历的初中专任教师仅占全体农村初中教师队伍的 14.3%。(2) 教师的结构短缺问题严重。特别是在小学阶段,部分学科的教师例如外语老师相当匮乏。(3) 我国农村学校中还存在大量的代课教师,其工资待遇往往低于公办教师,是农村地方政府在教师短缺、财力紧张的状况下采取的灵活措施。如何解决代课教师的问题具有挑战性。

一、农村小学

　　2003 年,全国农村地区小学专任教师为 3645691 人,学生数为76891519,生师比为 21.1∶1,比全国小学生师比 20.5∶1 略高。其中还有社会力量办学教师 117239 人,占农村小学教师总数的 3.2%。在班级规模上,农村小学共有 258161 个班级,平均班级规模为 31.3 人,而且其中还有 11827 个班级是采取复式教学的。全国农村小学班师比为1.48∶1,仅为城镇的 3/5 左右,西藏、广西等个别地区平均每班不足一名教师。虽然城乡小学的生师比差别不大,但农村小学的班额要小于城市

---

　　①　本文完成于 2005 年。

　　②　王蓉,北京大学中国教育财政科学研究所所长、教授;刘钧燕,北京大学教育学院 2004级硕士研究生。

和县镇,因此每个班分摊到的资源相对于城市和县镇小学少得多。由于每个教师承担的班级数高于城市和县镇小学,所以比起城市和县镇的同行,农村小学教师的课时高,工作量大,他们要把更多的时间用于上课。农村小学教师平均周课时达到 21 节,大大高于城镇小学教师 12 节的工作量。

从学历上看,2003 年全国农村小学教师的学历合格率达到 97.2%。但合格率是以高中阶段教育为合格标准算的,如果将小学专任教师的学历门槛提高到第三级教育的最低标准——专科,则现有大多数小学专任教师不合格。2003 年,专科及以上学历的小学专任教师仅占全体农村小学教师队伍的 31.8%。

按周课时来计算,农村小学教师的平均周课时为 21 节/周,大大高于城市 13.1 节/周和县镇 13.8 节/周的工作量。但按科目来算,农村小学语文专任教师的课时为 12 节/周,数学教师的课时为 10 节/周。从分科课时来说,这表明农村小学语文和数学教师已趋于饱和,而最严重匮乏的是小学外语教师。除京、津、沪三个直辖市的农村小学外,几乎所有省区的农村小学外语教师计算出的平均周外语课时都达到了不可思议的天量。这说明农村小学外语教师几乎没有,处于普遍的极度短缺中。

在年龄结构上看,农村小学专任教师的年龄分布出现两个波峰。一是 25 岁以下的教师,占据农村小学教师队伍约 20%,之后迅速下降。大多数省区年龄在 26—30 岁的专任教师所占比例仅略高于 10%,下降幅度近一半;另一个波峰出现在 46—50 岁年龄段,该年龄段教师占农村小学教师 15% 以上。从这两个波峰中可以看出,农村小学教师实际上由两个主要力量充当:一是刚从学校毕业的学生,二是转正的民办教师。

我国农村地区小学中还存在大量的代课教师,必须认真研究和解决代课教师问题。代课教师是民办教师的孪生兄弟。民办教师认定的截止时间为 1986 年 12 月底,但由于广大农村尤其是“老、少、边、穷”地区中小学教师严重缺编,县、乡财政紧张与农村教育落后的恶性循环等因素,代课教师长期、大量存在于农村地区。据《中国教育事业统计年鉴》,1997年全国代课教师为 100.55 万,经过逐年的转正任用,到 2000 年,全国农村中小学仍有代课教师 65.6 万。目前,我国县以下代课教师达 54 万,其中大多分布于相对落后的乡村地带,总数达 47 万。在贫困地区和财政比较紧张的县,为了节约财政开支,主管部门宁可要学历不合格的代课教师,也不招聘合格的公办教师。代课教师不属于国家编制,工资往往远低于公办教师。我们不能忽视代课教师这个群体的存在,对代课教师的作用要有正确的认识,并思考如何解决这一重要问题。

二、农村初中

2003 年,全国普通初中农村专任教师 1578114 人,学生 31603983 人,班级数为 544832。生师比为 20∶1,平均班级规模为 58.0 人,班师比为 2.90∶1。可以看出,农村初中班级数太少,班级规模太庞大,初中专任教师短缺。

从学历上来说,与农村小学教师的情况相似,全国农村初中教师的学历合格率达到了 88.7%。但合格率是以专科教育为合格标准算的,如果将初中专任教师的学历门槛提高到本科,则现有大多数初中专任教师不合格。2003 年,本科及以上学历的初中专任教师仅占全体农村初中教师队伍的 14.3%。

按周课时来计算,农村初中教师平均教学课时为 11.9 节/周,与城镇初中教师的课时量基本相同,只略高一点。语文和数学教师承担的工作量不大,和城镇无显著差别,但是农村外语教师的工作量大于城镇同行,说明农村初中外语教师匮乏。

农村初中教师比城镇初中教师年轻,全国 35 岁及以下教师在整个农村初中教师队伍中所占比例为 68.3%,40 岁以下教师所占比例占到 80.7%。从农村和县镇青年教师的年龄分布上推断,农村初中教师有 1/5 以上是刚从学校毕业的学生。他们往往被分配在农村初中接受“锻炼”,在经过最初几年的农村学校工作后,有许多教师在教学经验成熟后调离农村初中。

三、地区差异

在农村地区中,县镇学校的教师状况要远远好于纯农村学校。如表 2-1 所示,在 2002 年,县镇小学的专科教师比例达到 40%,而农村小学只有 25.1%。在初中阶段,县镇初中的本科教师比例为 17.6%,而农村初中该比例仅为 11.4%。这说明,在农村地区优质教师资源紧缺的情况下,那些学历较高、质量较好的教师向县镇学校集中,导致农村地区内部的学校资源和办学质量的差异。

表 2-1　各类学校的教师质量对比 ①

小学			
	城乡合计	城市	县镇	农村
学历达标率(%)	97.4	99.0	98.4	96.7
专科教师比例(%)	33.1	57.2	40.0	25.1
初中			
	城乡合计	城市	县镇	农村
学历达标率(%)	90.4	96.5	91.7	86.6
本科教师比例(%)	19.7	43.1	17.6	11.4

表 2-2　2001 年我国不同地区城乡义务教育专任教师学历状况比较 ②

	全国	东部地区	中部地区	西部地区
小学专任教师学历合格率(%)	96.8	98.3	97.3	94.4
城　　市	98.3	98.7	98.3	97.4
农　　村	96.0	97.7	96.9	93.1
小学教师具有大专以上学历比例(%)	27.4	32.5	27.3	21.2
城　　市	40.9	44.4	41.4	34.2
农　　村	20.3	24.2	20.7	15.6
初中专任教师学历合格率(%)	88.8	91.0	88.5	86.0
城　　市	92.3	93.3	92.4	90.5
农　　村	84.7	87.4	84.7	81.4
初中教师具有本科以上学历比例(%)	17.0	19.9	15.6	13.0
城　　市	23.5	26.2	23.4	19.0
农　　村	9.4	10.5	10.1	6.9

　　另外,在不同地区,教师质量也存在显著的差异。表 2-2 显示,相对来说,西部地区的教师质量堪忧。东部和中部地区教师质量较好。根据教育部提供的数据,教育较落后的地区,如贵州、广西等,其中小学教师的学历程度普遍较低。

---

① 教育部人事司,教育部教育发展研究中心.2002 年全国教师队伍状况分析报告[R].2002:16-17.

② 教育部发展规划司.中国教育事业统计年鉴 2001[M].北京:人民教育出版社,2001.

第二节　改善教师质量是教育发展的基础

在学校的各种投入中,教师毫无疑问是一项重要投入。改善教师质量是教育发展的基础。而大量的实证研究已经证明,在多种改善教师质量的途径中,吸引较高学历的人才进入教师队伍是关键。

表 2-3　对发展中国家所进行的 96 项研究的估计结果①

投入	估计数	统计显著(%)		统计不显著（%）
		正	负	
师生比	30	27	27	46
教师学历	63	56	3	41
教师教龄	46	35	4	61
教师工资	13	31	15	54
设备	34	65	9	26

表 2-3 是著名教育经济学家汉纳谢克(E. A. Hanushek)对于在发展中国家所进行的 96 项教育生产函数研究所做的总结。由该表可以看出,对于教师与学生成绩之间关系的研究并没有完全一致的结果,教师这一投入要素对教育质量的影响有很大的不确定性。但是关于教师学历的研究结果相对来说比较有力,56% 的研究支持了传统的观点:为教师提供更多的教育、提高教师学历是有价值的。在 46 项对教师教龄的研究中,只有 16 项研究显示教龄越长越有显著的正效应。而对教师工资的研究中,13 项研究中只有 4 项研究证明提高教师工资是有效的措施。对生师比的研究也未能有力地支持降低班级规模具有显著作用。另外,王蓉和邓业涛最近完成的一项研究利用中英甘肃基础教育项目的基线调查数据,对四个项目县的小学师资状况与学校教育质量之间的关系进行了实证检验,结果发现:教师学历达标率对于学生的学习质量有着显著的正向影响。② 教师学历达标率每提高 1 个百分点,能使学校的数学统考合格率提高 0.099 个百分点,使学校的语文统考合格率提高 0.067 个百分点,双

---

① HANUSHEK E A. The Failure of Input-based Schooling Policies [J]. The Economic Journal,2003,113(485):64-68.

② 邓业涛.关于小学师资状况与教育质量的实证研究[D].硕士学位论文,北京大学教育学院,2005:32-47.

课考试合格率则能提高 0.097 个百分点。

表 2-4　小学师资状况与学生成绩关系研究综述[①]

研究者	时间	研究对象/ 数据来源	研究结果	备注
汉纳谢克等 （Hanushek et al.）	2001	得克萨斯学校 项目数据	教师之间的差异主导了 学校质量的差异	所采用的指标只解释"教师质量" 被观察到的总差异的一小部分， 应尽量反映教师之间努力程度以 及技能上的重要的异质性
埃伯特和斯 通（Eberts and Stone）	1984	美国 328 所小 学中抽样取得 14000 名四年 级学生的标准 化教学考试 成绩	对学业成绩提高最有积 极作用的是教师花在教 学和备课上的时间、师生 比例、教师的经验和校长 花在评估教学计划上的 时间	通过测试前后的标准化教学考试 成绩的变化来测量学生的学生 成绩
贝尔曼等 （Behrman et al.）	1997	巴基斯坦农村 地区学校	为提高教师质量而投资 可能较之于改善学校的 硬件设施有更高的回 报率	学校特征的变量包括：教师平均 数学成绩、教师平均阅读成绩、教 师平均月工资、教师平均受教育 程度、教师平均教龄、教师平均学 历、教师总数、生均比、生均非人 员经费等。该研究采用了教师的 语文、数学考试成绩这两个认知 能力的指标来体现教师质量的重 要方面
柯里和奈德 尔（Currie and Neidell）	2003	美国 Head Start 学前教 育项目	更高的生师比与更低的 阅读和词汇考试分数、更 高的留级率相联系。合 格教师的比例与教师薪 酬对于产出没有显著 影响	当大多数教师都已经有了一定的 资格，则几乎没有必要将他们的 学历提高到硕士以上。如果增加 项目的教育经费，则降低生师比 较之于提高教师资格和工资更为 有效
汉纳谢克、 卡恩和瑞夫 金（Hanush- ek，Kain and Rivkin）	1999	美国得克萨斯 学校项目数据	教师资格证书考试与学 生成就之间没有强相关 关系	
菲戈里奥 （Figlio）	1999	美国全国性的 学生数据	较高的生师比与更低的 学生成绩相关，较高的教 师起薪与学生成绩的提 高有正相关关系，尤其是 在低收入家庭、班级规模 较大以及初始成绩水平 较低的学校里。	认为传统的教育生产函数可能低 估了学校投入对于学生成绩的影 响。菲戈里奥建议研究者估计教 育生产函数时应该更多地关注特 定的生产形式的假设，同时应该 尽可能使用学校、项目和教师的 具体特征，这样研究者就能判断 学校对学生成就的影响机制

---

① 邓业涛.关于小学师资状况与教育质量的实证研究[D].硕士学位论文,北京大学教育学院,2005:16-26.

续表

研究者	时间	研究对象/ 数据来源	研究结果	备注
李和巴罗 （Lee and Barro）	1997	多个国家的投入、产出数据	学校资源与学生表现之间正相关关系最显著的结果是生师比，其次是教师平均工资和学校学习时间	学校产出用国际可比的考试分数、留级率和辍学率来衡量
兰特和菲默 （Lant and Fimer）	1998	现有文献	教师以外的投入，其边际产出远远高于教师	认为像教师工资相对于直接对教育产出有效果的投入（如书本）被过度使用了
汉纳谢克 （Hanushek）	1999	得克萨斯学校项目数据	没有足够证据表明更高的工资能通过降低流动性来提高学生成绩。工资与学生成就之间的较显著关系只对现有的有经验的教师有效	应该致力于从其他途径来提高教学质量和学生成就
埃伦伯格和布鲁尔 （Ehrenberg and Brewer）	1995	《科尔曼报告》的数据	教师的语言能力分数对于学生的成绩有较显著影响（种族相关性）	认为这至少说明美国教育中的教师聘用政策值得讨论
安格瑞斯特和拉维 （Angrist and Lavy）	1998	伊斯兰小学的教师在职培训与学生阅读和数学成绩	在伊斯兰学校系统中，非宗教学校的老师接受的培训能提高学生考分，对宗教学校的估计则不明显	认为教师培训相对于降低班级规模或者延长学校时间是提高考试成绩的一种成本更小的方法
雅各布和莱弗格伦（Jacob and Lefgren）	2002	进行改革的芝加哥学校	在职培训的边际增加对于数学和阅读成绩都没有显著影响	认为在非常贫困的学校，为教职人员发展所进行的少量投资对于提高小学生成绩可能还不够

　　另外需要说明的是，学校资源投入与学校产出的相关性或许跟经济发展水平也有一定的关系，在经济发展水平较低的发展中国家，学校产出对于物质资源的投入变化可能相对更为敏感一些。海内曼（Stephen Heyneman）和洛克斯利（William Loxley）指出，在发展中国家，学校资源对学生成就的影响比发达国家的要显著得多。[①] 因此，在我国，特别是在

---

　　①　HEYNEMAN S P, LOXLEY W A. The Effect of Primary-school Quality on Academic Achievement Across Twenty-nine High-and Low-income Countries[J]. American Journal of Sociology，1983，88（6）：1162-1194.

教育发展较为落后的地区,提高教师质量对于提高教育教学质量十分重要。

第三节　解决贫困地区教师结构性短缺问题的建议

当前,在"地方负责、分级管理、以县为主"的基础教育管理体制下解决贫困地区教师结构性短缺问题存在种种制约条件。首先是地方政府的财力制约:在很多地区,由于无力负担更多的财政供养人员,地方政府已经停止新聘公办教师的工作。其次,贫困地区面临严重的人力资源的制约。由于教育基础一向薄弱,这些地区本来具有的高层次人才就比较缺乏,来自这些地区的高等院校的毕业生向来较少,这使得其可选择作为教师的人才十分有限而且质量较低。

虽然农村教师问题十分关键,但是针对这些问题提出的完全由中央负担教师工资的建议是不可行的。主要的原因是:(1)这种改变对于现行的财政体制冲击很大。如果教师工资责任上划,由于这是地方财政支出的重点,在没有财政收入增量的情况下,这种改变必然要求重新划分各级政府的财政收入。(2)管理成本巨大,而我国现在还没有这样的管理基础。教师工资上划意味着上级政府也必须全面担负起教师考核、教师督导、教师职前和在职培训等任务,这里尤其复杂的是教师编制的问题,这需要上级政府对于地方学校有着非常细节化、动态化的了解,信息十分可靠和科学,否则没有办法解决其中的信息不对称和道德风险问题。这也将可能导致严重的效率损失。(3)教师工资由中央负担将导致的情况正如法国的现行体制那样,要求中央直接统管一个独立于地方政府、独立于教育执行机构的监管体系,而这将意味着中国义务教育管理体制的颠覆性的改变,是不是可以下这个决心,必须慎重。

在体制不改变的情况下,必须正视当前种种与教师相关的问题。对此建议采取的改革方案是:针对贫困地区,不改变教师管理体制,但是上级政府采取"教师岗位购买"的方式解决其教师数量和质量问题。简言之,教师岗位购买是指上级政府按照贫困农村与边远地区居民对义务教育的实际需求与教师队伍的现实状况,设定拟增加的教师岗位,按照政府采购的运作模式,运用财政性资金,通过公平竞争方式,公开向个人、组织或专业团体购买教育服务行为。简言之,就是政府用政府采购的方式为公众(贫困农村或边远地区)采购教师教育服务的行为。这其中,采购的主体是中央或相关省、自治区的政府部门;采购对象是全国愿意去贫困农村与边远地区从事教育工作的、符合教师岗位从业标准的教师。

需要指出的是,传统的拨款模式购买的是教师"其人",教师岗位购买制度安排购买的是"岗位"而不是"人"。长期以来,"公办教师"一直是一种"身份"的标签,代表着权利、待遇、稳固的社会地位,既不是岗位竞争,也不是薪酬竞争。当前,这一改革实施的政策环境已经具备。2003年9月人事部、教育部印发的《关于深化中小学人事制度改革的实施意见》要求变目前公办教师的"身份管理"为"岗位管理",明确以实行聘用(聘任)制和岗位管理为重点,以合理配置人才资源,优化中小学教职工结构。

按照资金供给主体和管理主体的不同安排,教师岗位购买可以采取的基本模式有下述四种方案(表2-5):

基本模式一:集中化模式,即中央财政出资,统一购买一定数量的教师岗位,统一分配给急需教师的贫困农村与边远地区政府的学校,对于这些人员进行统一的培训和监管,提供一致的激励机制。

基本模式二:分散化模式,即省级政府出资,由省级政府按照贫困农村与边远地区的学校需求购买教师服务,由省级政府进行监督管理。

基本模式三:混合型模式I,即中央政府出资、省级政府管理的模式。由中央向省级政府拨付资金,由后者购买一定数量的教师岗位,统一分配给急需教师的贫困农村与边远地区政府的学校,由省级政府对于这些人员进行监管。

基本模式四:混合型模式II,即中央政府负责建立人才库、统一购买以及人员招聘和管理,同时省级政府出资购买这些服务。

表2-5 教师岗位购买四种基本模式

		资金供给主体	
		中央出资	省级出资
管理主体	中央管理	模式一	模式四
	地方管理	模式三	模式二

这四种模式各有利弊,我们可以按照教师岗位购买的制度设计中的六个方面的问题进行进一步的分析。

表 2-6 教师岗位购买四种基本模式差异分析

	基本模式一 (集中化模式)	基本模式二 (分散化模式)	基本模式三 (混合型模式 I)	基本模式二 (混合型模式 II)
资金供给主体	中央财政压力大,但是可能资金保障性较强	西部地区各级政府的支出意愿是关键影响因素	中央财政压力大,但是可能资金保障性较强	西部地区各级政府的支出意愿是关键影响因素
采购主体	中央	省级	省级	中央
采购对象	允许面向全国招聘人才,保证人才的量和质	将主要局限在本省,不能解决西部贫困省缺乏人才造成的问题。另外,中央不能控制省对下体制,如果个别省再采取层层分解的方法,有可能最后衍生成和当前体制一样的安排	将主要局限在本省,不能解决西部贫困省缺乏人才造成的问题。另外,中央不能控制省对下体制,如果个别省再采取层层分解的方法,有可能最后衍生成和当前体制一样的安排	允许面向全国的招聘人才,保证人才的量和质
确定需求与具体岗位数额分配	可能导致下级政府夸大或隐瞒需求	供给和需求能够更加匹配	可能导致下级政府夸大或隐瞒需求	供给和需求能够更加匹配
处理好中央与地方政府关系	教师管理的问题将会比较复杂	教师地方化管理,中央政府的挑战主要在资金筹集和分配方面	教师地方化管理,中央仅负责提供相应资金	较为复杂,可以用"各省岗位额度"的方式进行管理
教师激励、监管与考评	建立统一的教师激励机制和独立于地方的监管与考评机构,管理成本较高	依靠原管理体制,无额外成本	依靠原管理体制,无额外成本	建立统一的教师激励机制和独立于地方的监管与考评机构,管理成本较高

如表 2-6 所示,这几个方案从购买者(中央和各级地方政府)的角度来看各有利弊。我们的建议是采取综合了这些基本模式优点的混合型的一套制度安排,核心要素是:

(1)由中央和省级政府共同分担资金,既保障充足性,又避免免费搭车问题。

（2）各省决定其岗位数量，由中央和省级共同出资。

（3）由中央统一招聘人才，向个人统一购买其服务，制订较为统一的激励机制和权益保障制度。

（4）由省级和地方政府进行服务过程中的管理。

从服务被购买者角度来说，保障充足的潜在人员供给十分重要。因此，构建合理的激励机制、吸引优秀人才是这一改革方案成功的关键。

第四节 构建激励机制，吸引优秀人才

激励机制是这一政府采购计划中一项重要的制度安排，能否借助有效的激励吸引全国的优秀人才投身西部地区的义务教育事业是整个计划成功的关键。本计划主要面向两类人群：高校毕业生和社会人员，后者主要是大城市里由于教师过剩而不得不提前退休的老师们。这两类人群的价值判断、人生规划、职业发展等存在诸多差异，因而对他们的激励机制也应有区别。此处，激励机制又可分为发展型激励和消费型激励，前者指有助于长远人生发展的激励，如户口优惠、职称评定优惠等，后者是着眼于当前消费需要的激励，如提供补贴、奖学金之类。下面就各种激励进行简要讨论。

一、发展型激励

对于大专或本科毕业生而言，他们面临两种选择：继续深造或者工作，前者需要参加专升本考试或者硕士研究生入学考试，后者面临着很长的职业发展道路，有一定的职业发展规划。鼓励这些学生投身西部教育事业，可有针对性地采取一定的激励。

（一）给予推荐免试研究生资格

这种制度在很多高校都有实施，如南京大学在每年的免试推荐研究生计划中划出一定名额用于"1＋3"或"2＋3"模式，支持志愿者赴西部服务；北京大学的志愿者在西部支教一年回校后可以享有推荐免试研究生资格。在当前考研竞争日趋激烈的形势下，这对很多毕业生来说是一种很强的发展型激励，非常具有吸引力，加以适当改进有可能移植到政府采购计划中来。但各高校接收推荐免试研究生的数量有限，接收这种特殊制度安排下的推荐免试研究生数量就更少了，所以这种激励制度不可能大规模实施。同时，在这样的激励制度安排下，这些毕业生终要回校攻读研究生，他们服务西部教育的时间不可能太长，1 到 2 年比较可行。

（二）学历考试的报考优惠

《关于实施大学生志愿服务西部计划的通知》给参加西部计划的志愿者诸多政策支持，其中有一条即为"服务期满考核合格的，报考研究生给予加分，在同等条件下，优先录取，具体规定在当年的研究生招生政策中予以明确"①。各校给予的优惠力度不一，如南京大学规定"对服务期满考核合格且报考我校研究生者，可给予总分控制线降 20 分、单科控制线降 10 分录取"。这种制度也可以移植到政府采购计划中来，服务西部教育考核合格的人员参加专升本考试或研究生入学考试时给予加分。当然，这些人员的报考优惠能否落实、优惠的力度最终取决于高校的态度，需要相关部门与高校做好协调工作。

（三）报考党政机关公务员给予优惠

《关于实施大学生志愿服务西部计划的通知》规定：服务期满考核合格报考党政机关公务员的，可适当加分，同等条件下，应优先录用，具体规定由省级公务员考试录用主管机关在当年招考中予以明确。政府采购计划可参照制定类似的优惠制度。

（四）户口优惠：如留京指标、进京指标、进沪指标等

虽然如今的户口相对于计划经济时期的功能已大大减弱，但在求职、办身份证、领结婚证、子女教育、社会保险等诸多方面，户口依然很重要，如拥有北京户口意味着拥有更多的便利、待遇和权益，很多高校毕业生为留京或进京、进沪等煞费苦心。如果这项政府采购计划能配套户口方面的优惠政策，对高校毕业生无疑是巨大的"诱惑"。目前户口管理依然很严格，尤其是大城市如北京上海的户口管理更加严格，所以这项激励制度的难度非常大。

（五）授予奖章

《关于实施大学生志愿服务西部计划的通知》规定：服务期为 1 年、服务期满考核合格的，授予中国青年志愿服务铜奖奖章；服务期为 2 年、服务期满考核合格的，授予中国青年志愿服务银奖奖章；表现优秀的授予中国青年志愿服务金奖奖章；表现特别优秀的推荐参加中国青年五四奖章、中国十大杰出青年、中国十大杰出青年志愿者、国际青少年消除贫困奖等评选。荣誉奖章能为其日后人生发展增光添彩，若能参照制定相应的奖章授予制度，必能吸引和鼓励人员投身西部教育事业。

---

① 关于实施大学生志愿服务西部计划的通知[EB/OL]. （2003-06-06）[2005-05-06]. http://old. moe. gov. cn/publicfiles/business/htmlfiles/moe/s3265/201001/80089. html.

（六）职称评定优惠

对于政府采购的这些教师，在评职称时可以参考《小学教师职务试行条例》适当放宽要求给予优惠。

上述部分优惠如授予奖章、职称评定优惠等对社会人员同样适用。同时，他们与高校毕业生有很大差别，还可有针对性地给予下述激励。

（七）购房优惠

虽然个人住房贷款额增长迅猛，但广大住房消费者，特别是中低收入者买房还是相当困难，给予服务西部教育的人员以购房优惠具有很大吸引力，当然，这项激励的实施需要政府财政的大力支持。

（八）子女上学优惠

子女上学是普通家庭最为操心的事，也是最大的一项开支。若能给予服务西部教育的人员的子女上学优惠，如减免学杂费、给予择校便利等，必能吸引很多人。

二、消费型激励

（一）补贴

对于此项政府采购计划招聘的教师，工资可参照当地教师工资水平发放，同时给予补贴。《关于实施大学生志愿服务西部计划的通知》规定，对于参加大学生志愿服务西部计划的志愿者，中央财政给予必要的生活补贴（含交通补贴和人身意外伤害、住院医疗保险），其中生活补助每月600元/人（在西藏服务的，每月800元/人），交通补贴每年1000元/人（在西藏、新疆服务的，按国家有关规定另行确定）。政府采购计划可比照执行，具有很强的可行性，具体补贴额度看财政支持力度，补贴额越大激励越强。

（二）奖学金制度

为吸引高校毕业生投身西部教育事业，可参考国防奖学金的实施办法①设立教师奖学金，在他们求学期间给予资助，让他们毕业后到西部从教：

国防奖学金是为了鼓励和资助志愿从事国防事业的普通高等学校在校学生而设立的国家义务性奖学金。享受国防奖学金的学生，毕业后须按协议到军队工作。国防奖学金由学费、杂费和生活补助费三部分构成。

---

① 中国政府网.军队人才建设和部队院校情况［EB/OL］.（2005-06-28）［2005-06-30］. http://www.gov.cn/test/2005-06/28/content_10558.htm.

现标准为每人每学年 5000 元,今后将随着高校学费、杂费和市场物价的变化作相应调整。申请国防奖学金的学生自签订《国防奖学金协议书》,被批准为国防生后,开始享受国防奖学金。毕业入伍的国防生,在首次评授军衔、评任专业技术职务、确定专业技术等级以及住房等方面,与同期入军队院校学习的毕业学员同等对待。

也可以借鉴法国小学教师培养的制度安排[①]制定相应政策:

1989 年法国对师范教育制度作出了重大改革,即专门设立教师培训学院(IUFM),取消了原有的师范学校和其他培训机构,其主要任务是培养中小学教师,培训在职教师和开展教育科研、教学研究。学生通过竞考取得教师培训学院的学习资格后,第一学年可享受政府发给的每年 7 万法郎的助学金补贴。第一学年考核合格升入第二学年学习,成为实习公务员,可以得到作为公务员教师正式工资的 80%,并享受社会保险等待遇。结业后,成为正式小学教师,可获教师全薪,享受国家公务员待遇,在学区内选择工作。

(三)助学贷款还款优惠

部分家庭经济状况不佳的学生申请了国家助学贷款,对他们来说在毕业后工作三年内还清贷款有一定难度,这项政府采购计划可规定按照服务年限全额或部分抵偿助学贷款,这对部分学生是有吸引力的,但助学贷款一般是两万左右,激励强度不大。

一般来说,人们更注重长远的发展,所以发展型激励的效果会比消费型激励好,建议多设置发展型激励制度。

---

① 苏文锦.法国教师教育考察综述[J].中国大学教学,2002(12):55-58.

第三章　教师工资体制的宏观运转机理与基层实施效果分析[①]

赵俊婷　刘明兴[②]

第一节　导　　言

为了解决机关事业单位人员基本工资多年未涨、基层人员待遇偏低的问题,以及配合养老保险制度并轨改革,中央于 2015 年年初下发了《关于调整机关事业单位工作人员基本工资标准和增加机关事业单位离退休人员离退休费三个实施方案的通知》,启动了新一轮的机关事业单位薪酬体制改革。是次改革要求,将部分津贴补贴或绩效工资纳入基本工资,适当提高基本工资的比重;通过加强职级工资、艰边津贴(及设立乡镇工作补贴制度)等手段实现向基层和经济欠发达地区倾斜;规定各地各部门不能自行提高调整津贴补贴标准,为推动地区附加津贴制度改革、建立基本工资标准的正常调整机制做准备。

本次改革大体上延续了 2006—2008 年机关事业单位薪酬体制改革的基本思路。虽然改革后各地区基层教师的基本工资和绩效工资水平均有显著提高,且在 2016 年实现了改革拟定的基本工资每两年调整一次的目标,但教师工资体制所面临的基本矛盾并没有得到有效缓解。

1. 在工资水平调控的宏观体制方面,由于施行全国统一的基本工资标准,国家统一调资时难以同时兼顾经济发达地区和落后地区的客观要求。地方政府一直有动力自行出台各种津补贴和奖金政策,而中央政府则陷入了对地方性薪酬政策进行周期性清理的怪圈。

2. 在确保工资正常发放的财政体制方面,工资的正常增长与中央财政为涨工资"买单"之间的矛盾日益加剧。越是提高基本工资的占比,中央财政的保障压力越大,越难以确保工资水平的正常增长。

①　本文发表于《北京大学教育评论》2017 年第 2 期。
②　赵俊婷,北京大学中国教育财政科学研究所博士后;刘明兴,北京大学中国教育财政科学研究所教授。

3. 在教师教学的微观激励机制方面,工资管理体制的集权化削弱了学校的经费自主权,绩效工资体制原本所设计的激励机制被虚化,"绩效工资不绩效"的问题普遍存在,而公办教师的各种集体性维权活动也在不断加剧。

面对上述问题,教师工资体制改革(乃至整个机关事业单位的工资体制改革)在思路与方向上存在多方面的争议。例如,是否继续以提高基本工资在工资收入中的占比为主要政策抓手? 在宏观经济衰退背景下,中央财政是否应当继续强化对于工资发放的财力保障机制? 单纯通过提高工资水平的办法是否可以提升教师工作的积极性和满意度? 如果这些问题得不到有效解决,那么新一轮的改革就难以取得长效性的成果。

基于上述考虑,本文以下内容将综述学术文献中关于教师工资体制的研究成果,分析中央集权的工资管理体制运转的内在机理,总结历次改革中的政策经验得失,并尝试对我国教师工资体制改革的基本思路提出若干政策建议。本文认为,尽管中央集权化的工资管理体制有助于控制机关事业单位工资水平在地区之间以及行政层级之间的差距,但是相应地也带来了许多弊端。为此,需要对中央各部委之间以及中央地方之间的权力制衡进行适度调整,增强中央各部委之间的集体行动能力,抑制为了争夺中央财力而产生的央地共谋,以省级统筹改革为基础重构工资标准的宏观调控体制和工资发放的经费保障机制,并提升基层事业部门对于人员性经费支配的弹性空间。

第二节　研究文献综述

自 2006 年机关事业单位工资体制改革以来,学术界针对教师工资问题进行了多方面的分析。部分研究探讨了确定教师工资标准的方式方法。如,教师工资制度设计中需要考虑的因素[1][2][3],以及工资等级结构设

---

[1] 唐一鹏,胡咏梅. 我国义务教育阶段教师工资制度框架设计——经济学和管理学的视角[J]. 教师教育研究,2013(4):20-25.

[2] 曾晓东,鱼霞. 中国中小学教师发展报告 2014[M]. 北京:社会科学文献出版社,2015:40-101.

[3] 杜晓利. 我国中小学教师工资水平的比较分析与若干建议[J]. 中国教育学刊,2015(4):27-31.

计的合理性①;主张为提高教师工资标准,需建立教师工资调查制度,将教师工资与其他行业(特别是公务员工资)进行比较②③。建立教师工资调查机制的观点吸收了 OECD 一些国家通行的做法,同时也与公务员工资改革的主流思路保持一致。④

　　研究文献对义务教育教师绩效工资体制的实施效果进行了实证研究。研究发现,绩效工资体制改革拉大了教师工资的差距。特别是,"中小学教师工资存在较为严重的中部地区凹陷、省级差异大的问题"。⑤ 在工资差距拉大的原因上,有学者通过实证研究发现奖励绩效和津补贴是主要原因。⑥⑦ 大部分学者认为,教师工资差距拉大不利于教育的均衡发展⑧,但也有学者认同工资地区差异存在的合理性。⑨ 不过,教师工资差距的拉大究竟会对教师或者学校的行为倾向产生何种影响,尚缺乏翔实的实证研究。

　　为了解决教师工资差距的问题,研究者一般寄希望于强化公共财政的保障力度。第一种观点认为,要建立以"中央为主"的教师工资保障机制;⑩第二种观点建议,确立中央和地方分地区、分项目、按比例共同分担

---

①　姜金秋,杜育红.我国中小学教师工资等级研究[J].教师教育研究,2014(4):58-63.

②　姜金秋,杜育红.提高中小学教师工资水平的方案设计及可行性分析[J].教育研究,2014(12):54-60.

③　杜晓利.我国中小学教师工资水平的比较分析与若干建议[J].中国教育学刊,2015(4):27-31.

④　2006 年实施的《中华人民共和国公务员法》规定:公务员的工资水平应当与国民经济发展相协调、与社会进步相适应。国家实行工资调查制度,定期进行公务员和企业相当人员工资水平的调查比较,并将工资调查比较结果作为调查公务员工资水平的依据。

⑤　杜晓利.我国中小学教师工资水平的比较分析与若干建议[J].中国教育学刊,2015(4):27-31.

⑥　赖德信.教师工资逐年增长、区域差异较大:我国教师工资的区域差异分析[J].中小学管理,2013(2):36-38.

⑦　曾晓东,易文君.我国中小学教师工资的地区差异问题研究[J].华中师范大学学报(人文社会科学版),2015(5):155-161.

⑧　2014 年 12 月 4 日,《光明日报》发表《教师薪酬体制竟哪儿不合理》一文,其中引用北京师范大学教授蔡永红的观点:目前各地的教师绩效工资在经费保障上不够充足,地区间差异较大;发达地区与欠发达地区、偏远山区等地在人均年绩效工资总额上差异巨大,不利于激励欠发达地区特别是农村和山区教师,更不利于义务教育的均衡发展。

⑨　曾晓东,易文君.我国中小学教师工资的地区差异问题研究[J].华中师范大学学报(人文社会科学版),2015(5):155-161.

⑩　雷万鹏.中国农村教育焦点问题实证研究[M].华中科技大学出版社,2007:44-45.

的绩效工资保障机制；①②第三种观点强调教师工资应由省级财政统筹。有学者详细设计了"以省为主"的义务教育教师绩效工资保障机制③，即从省级层面用教师工资调查的办法确定地区差异的标准，以此代替随意性很大的津补贴制度；④第四种观点强调了财政保障和非财政性投入之间的平衡关系。有学者认为，教师绩效工资经费保障责任重心要上移，由中央和省级财政负主要责任，同时扩大经费来源渠道。⑤

必须要指出的是，自2008年教师绩效工资体制伊始，全国多个地区均出现了基层公办教师集体性维权事件。2014年至2017年年初，再次出现了教师维权的高峰。相关研究认为，绩效工资体制的设计存在缺陷，单纯依靠加大财政投入力度，并不能确保教师群体的稳定。或者说，如何有效疏导教师的集体性维权活动也必须成为当前工资体制改革所要考虑的一个因素。⑥⑦

第三节　教师工资管理体制的宏观机理及其困境

在中国机关事业单位工资体制的历史沿革中，中央政府对于工资标准的管理方式经历了从高度集权到逐步分权再回归集权化的过程。工资标准管控权发生变化的同时，针对公共事业部门及其下属单位的各项经

---

① 参见付卫东、曾新：《义务教育学校教师绩效工资政策实施过程中的问题及对策——基于中部四省部分县(区)的调查分析》，载《2010年中国教育经济学学术年会论文集》。文中指出：(1) 将基础性绩效工资作为中央和地方分担的重点，奖励性绩效工资由省统筹解决；(2) 划分三类地区，分别确定中央和地方财政分担的原则和比例。

② 安雪慧. 义务教育学校教师绩效工资政策效果分析[J]. 中国教育学刊,2015(11):53-60.

③ 付卫东. 努力构建"以省为主"的义务教育学校教师绩效工资保障机制[J]. 教育与经济,2013(3):9-14.

④ 曾晓东,易文君. 我国中小学教师工资的地区差异问题研究[J]. 华中师范大学学报(人文社会科学版),2015(5):155-161.

⑤ 蔡永红在2014年12月4日《光明日报》中《教师薪酬体系究竟哪儿不合理》一文中指出,应将义务教育绩效工资经费保障责任重心上移,由国家和省级财政负主要责任,县级财政负次要责任,同时扩大经费来源渠道,允许利用社会资金、私人捐赠资金。对农村山区及偏远地区按其离城市的远近进行分类,区分不同等级的工资区,统一由国家财政提供地区津贴。为平衡农村及偏远地区环境的不利影响,需考虑加大对这些地区教师工资的补贴力度,甚至可以使之达到城市地区的两倍以上。

⑥ 陈黎明. 教师群访事件的政策基因[J]. 瞭望新闻周刊,2009(8):38-39.

⑦ 刘明兴,赵丽霞. 中国西部农村教师集体性维权行动分析[R]. 北京大学中国教育财政科学研究所简报,2015(1).

费管理体制也会相应地进行调整,并共同影响了每个特定历史时期的工资体制的执行效果。

一、中央集权化工资管理体制的运转机理

中国公共事业部门管理体制的一个典型的微观特征是所谓"管办不分",即,公共事业单位与业务行政主管部门之间是行政隶属关系,为了扩张本位利益,业务行政主管部门和基层事业单位均有动力扩大财政支出刚性,不断提高基建规模、工资待遇水平和公用经费支出。如果财政无法满足其资金扩张需求,则公共事业部门就有动力通过提高公共服务价格向社会转嫁成本。

在宏观体制构建上,主要是通过行政部门之间的权力平衡来克服上述弊端,这既包括中央和地方之间的权限划分,也包括条线行政部门之间的权力制衡。在传统的计划经济体制下,相关宏观管理体制主要包含如下几方面内容。

第一,财政部门与公共事业部门之间的权力分置。公共事业部门的投入需经过财政部门批准,基层事业单位的各项收入需纳入财政预算管理。在财政支出的具体管理上,基本建设、公用经费和人员性经费的支出管控权也被分散到了不同层级的行政部门。其中,公共事业部门的基本建设经费主要由计划部门(计委)控制,且在宏观经济紧缩时期,大型基建项目的审批权会高度集权于中央计划部门。公共事业单位公用经费的拨付,主要由业务主管部门和财政部门来共同决策,具体标准在大部分历史时期均相对分权于地方层面。

第二,对于公共事业部门人员性经费支出的多重管控。就编制体制而言,事业单位财政供养人员规模的控制权掌握在编制部门手中。其中,中央编制部门控制公务员的编制数量,事业单位编制的控制权在省一级,但中央有权管制财政供养人口的总体规模。工资标准主要受人事(人社)部门的控制,且长期高度集权于中央层级。

第三,公共服务产品的定价权由计划部门(计委)及其下属的物价部门掌控。对于公共服务供给中所必须使用的一些重要商品(如药品)的价格,公共事业部门也无权自行定价。公共服务产品价格的高低将会直接影响到公共事业部门相应事业性收入的规模,事业性收入的支配需要重新纳入财政部门的管理,并根据支出的性质而受制于多个行政部门的管控。

在 20 世纪 80 年代之前,我国机关事业单位工资体制是以高度中央

集权为基本特征的。在该体制下,中央规定的工资标准不仅涵盖了机关事业单位,也包含了国有企业的职工,并且基本工资和津补贴标准的调整权均高度集中于中央政府。为解决不同地区之间的消费水平差距问题,全国被划分为 11 类工资区。不同的工资区之间,最高与最低工资收入水平的差距大约为 30% 左右,并主要体现为基本工资的差距,而基本工资在工资收入中的占比则保持在 70% 以上。

上述体制的运转以计划经济为基础,中央政府对于国民经济收入分配体系具有较强的调控能力,区域经济差距的矛盾尚不突出,因此在中央财政并没有为基层机关事业单位人员的工资发放提供财力保障的前提下,工资水平的地区差距以及在行政层级之间的差距却得到了有效的控制。

不过,该体制的弊端也是明显的。首先,始终未能建立起正常的晋级和工资标准增长机制,导致财政供养人员的工资水平在全国范围内长期停滞不前;其次,对公共事业投入的行政权力平衡虽然抑制了"管办不分"的弊端,但也造成了基层公共服务供给不足的问题。特别是当地方党政领导过度干预公共事业部门的人事权和财权的时候,在争取公共事业经费投入的谈判中,公共事业单位及其业务主管部门势必处于弱势地位。例如,相对于自 20 世纪 70 年代开始的基础教育规模扩张,基层公办教师的实际数量太少,农村教育的师资主要依赖民办教师,而民办教师的工资待遇更多地来源于乡村两级的预算外收入安排。

二、工资管理体制分权化改革的次序与后果

20 世纪 80 年代至 90 年代中期,在经济体制和财政体制分权化改革的背景下,中央推行了结构工资制改革(1985 年)和教师职级工资体制改革(1993 年),两次改革都以中央行政部门下放各项管控权为特征。1985年,中央政府缩小了对工资体制的管控范围,实现了国有企业工资体制与机关事业单位的脱钩,缩小了财政部门的保障范围;1993 年,国务院发布《关于机关和事业单位工作人员工资制度改革的通知》(国发〔1993〕79号),政府机关与事业单位的工资体制开始脱钩。改革之后,中央政府继续控制基本工资标准的决定权,而地方政府则可以灵活调整本地区的津补贴水平。同时,地方政府和公共事业部门对于预算外收入的支配权大幅上升。

尽管分权化改革提高了地方财政加大教育投入的积极性,但是教育事业部门在地方政府中的弱势地位并没有得到本质性的改变。自此,教师的工资水平开始越来越受到本单位获取事业性收入能力的影响。教师的工作绩效与工资收入之间的关系变得日益密切,但教师实际收入在同一地区内部乃至同一学校内部的差距也开始拉大。

1994年,我国实行了分税制改革,财政体制的集权化以及宏观经济衰退使得地方财政运转困难的问题迅速凸显。一方面,伴随着地区经济差距的逐步扩大,各种地方性津补贴占比进一步上升,基本工资在工资结构中占比倒挂的现象开始浮现;另一方面,部分农村学校公办及代课教师的工资发放缺乏保障的情况越来越严重,地方政府不能平等对待公务员和教师工资待遇保障的问题也越来越普遍。这意味着中央政府对于机关事业单位人员工资收入水平的宏观调控能力进一步趋于下降。

为了缓解地方财政的压力和教育经费投入短缺的问题,中央政府在财税收入体制集权的前提下,延续了公共事业部门预算外收入分权化管理的措施。例如,将学校的各类收费项目审批权及定价权下放到基层(乃至学校本身),并容许学校使用预算外事业性收入作为公用经费以及发放教师的津补贴。这种做法造成了学校乱收费和公共服务的社会公平性被扭曲的局面。此外,部分地区的政府利用中央的分权政策进一步压低了预算内教育经费的投入比重,并与教育部门一起将经费投入压力转嫁给社会。例如,将优质的教育资源集中到所谓"公办民助"学校,以增加收费收入。

三、工资管理体制再次集权化与央地财政共谋

自1997年开始,中央政府连续多次提高了机关事业单位人员的基本工资标准。为了确保工资政策的落实,中央财政在1999年决定针对中西部地区公务员基本工资的增资部分直接提供财力保障。伴随着农村税费体制改革和"以县为主"改革,教师工资开始纳入县财政统发的机制。同时,中央财政不断加大对于县乡财政的补助力度,确保基层机关事业单位的正常运转。[①] 伴随这一系列的改革,农村公办教师工资的准时发放得到了保证,中央对于机关事业单位工资体制的管控力度再次被强化,且行政机关和事业单位人员工资之间的挂钩机制逐渐增强。

2006年,中央推行了新中国成立以来的第四次机关事业单位工资体制改革。这次改革加大了级别工资在基本工资中所占的比重,清理规范

---

① 中央财政通过转移支付为实现财力下沉的政策努力还是非常见效的。1999—2009年,中国县级(包含乡镇)财政支出在全国财政支出的比重大约从30%提高到了45%。

了各项地方性津补贴的发放,进一步提高了艰边津贴的水平(全部由中央财政承担)。2008 年,伴随着义务教育免费政策在城市和农村的全面实施,中央推行了教师绩效工资体制改革(《关于转发人社部、财政部、教育部关于义务教育学校实施绩效工资指导意见的通知》(国办发〔2008〕133号)。这次改革提高了公办教师(特别是义务教育阶段教师)的工资待遇,但对基础教育学校教师的地方性津补贴和奖金的发放进行了更加严格的规范,包括义务教育阶段在内的各级各类学校的收费权及定价权开始收紧,教师工资与公务员工资之间的硬性挂钩机制被进一步强化。

必须指出的是,以中央财政保障为基础的机关事业单位工资体制集权化改革与传统计划经济时期的体制设计存在较大的差异。中央各行政部门之间在公共事业部门经费投入上的水平权力制衡机制出现了明显的变化,进而影响了中央与地方之间权责划分的稳定性。

首先,人社部门和财政部门对工资标准进行了双重管控。其中,人社部门管控基本工资标准,财政部门主要负责管理规范各项津补贴标准。

其次,公共事业部门的基本建设经费主要由发改部门控制的格局已经被打破。发改部门、财政部门以及公共事业的业务主管部门都有权安排基建类专项资金。

最后,中央财政不仅为基层事业单位人员的工资发放提供财力保障,而且开始承担公共事业部门公用经费的投入责任。公用经费的具体投入标准,则由财政部门和公共事业的业务主管部门协商解决。

上述权力分配的格局导致在中央政府层面,公共事业部门的业务主管部委为了扩大对于本系统基层单位的影响力,均有积极性以执行某项政策为理由提高本部门在中央财力中的占比,并逐步与地方政府之间形成了合谋机制,倒逼中央财政增加相应的经费投入。同理,人社部门也有动力坚持要求提高基本工资占比,而不是将工资总额水平作为首要调控目标。由此,保障基层工资发放对于中央财政的压力越来越大,而学校的经费自主权却日渐萎缩。[①]

---

① "以县为主"体制建立以来,中央财政通过一般性转移支付逐渐提高了中西部地区教师基本工资增资部分的保障水平。教师绩效工资体制改革启动之前,中央财政大约保障了教师基本工资增资的 70%。而在绩效工资体制改革之后,该比率上升到 100%。尽管津补贴调整所需资金原则上由地方财政自行负担,但实际上经济落后地区的津补贴发放同样依赖中央转移支付的支撑。

四、绩效工资体制运转的宏观困境

现行的工资管理体制下,中央政府主要通过管制基本工资、规范绩效工资、清理地方自行出台的各种津补贴三种手段,达到对于各地区教师工资的宏观调控目标。此方式同样应用于对公务员工资的宏观管理。中央的宏观目标主要是要将机关事业单位工资水平在地区之间的水平差距和行政层级之间的垂直差距控制在一定的范围之内,然而传统的管理措施却与不断扩大的地区经济差距和城镇化速度的加快产生了矛盾。

第一,由于施行全国统一的基本工资标准,中央难以同时兼顾经济发达地区和落后地区的实际要求,导致发达省份要求涨薪的呼声强烈,而落后地区由于自身财力的限制,为了执行中央规定的工资标准,需要依赖以中央财政为主的工资发放保障机制,但也引起了工资正常增长机制与中央财政保障能力之间的矛盾。地区经济差距越大,此矛盾便越难以调和。事实上,自 2008 年绩效工资体制改革后直至 2014 年,基本工资标准一直没有提高。由此,地方政府自行提高津补贴的冲动便难以遏制。例如,部分地区以执行工作目标责任制考核为由,发放各种名目的年终绩效考核奖,变相提高公务员的津补贴水平,这又进一步引起了事业单位的攀比和效仿。

第二,由于行政级别较高的政府公务员工资收入存在示范效应,中央政府一直严格控制中央本级、省级公务员的津补贴水平。同时,基于同城同待遇的工资管理规定,这一调控措施也直接影响了省会级城市所在地政府机关事业单位人员工资水平的提高。控制工资水平的垂直压缩率(即行政上下级之际的差距)是中央清理规范地方性津补贴的重要抓手,通过抑制低行政级别机关事业单位的攀比效应,中央希望以此实现全面管控工资水平的政策目标。然而,随着城市化进程的提速,大中城市的生活成本迅速上升,大中城市的公务员、教师工资水平偏低的矛盾也日益突出。这与 20 世纪 90 年代末期拖欠农村教师工资是当时中央政府所面临的主要问题恰好相反。

第三,当公共事业主管部委与地方政府产生财政共谋时,地方政府向中央财政转嫁支出责任的趋势不断加剧。伴随着中央财政保障压力的上升(不仅仅是保障工资发放的压力),建立工资正常增长机制的难度会越来越大。在此局面下,人社部门继续强化基本工资占比的调控目标,势必

与建立健全规范的地区附加津贴制度的政策目标产生矛盾。[①] 如果中央放松对于津补贴的管控,那么总体工资水平的地区差距和垂直差距必然会再次拉大,从而促使经济落后地区要求提高基本工资标准,最终导致全面涨薪的压力。面对这一局面,中央政府只能被迫对各种地方性津补贴政策进行周期性清理整顿。然而,对于基层事业单位的过度行政干预,又会引起教师微观激励机制的扭曲。

第四节　绩效工资体制实施的微观困境

教师绩效工资体制改革面临的更加棘手的问题是,尽管教师的总体工资水平已经有了显著提高,各级财政(特别是中央财政)的保障力度不断增强,但是教师群体的不稳定因素却有增无减,绩效工资的激励机制被虚化。也即,并非"涨工资"就可以让教师安心工作。

一、围绕基层教师待遇权益保障的纷争

20世纪90年代,由于基层政府拖欠农村教师工资,许多地区都出现了教师(包括公办教师和代课教师)的集体性维权活动。伴随着"以县为主"体制的确立,因拖欠工资引起的公办教师集体性维权行动明显减少,教师维权行动主要集中在农村代课教师群体之中。当然,尽管基本工资的发放在教师和公务员之间采取了统一步调,许多地区的公务员在各种津补贴和福利上依然高于教师,但是这并没有显著引起公办教师的维权行动。

在教师绩效工资体制改革启动伊始,公办教师(包括退休教师)的集体性维权活动再次抬头。在2008—2009年的教师维权活动中,在城区学校任教的教师代替农村教师成为维权行动的主力军。其直接的诱因在于,这次改革进一步严控学校通过创收发放教师津补贴的做法,部分城市

---

① 这种混乱循环的周期至今也没有发生根本性的变化。从实地调研的情况来看,在2015年中央新一轮工资体制改革启动的同时,部分省份的地方政府已经着手大幅提高公务员和教师津补贴水平,津补贴的上涨先于基本工资上调。而调整津补贴的政策在各地间步骤不一致,省级政府没有对涨幅进行系统性的管理,从而弱化了中央政策的效力。例如,一些地方政府已经将原来作为公务员绩效奖发放的"津补贴"正式纳入了津补贴工资,这主要是由于在社保并轨的改革驱动之下,当地公务员要求把收入水平的提高"制度化""持久化"。否则,一旦退休,实际收入水平将会出现较大幅度的下降。由于公务员隐性津补贴的显性化,自然也就带动了教师津补贴水平的上涨。

学校教师(特别是高中阶段教师)在改革之后实际收入水平不升反降。同理,在岗教师工资上涨的同时,部分地区的财政保障力度偏软,使得退休教师相对工资水平(替代率)下降,导致退休教师维权。

近几年来,伴随绩效工资体制改革的推进,同一地区公办教师与公务员之间以及公办教师群体内部的账面工资收入差距进一步缩小,然而教师群体维稳的难度却在上升。其中,城区高中教师的维权行动对于义务教育阶段教师产生了一定的示范和动员效应,导致县域范围内被动员的教师规模显著提高。就教师的维权诉求特征而言,教师要求工资收入(主要是各种显性乃至隐性的津补贴)与本地公务员刚性挂钩的呼声变得逐步强烈,邻近地区之间的教师收入相互攀比的效应也日益显著。这些问题在新一轮的机关事业单位工资体制改革前后并没有缓解的迹象。

上述问题与集权化工资管理体制的种种弊端密切相关。首先,教师若欲进行集体行动,既需要参与者具有一致性的利益诉求,也需要一定的"依法维权"的借口。工资标准的决策机制越集中,对基层教师各种来自预算外收入的津补贴控制得越严,这两方面的问题就会变得越严重。而教师的收入来源越多元化,教师的个体诉求越不容易统一起来,则难以形成较大规模的集体行动。

其次,在分权化的体制下,基层学校具备一定的经费和人事自主权,学校管理层也就有主观能动性和政策自主权去提升教师的工作激励及确保教师队伍稳定;同时,越处于基层的单位,其行政权力越小,对维权活动的反应就越敏感。针对某些不稳定因素,乡镇政府、县教育局、乡镇学区和学校都会各自承担一部分责任,也就减缓了教师向更高行政机关上访的可能性,有利于把矛盾化解在基层。但在集权体制下,基层学校的管理层对教师的激励和控制力都大幅削弱。校长本人的工作绩效也缺乏相应的奖励制度配套,岗位自身的吸引力下降,积极化解矛盾的动力也减弱了。

二、绩效工资激励机制的扭曲

从激励教师教育教学的角度,绩效工资体制在微观上面临的困境包括两方面:一是奖励性绩效工资被普遍平均分配;二是教师实际工资发放的水平与结构受到地方性津补贴政策和教师维权行动的影响,与公务员呈现趋同化的倾向。

虽然教师绩效工资体制改革在启动伊始就充分关注了教师激励机制的重要性,但是相应的政策设计在现实执行中却并不顺畅。本应依据绩效考核发放的奖励性工资,由于学校内部部分教师的抵制,往往只能采取平均分配的方式,激励机制被虚化。在同一个地区内部,当部分学校施行平均分配时,其他原本打算执行绩效工资政策的学校也只能跟着一起搞平均主义。为此,部分地区的县区政府把教师的绩效工资集中起来,再根据考核结果进行统一发放,但却引起了全县多个学校教师的集体反对。

教师工资激励机制与教师维权并不存在必然的矛盾。许多义务教育阶段的学校在分级办学的时代都采取了各种与教师收入水平挂钩的奖惩措施,通常不会引起教师的集体反对,因为奖金往往是来源于学校的各种收费收入,而收费的水平取决于学校的办学质量。伴随着义务教育免费政策在城市和农村全面实施,包括高中和中职在内的基础教育阶段学校的收费(或创收)政策都在日渐收紧,各级财政为学校所拨付的公用经费中一般也不容许给教师发放津补贴,因此学校的经费支配自主权普遍下降,对于教师收入的调节能力和激励机制的制定权都被削弱。一旦学校依赖财政拨款来进行奖惩,而拨款总额却与学校的办学质量无关,则奖惩制度在教师内部就难以执行了。

工资体制越集权,教师群体内部以及对公务员的攀比效应越强,这不仅使绩效工资难以与教师教学质量挂钩,也使得教师工资在水平与结构上与公务员出现了刚性挂钩的局面。尽管这有利于确保教师的收入待遇,但是教师毕竟不是公务员,如果二者的工资结构趋同化,则可能使得教师工资体制与教育工作的自身特点相背离。例如,地方政府采取发放改革性津补贴和工作目标绩效考核奖的方式变相提高公务员待遇,结果诱发了教师的集体性维权。迫于教师群体的压力,部分地区最终干脆把这两部分收入在公务员和教师群体中同步发放。我们在实地调查中发现,这两部分收入的总和在个别地区甚至已经明显高于基础性和奖励性绩效工资的合计水平,教师的平均待遇虽然提高,但是教师的工资结构和激励机制却被扭曲。

一种来自基层教师的呼声要求,财政部门应在绩效工资之外再单独拨付教师的绩效奖励资金。实际上,地方政府为教师(而不是公务员)单独设立高额绩效奖的现象也普遍存在。特别是为了确保高中教师的工作积极性,许多地区都从本级财政中单列专项资金,并根据高考升学情况重奖优秀的任课教师和班主任。现行教师绩效工资体制如何包容吸纳这些地方性的薪酬政策,或者再次以行政手段进行清理规范,无疑也是决策部门必须面对的难题。

必须要指出的是,体制内维稳压力的上升会削弱中央对于工资水平的调控能力。例如,在本轮工资体制改革伊始,中央政府意图在冻结规范性津补贴的同时,先提高基本工资水平,再推动地区附加津贴制度改革。但是,在基层维权的压力之下,地方政府被迫迅速提高了本地机关事业单位的津补贴水平,这样强制冻结津补贴的政策就无法落实了。类似"花钱买稳定"式的涨工资势必加剧薪酬体制的攀比效应和平均主义倾向,财政增资的结果也无法提高财政供养人员的工作积极性。

三、农村艰苦岗位教师补贴制度的改革启示

除了教学绩效激励之外,艰苦岗位补贴制度也是对于基层教师的重要激励机制。在绩效工资体制改革之前,许多县市(包括经济发达地区)为鼓励公办教师到农村艰苦学校任教,在辖区内自行采取了浮动工资制,使在农村艰苦学校任教的教师享受更高的待遇。例如,对于在农村学校任教的教师上浮一级工资,对于在偏远农村学校任教的教师上浮两级工资。然而,在 2008 年的改革之后,类似向农村倾斜的地方性教师待遇政策在许多地区都被取消,因为绩效工资体制本身并没有考虑到县域内部艰苦岗位补贴的设置问题。尽管同期执行的特岗教师政策在一定程度上弥补了这一缺陷,但也使得教师工资体制的保障责任进一步形成了对中央财政的依赖。

自 2013 年起,各地政府开始陆续推行了农村艰苦学校教师岗位补贴政策。在本次改革中,中央政府改变了集权化的思路,改由地方政府自行出台政策,中央财政针对地方实施情况给予奖补。在分权化的条件下,地方政府执行政策的情况出现了很大的差异。部分县市没有落实此项政策,在落实政策的县市中具体做法也各不相同。如,有些县按照岗位的艰苦程度,在县域内部采取了有差别的补贴标准,有些县则对全部农村学校岗位给予了同样的补贴标准;有些县为了防止艰苦岗位教师补贴政策引起农村机关事业单位工作人员的攀比,规定只有在一些偏远村小、教学点任教的教师才享受这一政策,而在乡镇政府所在地的学校就不享受此项政策。

中西部地区的部分省级财政对于此项政策的实施缺乏积极性,在中央奖补资金之外不愿意追加配套资金,这也是县市政府缺乏积极性的重要原因。不过,尽管分权化带来了政策落实上的地区差异,但是地区差异并没有明显地引起教师群体(或者在农村工作的其他财政供养人员)的维权活动。

该项政策实践的启示是,分权化的模式在控制工资政策的维稳风险

方面的确是有效果的,也有助于减轻中央财政的包袱。但是,在没有省级政府充分配合的情况下,该项政策的效力还是有限,只有将中央财政奖补与省级统筹体制相结合,才能确保分权化的改革最大限度地达成中央的政策目标。

第五节　建立健全基于省级统筹的教师工资体制

如前所述,现行工资体制的运转是以不断强化中央财政保障压力为代价的。2006—2008年的工资体制改革的背景是财政收入的增长率连续多年快于GDP增速。在当前财政增收局面日趋严峻的情况下,延续既往的政策思路,除非中央财政放弃原有的保障机制,否则持续增支压力很难承受。为了应对财政支出刚性,中央势必会强化税收上缴的压力,或者通过增发货币来刺激经济。显然,这些做法既不利于基层的维稳,也不利于经济的复苏。而在短期内,一旦中央政府采取"只出政策不出钱"的办法,只要地方政府落实不到位,将会直接刺激包括教师和公务员在内的财政供养人员的不满情绪。

基于过往集权和分权的政策周期中所积累的经验教训,工资体制的改革方案急需通盘考虑。笔者建议,决策部门不应继续强化过往的政策思路,而有必要考虑对教师工资体制(乃至整个机关事业单位工资体制)进行分权化导向的改革,增加基层单位的自主权和工资水平调控的灵活度。同时,必须吸取20世纪90年代后半期工资体制分权化的经验教训,将现行的中央财政保障机制与省级统筹体制改革充分结合起来。

第一,中央政府应放弃对于基本工资的全国统一标准,改为对地区间的总体工资差距进行"限高、托低、稳中"的调控。

为了增强宏观调控政策的协调性,应将工资总量标准的调控权统一归属中央的人社部门,改变人社部门和财政部门分头管控基本工资和津补贴标准的格局。同时,基本工资标准管控权则以省级统筹为基础向地方分权,薪酬内部结构如基本工资与津补贴比例的调整权也下放到地方,并增强基层单位对津补贴和奖金发放的自主权限。换言之,扭转地方政府与中央部委之间形成共谋一起争夺中央财力的被动局面,这是逐步建立健全省级统筹体制的重要基础。

在分权的架构下,中央政府的监管重点放在省会一级城市之间的工资水平差距调整之上,并对省会城市与省内各县市工资水平的差距范围提出要求。原则上,中央容许省内县市的工资水平高于省会城市,但对省会城市高于省内各县市的最大幅度做出硬性限制。在中央政策框定的范围之内,省级政府出台适合本省情况的政策细则。比如,省政府拟提高省直机关事业单位的工资水平,那么就必须负担本省各县市工资水平上调的责任,防止不同行政层级之间的工资水平差异加剧。在满足这一要求的情况下,省级政府自行确定省内县域之间的工资水平差距的调控区间,但中央对于基层机关事业单位人员的工资水平提出最低保障要求。

第二,在区分公共服务性质并进行分类管理的基础上,增强地方政府和教育部门对于办学经费的自主权和公共服务产品的定价权。

在教育行政主管部门与物价部门之间重新划定权力。教育部门有权规定"基本公共服务"和"非基本公共服务"的界定范围。高等教育和义务教育的界定权可以集中在中央教育主管部门,其他各级各类教育的界定权下放到省一级。物价部门对于"非基本公共服务"的定价权进行分权化管理,原则上可以下放到市县一级,并尽量确保教育产品定价与服务质量之间的对应关系。基层的教育行政部门和学校对于"非基本公共服务"的收费收入具备一定的支配权,包括用于教师的津补贴和奖金的发放。①

原则上,中央决策部门的宏观调控重点是分地区机关事业单位的平均工资水平差异,对于具体部门、具体岗位的差异化工资标准设置权限(如班主任津贴等)一律下放到省级层面。例如,地方政府如果认为本地区的某些类型的岗位应当支付高于平均水平的工资(工作条件艰苦、工作量强度大或者危险性强的岗位),需要增设一些特定的津补贴科目,只要不对整个区域的平均工资水平造成较大的影响,中央政府均应给予地方自主权。同样,省级政府应自行出台调控措施,对本省教育单位由"非基本公共服务"收入所支撑的津补贴和奖金的发放进行宏观管理。

第三,中央推行简政放权的同时需要加强省级统筹的制度建设,强化中央对于省级统筹体制的监管调控权力,防止工资保障压力过度上移。

自"以县为主"体制确立以来,中央已经开始强化省级政府的统筹责任,特别是统筹保障农村教师工资发放的责任,并在历次改革中逐渐扩大

---

① 一种意见认为,公办学校开设收费项目或者提高收费标准,将引起社会公众的不满情绪,诱发新的不稳定因素。而事实上,学校所面对的社会维稳压力主要来源于学校安全事件,并非收费问题。从另一个角度上讲,增强学校对于教师收入的调节能力和激励机制设计能力,也可以扭转"绩效工资不绩效"的被动局面,反而有利于缓解教师群体的不稳定因素。

省级统筹的内涵。[①] 省级政府的责任从"统筹各类教育经费的投入"扩大到"制定各级各类教育的办学支出标准",再扩大到民办学校的经费补助政策,等等。不过,从实践效果来看,省级统筹改革并没有达到预期目标,围绕省级统筹的相关评价标准、配套激励政策和监督机制也没有建立起来,中央的文件规定尚难以有效规范和引导省级政府的偏好和行为。显然,省级统筹体制改革的困境直接制约了工资体制改革的步伐。为了实现二者的同步推进,需要注意如下几方面的问题。

第一,需要强化县级财力保障机制[②]在省级统筹体制中的地位,确保中央对于工资水平及其经费保障的调控力度。为了实现此目标,县级财力保障机制中所涉及的工资标准及浮动区间的核定与实施应由人社部门来具体负责[③],同时财政部门的权限主要在于设计并执行对于省级财政的监管和激励措施。除了公办教师的工资之外,中央针对教育部门人员性经费的各类专项资金(如特岗教师专项资金)也必须纳入县级财力保障机制的统筹范围之内,并努力减少增设此类中央专项资金的安排,尽量在县级财力保障机制的框架内通过奖补方式鼓励地方财政自行出台类似政策。

第二,将中央财政对于机关事业单位的工资发放经费保障机制与县级财力保障机制相衔接。(1)在确保既得利益的前提下,重新核定中央财政在工资发放保障机制中所承担的比例任务,由保障基本工资发放改为按比例承担核定工资总额最低保障水平的方式,且实际工资总额高出最低保障的部分由地方财政全额承担;(2)中央财政的保障重点要向县级以下的机关事业单位倾斜,同时弱化对于县级以上单位的保障力度,加强省级财政自身的责任,减缓工资发放对于中央财政的压力;(3)如果部

---

① 关于省级统筹内涵的历史变迁,可以参见《国务院关于基础教育改革与发展的决定》(国发〔2001〕21 号)、《国务院关于深化农村义务教育经费保障机制改革的通知》(国发〔2005〕43 号)、2010 年《国家中长期教育改革和发展规划纲要》、《国务院关于进一步完善城乡义务教育经费保障机制的通知》(国发〔2015〕67 号)和《关于印发〈城乡义务教育补助经费管理办法〉》(财科教〔2016〕7 号)。

② 关于县级财力保障机制的具体内容,参见《国务院办公厅转发财政部关于调整和完善县级基本财力保障机制意见的通知》(国办发〔2013〕112 号)。

③ 现行的县级基本财力保障机制中,各项公共支出标准的核定权都是由财政部门控制的,其他公共事业部门的主管部委并没有参与进来,这最终导致财力保障机制本身很难将各项中央的财政支持政策统筹考虑进来,仅仅变成了中央财政的一项转移支付政策,并没有起到规范整个中央地方财政体制的作用。而另一方面,省级统筹体制改革虽然被中央多次强调,但是却没有一个配套的财政体制,所以省级政府并没有足够的激励去履行自己的统筹责任。

分县市的机关事业单位工资水平与省会城市的差距未能达到规定水平，或者部分县市未能达到中央规定的最低保障水平，则中央财政将扣减对于省级财政的转移支付或者税收返还，直接补助给相关县市。如果省会城市的工资水平超过了中央的规定，则可以使用行政措施与财政激励手段相结合的方式加以规范。

第三，为了进一步缓解财政保障压力，在省级统筹政策调控的目标对象上，不能仅针对预算内的经费标准及其分配规则，必须将教育经费总量的调控考虑进来，统筹调控预算内经费和多元化筹资的预算外经费，并在二者之间建立关联性的激励机制，调动地方政府主动吸纳民间资本办学的积极性。应当注意，当中央针对包括民办教育在内的生均教育经费（如公用经费和人员性经费）进行宏观调控之时，主要还是运用县级财力保障机制中的奖补性政策工具，而不是保障性政策工具（短期内中央财政不对民办教育的最低经费投入标准给予财力保障），目的是为了避免进一步加剧中央财政的支出刚性。就工资经费而言，要逐步探索在公立学校、民办学校、公办教师和市场化聘用制教师之间的灵活的经费配置机制。中央应容许公办教师以多种方式流动到民办学校或者混合所有制学校任教，且只要是核定编制的公办教师，中央拨付的工资经费不变。

第四，在省级统筹体制的基础上确立基于劳动力市场调查的工资正常增长机制。市场调查所得到的工资信息可以作为机关事业单位工资调整的重要依据，但建立工资正常增长机制还需要多方面的前提。首先，只有建立以分权化为导向的省级统筹工资体制，才能有效降低中央财政的保障压力，增强基层事业部门及单位的经费自主权，抑制相关群体盲目攀比的行为，逐渐软化教师和公务员工资结构之间刚性挂钩的倾向，进而确保基于工资调查的正常增资机制的建立。否则，财政经费保障和基层维稳的压力均会直接影响到工资水平与结构的科学增长。其次，保留学校对于教师工资水平的微调权，也为上级行政部门从宏观上调整工资标准提供了一扇观测窗口。由于编制体制的存在，机关事业单位的工资水平与劳动力市场的工资信息之间尚不具备完全的可比性。对于决策部门来说，学校对于教师收入的微调信息有助于决策部门判断工资调标的真实压力，调整基本工资和津补贴标准需要综合考虑来自工资调查的市场信息以及基层单位的意见和诉求。

综上所述，当前的机关事业单位工资体制改革沿袭了以往的集权化思路，不利于缓解集中统一的工资体制与地区经济差距不断扩大之间的矛盾，更难以建立起可持续的工资正常增长机制和有效的教师教学激励机制。面对当前经济下滑的压力,教师工资体制需要进行以分权为导向的改革。改革方案的设计要从教师工资体制运转的宏观机理入手,对于中央各部委之间以及中央、地方之间的权力制衡进行适度调整,工资发放的经费保障机制要与行政权力的制衡机制进行同步改革。概括而言,建立适应市场经济要求的教师工资体制要把握十六字原则:中央调控、省级统筹、弹性管理、科学增长。

第四章　我国义务教育教师工资体制：政策变迁与主要争论[①]

冯昕瑞　钟未平[②]

改革开放后，我国教师工资待遇政策经历了若干重要变化。1993 年出台的《中华人民共和国教师法》（以下简称《教师法》）将中小学教师的平均工资收入水平与当地公务员的平均收入水平挂钩，为保障教师权益、改善教师工作和生活条件、提高教师地位等提供了有效的制度保障。二十余年来，我国教师的工资和福利待遇得到普遍提高，在 2009 年开始教师绩效工资制改革后，教师的基本工资执行国家统一标准，绩效工资和津补贴实行省级统筹、县域内均衡，并由中央进行总量调控和政策指导，与机关事业单位工资体制的挂钩程度加强。2018 年 1 月 20 日，中共中央、国务院出台《关于全面深化新时代教师队伍建设改革的意见》，在《教师法》的基础上，对教师的法律身份做出进一步规定，确立了"公办中小学教师作为国家公职人员特殊的法律地位"，同时明确了教师工资所挂钩的公务员工资的具体含义，从 1995 年《〈教师法〉实施意见》中规定的"国家统计局规定的工资总额构成的口径统计的平均工资额"，转变为公务员的"实际收入水平"。2020 年中央一号文件《关于抓好"三农"领域重点工作确保如期实现小康的意见》进一步强调落实中小学教师平均工资收入水平不低于或高于当地公务员平均工资收入水平的政策，首次将落实教师待遇与公务员"挂钩"的政策纳入中央一号文件。

在不同工资待遇政策下，对教师待遇的焦点问题有怎样的特点？本文根据义务教育教师工资体制改革中的重大事件划分历史阶段，讨论各阶段政策变迁过程中的主要争论，以对现行的义务教育教师待遇保障体制和政策演变逻辑进行进一步的解读。[③]

---

①　本文完成于 2020 年 5 月。

②　冯昕瑞，北京大学教育学院博士研究生；钟未平，北京大学中国教育财政科学研究所科研助理。

③　本文重点探讨了 1985 年工资体制改革后的重要争论。20 世纪 80 年代前的争论数据较为缺乏，暂未列入本文的讨论中。

第一节　1956 制度：区域经济差距矛盾不突出时的集权体制

1956 年，国务院通过了《关于工资改革的决定》，对企事业单位和国家机关的工资制度进行改革，实行"职务等级工资制"（以下简称 1956 制度），实现了从供给制到货币制的跨越。[①] 在该体制下，国家机关、事业单位、国有企业实行统一的工资体制，基本工资和津补贴标准的调整权高度集中于中央政府。彼时，中央财政并没有为基层公务员和中小学教师的工资发放提供财力保障的机制。1956 制度运转的基础是计划经济体制，中央政府对国民经济收入分配体系具有较强的调控能力，区域经济差距的矛盾尚不突出，而在市场经济体制下则无法简单地效仿该体制的一些核心特征。

改革开放以来，随着经济持续发展和物价水平不断增长，为了解决长期工资水平僵化带来的弊端，国家多次进行工资标准调整。1977—1985 年，机关事业单位共进行了五次工资调整。虽然机关与事业单位延续了 1956 年的工资体制，但是国家机关工作人员除工资待遇外有各类隐形福利补贴，实际待遇水平普遍高于教师。

改革开放以来，国家出台了一些教师专项津贴政策，例如中小学特级教师补贴和班主任津贴。[②] 这些津贴在教师工资结构中占比较大，是重要的收入来源。

第二节　1985 制度：工资标准上收、财政责任下沉

一、集中统一的工资体制下增设津补贴科目的政策

1984 年，党的十二届三中全会提出，要实行"有计划的商品经济"，打破分配中的"平均主义"，实行政企职责分开。在此政策背景下，1985 年 6

[①]　吴木銮.我国政策执行中的目标扭曲研究——对我国四次公务员工资改革的考察[J].公共管理学报,2009(3):32-39.

[②]　1978 年 10 月，教育部、国家计划委员会制定了《关于评选特级教师的暂行规定》，规定小学特级教师每月补贴 20 元，中学特级教师每月补贴 30 元。1979 年 11 月，为了鼓励教师做好班主任工作，国务院颁发了《关于普通中学和小学班主任津贴试行办法（草案）》，按照学生人数给中小学班主任发放班主任津贴。

月,中共中央和国务院印发了《关于国家机关和事业单位工作人员工资制度改革问题的通知》,机关和事业单位的工作人员实行以职务工资为主的"结构工资制"改革(以下简称 1985 制度)。1985 制度下,机关和事业单位工作人员依然实行挂钩的工资体制。虽然该制度在一定程度上体现了按劳分配的原则,但中央仍然严格管控教师基本工资和职务工资的标准。由于集中统一的工资体制逐渐不能满足各地差异化的情况,且工资增长的速度滞后于经济发展速度,国家陆续出台各类津补贴科目和工资待遇的政策,以提高教师待遇。大量的教师津补贴使得教师的工资和机关工作人员的收入水平不至于相差过大。例如,国务院工资制度改革小组、劳动人事部联合出台了《关于高等学校、中等专业学校、中小学教职工工资制度改革问题的通知》(劳人薪〔1985〕40 号),规定中小学和幼儿园教师同时实行教龄津贴。[①] 20 世纪 80 年代后期的政策将中小学和幼儿园教师工资提高 10%,并提出了建立中小学教师超课时酬金制度。[②] 1989 年12 月,国务院转批人事部、国家计委、财政部《1989 年调整国家机关、事业单位工作人员工资实施方案的通知》,对正式教师在"现行职务工资标准的基础上增加一级工资",另外,对退休人员按在职人员相应职务普调一级的平均增资数额。

二、下沉乡镇的义务教育财政制度

在 1985 制度改革的同期,我国的教育财政管理体制也经历着分权化改革,中央政府大幅度缩小了工资制度管控的适用范围,在推动政企分开的同时,减低了财政部门的保障压力。[③] 1985 年《中共中央关于教育体制改革的决定》确立了"地方负责、分级管理、以乡为主"的教育管理体制,乡镇财政支付农村公办中小学教师工资,乡村两级共同负责民办教师工资。

20 世纪 80 年代中期之后,在分权化的财政体制下,部分地区由于基

[①]　根据 1985 年国务院会同教育行政部门共同制定的《关于教师教龄津贴的若干规定》,教龄津贴标准是:教龄满 5 年不满 10 年的,每月 3 元;满 10 年不满 15 年的,每月 5 元;满 15 年不满 20 年的,每月 7 元;满 20 年以上的,每月 10 元。

[②]　在 20 世纪 80 年代中后期,出台《关于提高中小学教师工资待遇的通知》(国发〔1987〕102 号)、《国务院关于提高部分专业技术人员工资的通知》(国发〔1988〕60 号)、《关于提高中小学班主任津贴标准和建立中小学教师超课时薪酬制度的实施办法》(人薪发〔1988〕23 号)等。各项津补贴发放仍需经中央审批(参见《关于国家机关和事业单位工作人员工资制度改革后奖金、津贴、补贴和保险福利问题的通知》劳人薪〔1985〕33 号)。

[③]　赵俊婷,刘明兴.教师工资体制的宏观运转机理与基层实施效果分析[J].北京大学教育评论,2017(4):2-16.

层财政的困难,出现了不同程度的拖欠工资事件。① 例如,全国人大义务教育执法检查组对上海市崇明县的调研中发现,由于乡镇政府不堪重负,1990 年当地个别乡镇已存在拖欠教师工资的情况,1991 年 1/3 以上的乡镇受到波及,至 1992 年绝大多数乡镇均拖欠教师工资,这导致部分教师情绪波动,影响了正常的教学秩序。②

三、上层对教师工资待遇"挂钩机制"的呼声

20 世纪 80 年代中后期开始,在高层领导人的倡导下,全国人大代表积极提议建立教师待遇的"挂钩机制",立法保障教师待遇。陈云同志在中央研究工资体制改革中特别提出,"对中小学教师不仅要有工龄工资,且要使他们的工资标准比同等学力从事其他行业的人略高一点才好"。③ 1985 年,人大代表张承先在全国人大常委会中指出,为了落实陈云同志提出的要求,要"使农村的中小学教师的待遇略高于当地中等劳动力的人均收入水平,城市中小学教师待遇略高于当地职工平均收入水平"。④ 1986 年第六届全国人大第四次会议上,张承先等 303 名代表、杨辉等 31 名代表、陈日亮等 33 名代表,首次提出"尽快制定《教师法》"的全国人大议案。同年,在全国政协会议上,方明联名 21 名政协委员、王路宾联名 27 名政协委员,分别提出了"关于尽早制定《教师法》的提案""关于提请制定中小学教师法的提案"。在 1989 年的全国人大代表山东代表团全体会议上,张承先进一步提出应将教师工资水平与"全民所有制职工的平均工资水平"进行"挂钩"的建议,可以视为教师待遇挂钩机制的雏形。⑤ 全国人大教科文卫委员会的吴福生也多次公开发声呼吁立法保障教师待遇,提出应在《教师法》中明文规定"使教师的平均工资待遇高于其他行业的实际收入水平"⑥,或"使教师实际工资的水平都高于当地全民所有制

---

① 顾卫临.至圣的焦虑:关于拖欠教师工资的思考[J].开放时代,1994(5):50-54.

② 陈松林.崇明县实行教师工资县级统筹新办法:拖欠教师工资顽症得以治愈[J].上海人大月刊,1996(8):28.

③ 张承先.建设有中国特色的社会主义教育体系[A]//《张承先教育文集》编委会.张承先教育文集[C].北京:北京大学出版社,2012:310-319.

④ 张承先.必须高度重视加强基础教育[A]//《张承先教育文集》编委会.张承先教育文集[C].北京:北京大学出版社,2012:320-327.

⑤ 张承先.治理整顿中要正确贯彻落实确保教育发展的方针[A]//《张承先教育文集》编委会.张承先教育文集[C].北京:北京大学出版社,2012:499-510.

⑥ 吴福生.教育热点刍议[J].山东教育科研,1989(3):31.

职工工资平均水平"。①

　　虽然有来自高层的通过立法建立教师待遇"挂钩机制"的呼声,但是在 20 世纪 80 年代末期及 90 年代初期,全国人大教科文卫委员在组织检查《义务教育法》实施情况时,教师待遇问题并非考察的重点内容,各省对教师待遇问题的反映也较为笼统。1988 年上海市对《义务教育法》的执法检查中,提到了教师待遇有所改善。② 所调研的福建省部分县则提到了教师待遇问题的诸多成绩。③ 1991 年,全国人大决定对《义务教育法》实施五年来的情况在全国范围进行检查,在各省、自治区、直辖市自查的基础上,对 18 个省、自治区、直辖市进行了检查。④ 各省汇总情况表明,教师队伍建设进展良好,师范教育投入增加,中小学教师学历达标率提高。虽然报告中也笼统地提到存在教师待遇偏低、民办教师占比高等问题,然而明显可以看到,教师待遇并非地方和全国人大执法检查中所关注的重点问题。

第三节　1993 制度:教师工资入法和财政分权化改革

一、机关事业单位工资体制脱钩和津补贴标准下放及"挂钩机制"入法

　　1993 年,中央政府开始推行"职级工资制"改革,实现了机关与事业单位工资制度脱钩,机关与企业、事业单位实行不同的工资体制(以下简称 1993 制度)。1993 制度同时允许省、自治区、直辖市运用地方财力安排一些工资性支出,用于缩小机关工作人员工资水平与当地企业职工工资水平之间的差距。由于当时文件规定的地区附加津贴迟迟未出台,各

---

　　① 吴福生. 教师·教师法·师范教育[J]. 高等教育研究,1990(3):7.

　　② 1988 年 8 月,按照全国人大教科文卫委员会和国家教育委员会的统一安排,上海市人大常委会采取直接重点检查徐汇、闸北、上海、南汇 4 个区县,同时委托各区、县人大常委会面上普遍检查的做法,对上海市执行《中华人民共和国义务教育法》《上海市普及义务教育条例》情况进行执法检查。参见:上海市地方志办公室. 第九届执法检查和视察工作[EB / OL]. (2001-12-28)[2019-12-19]. http://www. shtong. gov. cn/Newsite/node2/node2245/node4492/node22091/node22182/node63693/userobject1ai10958. html.

　　③ 李青藻. 关于福建省长乐、福清、罗源三县普及义务教育的调查[J]. 教育评论,1988(5):47—50.

　　④ 参见中国人大网. 全国人大教育科学文化卫生委员会关于检查《中华人民共和国义务教育法》实施情况的汇报(摘要). [EB/OL]. (2000-12-28)[2019-12-19]. http://www. npc. gov. cn/wxzl/gongbao/2000-12/28/content_5002664. htm.

地自行出台了各种名目繁多的津贴补贴科目。

在事业机关单位"脱钩"的工资体制颁行的同时,1993 年颁布的《教师法》以法律形式要求教师的平均工资水平与国家公务员的平均工资水平"挂钩"。《教师法》的颁布,暂停了全国两会代表、委员以及政策制定过程中对"挂钩机制"具体内容的争论。根据 1995 年《国家教委关于〈中华人民共和国教师法〉若干问题的实施意见》,此时"平均工资水平"指按国家统计局规定的工资总额构成的口径统计的平均工资额。至于教师的住房、医疗、退休金等其他待遇问题,一是考虑到公费医疗制度正在进行改革,二是为了调动中央和地方的积极性,所以没有进行太细、太死的规定。[①]

二、分税制改革下教师待遇差距增大

1994 年,我国实施分税制改革,使得上级政府汲取下级政府收入的能力增强,县乡级政府的财力被削弱,财权与事权不符的现象日趋严重。此外,地方不仅有更大的灵活空间来调整区域内的津补贴水平,其支配预算外收入的权力也大幅提高。各地经济发展水平也进一步拉开差距,不同地区义务教育阶段教师工资水平差距扩大。

虽然《教师法》中建立了教师和公务员工资的"挂钩机制",然而在1993 制度下,机关事业单位人员的工资标准已然分离。实施义务教育的学校可以收取杂费,"挂钩机制"难以在实际中落地执行。即便在同一个乡镇的不同学校之间,教师待遇也存在着差距,教师工资水平愈发受到其所在工作单位的收入能力的影响。事业单位人员的收入水平与公务员工资的关系形成了非常复杂的局面。在一些收费能力较强的事业单位(如重点学校),其人员的收入水平可能显著高于公务员,而收费能力较弱的事业单位则可能连基本工资的发放都无法保障。

20 世纪 90 年代中后期,中央启动国家贫困地区义务教育工程、危房改造工程等,加大对中西部地区的支持力度。然而,当时的专项转移支付力度仍然有限,且首先保障基建等项目,尚没有中央对教师工资的专项转移支付拨款。在地方和学校拥有更多工资津补贴标准制定权且教师工资的保障责任下沉至乡镇基层的背景下,教师工资发放问题在贫困地区仍面临严峻挑战。据全国人大常委会执法检查组 1999 年的调查报告,全国

---

① 朱开轩. 关于《中华人民共和国教师法(草案)》的说明[A]//全国人大教科文卫委员会教育研究室. 教师法学习宣传讲话. 北京:北京师范大学出版社,1993:39-40.

有 2/3 的省、自治区、直辖市存在拖欠教师工资的现象。①

民办代课教师面临比公办教师更为严峻的工资待遇问题。1993 年，民办教师待遇一般仅为公办教师的 1/4 到 1/3。贫困地区民办教师的身份和待遇问题是彼时的重要呼声之一。1993 年，在对甘肃、青海的调研中，全国政协教育文化委员会提出希望扩大民办教师转公办教师的比例，设立教育扶贫基金，或在所征收的教育附加费中列专项用以补助贫困地区的民办教师，提高公助部分工资。② 陈益群等 9 位委员也在政协八届二次会议上联合发言，建议提高民办教师生活待遇，增加贫困地区、少数民族地区民办教师转公办教师的比例。③ 伴随着相关呼声，1997 年 9 月《国务院办公厅关于解决民办教师问题的通知》（国发办〔1997〕32 号）进一步强调要有计划地将合格民办教师转为公办教师。

民办教师转正也为地方政府带来了更大的财政负担，很多地区乡镇财政入不敷出。同时，农村学校教师短缺问题依然没有得到解决，新增民办教师的口子被政策堵死，在公办教师的补充十分困难的情况下，农村学校又增加了许多代课教师。他们的工资主要用杂费发放，数额庞大，且工资更低，构成了严重的隐形工资拖欠问题。

第四节　21 世纪初期："以县为主"体制的确立和中央保障责任的加大

一、教师工资管理体制和财政保障压力上移

20 世纪 90 年代对于教师队伍建设的主导思想是以提高办学效益为目的精简人员、核定编制，奉行的是"效率优先"的原则，而不是"教育公

---

① 彭珮云.全国人大常委会执法检查组关于检查《中华人民共和国义务教育法》实施情况的报告：1999 年 12 月 24 日在第九届全国人民代表大会常务委员会第十三次会议上．〔EB／OL〕．（2000-12-06）〔2019-12-19〕．http://www.npc.gov.cn/wxzl/wxzl/2000-12/06/content_7245.htm.

② 全国政协教育文化委员会.关于甘肃、青海贫困地区实施义务教育情况的调查报告〔A〕//全国政协教育文化委员会.1993—2004 年中国西部贫困地区义务教育调查：全国政协教科文卫委员会专题调研汇编.北京：北京航空航天大学出版社，2005：9-12.

③ 陈益群等.陈益群等 9 位委员的联合发言：贫困地区实施义务教育要予以特殊重视〔A〕//全国政协教育文化委员会.1993—2004 年中国西部贫困地区义务教育调查：全国政协教科文卫委员会专题调研汇编.北京：北京航空航天大学出版社，2005：127-129.

平"的原则。① 这一情况在进入 21 世纪后发生改变,虽然教师工资制度延续了 1993 年以来的体制,然而宏观财政体制和教育管理体制都更加上移,发生了以"公平"为导向的集权化变革。

第一,"一费制"下,义务教育阶段的收费被更严格地管控,教师工资来源主渠道被削减,乡村层级和基层学校的经费短缺问题进一步凸显。第二,由于农村地区拖欠教师工资的情况严重,中央财政对中西部困难地区农村中小学教师工资通过专项转移支付项目进行保障,2001 年该项资金总额达到 50 亿元。2002 年伴随着农村税费改革,中小学教师工资转移支付成为 245 亿元农村税费改革转移支付的一部分。第三,建立"以县为主"的教育管理体制和教师工资保障体制。2001 年国务院《关于基础教育改革与发展的决定》规定,县级财政要设立"工资资金专户",保障农村中小学教师工资的发放。

在上述改革下,乡镇级公务员和农村基层事业单位人员工资开始纳入县财政统发,公办教师工资的负担逐渐向中央财政转移,落后地区教师工资的发放得到了更有力的财政保证,经济欠发达地区严峻的工资拖欠势头得到了遏制。

二、国标工资外的工资发放和隐性拖欠问题

在这一时期,由于我国并未建立稳定的有关义务教育经费保障的央地责任机制,在部分地区仍存在拖欠教职工工资的现象。在此情况下,地方重点反映的问题包括两点。

第一,随着中央财政对教师工资支持力度的增大,教师国标工资的保证程度在各地有所好转。然而省级政府出台的津补贴仍不能及时发放,教师们对此反映强烈。并且,同一地区教师工资发放标准不统一,各地之间标准不统一。

第二,隐性拖欠问题严重。不少地区农村代课教师人数居高不下的原因即其工资较低(多在几十元至二三百元范围内),且主要用学校收取的杂费发放。由于财政难以负担,这些代课教师即使学历合格且符合任职条件,仍不能转正。代课教师同样面临着严重的工资待遇拖欠问题。

值得指出的是,此阶段代课教师的隐性待遇拖欠问题虽然被全国多地所提到,然而在各地的建议中,占据主导地位的是与义务教育阶段的整

---

① 范晓东.权威体制下的"特岗计划"府际间合作治理研究[J].教师发展研究,2017(2):37-44.

体财政投入设计方案有关的建议,较少有针对代课教师待遇保障问题的具体建议。全国人大教科文卫委员会办公室编辑整理的关于中小学教师队伍状况的资料中提出的解决农村小学代课教师问题的对策建议,仅谈到应发展农村经济,使得地方财政收入和农民收入稳步增长。该建议并未改变原先由基层部门发放代课教师工资的制度框架,且并不能从短期内解决代课教师的待遇拖欠问题。

三、加强中央财政责任、建立教育经费保障体制的呼声

进入 21 世纪后,随着义务教育经费负担逐渐向中央转移,义务教育财政保障机制成为教育公共政策参与的核心议题。在针对义务教育财政投入和教师工资待遇保障的议题中,大部分政策参与者都意识到了加大中央财政责任的重要性。然而,中央应以何种方式加强财政保障、保障的力度应有多强,在政策出台前尚未达成共识。21 世纪初期,在地方的调研和执法检查中,对于解决教师工资拖欠问题,全国人大教科文卫委员会调研组和地方提出的建议主要分为以下两类。[①]

第一类,建议实行"以县为主,中央、省增加转移支付"的办法,国务院制定转移支付的具体办法和程序,建立相对稳定和规范的转移支付制度、加大转移支付力度。一些地区建议设立用于经常性经费的专项转移支付制度,重点支持教师工资的发放(例如贵州省),或设立中央或省级对农村边远贫困地区中小学教师的津补贴专项(例如江苏省);另一些地区建议加大中央对中西部地区的一般性转移支付力度(或加大中央对地方义务教育的总体投入),扩大总体资金来源(例如宁夏、山西等地)。

第二类,建议建立新的教育财政体制,明确中央、省级和各级基层政府的分担责任,力求在更宏观的体制设计中解决教师待遇问题。相关建议分为以下几种。第一种,建议制定经费标准,确立各级政府的责任,例如,山东省建议由中央财政统一制定维持县乡两级正常运转的基本人均财力标准和具体办法,对收入达不到这一标准的,由中央、省和市三级予以补足,集中资金优先保证教师工资发放。甘肃省财政厅建议国家根据全国义务教育发展不均衡的具体状况,制定一个有利于农村边远贫困地区教育发展的教师收入差别标准,并由中央财政转移支付提高贫困地区教师补贴和津贴,吸引有志之士扎根乡村执教。第二种,有些地区则建议

---

① 　全国人大教科文卫委员会教育室.2002 年全国人大教科文卫委员会关于教育经费及教师工资发放情况调研报告汇编[C].2002:11-13.

按照具体经费科目确定政府责任,例如安徽省人大代表胡平平在议案中建议,应按照"谁出台政策,谁承担经费"的原则,全国农村中小学教职工的国家统一标准的教师工资由中央财政全额承担(东部发达省份原则上由各省自行解决),省、市、县级政府出台的津补贴由相应级别地方财政承担。江苏省、江西省以及福建省也提出类似建议。第三种,建议按比例确立各级政府责任,例如广西百色市田阳县、德保县政府建议,中央承担教师工资(含福利费、地方政府出台的补贴等)的80%,省级承担教师工资的20%。

在此阶段,不同地区针对具体分担方式的建议有所差异,然而核心诉求均为加大中央财政投入、建立更完善的中央对地方的投入机制。此外,在教师与公务员工资的"挂钩机制"上,已有零星的呼声建议将义务教育阶段教师纳入国家公务员系列。例如,在2002年的全国人大议案中,胡平平提出改变教师的法律身份从而实现对教师待遇的保障,这在当时的时代背景下是较为激进的诉求。①

第五节　2006制度:绩效工资改革后"挂钩机制"的加强

一、义务教育学校的绩效工资制改革:建立"挂钩"的工资体制

2006年,随着《公务员法》正式实施,我国推行了第四次机关事业单位工资制度改革(以下简称2006制度)。2009年1月,工资制度改革的覆盖范围扩大到义务教育阶段学校中。

2006制度恢复了机关工作人员和义务教育阶段公办教师工资的"挂钩机制"。义务教育阶段教师的基本工资和公务员基本工资相挂钩,而教师和公务员的工资科目中都设立的艰边津贴和特殊岗位性津贴等也是执行国家统一标准,并由中央财政负担。义务教育阶段教师绩效工资总量的确定需要随基本工资和学校所在县级行政区域公务员规范后的津贴补贴的调整而调整,即教师的绩效工资与公务员规范后的津补贴科目挂钩。

2015年年初,中央政府为了配合养老保险制度改革、解决机关事业单位工资多年未涨、基层人员待遇偏低的问题,国务院办公厅转发人社部和财政部下发的《关于调整机关事业单位工作人员基本工资标准和增加机关事业单位离退休人员离退休费三个实施方案的通知》,启动新一轮机关事业单位薪酬体制改革。此次改革延续了2008年年底义务教育阶段

---

① 胡平平. 挑战:我的40年教育实践及反思[M]. 北京:教育科学出版社,2014:341.

教师工资体制调整的思路,将部分津补贴或绩效工资纳入基本工资,适当提高了基本工资比重,并且通过提高职级工资、艰边津贴(及设立乡镇工作补贴制度)等手段实现向基层和经济欠发达地区的倾斜。[①] 文件要求全面落实集中连片特困地区乡村教师生活补助政策,依据学校艰苦边远程度实行差别化的补助标准,中央财政继续给予综合奖补;同时进一步加强津补贴的规范,规定各地各部门不能自行提高津补贴水平和调整津补贴标准。

二、义务教育免费政策下部分地区教师工资不升反降

进入 21 世纪,经过若干年中央和省级转移支付的支持,教师工资保障工作已取得了明显效果。全国各县都已经基本将教师工资上收至县,实现"以县为主"的教师工资保障机制,且从全国范围来看,基本保证教师工资的及时拨付。2008 年,全国人大执法检查中发现,农村教师工资上收到县级管理后,各地没有出现新的拖欠教师工资现象,部分地区已开始落实农村教师的医疗、养老等社会保险待遇。[②] 并且,各地出台各类政策以确保教师津补贴的发放,努力缩小教师与公务员收入水平间的差距。

2005 年 12 月正式启动了义务教育经费保障机制改革,要求全部免除农村义务教育阶段学生学杂费,免学杂费资金由中央和地方按比例分担。2008 年,城市义务教育也实现免费。义务教育阶段免费的全面推行,进一步削弱了基层教育单位的财权,教师工资的发放完全依靠县级及以上政府的财政拨款和转移支付。

新机制改革根据"一费制"部分核定补助标准,学校一律不许再收取服务性费用,一些学校实际得到的经费比新机制实行前大量减少。由于新机制严禁学校使用收费收入和公用经费自行发放津贴补贴,且严禁学校在核定的绩效工资总量外自行发放任何津贴补贴或奖金,在部分经济状况较好的地区或城镇地区,新机制施行之后,义务教育阶段教师的工资不升反降。例如,贵州省遵义县实行新机制后,全县一年减少教育经费1400 万元;重庆永川区一年减少教育经费 1430 余万元,经费减少直接影

---

① 赵俊婷,刘明兴. 教师工资体制的宏观运转机理与基层实施效果分析[J]. 北京大学教育评论,2017(4):2-16.

② 路甬祥.全国人民代表大会常务委员会执法检查组关于检查《中华人民共和国义务教育法》实施情况的报告——2008 年 12 月 25 日在第十一届全国人民代表大会常务委员会第六次会议上[EB/OL].(2009-02-05). http://www. npc. cn/wxzl/gongbao/2009-02/05/content_1505228. htm.

响了教师待遇。①

三、农村教师专项津补贴政策出台，中央财政支持细化

为解决农村教师的待遇问题，中央特设了乡村教师生活补助、乡镇工作补贴等由中央财政主要负担的津补贴科目。2013年，国家开始实行连片特困地区乡村教师生活补助，要求按照"地方自主实施、中央综合奖补"的原则，对在连片特困地区乡、村学校和教学点工作的教师给予生活补助。乡村教师生活补助政策中，中央奖补资金力度和占总投入的比重不断上升。中央财政综合奖补资金自2013年的9.15亿元上升至2018年的45.1亿元，占各地投入的91.67%。② 随着中央财政保障水平的提升，乡村教师生活补助等农村教师专项津贴的发放落实情况好转。2015年，对包括乡村教师在内的乡镇机关事业单位正式工作人员实行乡镇工作补贴，人均月补贴标准不低于200元，并向条件艰苦的偏远乡镇和长期在乡镇工作的人员倾斜。

四、特岗教师"挂钩"公办教师待遇，工资体制却不同

2006年，清退代课教师的政策与特岗教师政策几乎同步出台。教育部在3月27日召开的新闻发布会上透漏，各地将"进一步加快清退中小学代课人员工作"，"将把余下的44.8万中小学代课人员全部清退"。同年，教育部、财政部、人事部、中央编办发布《关于实施农村义务教育阶段学校教师特设岗位计划的通知》，公开招募高校毕业生到西部"两基"攻坚县以及县以下农村义务教育阶段学校任教。西部地区2006年开始实行该政策，中部地区在2009年首次执行该政策。截至2018年年底，全国累

---

① 李瑞峰，郭大，辛贤.中国农村义务教育投入：现状及政策建议[M].北京：中国农业出版社,2009.

② 数字整理自以下政策文件和国家教育新闻网中的资料：

教育部办公厅关于2013年连片特困地区乡村教师生活补助项目实施情况的通报(教师厅函〔2014〕3号)；

教育部办公厅关于2015年连片特困地区乡村教师生活补助实施情况的通报(教师厅〔2016〕4号)；

教育部办公厅关于2016年连片特困地区乡村教师生活补助实施情况的通报(教师厅〔2017〕1号)；

教育部办公厅关于2017年乡村教师生活补助实施情况的通报(教师厅函〔2018〕4号)；

教育部办公厅关于2018年乡村教师生活补助实施情况的通报(教师厅函〔2019〕3号)；

万玉凤.教育部：2014年94.9万乡村教师享受生活补助[EB/OL].(2015-09-07)[2020-01-07]. http://www.jyb.cn/basc/xw/201509/t20150907_636155.html.

计招聘特岗教师约 75.4 万人，累计投入约 527 亿元。[①] 特岗教师已成为农村教师队伍中重要的补充力量，为县级政府提供了三年的财政投入和教师编制的缓冲期。

政策文件中规定，特岗教师在聘任期间，执行国家统一的工资制度和标准，并由中央财政设立专项资金支付；其他津贴补贴由各地根据当地同等条件公办教师年收入水平和中央补助水平综合确定，由地方财政负担。省级财政负责统筹落实资金，用于解决特设岗位教师的地方性补贴、必要的交通补助、体检费和按规定纳入当地社会保障体系，享受相应的社会保障待遇（政府不安排商业保险）应缴纳的相关费用，以及特设岗位教师岗前集中培训和招聘的相关工作等费用。虽然在政策要求上，特岗教师在服务期内待遇需比照公办教师，然而特岗教师与公办教师实施不同的财政保障制度和工资制度。中央政府以"三年工资由中央财政支付"为条件，激励地方政府增加投入。在三年后，特岗教师可自主选择是否继续留任并获得当地教师编制，特岗教师转正后其工资发放纳入当地财政统发范围。

该计划实施的早期，在中央专项资金的支持下，在部分地区，与当地公办教师相比，特岗教师的工资标准较高。随着时间的推移，公办中小学教师工资整体提升，虽然中央屡次提高特岗教师财政补助的工资标准，但地方公办教师的实际收入水平提高速度更快，愈发高于中央财政对特岗教师的工资性标准。由于特岗教师尚未获得正式编制，很多地方政府并不能保障补齐特岗教师与当地公办教师的收入差距。在实际发放中，特岗教师乡镇工作补贴和乡村教师生活补助不能落实的情况仍时有发生。2015 年的机关事业单位社保并轨体制改革，意味着特岗教师的社会保险也需由学校所属的县级财政负担，社保缴纳标准是否与公办教师相同，也存在争议。同时，社保并轨政策也引发了并轨政策前的特岗教师的社会保险补缴问题，加大了县级财政部门的压力，也导致了特岗教师对政策的不满。[②]

五、教师法律身份"挂钩"和细化津补贴的诉求的呼声

2006 制度之后，在教师待遇方面涌现出大量的修订《教师法》的呼声。此类呼声主要包括如下三种。

一是细化对特定人群的待遇保障。例如，人大代表张淑琴自 2010 年

---

① 郑新蓉等."新时代'特岗计划'实施情况与乡村教师供给研究"结题报告[R].2019.

② 宋婷娜，郑新蓉. 从"补工资"到"补机制"："特岗教师"工资性补助政策的实施效果[J]. 北京大学教育评论，2017(2)：39-52,187-188.

起连续三年联名三十余位代表提出修改《教师法》的议案，希望社会力量所办学校教师待遇不得低于当地同级同类公办学校教师的待遇，并保证其医疗保险、养老保险和失业保险的落实。她还建议从法律上规定对从事特殊教育的教师和在民族地区、偏远地区工作的教师予以特殊津贴补助。① 人大代表张雅英连续两年提出了关于依法保障企业办中职学校和幼儿园离退休教师待遇的建议。②

二是继续提高教师工资的财政保障层级，加大中央和省级政府的责任。例如，人大代表庞丽娟提出：建议建立义务教育教师工资待遇的中央、省（市）、县三级政府承担制度，其中农村教师的国标工资由中央、省级财政共同全额支付；教师工资的拖欠问题由中央和省级财政共同负责尽快解决。③

三是试图以转变教师身份的方式，进一步将教师待遇与公务员挂钩。人大代表王斌泰曾在 2007 年两会期间公开发声，建议将教师纳入公务员行政管理序列，以解决教师待遇偏低的问题。④ 同时，周洪宇⑤、庞丽娟⑥等代表则呼吁明确义务教育教师作为"国家教育公务员"的法律地位和身份，以保证教师工资待遇的落实、提高中小学教师的社会地位，同时有利于政府统筹教师资源。将教师纳入公务员队伍的改革不仅涉及福利待遇问题，对于编制和任命体制都有一定冲击，需要各个有关部门之间的统筹协调，该呼声在 2009 年的《教师法》修改中并无体现。在这次修订后，人大代表继续修法的呼声依然强烈。此类呼声也在 2018 年中共中央、国务院《关于全面深化新时代教师队伍建设改革的意见》（中发〔2018〕4 号）中得到回应，确立了教师作为"国家公职人员"的法律地位。

另一类教师待遇的公共参与则转向以增加和细化津补贴项目、增加

①　朱磊.修改教师法保障教师权益［EB／OL］.（2012-09-10）［2020-03-05］. http://www. donews. com/dzh/201209/1631292. html.

②　人大代表张雅英："邮箱和手机里满是群众呼声"［EB／OL］.（2011-11-16）［2020-03-05］. http://roll. sohu. com/20111116/n325808674. shtml.

③　庞丽娟,建设农村师资队伍的对策［EB/OL］.（2014-06-18）［2020-03-05］. https://www. sohu. com/a/70089880_372464.

④　人大代表王斌泰:应将教师纳入公务员序列管理［EB／OL］.（2007-03-13）［2020-03-05］. http://news. cctv. com/education/20070313/102935. shtml.

⑤　周洪宇:只有教师成教育公务员待遇才能有保［EB/OL］.（2008-03-18）［2020-03-05］. http://learning. sohu. com/20080318/n255775200. shtml.

⑥　庞丽娟代表:教师公务员身份是解决待遇的源头［EB/OL］.（2007-03-07）［2020-03-05］. http://learning. sohu. com/20070307/n248567274_4. shtml.

中央和省级政府对教师工资的保障责任等更为微观的方式推进保障教师待遇。为促进《义务教育法》的贯彻落实,确保农村义务教育经费保障新机制健康、有效地运行,全国人大常委会决定在 2007 年 3 月至 5 月[①]、2008 年 9 月[②]对《义务教育法》的实施情况进行检查。检查中发现,实施新机制后,一些地区教师实际收入有所下降,随着公务员津补贴逐步规范,一些地方教师与当地公务员实际收入差距拉大。各省建议加大中央转移支付力度,对教师的津补贴,要确定范围、标准和经费来源,对地方政府出台的合理的、教师应享受且本地公务员已发放的津补贴项目,应按照"谁出台政策,谁出钱"的原则,纳入同级财政预算,依法保障教师的实际收入不低于当地公务员的收入水平。

第六节　小　结

一、工资"挂钩机制"的形成过程

纵观历史变迁可以发现,教师和公务员工资待遇的"挂钩机制"是历史政策和呼声演变所围绕的核心。在 20 世纪 90 年代之前,教师和公务员实行统一的工资体制,从而实现了工资待遇上的"挂钩"。为了弥补教师与机关工作人员的实际工资和福利待遇差异,20 世纪 80 年代出台了教师津补贴规定,力图实现教师和公务员的"挂钩机制"。

1993 年的工资制度改革使得机关和事业单位的工资体制"脱钩"。教师和机关工作人员福利待遇的"挂钩机制"却以法律规定的形式重新建立。自 1984 年开始,国家领导人就具有前瞻性地对教师工资标准要求"挂钩"其他类人员,并有两会代表委员为此发声。《教师法》规定"教师的平均工资水平应当不低于或者高于国家公务员的平均工资水平,并逐步提高",首次以法律的形式建立了教师和公务员间的"挂钩机制"。

值得指出的是,20 世纪 90 年代中后期,在分权化的财政体制和工资

---

① 路甬祥.全国人大常委会执法检查组关于检查《中华人民共和国义务教育法》实施情况的报告——2007 年 6 月 28 日在第十届全国人民代表大会常务委员会第二十八次会议上[EB/OL].（2007-06-29）[2020-03-05]. http://www. npc. gov. cn/zgrdw/npc/xinwen/jdgz/2007-06/29/content_367978. htm.

② 路甬祥.全国人民代表大会常务委员会执法检查组关于检查《中华人民共和国义务教育法》实施情况的报告——2008 年 12 月 25 日在第十一届全国人民代表大会常务委员会第六次会议上[EB/OL].（2009-02-05）[2020-03-05]. http://www. npc. gov. cn/wxzl/gongbao/2009-02/05/content_1505228. htm.

体制下,地区间甚至同一学校内教师工资待遇的差异化明显,教师和公务员待遇的"挂钩机制"并未在实际中落实。

2001年后,教师工资收归县管,教师工资的财政负担逐渐向中央转移。2008年后,随着义务教育的全面免费,"挂钩机制"在财政层面被强化,义务教育教师绩效工资制度改革也重新在工资制度层面加强了教师和公务员待遇的"挂钩机制"。此后出现了一些关于加强"挂钩机制"的争论和诉求。这些诉求的侧重点有所不同,包括从改变教师法律身份、增加教师专项津补贴科目、扩大"挂钩"在教师群体中的覆盖范围等角度,进一步要求加强"挂钩机制"。在实际政策上,2013年后国家开始实行农村教师专项补贴政策,中央对教师津补贴的财政负担力度增大。然而,随着地区间经济发展水平差异增大和物价水平上涨,此项津补贴在教师工资总量中的占比并不突出(远不及班主任津贴、特级教师津贴等工资科目在20世纪80年代教师工资结构中的重要性)。

对于加强教师与公务员待遇"挂钩机制"的争论,2018年,中共中央、国务院政策提出"确立公办中小学教师作为国家公职人员特殊的法律地位",在法律身份上进一步加强了教师和公务员之间的"挂钩机制"。教师工资所挂钩的公务员工资的具体定义,从1995年《〈教师法〉实施意见》中规定的"国家统计局规定的工资总额构成的口径统计的平均工资额",转变为"实际收入水平",进一步加强了公办义务教育教师待遇和公务员待遇之间的挂钩关系。

2020年2月5日,中共中央、国务院发布《关于抓好"三农"领域重点工作确保如期实现小康的意见》。这是21世纪以来第十七个指导"三农"工作的中央一号文件。在历次中央一号文件中,2020年的一号文件首次强调了要在农村地区"落实中小学教师平均工资收入水平不低于或高于当地公务员平均工资收入水平的政策"。2020年3月17日,国务院教育督导委员会办公室要求在2020年底前实现义务教育教师平均工资收入水平不低于当地公务员平均工资收入水平的总体目标,重点考察各地近三年来推进总体目标落实情况、相关部门建立保障义务教育阶段教师工资收入长效机制情况、建立义务教育教师工资收入随当地公务员工资收入动态调整机制情况等内容。可见,从工资制度、财政保障制度、法律身份以及政策落实等角度,"挂钩机制"都在不断完善。在此背景下,虽然贫困地区教师工资待遇有所改善,然而部分城市发达地区的教师工资待遇偏低,引发教师不满,欠发达地区也涌现出了越来越多的关于"公平"和"均衡"的呼声,要求中央财政对本地区的特殊情况予以倾斜和照顾。

表 4-1　"挂钩机制"重要的政策呼声历史梳理①

年份	与"挂钩机制"相关的提议/政策文件规定		主要提议人/政策文件
	挂钩项目	挂钩对象	
新中国成立初期—1983年	机关事业单位实行相同的工资体制。对于实际工资和福利待遇的差异,建立各类专项教师工资津贴科目加以弥补。		
1984	中小学教师工资标准	略高于"同等学力从事其他行业的人"	陈云
1985	中、小学校和中等专业学校、技工学校的教师、幼儿教师,另外加发教龄津贴。		《关于国家机关和事业单位工作人员工资制度改革问题的通知》
1985	农村中小学教师的待遇	略高于"当地中等劳动力的人均收入水平"	张承先
	城市中小学教师待遇	略高于"当地职工平均收入水平"	
1989	教师的平均工资待遇	高于"其他行业的实际收入水平"	吴福生
1989	教育系统职工平均工资水平	第一步,达到"全民所有制的平均工资水平";第二步,再考虑"比全民所有制职工高一些,比如高25％到30％"	张承先
1990	教师实际工资的水平	高于"当地全民所有制职工工资平均水平"	吴福生
1993年2月	教师工资水平	与"全民所有制企业同类人员"大体持平	《中国教育改革和发展纲要》
1993年10月	教师工资水平	不低于或者高于"国家公务员的平均水平"	《教师法》
	教师的医疗	同当地国家公务员享受同等的待遇	
1995	关于教师待遇问题,说明了《教师法》第二十五条所称"平均工资水平"是指:按国家统计局规定的工资总额构成的口径统计的平均工资额。		《国家教委关于〈中华人民共和国教师法〉若干问题的实施意见》

---

①　根据《教师法》制定和修订过程中的历史资料,可以将"挂钩机制"的政策形成过程按此表展示。

年份	与"挂钩机制"相关的提议/政策文件规定		主要提议人/政策文件
	挂钩项目	挂钩对象	
2002	义务教育阶段教师	"纳入国家公务员系列",其工资以中央财政供给为主、地方财政供给为辅	胡平平
2006	教师的平均工资水平	应当不低于"当地公务员"的平均工资水平	《义务教育法》
2007	教师	将教师纳入公务员序列管理	王斌泰
2008	义务教育教师规范后的津贴补贴平均水平(按此标准核定绩效工资总量)	按照教师平均工资水平不低于当地公务员平均工资水平的原则确定	《关于义务教育学校实施绩效工资指导意见》
	绩效工资总量	随基本工资和学校所在县级行政区域公务员规范后津贴补贴的调整相应调整	
2008	教师	建立"国家教育公务员"制度	周洪宇、庞丽娟
2018	公办中小学教师法律地位	确立公办中小学教师作为国家公职人员特殊的法律地位	《关于全面深化新时代教师队伍建设改革的意见》
	核定绩效工资总量时统筹考虑当地公务员"实际收入水平",确保中小学教师平均工资收入水平不低于或高于当地公务员平均工资收入水平		
2020	强调在农村地区	"落实中小学教师平均工资收入水平不低于或高于当地公务员平均工资收入水平政策"	《关于抓好"三农"领域重点工作确保如期实现小康的意见》
2020	2020年年底前实现义务教育教师平均工资收入水平不低于当地公务员平均工资收入水平的总体目标;建立义务教育教师工资收入随当地公务员工资收入动态调整机制		国务院教育督导委员会办公室

二、20 世纪 80 年代以来不同时期主要的争论焦点

相对于 1956 制度而言,1985 制度和 1993 制度的重要特点在于,中央政府在逐渐缩小行政控制的范围。与之相伴随的是,机关事业单位人

员的工资收入在地区之间、行政层级之间、不同性质的单位之间的差距日趋明显。然而,2006 年的工资制度改革则意在遏制并扭转这一趋势,重新保持机关事业单位工资收入体制的有序性和统一性。2006 年以来,围绕保障基本工资的发放、加强级别工资的作用、清理规范各类津补贴的发放、向基层和艰苦边远地区倾斜等方面,已经取得较大的成效,切实提升了教师工资水平,尤其更清晰地体现了区域间、教师与公务员之间的"公平性原则",且强化现行工资体制的呼声愈发热烈。

表 4-2 总结了上述改革开放以来不同时期的工资制度、财政制度、教师工资待遇的主要问题和公共参与特点。

在 20 世纪 80 年代中后期开始,教师工资制度较为集中,津补贴科目被严格规管,财权和教师工资发放责任下沉地方,部分地区出现教师工资拖欠现象。相关政策参与以"自上而下"地要求立法建立教师工资和公务员"挂钩机制"为主。

1993 年后,随着分税制改革、职级工资制改革和《教师法》的颁行,教师和公务员不再实行统一的工资体制,然而在法律上却建立了"挂钩机制"。教师工资和各类津补贴标准的制定权下放地方,财政保障责任也延续了 20 世纪 80 年代的分权化体制,基层对教师待遇的保障困难愈发凸显。然而,彼时的政策参与中,却较少有建议要求增加上级政府对基层教师工资经费保障支持的力度。随着民办教师政策的颁行,出现了少量对贫困地区民办教师转正和待遇问题的呼声。

2001 年起,中央对地方教师工资的负担力度逐步增加,"以县为主"的教育财政体制建立,"一费制"的推行也对义务教育收费进行了规范。该阶段的政策参与以加强中央财政保障力度、建立中央和地方对义务教育财政的投入机制为主。

2006 年以后,随着免费义务教育逐步推行,中央加大对地方津补贴政策的清理,教师工资和学校收入能力脱钩,中央财政对教师工资的转移支付不断增强。教师绩效工资改革重新建立了教师和公务员在工资制度上的"挂钩机制"。虽然农村贫困地区的教师工资发放问题得到改善,然而部分城市地区的教师工资不升反降。在此背景下,增加教师待遇保障的呼声高涨,另一些呼声则要求将教师纳入公务员行政序列管理,进一步加强教师与公务员之间的挂钩关系。

表 4-2　不同时期财政体制下的公共参与特点

时段	工资制度	财政制度	主要问题	重要公共参与
1985—1993	1985制度：集权化的工资制度，教师和公务员在同一套工资制度下，中央管理工资和各类津补贴标准	分权化的财政制度：教师工资财政保障责任下沉乡镇级别，收费放开	部分地区出现教师工资拖欠问题	教师和公务员工资待遇的"挂钩机制"被陈云等重要领导提出
1993—2000	（1）1993制度：分权化的工资制度，教师和公务员工资制度"脱钩"，津补贴标准放开（2）《教师法》颁行，要求教师工资不低于公务员	（1）分权化的财政制度：教师工资财政保障责任下沉乡镇级别，收费放开（2）"分税制"改革：地方财政逐级上缴，部分地区基层财政运转困难	公办教师和临聘合同制教师工资拖欠问题日趋严峻	对提高公办教师待遇的政策建议较少；贫困地区的民办教师"转正"问题的呼声出现
2001—2006	延续上一时段的制度，分权化的工资制度	更集权化的财政制度：教师工资收归县管；"一费制"下收费被规范；中央对教师工资在内的义务教育财政转移支付增加	公办教师和临聘合同制教师工资拖欠问题得到缓解，但依然存在	教师待遇问题囊括在更宏观的"教育经费投入"相关公共参与中。以加大中央财政责任、建立健全分担机制为主要内容
2006年后	（1）2006制度：集权化的工资制度，公务员和公办教师工资制度重新挂钩；中央出台农村教师专项津补贴；学校不得在核定的绩效工资总量外自行发放津贴补贴；加大落实《教师法》的执行力度（2）特岗教师：中央制定工资标准，政策要求"挂钩"公办教师	（1）集权化的财政制度：教师工资收归县管；义务教育禁止收费；中央财政对教师工资待遇的支持力度进一步增强（2）特岗教师：中央财政根据工资标准补助；地方财政保障其与公办教师待遇的差额部分	农村落后地区的教师待遇得到保障，但发达地区和省会城市教师待遇偏低	要求加强中央财政保障、细化保障内容；强化教师和公务员之间的法律身份的挂钩机制

三、结论

本文发现,首先,在集权程度不同的工资制度和财政制度下,教师工资待遇面临的主要问题恰好相反。在经费保障制度更为分权化的年代,面临更为严重的教师工资拖欠问题。在经费保障制度集权化的年代,虽然贫困地区的教师工资状况得到改善,城市等较发达地区却面临着教师工资待遇偏低的问题。

其次,对教师工资经费保障制度的集权化程度增强,会加强相关的公共参与。在 20 世纪教师工资财政制度更为分权化的阶段,虽然面临着较为严重的教师工资拖欠问题,却很少有呼声要求加大中央财政保障责任。然而,进入 21 世纪,义务教育和教师工资的经费保障制度集权化程度增加,虽然教师工资拖欠问题有明显好转,却有越来越多的公共参与要求增加中央财政保障责任、建立稳定的财政分担机制。

最后,教师工资制度的集权化程度增加,也会加强对"挂钩机制"的公共参与。在工资制度更为集权化的 20 世纪 80 年代末期和 2006 年以后,关于立法加强教师和公务员之间"挂钩机制"的公共参与明显更多。在工资制度分权化的 1993 制度下,虽然有要求落实教师待遇的呼声,然而却很少有政策参与者要求进一步在制度上加强"挂钩机制"。

第五章　西部农村教育财政改革与人事权力结构变迁[①]

李小土　刘明兴　安雪慧[②]

第一节　导　　论

　　农村税费改革以来,中央确立了"在国务院领导下,由地方政府负责,分级管理,以县为主"的农村义务教育管理体制,逐步将农村义务教育纳入公共财政保障范围;同时,实施了农村教师工资县级统筹、义务教育"一费制"、农村贫困家庭中小学生"两免一补"等教育财政改革措施。在2005年《国务院关于深化农村义务教育经费保障机制改革的通知》的精神指导下,2006年从西部地区开始免除农村义务教育阶段中小学生的全部学杂费。至2010年,中国将建立中央与地方分项目、按比例分担的农村义务教育经费保障机制,全国农村义务教育阶段中小学公用经费基准定额全部落实。2007年,这一改革进程进一步加快,全国义务教育阶段的农村公立学校和城市公立学校都纳入了全免学杂费的范围。

　　上述改革措施对于促进农村义务教育的发展有着重要的意义。不过,这些措施基本上都带有财政集权的特征。虽然短期内会确保教师队伍的稳定,减轻学生的负担,但其对教育质量的长期影响,尚需进行深入的研究。我们在调查中注意到一个现象:在一些地区,"以县为主"的体制通过确保更为稳定的教育投入,促进了教育的发展;在另外一些地区,虽

　　① 本文发表于《北京大学教育评论》2008年第4期。

　　② 李小土,北京大学政府管理学院博士;刘明兴,北京大学中国教育财政科学研究所教授;安雪慧,国家教育发展研究中心研究员。作者感谢世界银行、东亚发展研究网络(EADN)和北京大学中国教育财政研究所对本项研究的资助。文责自负。

然教师工资得以确保,但新体制的建立反而导致乡村教育管理的松弛。[1][2][3]即使是在经济发展水平非常相近的两个贫困县之间,这种差异也照样会存在。因此,单纯强调教育财政投入不足,或者将财政投入的责任进一步上移(由中央和省级来承担),并不能够解释农村基础教育发展的深层动因。[4][5]

教育绩效与教育体制的变化存在着密切而复杂的联系,深入分析包括财政体制在内的农村教育管理体制的内部结构及运行模式,将是回答上述问题的基础。目前,实行"以县为主"的教育财政体制已有七年,伴随着财政资源控制权的上移,教育系统的其他管理权力划分也产生了一定的变化。事实上,无论是在财政改革之前或者之后,农村教育的行政、人事和业务管理体制在县域之间存在着明显的差异。即使是在同一县内部,不同乡镇内学区的人事权力以及教学管理方式各有不同。同样,教育财政改革对于农村教育体制的影响,也存在较大的地区差异。

尽管关于农村教育行政、人事管理体制方面的学术文献还比较欠缺,但已经有不少研究表明,行政和人事管理权力的配置会直接影响教学业务的管理方法、教师的激励机制和教育绩效。例如,康宁分析了教师聘用和人事管理制度对教育效率的影响。[6]赵爽强调教育部门的事权与财权

---

[1]　类似现象在发达国家也同样存在。汉纳谢克的研究表明,美国增加教育的财政投入对于教育质量的提高并没有显著的作用。同时,跨国数据中的基础教育投入和学生成绩之间也没有线性关系。

[2]　HANUSHEK E A. Publicly Provided Education. //AUERBACH A J, FELDSTEIN M. Handbook of Public Economics. Amsterdam: North-Holland,2002:2045-2141.

[3]　HANUSHEK E A. The Failure of Input-based Schooling Policies[J]. Economic Journal, 2003, 113: F64-F98.

[4]　张德元."以民为主"、"以县为主"与"以国为主"——论我国农村义务教育体制的变迁与现实选择[J].重庆工商大学学报(西部经济论坛),2003(8):66-69.张德元的研究认为发展农村义务教育按"以县为主"的管理模式难以奏效,应该采取"中央统筹、分级管理、以国为主"的管理模式。

[5]　范先佐.构建"以省为主"的农村义务教育财政体制[J].华中师范大学学报(社科版),2006(3):113-118.范先佐提出应建立"以省为主"的农村教育财政体制。这一结论也是许多研究者的观点,其主要理由是因为贫困的县财政难以保障对教育的投入,现行的转移支付制度还是难以解决农村义务教育中存在的经费缺口,因此建议教育财政投入责任进一步向上移。这些主张实际上在目前所执行的农村义务教育经费保障新机制的改革之中,均得到了体现。农村公立学校的公用经费已经基本上是由中央和省两级财政来负担。

[6]　康宁.优化教师激励机制与约束机制的制度分析[J].教育研究,2001(9):22-26.

不统一是阻碍农村教育发展的重要原因。[①] 郭晓东主张应当将管理权集中到教育行政部门。[②] 刘茗等通过对河北农村贫困地区 626 所中小学的调查发现,贫困地区的教师人力资源在城镇普遍超编而在边远学校又极为短缺。他们强调"必须深化教育人事制度改革,应将校长任免、师资管理、人事调配等人事管理权收归县管"。[③] 吕丽艳[④]和张新平[⑤]关于东北和湖北的案例研究,都显示出农村基层教育管理权力在县政府、教育局、乡镇政府之间争夺不定,结果阻碍了教育的发展。

在关于教育管理体制的国际学术文献之中,多数研究结论对于教育分权改革都比较支持。法盖特(Jean-Paul Faguet)和桑切兹(Fabio Sánchez)分析了玻利维亚和哥伦比亚的教育财政分权,发现当地方政府在教育财政支出上获取更大的自主权,公立学校的入学率将会高于中央集权的情况。[⑥] 加里亚尼(Sebastián Galiani)和沙尔格罗茨基(Ernesto Schargrodsky)的研究说明,阿根廷的教育行政体制分权改革起到了积极作用。[⑦] 贝尔曼(Jere R. Behrman)、迪奥拉利卡(Anil B. Deolalikar)和宋(Lee-Ying Soon)则提供了东亚的实践经验。[⑧] 不过,中国在分级管理时期,教育财政分权的体制却引起了农村教育的一系列问题。因此,分权体制本身需要多方面因素的配合。例如,格罗佩洛(E. D. Gropello)以拉美国家的教育分权改革为例,讨论了教育分权改革中所需要满足的一些

---

① 赵爽.对"以县为主"政策实施的分析:东北某农业县的调查[J]. 教育发展研究. 2002 (12):42-45.

② 郭晓东.农村义务教育"分级管理"体制问题探析[J]. 教学与管理,2003(11):9-13.

③ 刘茗,姚冰,王大民.农村贫困地区义务教育的调查与思考[J],当代教育论坛,2005(2):9-14.

④ 吕丽艳."以县为主"的农村义务教育管理体制运行状况个案调查[J].东北师范大学学报(哲学社会科学版),2004(1):123-128.

⑤ 张新平.教育行政组织的发展与创新:对基层教育行政的个案研究[M].江苏:南京师范大学出版社,2003.

⑥ FAGUET J-P, SÁNCHEZ F. Decentralization's Effects on Educational Outcomes in Bolivia and Colombia[J]. World Development, 2008,36(7): 1294-1316.

⑦ GALIANI S, SCHARGRODSKY E, HANUSHEK E A, et al. Evaluating the Impact of School Decentralization on Educational Quality [with comments][J]. Economia, 2002, 2(2): 275-314.

⑧ BEHRMAN J R, DEOLALIKAR A B, SOON L-Y. Promoting Effective Schooling through Education Decentralization in Bangladesh, Indonesia, and Philippines [R]. ERD Working Paper Series, 2002.

条件。[①]

　　尽管研究文献已经充分认识到了教育分权的复杂性,但关于权力结构动态演变的实证分析依然非常缺乏。比如,OECD 发展了一套指标体系来测度教育管理体系在教育内容、行政和财政等方面的分权程度。[②]金(Elizabeth M. King)和格拉(Susana Cordeiro Guerra)应用这个指标体系,对东亚国家的教育分权程度进行了比较。[③] 但是,他们并没有解释各种管理权力之间究竟如何相互影响。此外,这套指标体系过于粗略,无法识别地方政府内部的权力划分。拜克尔(Katherine Baicker)和戈登(Nora Gordon)分析了美国教育财政体系的集权所带来的不利影响,但主要是对于地方财政行为的影响,没有考虑对其他权力结构的作用。[④] 法莱蒂(Tulia G. Falleti)分析了拉美国家的财政分权或集权对于其他政府权力结构影响。[⑤] 法莱蒂通过分析指出,分权改革如果不在政治、行政和财政之间相互配合,那么财政或行政的分权改革都不一定会增强地方政府的自主权。这项实证研究虽然独到,但是其假定各项权力的集中或者下放均由中央政府决定,并未考虑到权力变化的内生性问题。此外,该研究同样也没有分析地方政府内部的权力变动。

　　本文的研究视角强调,需要先理解农村教育管理体制的权力结构与变迁逻辑,才能分析农村教育财政制度、教育管理与教育绩效之间的关系。而在教育体系内部的各种管理权限中,本文将人事权力作为问题的关键。教育财政体制和人事权力结构对教育发展的影响是复杂并且互相关联的,财政权力的集中会引起各个行政部门之间对人事权力的博弈,权

　　① GROPELLO E D. Education Decentralization and Accountability Relationships in Latin America [M]. The World Bank, 2004.

　　② ORGANISATION FOR ECONOMIC CO-OPERATION AND DEVELOPMENT (OECD). Education at a Glance: OECD Indicators 1998 [M]. Paris: OECD, Centre for Educational Research and Innovation, 1998.

　　③ KING E M, GUERRA S C. Education Reforms in East Asia: Policy, Process, and Impact [J]. East Asia Decentralizes: Making Local Government Work, 2005, 292: 179.

　　④ BAICKER K, GORDON N. The Effect of State Education Finance Reform on Total Local Resources[J]. Journal of Public Economics, 2006, 90(8-9): 1519-1535.

　　⑤ FALLETI T G. A Sequential Theory of Decentralization: Latin American Cases in Comparative Perspective[J]. American Political Science Review, 2005, 99(3): 327-346.

力的重新配置将会影响学校的教学管理绩效。[①]为此,本文将对"以县为主"前后(2000—2007 年)农村教育人事权力结构及其演变过程进行测度和跨地区比较,并以此揭示农村教育管理如何受到财政体制的影响。

本文所依据的调查资料,是 2006 年在西部甲省随机抽样的 50 个乡镇进行的问卷调查与深入访谈(包括 2007—2008 年的跟踪调查)中获得的,这些乡镇分布于 20 个不同的县(区)。调查涉及 223 位学区校长或中小学校长、910 位教师和 518 位家长。由于是按照人口的分布情况对乡村进行抽样,因此在每个样本县抽取的学区数量(以及每个学区内部的学校数量)是不相同的。由于甲省将近半数的县都属于国家贫困县,因此抽样调查的结果对于中国西部的贫困地区具有一定的代表性,但不应当将结论推广到更大的范围之内。限于篇幅,本文仅选取部分关键的教育人事管理权力指标来描述和分析农村学区的权力结构。不过,这些指标在学区之间存在较大差异,基本能反映出农村教育人事体制的状况。

第二节　西部农村教育的人事权力结构特征

"以县为主"等农村教育财政体制改革促使教育系统的整体权力结构逐渐发生了相应变化。在甲省的 50 个样本乡镇中,72% 的乡镇是在2002—2003 年间(或更早)由乡镇财政发教师工资变为县区财政发教师工资,也有 8% 直到 2006 年才变为县财政发教师工资。"以县为主"之前,乡镇分管教育的职能部门是乡镇教委或教育辅导站,乡镇教委的工作受乡镇政府和县教育局的"双重领导"。乡镇教委基本在 2003—2006 年间撤销,取而代之的是学区或乡镇中心学校,也有少数乡镇教委并入乡镇社会发展办公室。这里,"学区"是一个教学管理机构,负责管理所在乡镇范围内的学校。"学区"的主要负责人称为"学区校长"。不过,"学区"在许多乡镇都合并到乡镇中心学校,学区校长也由中心学校的校长兼任。变更管理机构的过程是简单的,而实际的权力归属的变化或管理方式的调整却相对复杂。我们的研究将对实际权力的变迁过程进行测度与

---

①　李小土、刘明兴、安雪慧. 西部农村教育人事与教师激励体制的测度与比较[Z]. 北京大学中国教育财政科学研究所,工作论文(2008). 李小土等分析了教育人事权力结构与教师激励之间的关系。该研究对农村学区校长的任命权以及学区校长对学区内人事的控制权进行了测度,并将这两层权力的组合将农村学区分成不同类型。研究表明,人事权力配置的差异会显著改变教师的激励机制,进而影响教学成绩。

比较。

为了分析农村基层教育管理体制,首先需要说明县域范围的教育管理组织及其人事权力层级关系。这里以任命权为例,列出任命各级学校校长权力的可能归属。如图 5-1 所示,箭头所指即表示任命关系。其中,实线箭头表示行政管理关系和任命权保持一致,虚线箭头表示没有直接的行政管理关系,但却有任命关系:如村小校长可能由学区任命,也可能由教育局或乡镇任命;学区校长则可能由教育局、组织部或乡镇政府任命;位于乡镇的农村初中,如果划归县教育局管则称为县直管初中,其校长可能由组织部或教育局任命,否则仍属当地学区管理,其校长可能由教育局或乡镇、学区任命。教师分配、调动等人事管理体制也大致与任命权的归属层次类似。

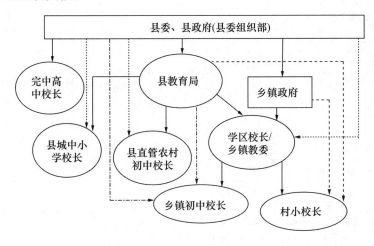

图 5-1 校长任命权的各种配置

为了简明起见,我们选取了四个指标来测度农村教育的人事权力配置状况。这四个指标分别是:学区校长任命权、村小校长任命权、学区内新任教师的分配权、学区内教师的调动权。针对每一项具体的权力,我们又根据实际调查的结果,将之再细分为若干种归属状况。表 5-1 列出了样本学区在 2000 年、2003 年、2005 年和 2007 年的基层教育人事权力结构的变动状况。为了便于跨时期对比,我们将乡镇教育业务管理的实际负责人统称为学区校长。尽管在不同的地区或时期,"学区校长"可能是乡镇教委的副职领导(乡镇教委主任一般由乡镇党委政府的主管领导兼任)、乡镇辅导站站长、学区的校长、乡镇中心小学的校长、乡镇初中的校长等。

表 5-1　2000—2007 年学区管理权力配置变迁(学区数量变化,单位:个)

	2000 年	2003 年	2005 年	2007 年
任命学区校长:				
(1) 由县委组织部任命	4	4	8	15
(2) 由教育局推荐教育局任命	28	30	32	31
(3) 由乡镇推荐教育局任命	11	9	6	4
(4) 由乡镇推荐乡镇任命	7	7	4	0
学区数量合计:	50	50	50	50
任命村小校长:				
(1) 由学区任命,或学区意见为主,报教育局任命	0	9	14	17
(2) 学区建议权较大,由乡镇任命	14	13	7	6
(3) 学区建议权较小,由乡镇任命	35	19	15	7
(4) 由教育局批准任命	1	9	11	16
(5) 学区、乡镇和教育局共同任命	0	0	3	4
学区数量合计:	50	50	50	50
教师分配:				
(1) 教师由教育局直接分配到学校	4	9	14	18
(2) 教师在学区内分配以乡镇为主	40	16	8	8
(3) 教师在学区内分配由学区建议、乡镇审批	6	16	18	11
(4) 教师在学区内分配以学区为主	0	9	10	13
学区数量合计:	50	50	50	50
教师在学区内调动:				
(1) 由学区或学校批准调动	0	9	14	16
(2) 由教育局批准调动	1	10	9	13
(3) 学区建议权较小,乡镇批准调动	35	10	7	4
(4) 学区建议权较大,乡镇批准调动	14	18	15	14
(5) 学区建议、乡镇批准、教育局批准才能调动	0	3	5	3
学区数量合计:	50	50	50	50

数据来源:作者根据调查数据整理。下列各表相同。

如表 5-1 所示,乡镇政府在 2000 年的时候掌握了大部分的对农村校长和教师资源的控制权。例如,在70%的学区,乡镇政府控制了村小校长的任命权和教师在学区内调动权(学区校长本身只有较小的建议权)。并且,乡镇政府控制学区内新任教师分配的比例达到了80%。乡镇政府对学区校长的任命权控制能力相对较弱。有14%的学区校长是由乡镇政府推荐并任命的。另外的22%是由乡镇政府推荐、县教育局任命。不过,我们在这里并没有区分乡镇政府推荐权的差异,因为实地调研显示,多数情况下乡镇政府都有较大的推荐权,县教育局很少否决乡镇政府的提议人选。这种权力结构和"以县为主"之前乡镇政府支持农村教育投入的财政体制是相对应的。

在2000年,虽然56%的学区校长是由教育局推荐并任命,但这些学区校长仅负责管理教学业务、教师考核、职称评定等,在学区内人事管理上,无论是任命小学校长还是分配、调动教师,都没有决定权。县教育局的影响力同样弱小。不过,学区的建议权在各乡镇之间仍然有所不同,有的学区建议权较大,有的就完全由乡镇政府控制。这种权力结构的差异事实上与以后的体制变迁路径有明显的关联。

"以县为主"改革之后,原来以乡镇政府为主的权力结构逐渐解体。[①]但是,解体的速度和方向存在一定的区域差异。有的乡镇政府随财政改革发生了分水岭式的变化,有一些则保持着持续的影响力。到2007年,乡镇已经难以控制学区校长的人选,但这项权力也并没有完全转移到县教育局手中。大约60%的学区校长由教育局任命,而由县委组织部或县级领导控制任命的学区从2000年的8%增加到2007年的30%。尽管如此,教育局或者学区校长对于村小校长和教师的分配、调动的控制能力却不断增强。教师直接从县教育局分配到学校的学区由4个增加到18个,教育局控制村小任命的学区从1个增加到了16个。这两项权力控制在学区校长手里的学区从0分别增加到13个和17个。目前,无论学区校长由谁任命,学区内的村小校长任命、教师分配调动等权力都可能在学区校长、乡镇政府和教育局之间存在不同的分划。

尽管在财政体制改革的过程中,各县各乡镇人事权力结构的变迁进

---

① 乡镇政府权力的削弱与财政体制的变化相关,但乡镇政府退出后人事权力往往没有回到教育管理者手中。例如,某样本县在1996年之前是乡镇发工资,但由于乡镇困难,就从县财政拨款补助乡财政,因此乡镇早在1996年后就渐渐没有教育人事管理的决定权。这个县偏远山区的学区校长有学区内的人事权,而靠近城市和公路的学区,人事管理权力则被集中到县委县政府手中。"以县为主"实行几年后,此县所有中小学校长的任命全部由教育局统一考察任命,因此学区对村小校长人选完全没有决定权,学区对教师分配调动的控制相应也变得更为困难。

度和程度都有差异,但乡镇政府主要是在 2005 年前后才失去对学区校长任命权的控制,这慢于其他三项权力。同时,县委组织部集中权力的步伐在 2005 年以后明显加快。总之,从 2007 年的情况来看,乡镇政府对于学区校长任命权的控制在四项人事权力之中是最弱的。

我们在上述四项权力之中,进一步选取两个指标——"学区校长的任命权"和"学区内教师的调动权",并按照这两个指标的组合将样本学区分成五种类型:学区主管、乡镇主管、学区和乡镇共管、县主管、教育局和乡镇共管。表 5-2 给出了详细的分类定义,有助于我们更为简洁地分析农村教育体系权力结构的变迁。

表 5-2　按学区校长任命权和学区内教师调动权对学区分组

	(1) 由县委组织部任命学区校长	(2) 由教育局推荐任命学区校长	(3) 由乡镇推荐教育局任命学区校长	(4) 由乡镇推荐任命学区校长
(1) 学区或学校批准调动	D	A	C	——
(2) 教育局批准调动	D	D	——	
(3) 学区建议权较小,乡镇批准调动	——	E	B	B
(4) 学区建议权较大,乡镇批准调动	D	C	C	B
(5) 学区建议、乡镇批准、教育局批准才能调动	D	E	——	

(注:表中字母含义是:A＝学区主管;B＝乡镇主管;C＝学区和乡镇共管;D＝县主管;E＝教育局和乡镇共管。没有定义的组合是因为在实际抽样调查之中没有出现的类型。)

(1)"学区主管"类型,是指"由教育局任命学区校长,并且学区校长能决定学区内调动"。这意味着学区校长不受双重领导,直接受教育局考核,并且在学区内人事权有较强的自主能力。

(2)"乡镇主管"类型,是指"由乡镇政府任命学区校长",或"乡镇政府推荐、教育局任命学区校长,且学区内调动由乡镇政府批准"。对于前者,乡镇政府一般也掌握着学区内的教师调动权。而对于后者,从实际调查结果来看,教育局仅仅是发文任命学区校长,很少能够否决乡镇政府推荐的人选,因此这两种学区都可归为乡镇主管类。

(3)"县主管"类型,是指"县委组织部任命学区校长",或者"教育局批准学区内的调动"。当由县委组织部任命学区校长时,就意味着县委县政府主要领导可能直接干预农村校长的人选,而对学区工作情况更为了解的县教育局却没有任命决定权,只有或大或小的建议权[①];当由教育局决定学区内调动时,村小校长往往也要教育局审批,熟悉教师和村小的学区校长没有调配教师的决定权。这两种情况的共性是:县委领导并不熟悉学区一级管理人员的业务能力,教育局也不熟悉村小一级人员的教学情况。直接管理学区校长或教师的业务部门对人事配置没有决定权,而由更上一级的不熟悉实际业务的管理层来做决定。此外,这两类学区有很高的相关性。县委组织部集权的学区,教育局一般都会把基层管理权上划。两组分类的学区之间有很大的重合性。在上级领导的干涉下,农村教育体系中更可能出现人员配置与业务管理需求不一致的情况[②],从而对教学绩效产生不良影响。

(4)"学区和乡镇共管"类型,是指"乡镇政府批准教师调动(学区校长有较大的建议权),且由教育局推荐任命学区校长,或者由乡镇推荐教育局任命学区校长",或者"学区校长、学校批准调动,且由乡镇推荐教育局任命学区校长"。这个类型包含了三个子类,其共同的特点是学区校长控制了教师的调动权或者有较大的建议权,教育局不直接参与学区内的教师调动。该类型属于"学区主管"型和"乡镇主管"型的中间类型。

(5)"教育局和乡镇共管"类型,是指"教育局任命学区校长,且乡镇政府控制学区内教师调动,或者学区校长、乡镇政府和教育局都有权干预调动"。对于此类学区,县教育局和乡镇政府都掌握了一定的人事权力,权力结构处于混合的状态。这与"学区和乡镇共管"不同,因为学区校长的人事权力很小,权力的争夺主要是在不同的行政机构之间。

如表5-3所示,从2000年到2007年,原来是乡镇主管、学区和乡镇共管、教育局和乡镇共管三种类型各占约三分之一,逐渐变化为学区主管

---

　　① 县级领导干预学区任命是普遍存在的事实,将权力归到组织部,只是一个较为极端的表现。即使是教育局控制学区校长任命,类似干预也同样存在。但如果组织部仅仅是发文认可教育局提议的人选,即教育局实际上完全掌握了任命权,这种情况在本文的统计上归为教育局任命,而不是组织部任命。

　　② 例如某学区校长说:"县教育局规定学区调动人数不能超过2%—5%,相反在教育局那一方,却想调谁就调谁,这种调动往往一个人就影响了整个学校,大家都看到不好好工作只要有关系就能调进城。"另一位学区校长也表示,由于县级政府在人事权方面过度集权,自己经常不清楚本学区的教师的调配变化。甚至一位教学表现很差的教师刚刚被学区调到偏远山区,但是很快就被调到城里。

和县主管两种类型为主。目前大约三分之一的学区有较大自主管理权,但有 50% 的学区变为"县主管"的状态,并且有不断增加的趋势。[1]

表 5-3　2000—2007 年五组学区的数量变化
(按任命学区校长和学区内调动权分组)

分组类型	2000 年学区数	2003 年学区数	2005 年学区数	2007 年学区数
学区主管	0	9	11	14
乡镇主管	16	9	6	2
学区乡镇共管	14	11	11	5
县主管	5	10	14	25
教育局乡镇共管	15	11	8	4
合计	50	50	50	50

总之,"以县为主"不仅引起财政制度的变化,而且也导致县级政府开始加强校长和教师人事的管理,因此许多原来由乡镇或学区控制的权力转移到了县政府。由县委组织部任命学区校长后,教育局原来的任命权、调动控制权被削弱,例如不能批准教师调动进城,必须要由县委或县级领导批示。有些样本县进行教育人事改革,公开选拔所有的学区校长,但选拔考核领导小组里教育局只有局长一人,其他都是县委县政府的领导。与此同时,县教育局可能插手基层学区的管理,比如规定学区任命村小校长要报教育局批,学区内调动也要报教育局批,只有教育局才有决定权,这都显示出权力集中、层层递进的特征。[2]

第三节　人事权力结构的变迁路径

虽然教育财政改革基本上采取了相似的操作步骤,但不同学区的人事权力结构变迁在方向和路径上显现出了较大的差异。即使是在同一个县内部的各个学区之间,变迁路径可能也会各自不同。[3] 为了揭示权力结构变迁的特征,本节分析了不同类型学区各自的演变状况。由于"以县

---

[1]　如果按学区校长和村小校长的任命权来分组,也可以看到类似的变化规律。

[2]　例如某学区校长表示,2002 年后人事权过度集中到县后,教师调配更不合理、更长官意志化,学区对于差的教师没有办法,必然会引起城乡师资差距加大以及乡村学校质量下滑。

[3]　例如在访谈中有学区校长说:"乡镇发工资的时候,分配、调动都管,发几个月工资、分配到哪、安排教师去计划生育收粮收税等都是乡镇说了算。县发工资后就是个分水岭,如果学区跟乡镇关系处理得好,则学区较有权,如果学区校长手段不硬,就还是乡镇说了算。"

为主"的农村教育财政体制从 2002 年开始实施,为了识别短期和长期的改革效应,我们把数据样本分成两部分:2000—2003 年,2003—2007 年。

一、学区校长任命权的变化

如表 5-4 所示,2000—2003 年各地任命学区校长的任命权基本无变化,所有样本中只有 2 个学区从"乡镇推荐、教育局任命"变为教育局任命。2000 年,由组织部任命、教育局任命和乡镇政府任命学区校长的地区,到 2003 年都没有变化。2003—2007 年,由组织部任命学区校长的 4 个学区任命权归属没有变化。原教育局任命学区校长的学区有 20% 变为组织部任命,其余未变。原乡镇任命学区校长的学区有 57% 变为组织部任命,其余成为教育局推荐并任命。原"乡镇推荐、教育局任命"的学区则有 11% 变为组织部任命,另外 44% 变为教育局任命,还有 44% 无变化。

作为一项农村教育系统的关键人事权力,学区校长任命权的变化是一个比较缓慢的过程。教育财政改革的初期,对于学区校长任命的归属结构影响很小。并且,学区校长任命权的重新配置,受制于其初始权力归属的主体。组织部可以从教育局和乡镇政府手里集中权力,但却不会将所掌握的权力再移交给下级单位。如果是教育局控制任命权,那么权力可以转移到组织部手里,但一般不会交给乡镇政府。

表 5-4　学区校长任命权的变化:2000—2007 年

学区分类	由组织部任命	由教育局推荐任命	由乡镇推荐教育局任命	由乡镇推荐任命	合计
2000 年学区数	4	28	11	7	50
2003 年由县委组织部任命	4	0	0	0	4
2003 年由教育局推荐、任命	0	28	2	0	30
2003 年由乡镇推荐教育局任命	0	0	9	0	9
2003 年由乡镇推荐乡镇任命	0	0	0	7	7
2003 年学区数:	4	30	9	7	50
2007 年由县委组织部任命	4	6	1	4	15
2007 年由教育局推荐、任命	0	24	4	3	31
2007 年由乡镇推荐、教育局任命	0	0	4	0	4
2007 年由乡镇推荐乡镇任命	0	0	0	0	0

注:本表纵列数据表示,四种不同的学区任命权的学区在 2000—2003 年、2003—2007 年的变化方向。以下各表基本类似。

二、村小校长任命权的变化

如表 5-5 所示,"以县为主"前,大部分学区都是乡镇为主(即"学区建议权较小、乡镇任命")任命村小校长(35 个学区),到 2003 年其中 17% 变为"学区建议权较大、乡镇任命",21% 变为教育局任命,54% 没有变化。2000—2003 年,"学区建议权较大、乡镇任命"的 14 个学区中有 43% 已经变化为学区任命,但其中有两个学区 2003 年后又变为教育局批准任命。

学区任命村小校长的学区到 2003 年是 9 个,但有 5 个学区的权力到 2007 年又被教育局集中。[①] 不过,乡镇政府的控制力在 2003 年以后继续下降,学区任命村小校长的学区到 2007 年增加到了 17 个。虽然,教育局任命村小校长的学区到 2007 年达到了 16 个,但是要乡镇政府完全放弃权力也并非易事。2003 年由乡镇任命的两类学区中(学区建议权较大或较小),到 2007 年一共出现了 4 个"学区、乡镇政府、教育局共同插手任命权"的学区。

与学区校长任命权的演变不同,村小校长的任命权在改革之初就已经发生了比较大的变化。如果权力从乡镇政府的控制转变为学区校长控制,那么一般不会再回到乡镇政府手中。但是,掌握在学区校长手中的权力并不稳定,教育局还可能集中这一任命权。只要该项权力被县教育局集中,同样也很难再被乡镇政府控制。当然,教育局也基本上不会把自己已经掌握的权力交回给学区校长。

表 5-5 村小校长任命权的变化:2000—2007 年

学区分类	学区任命	学区建议权大、乡镇任命	学区建议权小、乡镇任命	教育局任命	学区、乡镇、教育局任命	合计
2000 年学区数	0	14	35	1	0	50
2003 年学区任命	0	6	3	0	0	9
2003 年学区建议权较大、乡镇任命	0	7	6	0	0	13
2003 年学区建议权较小、乡镇任命	0	0	19	0	0	19
2003 年教育局任命	0	1	7	1	0	9
2003 年学区、乡镇、教育局共同任命	0	0	0	0	0	0

① 这其中,有两个学区是在全县中小学校长公开选拔的改革中,改为教育局拥有所有农村中小校长的选拔任命权。

续表

学区分类	学区任命	学区建议权大、乡镇任命	学区建议权小、乡镇任命	教育局任命	学区、乡镇、教育局任命	合计
2003 年学区数	9	13	19	9	0	50
2007 年学区任命	4	7	5	1	0	17
2007 年学区建议权较大、乡镇任命	0	3	3	0	0	6
2007 年学区建议权较小、乡镇任命	0	0	7	0	0	7
2007 年教育局任命	5	1	2	8	0	16
2007 年学区、乡镇、教育局共同任命	0	2	2	0	0	4

三、学区内调动权的变化

虽然乡镇政府在 2000 年时候控制了 70％学区的教师调动权,但是伴随着教育财政体制的改革,其控制能力迅速下降。如表 5-6 所示,2000—2003 年之间,乡镇政府掌握控制权的学区,有 40％变为"学区建议权较大、乡镇批准",23％变为教育局批准,9％变为"学区、乡镇、教育局共同任命",28％未变。到 2003 年,以乡镇为主批准调动的学区只有 10 个,在以后的 4 年里,有 40％变为"学区建议权较大、乡镇批准",20％变为教育局批准,10％变为学区批准,30％没有变化。

学区自主批准调动的学区到 2003 年从 0 增加到 9 个,到 2007 年增加到 16 个,其中一共有 11 个在 2000 年属于"学区建议权较大、乡镇批准"的情况,只有 5 个学区来自于"学区建议权较小、乡镇批准"的学区。由于像这样由乡镇主管调动的学区在 2000 年有 35 个,可见从建议权较小转变为有决定权的学区仍然是少数,而实现这种艰难转变的样本学区所在的区县都曾进行全面的县教育体制改革。此外,从乡镇批准变为学区批准,多数都要经过"学区建议权较大、乡镇批准"的中间状态。不过,与村小校长任命权相似的是,学区校长一旦控制了教师的调动权,乡镇政府就很难再次插手。

2003 年,教育局控制学区内调动的学区从 1 个增加到 10 个。2003 年后,教育局除了在一个学区将权力又移交给乡镇政府之外,其余学区的控制权都没有发生变化。因此,教育局一旦集中了调动权,也就难以再放弃。教育局集中权力的路径大致有三种:一是从乡镇批准直接变为教育局批准,这是最主要的演变路径;二是"从学区建议权较大、乡镇批准"变化为教育局批准;三是先从乡镇批准转变为"学区、乡镇、教育局共同批准",再变为教育局批准。但是,教育局一般不会从"学区校长控制"的学区集中权力。此点和村小校长任命权的变迁特征有一定的差异。

表 5-6　学区内调动权的变化:2000—2007 年

学区分类	学区批准	教育局批准	学区建议权较小、乡镇批准	学区建议权较大、乡镇批准	学区乡镇教育局批准	合计
2000 年学区数	0	1	35	14	0	50
2003 年学区批准	0	0	0	9	0	9
2003 年教育局批准	0	1	8	1	0	10
2003 年学区建议权较小、乡镇批准	0	0	10	0	0	10
2003 年学区建议权较大、乡镇批准	0	0	14	4	0	18
2003 年学区、乡镇、教育局批准	0	0	3	0	0	3
2003 年学区数	9	10	18	3	50	
2007 年学区批准	9	0	1	6	0	16
2007 年教育局批准	0	9	2	0	2	13
2007 年学区建议权较小、乡镇批准	0	1	3	0	0	4
2007 年学区建议权较大、乡镇批准	0	0	4	10	0	14
2007 年学区、乡镇、教育局批准	0	0	0	2	1	3

四、五种基本类型学区的变迁

如表 5-7 所示,2003 年,"学区主管类"学区有 9 个,这 9 个学区在 2000 年时全部是"学区乡镇共管类",这类学区在撤销乡镇教委后就主要由学区负责人事管理。2003 年之后又有 4 个"学区主管类"学区也是从"学区乡镇共管类"中转变而来。只有 1 个学区是从"以县为主"前的乡镇主管类型变化为学区自主管理类型。

"县主管"类型主要是从"学区乡镇共管"类型及"教育局乡镇共管"类型的学区转变而来。至 2003 年,27%的原"教育局乡镇共管"类型和 7%的原"学区乡镇共管"类型变为"县主管",2003 年之后的 4 年里则有 55%的"教育局乡镇共管"和 45%的"学区乡镇共管"变为"县主管"。"以县为主"的前两年,没有学区是从"乡镇主管"直接转变为"县主管"。至 2003年,原"乡镇主管"的 31%变化为"学区乡镇共管",12%变为"教育局乡镇共管",其余未变。2003—2007 年,则有 44%转变为"县主管"类型,36%

转变为"学区乡镇共管"类型。注意,虽然有 4 个"乡镇主管"类型直接变为"县主管"类型,但都是在 2005 年之后才发生的。

在财政集权的过程中,"县主管"类型不断被强化,乡镇主导类型和权力混合类型的学区逐渐减少。在财政改革的早期和中期,"县主管"类型的增加主要是从权力混合类型的学区中产生。直到最近几年,才出现了"乡镇主管"类型直接转变为"县主管"的情况。这是因为,"县主管"类型的增加在 2003 年前后不是因为学区校长任命权上的转变,主要是由于学区内的调动权逐步从原来乡镇控制变为教育局控制。

"学区主管"类学区的增加基本上是因为这些学区一直保持了人事权上的强势地位。"学区"从完全的弱势地位转变为主导地位,是非常困难的。我们的实地调查表明,少数出现这种转变的地区,都是在经历了全县范围的教育人事体制改革之后才得以成功的。同时,调查样本中没有出现"学区主管"类转变为"县主管"类的情况。因此,教育财政体制改革使得教育人事权力的配置出现了两极分化的现象,这个问题的深层原因还需要进一步的研究。

表 5-7　五类学区变化:2000—2007 年

学区分类	学区主管	乡镇主管	学区、乡镇共管	县主管	教育局、乡镇共管	合计
2000 年学区数	0	16	14	5	15	50
2003 年学区主管	0	0	9	0	0	9
2003 年乡镇主管	0	9	0	0	0	9
2003 年学区、乡镇共管	0	5	4	0	2	11
2003 年县主管	0	0	1	5	4	10
2003 年教育局、乡镇共管	0	2	0	0	9	9
2003 年学区数	9	9	11	10	11	50
2007 年学区主管	9	1	4	0	0	14
2007 年乡镇主管	0	1	0	0	1	2
2007 年学区、乡镇共管	0	3	0	0	2	5
2007 年县主管	0	4	5	10	6	25
2007 年教育局、乡镇共管	0	0	2	0	2	4

第四节 结 论

伴随着财政体制的系列改革,西部地区农村教育人事权力结构也在渐进地变化,并且在县域之间存在着明显的差异,乡镇一级亦如此。目前看来"以县为主"、农村教育经费保障新机制等改革在改善农村教育经费不足的同时,也使甲省许多地区的基层管理权力配置出现向上集中的趋势。我们根据任命学区校长和学区内调动权的配置对学区分类后,可以更清楚地看到农村基层教育管理权力的变化。在 2000 年时教委(学区)主任任命大约是一半地区教育局为主、一半地区乡镇为主,不过学区内人事管理全部都需要乡镇批准同意。"以县为主"后,学区管理权力结构的变迁一共有三类方向:第一种是权力从乡镇转移到学区;第二种是从乡镇转移到教育局或县政府;第三种是学区和乡镇共管或教育局和乡镇共管的状态。[①]

经过五六年的改革变迁,县主管类型的学区大约占一半并有不断增加的趋势,学区主管类学区只占 28%。这种格局并不利于教育体系的运转,因为实际的业务主管部门即教育局、学区、学校等缺少必要的权力来支配教育资源,进而难以建立起有效的激励体制和竞争性体制。李小土等[②]的研究发现教育管理人事权配置与教学业务管理模式有着内在的关系,基层学区如果对学区内人事管理有一定的自主权,则会更积极地激励教师和进行教学管理。权力过度集中所产生的一个后果是,权力的掌控方与教育管理方完全分离,拥有支配权的领导往往对教学业务和教学第一线的工作者并不熟悉。换言之,教育绩效的评估者却无法掌握教师激励的权力,结果可能会逐渐不再愿意进行严格的管理。人事权过度集中,也会导致教师调配更不合理,学区对于差的教师难以管理,这都可能引起教学质量下滑。

教育财政体制改革在部分地区也促使乡镇的控制权转移到学区。原

---

① 国务院办公厅在《关于完善农村义务教育管理体制的通知》(国办发〔2002〕28 号)中要求,"县级教育行政部门依法履行对农村中小学教师的资格认定、招聘录用、职务评聘、培养培训、调配交流和考核等管理职能,乡(镇)、村无权聘任农村中小学教职工。农村中小学校长的选拔、任用、培训、考核、交流由县级教育行政部门归口管理"。现实中,农村教育人事体制的演变显然与国务院的要求存在一定的差距。

② 李小土,刘明兴,安雪慧.西部农村教育人事与教师激励体制的测度与比较[Z].北京大学中国教育财政科学研究所工作论文,2008.

来需要乡镇党委会议讨论并以乡镇党委名义发文,现在学区只需告知乡镇主管领导或口头协商后就可以任命、调动。相比之下,这些学区比"以县为主"之前有了更多的控制权。但也有少数地区到 2005 年一直维持乡镇主管教育的格局,或至今如此。这些地区的乡镇教委转变机构名称后,职能与人员都没有什么变化,任命分配调动仍由乡镇政府作主,有的乡镇政府领导甚至连评职称和年终考核都要参与。

人事权力的配置也有可能出现反复变化的情况。调查样本中就有乡镇政府在退出一年后又要求管理学区,县政府则发文规定农村学区恢复受教育局和乡镇双重领导的局面。换言之,这个政治谈判过程的结果是不确定的,权力分配的最终格局要视具体情况而定。乡镇政府控制权的大小和乡镇的财政能力、乡镇领导个人的影响力及其与教育局领导的私人关系等均有关系。一种比较糟糕的情况是,政治谈判最终难以达成一致,权力的实际划分也变得非常模糊。如任命村小校长要经由学区推荐、乡镇同意、再报县教育局批准,学区内分配调动也要学区、乡镇同意后,教育局再批准。各个管理部门的领导也往往陷入权力的争夺之中,任何一方都没有动力对教育的具体业务负责。总之,无论是权力的过度集中,还是权力配置的不确定,都会对教育管理产生负面的影响。

财政集权所带来的负面影响也并非完全无法避免。各级行政领导不断争夺人事权力,无非是因为师资配置本身提供了一定的权力租金。租金的实际来源是多方面的,但其中一个重要来源是县域内部不同教学岗位的"实际待遇"存在巨大的差距,未能做到同工同酬。在目前的财政体制之下,县域内部诸多农村学校偏远的地理位置和恶劣的交通条件,既不会带来更多的公用经费拨款,也不会增加任课教师的津补贴。结果,控制了师资的配置权就等于掌握了教育系统"实际待遇"的分配权。由此,人事体制分权化改革的障碍就显而易见了。如果要降低这种障碍或"权力租金",就要建立更为公平的教育财政投入机制,平衡教师待遇和办学条件的"实际差距"。这其中的重点是,深化公用经费的拨款机制和教师的津补贴制度的改革。同时,在财政管理权限上,要尽量给基层的教学管理者一定的自由度,例如对教师津补贴的二次分配权和公用经费的支配权。从这个意义上讲,以平等为首要目标的财政改革和以效率为基本目标的人事改革之间并不是相互排斥的。

第二部分

义务教育教师教育、培训及供给的财政策略

第六章 师范教育经费支持机制研究[①]

魏建国 王 蓉[②]

经费支持是办好师范教育的重要前提条件。基于对我国 25 个省、自治区、直辖市(以及新疆生产建设兵团)师范教育经费投入状况和 41 所师范院校经费支持状况的调研材料,以及对德国、法国、日本和芬兰等国师范教育及其经费支持机制的考察,本文对我国师范教育的经费支持问题予以研究。本文包括如下几个部分。第一,我国师范生培养的基本情况。对师范生在师范院校中的占比情况进行考察,为师范教育在教师培养中的主渠道作用提供佐证,进而揭示研究师范教育经费支持机制问题的现实意义。第二,师范生培养的特殊性。根据相关调研材料,主要从教师教育课程、实践环节和信息时代的新要求等角度考察师范生和非师范生培养的区别。第三,以师范生和非师范生培养方面的区别为基础,分析师范生培养成本的特殊性。第四,从财政拨款、学费、免费师范生和学生资助等角度介绍我国师范教育经费支持的现状。第五,根据以上四部分的内容,分析总结我国目前在师范教育经费支持方面存在的主要问题,并提出完善师范教育经费投入机制的初步建议。

第一节 我国师范生培养的基本情况

在我国,随着师范院校发展的综合化趋势,师范院校在校生中师范生的占比在下降。在各地、各院校中,师范生占比以及比例变化情况有所不同。从省级行政区来看,师范院校在校生中师范生占比最高的为新疆,2011—2015 年,全新疆教师教育院校师范生招生规模 4.64 万人,占师范院校招生总数的 60.89%。师范生占比最低的为甘肃,2015 年为11.26%。在大多数省区,师范生占比在 20%—40% 之间。例如,2011—

---

① 本文完成于 2017 年 4 月,为教育部教师工作司 2016 年度委托调研课题"师范教育经费支持机制研究"报告,略有删减。

② 魏建国,北京大学中国教育财政科学研究所副研究员;王蓉,北京大学中国教育财政科学研究所教授、所长。

2015年,上海市师范生招生规模分别为1787人、2404人、1989人、2179人和2297人;师范生在教师教育院校招生中所占比例分别为20.47%、24.40%、20.98%、22.64%和23.53%。山东省师范生招生总规模基本控制在4万人以内,占当年相关高校招生总规模的比例分别为2011年21.43%,2012年25.13%,2013年19.9%,2014年21.57%,2015年24.47%。

在各师范院校,师范生占比的差异更大(详见表6-1)。在某些院校,如石家庄幼儿师范高等专科学校、徐州幼儿师范高等专科学校,师范生占比在80%以上,有些年份达100%;而在另一些院校,如石河子大学,师范生占比不足10%;在大多数院校,师范生占比在50%以上。

表6-1　2011—2015年部分师范院校中师范生占招生总人数比例

学校	2011年	2012年	2013年	2014年	2015年
东北师范大学	62.00%	62.00%	58.00%	58.00%	55.00%
首都师范大学	49.80%	54.60%	51.40%	53.40%	56.40%
河北师范大学	56.46%	54.96%	54.58%	51.28%	50.70%
石家庄幼儿师范高等专科学校	100.00%	100.00%	100.00%	100.00%	97.60%
山西师范大学	65.00%	51.00%	56.00%	62.00%	58.00%
运城幼儿师范高等专科学校	98.99%	99.00%	97.05%	97.36%	97.62%
集宁师范学院(本科)	92.00%	84.11%	47.41%	57.14%	53.74%
集宁师范学院(专科)	49.38%	50.00%	48.24%	52.11%	49.82%
内蒙古民族幼儿师范高等专科学校	—	—	88.00%	90.00%	89.00%
内蒙古师范大学	26.88%	33.08%	28.18%	32.80%	35.06%
长春师范大学	35.20%	33.89%	47.12%	25.93%	48.15%
哈尔滨师范大学	54.00%	53.00%	49.00%	42.00%	39.00%
齐齐哈尔师专	56.71%	64.75%	64.07%	68.86%	71.19%
上海师范大学	25.00%	25.90%	26.24%	25.75%	25.19%
上海行健职业学院学前教育专业	19.00%	20.00%	20.00%	20.00%	21.00%
南京师范大学	10%				
徐州幼儿师范高等专科学校	100.00%	92.30%	83.52%	86.25%	86.48%

续表

学校	2011 年	2012 年	2013 年	2014 年	2015 年
浙江师范大学	61.65%	62.27%	63.83%	64.79%	60.85%
金华职业技术学院	9.65%	9.28%	9.93%	9.48%	9.96%
福建幼儿师范高等专科学校	100.00%	100.00%	97.38%	97.58%	96.45%
闽南师范大学	31.10%	33.50%	30.80%	27.20%	28.00%
江西师范大学	34.40%	36.60%	33.60%	30.80%	29.60%
湖南民族职业学院	82.3%	84.0%	77.4%	73.7%	71.7%
湖南第一师范学院	71.64%	63.84%	64.78%	63.66%	59.78%
济南幼儿师范高等专科学校	100.00%	100.00%	85.00%	85.00%	85.00%
华南师范大学	41.86%	40.59%	39.21%	40.52%	39.51%
广东省外语艺术职业学院	32.19%	23.53%	24.50%	28.83%	25.07%
广西师范学院	61.43%	54.18%	50.99%	52.65%	49.34%
桂林师范高等专科学校	33.58%	38.45%	50.79%	58.40%	57.54%
海南师范大学	55.66%	52.12%	54.19%	51.48%	51.15%
琼台师范学院	61.24%	66.62%	72.02%	62.62%	69.37%
重庆师范大学	45.70%	45.64%	43.46%	47.92%	51.96%
重庆幼儿师范高等专科学校	100%	98.5%	98.9%	96.5%	98.5%
贵州师范学院	74.15%	64.40%	67.12%	61.18%	61.41%
贵阳幼儿师范高等专科学校	—	—	100.00%	95.37%	82.21%
渭南师范学院	53.61%	54.62%	47.85%	49.59%	42.27%
陕西学前师范学院	52.89%	76.80%	81.99%	84.40%	76.34%
西北师范大学	46.05%	44.97%	45.97%	39.96%	41.55%
陇南师范高等专科学校	85.09%	81.35%	79.32%	57.06%	65.71%
石河子大学	7.20%	6.76%	0.82%	0.77%	0.74%
新疆师范大学	61.24%	61.79%	59.79%	57.29%	59.81%
新疆师范高等专科学校	62.10%	59.30%	65.70%	60.60%	61.30%

数据来源:根据教育部教师工作司提供资料整理。

从师范毕业生从事教育工作的情况来看,很大比例的师范生最终选择在教育单位工作。比如,吉林省近五年来承担中小学教师教育培养的省属高校共招收本科生约 30000 名,约 50％的毕业生最终到中小学(含幼儿园、中等职业学校、特殊教育学校)任教。2014—2016 年,河北省进入教师行业的师范毕业生比例分别为 50％、52％、54％。近三年来,上海师范大学有 87％左右的师范毕业生就业于教育单位。同时,师范生是引进新教师的主体。根据江苏省提供的材料,截至 2015 年年底,江苏省各地中小学新进教师 18477 人,其中师范生有 15265 人,占 82.6％,非师范生仅占 17.3％。

通过以上数据可以看出,师范教育在中小学教师队伍培养中仍然发挥着举足轻重的作用。因此,探讨师范教育的经费支持问题具有重要的现实意义。但是,随着师范院校的综合化,在师范院校招生中,师范生的占比下降,因此,对于师范教育经费支持的瞄准模式也需要从瞄准院校转向瞄准学生(师范生)。

第二节 师范生培养的特殊性

在思考师范生的培养费用之前,需要认识到师范生与非师范生培养过程的差异,这将导致培养成本的差异。与非师范生相比,师范生的培养在教师教育课程、实践环节以及信息化时代对师范教育的新要求等方面,具有较大的差异。

在教师教育课程方面,2011 年教育部发布的《教师教育课程标准(试行)》提到,教师教育课程广义上包括教师教育机构为培养和培训幼儿园、小学和中学教师所开设的公共基础课程、学科专业课程和教育类课程。此处的课程标准专指教育类课程。本报告所考察的教师教育课程也是从这个意义上来讲的。从各个专业的培养方案、课程体系进行考察,独立的教师教育课程模块的存在是师范生和非师范生培养环节的一个重要区别。

各个师范院校都特别强调师范生培养中教师教育课程[①]的重要性。笔者对部分师范院校如东北师范大学、重庆师范大学、广西师范学院、海南师范大学、湖南师范大学、渭南师范学院、长春师范大学和哈尔滨师范大学等院校的教师教育课程进行考察,发现教师教育课程的设置是师范

---

① 有的师范院校也将实践课程列为教师教育课程的一个模块。关于实践课程,下文再单独予以详细阐述。

生培养环节的重要特色。教师教育课程模块是师范生培养方案中所独有的。教师教育课程通常由教育基础课程、教师技能课程、学科教育类课程等组成。教育基础课程通常包括教育学、发展与教育心理学、教师职业道德与专业发展等。教师技能课程通常包括现代教育技术、书写技能、普通话与教师语言等。学科教育类课程通常包括相应学科的课程与教学论、某学科课程标准解读与教材分析、某学科教学技能分析等。通过上海师范大学数学与应用数学师范专业和非师范专业核心课程设置的对比（表6-2），可以更加清晰地看到师范生培养中教师教育课程的重要性与特殊性。

表6-2 专业核心课程对照表

数学与应用数学（师范）	数学与应用数学
教育类课程（心理学与教育、教育导论、课程与教学论、德育与班级管理、学习心理与教育、青少年心理与辅导）	
数学分析Ⅰ	数学分析Ⅰ
数学分析Ⅱ	数学分析Ⅱ
数学分析Ⅲ	数学分析Ⅲ
高等代数与解析几何Ⅰ	高等代数与解析几何Ⅰ
高等代数与解析几何Ⅱ	高等代数与解析几何Ⅱ
高等代数与解析几何Ⅲ	高等代数与解析几何Ⅲ
概率论与数理统计	概率论
数学建模	数学建模
物理学	物理学
常微分方程	常微分方程
复变函数	复变函数
	数理统计
实变函数与泛函	实变函数与泛函
近世代数	近世代数
	C++程序设计Ⅰ
数学教育学	
数学课程与教材分析	

除了教师教育课程,与一般高校的人才培养过程相比,师范生的培养更需要注重实践环节。2016年3月,教育部专门下发了《关于加强师范生教育实践的意见》。该意见提出,师范生教育实践是教师教育课程的重要组成部分,是教师培养的必要环节,要构建全方位的教育实践内容体系。在师范生培养方案中设置足量的教育实践课程,以教育见习、实习和研习为主要模块,构建包括师德体验、教学实践、班级管理实践、教研实践等全方位的教育实践内容体系,切实落实师范生教育实践累计不少于1个学期的制度。该意见提出要全面推行教育实践"双导师制",协同建设长期稳定的教育实践基地。因此,各院校在师范生培养过程中更加重视实践环节。尽管非师范专业也开设其他师范专业所不开设的课程,但是,从总体上而言,由于教师教育课程和独立实践环节的存在,师范专业培养方案所要求的毕业学分通常要高于非师范专业。例如,在重庆师范大学,历史与社会学院开设的历史学师范专业,毕业学分为165,而非师范专业文物与博物馆为158;外国语学院开设的英语师范专业,毕业学分为165,非师范专业日语为160,翻译为159;数学学院开设的数学与应用数学师范专业,毕业学分为165,非师范专业统计学为157,金融数学为158,信息与计算机为158;其他各个学院开设的师范专业毕业学分要求均高于非师范专业的要求。

近年来,信息技术高速发展对教育教学改革发展带来新的机遇和挑战,信息化对整个教育体系都会产生深远的影响。除了对高等教育的一般性影响外,信息化对师范院校的师范生培养也会提出新的要求。师范院校不仅需要用信息化的手段来培养师范生,更需要使师范生适应以后工作中对信息化技能的要求,适应教育信息化对教师教育人才提出的新要求。例如青海师范大学面向所有师范专业,专门开设"现代教育技术及应用课程",包括教育技术理论基础、教学媒体、现代远程教育、计算机网络以及课件制作等模块,实践教学中增设了现代教育技术训练内容,加强师范生信息化教育教学能力的培养与训练。

第三节　师范生培养环节的特殊性在培养
经费差异方面的体现

本文第二节中分析了师范生培养在教师教育课程、实践环节以及信息化时代对师范教育的新要求等方面,与一般高校其他专业的学生培养相比具有的特殊性。这些培养环节方面的特殊性将在培养经费差异方面有所体现。

1. 教师教育课程的开设。一般的师范院校都会设立专门的教育学院或教育研究院。这些教育学院除了培养本专业的学生外，很重要的一个功能是负责开设教师教育类课程。这些课程需要有相应专业知识背景的教师团队授课。这就需要专门的人员经费和公用经费予以支持。同时，这些课程的顺利开设除了需要传统的教室外，还需要特殊的设施设备，例如微格教室。微格训练是师范生培养所特有的方式，几乎在所有的学科类教育课程中都需要微格训练。相关设施设备的建造、购置都需要额外的经费，其日常运转也需要经费来支持。据调查，微格教室的更新周期大约在 5 年左右。

2. 实践环节。和非师范生相比，师范生的实践环节多发生在中小学。这样，在进行实习时，不但没有实习收入，还要支出一定的费用。主要的支出类别包括：校外教育实习基地学校指导教师指导费、学生交通费用和住宿费用等。从有关师范院校的实际做法来看，师范生的实习经费要高于非师范生。例如，2015 年，湖南师范大学师范生人均实习经费标准为 1200 元，非师范生为 1000 元，师范生多了 200 元/人。

3. 信息化。除了高校信息化发展的一般经费需求加大外，信息化由于其在师范生培养中的特殊作用，也会导致一些额外的支出。在信息化不断深入的大背景下，相关的硬件（微格教室的更新换代、远程见习观摩室、高清录播室、课件制作室等）、软件的投入都有可能加大。

但是，获得师范生培养的准确费用并不容易，特别是理想状态的师范生培养费用，则更加难以获得。因此，本文通过对如下三个案例的考察，试图对理解相关问题提供一定的参考。

案例 1：某校"中学卓越教师培养模式"及其培养费用的考察

该模式在汉语言文学专业试点，并在其他师范专业推广。

1. 培养模式基本情况

为实现卓越型师资人才培养目标，该专业初步建立了一套"5＋2＋1"的培养模式，实施要点如下：(1) 培养目标是基于当代基础教育大发展对新型优秀教师人才的强烈需求，为我国中小学教学一线培养适应时代需要的高端应用型教师人才。(2) 组建"中学语文卓越教师"人才培养模式创新实验班。从学校文学院汉语言文学（师范）专业每个年级 300 多名本科生中选拔 10％的特优者（限 30 人），组成了"中学语文卓越教师"人才培养模式创新实验班。(3) 实验班采取"5＋2＋1"的模式。"5"是指该专业的师范生进入大学后的前 5 个学期。在这 5 个学期,全体师范生都在学校文学院集中学习。"2"是指大三年级下学期(第六学期)、大四年级上学期(第七学期),被选拔的师范生单独组成实验班与其他师范生分流,进入学校文学院与市内多所语文教学特色校共同创办的中学语文卓越教师人才培养模式创新实验区,以这些语文教学特色校为(主/辅)基地学校,组织实验班学生开展为时 2 个学期的嵌入式教育见习和中学语文教学实践。在这两个学期中,有中学语文教学一线的教师(主基地学校的语文骨干教师、市内知名语文教学特色校的名师、北师大第二附中等京沪名校的名师)、国内顶尖师范大学的语文课程与教学论专家、本校文学院与教育学院的专业课教师参与实验班师范生的培养,其形式极灵活:或对师范生进行教学常规的传帮带,或给师范生开设介绍一线教学经验与前沿教育理念的系列讲座,或指导师范生就我国中学语文教学一线的困难与问题做"微型课题"研究。在这些教师的指导下,实验班师范生获得了"一边教、一边学、一边研究、一边熟悉我国中学语文教学实际"的重要平台。所谓"1",是指实验班师范生在大学最后一个学期(第八学期),从实验区的基地校回到大学。回校后,他们要总结教学心得和研究成果,撰写语文教育教学方面的本科学位论文,同时参加招聘、找工作就业。这个"1"(第八学期)是实验班师范生进行教学科研总结、提升学术涵养与接受社会挑选的重要阶段。

2. 培养成效

(1) 建构起基于本科教育的具有实效性与操作性的中学语文卓越教师人才培养模式。这个模式有效地解决了以往师范教育与基础教育一线脱节、学生教育观念滞后、教学教研能力薄弱的问题,实现了高师院校与中学紧密结合、联合培养基础教育师资人才的愿望。(2)培养了一批适应基础教育的优秀语文教师人才和高质量的复合型人才。(3)社会影响良好。"卓越教师人才培养模式"得到高师院校语文学科教育界专家的认同。

3. 经费使用情况

(1) 教师队伍(58500 元)

a. 国内学科教学知名专家三位,每人三场系列讲座,每场 2000 元,共计 18000 元。食宿交通费每人 4000 元,共计 12000 元。

b. 市内外中学语文特级教师四人,每人四场系列讲座,每场 1000元,共计 16000 元。食宿交通费,其中一人为市外聘请,三人为市内聘请,共计 4500 元。

c. 市内(含校内)知名学者讲座四场,每场 2000 元,共计 8000 元。

(2) 学生培训费(50000 元)

a. 基地学校委托培训费 30000 元。

b. 本校培训费:微型课题开题与指导 4000 元;日常指导 8000 元。

c. 师生交通误餐差旅补贴 8000 元。

(3) 实践与研究成果推出(24000 元)

a. 学生的微型课题研究论文集和中学语文课程同课异构:18000 元。

b. 教师研究成果的研究与推出:6000 元。

总计:132500 元。

每期"中学语文卓越教师"人才培养模式创新实验班一年(两学期)到基地学校嵌入式实践教育阶段所花费的额外经费总计为 132500 元。所谓"额外"是指汉语言文学(师范)专业学生正常培养经费之外的额外支出经费。

以 30 名学生计算,生均额外增加培养经费 4416.67 元。如果分散到四年计算的话,相当于生均每年额外增加培养经费 1104.17 元。从这个案例可以看出,实践环节是保证师范生高质量培养的一个重要环节,而该环节的顺利开展需要经费的支持。

案例 2:某师范大学师范生、非师范生生均投入对比说明

该校师范生培养过程注重贯彻学校人才培养理念"厚基础、重实践、国际化",对比非师范生,学校在专业基础课程、教育实践、国际视野培养、优秀行业教师参与培养等方面都加大投入。

经费投入对比以 2015—2016 学年为时间跨度,分别以全校师范生和非师范生为统计基数。具体情况如下。

1. 师范、非师范行业教师授课差异对比

作为应用型人才培养,某校在师范生培养过程中,聘请上海基础教育优秀教师任教教师教育类和教法课程。我们选取了汉语言文学(师范)和数学与应用数学(师范)两个专业,分别与相应的非师范专业(2015 级培养方案)进行对比。这两个基础学科的非师范人才培养,在课程教学中没有特别的行业对接要求。具体情况见表 6-3、表 6-4。

表 6-3　某师范大学汉语言文学(师范)和数学与应用数学(师范)专业
与相应的非师范专业(2015 级培养方案)对比

	汉语言文学 (师范)	汉语言 文学	数学与应用数学 (师范)	数学与应 用数学
公共必修 课程	校内教师授课,学时、学分无差别		校内教师授课,学时、学分无差别	
专业主 干课	校内教师授课,学时、学分无差别		校内教师授课,学时、学分无差别	
专业选修 课程	校内教师授课,学时、学分无差别		校内教师授课,学时、学分无差别	
专业课 (教育类 课程)	5 门课程,共计 160 学时,其中 50 学时行业教师授课	无	5 门课程,共计 160 学时,其中 50 学时行业教师授课	无
教法课程	3 门课程,共计 144 学时,其中 72 学时行业教师授课	无	3 门课程,共计 144 学时,其中 72 学时行业教师授课	无

表 6-4　某师范大学汉语言文学(师范)和数学与应用数学(师范)专业
聘请行业教师授课生均课时费

专业	学生数 (人)	行业教师 授课课时	行业教师授课课时费 (元,1200 元/4 节课)	生均课时费 (元)
汉语言文学 (师范)	112	122	36600	81.7
数学与应用数学 (师范)	89	122	36600	102.8
平均				92.25

2. 专项经费投入差别

作为传统师范大学,教学专项经费投入向师范专业倾斜。以 2015 年
度教学专项经费以例,具体对比见表 6-5、表 6-6。

表 6-5 某师范大学 2015 年教学专项经费分配情况 单位:万元

项目	金额		备注
	师范生	非师范生	
卓越教师培养	500	0	
课程建设类	86.5		师范、非师范共用
项目研究类	17	58	
专业建设类	170	130	
生均合计	0.1338	0.0167	

表 6-6 某师范大学全校师范生、非师范生学生数 单位:人

师范生	非师范生	合计
5299	15016	20315

专项经费的生均差额为:1171 元。

3. 实践性环节生均投入差别

具体情况见表 6-7。

表 6-7 某师范大学师范生和非师范生实践性环节生均投入差异

类别	环节	标准	时间长度	金额（元）	合计（元）
师范生	教育见习	100 元/生	第二、三学年,每学期一周	400	1200
	教育实习	800 元/生	第七学期,一学期	800	
非师范生	非师范生专业实习无经费投入				

4. 师范、非师范生均投入差异说明

学校在师范和非师范专业经费投入上的差别主要体现在师范专业聘请行业教师授课、专项经费投入差异和实践性环节这三方面。

根据上面的测算,汉语言文学专业师范生培养费用生均多 1797.8 元;数学与应用数学专业师范生培养费用生均多 1882.2 元;不区分专业的师范生培养费用生均多 1840 元。

案例 3:师范生额外培养成本测算——以某师范学院为例

1. 师范类专业与非师范类专业人才培养差异性

某师范学院师范生与非师范生培养存在显著差异,主要表现在以下

4 个方面。

（1）要求教师 5 年内必须有半年到中小学、幼儿园见习的经历；

（2）师范生培养实行双导师制；

（3）师范生培养实行小班教学（目前正在试行当中，约有七分之一学生已实行小班教学，效果非常理想，为此，今后将全部实行小班教学。这也是教育部师范专业认证的标准之一）；

（4）师范生实行双实习制（即一次到优质学校实习，另一次到农村学校顶岗实习）。

2. 额外培养成本测算

因为师范生培养的特殊性产生的额外培养成本约为 582.8 万元，具体测算办法如下。

（1）教师见习：增加见习开支 126 万元

某校有学科教学论、师范专业核心课程、教育学、心理学等与教师教育密切相关，需要见习的教师 300 人，按 5 年必须到中小学、幼儿园见习半年的规定，每年约 60 人。见习教师按实习带队教师标准进行补贴，另给予 1 万元，两项合计共约 2.1 万元/人。由此，该项每年多开支：60 人×2.1 万元/人=126 万元

（2）小班教学：增加课酬 112 万元

某校目前 2016 级师范生共 2000 人，按理想化的小班 20 人一个班（某校目前每年级设有陶行知实验班 15 个，每班 20 人），则有 100 个班，比常规 40 人一个班多了 50 个班（每个班每年 14 门课），不计因此增加教室、教学设施设备等开支，仅每年增加的课酬为：50×14 门×32 课时/门×50 元/课时（副高职称课酬）=112 万元。

（3）双导师制：增加开支 100 万元

如果全部实行小班教学，则每年级有 100 个教学班，即增加了 100 名校外导师，按现在标准每名每月补贴 1000 元计（一年按 10 个月计），则开支为：100×1000 元/月×10=100 万元/年。

（4）集中实习、实习时间延长：增加开支 244.8 万元

按教育部规定，师范生实践教学环节不得少于 18 周，实习时间调整为 16 周，其他实践环节如见习、试讲等仍为 2 周，实习比原来的 8 周增加了 8 周，为此，某校将实习生的实习补贴由原来的 300 元/生提高到 600 元/生，提高了 300 元/生，此项增加开支为：2000 人×300 元/生=60 万元。此外，某校规定师范生实习必须集中实习，并安排带队教师，每 20 名实习生安排 1 名带队教师，共需 100 名实习带队教师，每名实习带队教师每天

补贴 180 元,包括伙食补贴、住宿补贴。另外,每名带队教师每天计 3 个课时的工作量,每个课时按 50 元计(副高职称标准),则增加实习带队教师费用为:补贴(100 人×56 天/人×180 元/天)＋课酬(100 人×56 天/人×3 课时/天×50 元/课时)＝100.8 万元＋84 万元＝184.8 万元

3. 生均额外支出培养成本[①]

582.8 万元÷2000＝0.291 万元。

第四节　我国师范教育经费支持现状

一、经常性拨款

目前,中央政府对中央高校的经常性财政拨款实行生均拨款,根据学科大类设定拨款的差异系数,但对师范专业并没有特殊的考虑。

在财政部、教育部先后发布的《关于进一步提高地方普通本科高校生均拨款水平的意见》(财教〔2010〕567 号)、《关于建立完善以改革和绩效为导向的生均拨款制度加快发展现代高等职业教育的意见》(财教〔2014〕352 号)两个重要文件的推动下,省级地方政府对其所属本专科高校纷纷建立起了生均拨款制度,也多根据学科设定不同的拨款系数,但不少地市级政府对其所属高校尚没有实行生均拨款。

湖北、湖南、浙江、江苏、广西、广东、福建、重庆和北京等九省(自治区、直辖市)在经常性拨款中对师范专业有特殊考虑。这些省份普遍采取的做法是提高师范类院校或普通院校师范类专业的生均拨款系数,或师范生的学生折合系数。例如,湖北省按《关于加强全省乡村教师队伍建设实施办法》文件要求,将省属本科、高职院校师范专科生均拨款系数调整为 2.0。浙江省采用统一的生均拨款标准,而师范生享受 1.2 的学科系数折算学生人数。此外还为师范生提供生活补助,例如福建省对高等师范教育的生均拨款标准与非师范生相同,但对师范生每生每年安排 1048 元用于生活补助,经费随同年初预算经费下达。第三种做法是提高师范生生均定额的财政负担率,例如北京财政拨款采用生均定额和财政政策相结合的方式进行,主要包括学科生均综合定额、学生助学金财政拨款定额、促进高校内涵发展定额等。对教师教育本科院校和师范生的特殊拨款标准有:一般院校本科生学科定额财政负担 86%,师范类学科定额财

[①]　此算法只计算师范类专业比非师范类专业多出来的培养环节所产生的费用,不包括小班教学后需要增加的 100 间教室及相应教学仪器设施设备的费用,不包括实习基地建设的费用。

政负担100％,同时师范类专业定额乘以系数1.1。

二、专项拨款

(一)中央政府专项拨款

中央政府专门针对中央师范院校的专项拨款是"教师教育创新平台项目计划"。该计划在北京师范大学、华东师范大学、陕西师范大学、华中师范大学、东北师范大学、西南师范大学等六所部属师范大学实施。"教师教育创新平台项目计划"是"985工程优势学科创新平台项目"的重要组成部分,旨在推动中央师范院校加强和改革教师教育,用最好的师资和教学条件培养师范生,形成学科优势和多学科综合优势所支撑的教师教育创新和教学平台,直接服务于教师教育,把师范生免费教育示范性举措落到实处,为培养造就优秀教师和教育家队伍做出新的贡献。2015年发布的《关于改革完善中央高校预算拨款制度的通知》提出,在"985工程"、"211工程"、优势学科创新平台、特色重点学科项目、"高等学校创新能力提升计划"以及促进内涵式发展资金等基础上整合形成"中央高校建设世界一流大学(学科)和特色发展引导专项资金"。此外,针对教育部直属师范高校,中央财政还提供免费师范生专项资金。根据《教育部直属师范大学师范生免费教育实施办法(试行)》的规定,免费教育师范生在校学习期间免除学费,免缴住宿费,并补助生活费,所需经费由中央财政安排。

与其他地方所属高校相一致,地方所属师范院校都可能享受到如下中央专项拨款:中央财政支持地方高校发展专项资金、高校生均拨款奖补资金、中西部高校综合实力提升工程、中西部高校基础能力建设工程、高校化债奖补专项资金、特色重点学科项目、高校学生资助经费、现代职业教育质量提升计划、国家示范性高职院校建设专项资金、国家骨干高职院校建设项目、中央财政支持职业教育实训基地建设、高职院校提升专业服务能力专业建设补助、职业院校教师素质提高计划补助、中央财政职业教育"以奖代补"资金、改善职业教育办学条件资金等。

此外,中央政府提供专门针对地方所属师范院校的专项拨款:教育部卓越教师培养计划改革项目、教师教育国家级精品资源共享课建设经费、国培计划等。值得注意的是,国培计划只是针对在职小学教师、校长培训的专项,在校师范生培养并未享受。

(二)地方政府专项拨款

各地师范院校多通过各地政府设定的面向所有院校的专项拨款获得经费,仅湖南省等12个省份设立了专门针对师范院校和师范专业的专项拨款。

上海、湖南、河北、山东和广西等省（自治区、直辖市）设定了针对定向师范生培养计划的专项拨款，例如上海市对于实施免费师范生培养计划的教师教育院校，在经常性拨款的基础上，按照普通专业学费收费标准5000元/年追加给予生均办学补贴；湖南省设定了农村教师公费定向培养专项经费，针对公费定向师范生进行拨款；河北省设立了免费师范生专项经费；广西自2013年起实施农村中小学全科教师定向培养计划，招录农村中小学全科教师和学前免费男师范生，每人每年补助1万元。

另一类较为普遍的专项资金是用于教师培养基地建设或各种质量提升工程，例如浙江省在"十一五"和"十二五"期间连续实施两期省级重点教师培养基地建设，省级财政投入经费6600万元。山东省2011年启动实施山东省教师教育基地建设工程，每年资助2200万元用于基地建设工程。

三、学费和学生资助政策

（一）学费

除了北京市对师范生普遍免收学费外，其他地区对师范生收取学费。有的学费标准和非师范生相同，有的实行较低的学费。实行差别学费的省份有湖南、浙江、山西、青海、广西、重庆和黑龙江。例如湖南省2012年高校学费政策解冻以后，仅对一本学校学费标准进行了一定的结构性调整。为吸引考生就读师范类专业，除艺术与新闻传播类的师范生以外，其他师范类专业学费标准没有进行调整。

（二）免费师范生

除了北京市的师范生全部免费，以及中央所属师范院校实施免费师范生政策外，到2016年，我国有20个省市实施了相应的免费师范生政策，其中有9个省市还根据本省情况专门制定了与农村教师队伍建设相关的免费政策。例如，甘肃从2009年开始实施了省属师范院校本科毕业生到农村中小学任教以奖代补政策；重庆于2013年启动了农村小学全科教师培养计划；广东从2008年起开始实施"高校毕业生到农村从教上岗退学费"政策。整体而言，免费师范生政策可能针对所有学段，也可能针对部分学段，也可能只针对某学段的特定教师，同时有的省份会先进行试点而后推开。

2008年，上海市选择上海师范大学开始试点地方师范大学招收免费师范生工作，2011年起，正式作为国家教育体制改革试点项目，并命名为

"扩大并完善免费师范生教育"项目。免费师范生集中在语文、英语、数学、化学、小教、学前等 6 个专业试点实施培养模式改革。

2006 年,针对偏远农村学校教师补充困难的实际,湖南省在全国率先启动实施了农村小学教师定向培养专项计划。经过十年发展,先后新增了农村幼儿园教师、农村初中教师、特殊教育教师、县以下中等职业学校专业课教师和农村学前教育本科教师等多类免费定向培养计划。目前,已形成与国家免费师范生相衔接,各类型、各学段、各学科教师培养全覆盖的地方免费定向师范生培养完整体系。招收的地方免费定向师范生在校学习期间的学费、住宿费、军训服装费、教材费一律免缴,所需经费由省市两级财政负担。

山东自 2016 年起,在省属高校实行师范生免费教育。免费师范生重点培养学有专长、胜任多学科教学的小学全科教师和一专多能的初中短缺学科教师。江苏针对幼儿教师队伍性别结构矛盾突出、男教师稀缺的状况,从 2010 年起开展师范生免费教育试点,每年招收一批五年制幼儿师范男生实行免费教育,力争到 2020 年为全省每所幼儿园培养一名男教师。河南省从 2016 年开始,以培养小学教育专业全科教师为载体,启动实施河南省免费师范生政策试点。青海从 2016 年起,启动实施藏汉双语定向师范生免费教育,定向培养藏汉双语小学全科教师。

(三)学生资助

除了前面提到的免费师范生外,和非师范生相比,普通师范生在学生资助方面也可能会享受一些更优惠的政策。部分院校对师范生发放专业奖学金或助学金,如浙江师范大学的师范生可以享受师范专业奖学金;新疆师范大学的明德奖学金和叶圣陶奖学金只针对在校师范生进行评定;在福建,师范生按人均 1064 元/年的标准,分月发放师范生助学金。部分院校发放师范生生活补助,如青海师范大学有专门的师范生补助,每生每月 61 元,发放四学年,每学年发放 10 个月。还有其他的针对部分师范生的资助政策,例如江西师大从 2016 年开始,凡到江西省乡镇中小学或幼儿园从教的师范生,学校给予 3000 元/人的奖励。

第五节　完善师范教育经费投入机制的一些初步建议

通过上文的分析,本文认为,师范教育在学生培养环节与非师范生培养存在一些差异,这些差异将导致培养成本的不同。前述特殊要求对师范生培养质量具有重要的意义,而一定的经费支持是实现这些特殊要求的重要前提。但整体而言,我国并未建立针对师范教育的特殊拨款制度。对其他国家师范教育经费支持状况的考察也表明,除了个别国家在奖、助学金方面实行特殊政策外,本文作者所关注的其他国家也并没有对师范教育设立特殊的拨款制度。①

目前,我国师范教育经费支持存在的问题主要有两类,一类是属于整个高校经费支持机制的共同性问题,并不是师范教育所独有的,另一类问题则是师范教育所独立面对而需要特殊关注的。本文主要分析后一类问题。(1)经常性财政拨款没有体现差异。目前,中央政府和部分地方政府对其所属师范院校的经常性财政拨款都是按照学科大类进行生均拨款,而没有考虑师范生培养过程中的特殊因素。(2)实践、实习经费不足。实践、实习经费不足会严重制约师范生培养质量。目前,除了个别地区有实践、实习方面的专项拨款外,多数地区并没有专门拨款。如果在生

---

①　本文作者对德国、法国、日本和芬兰等国的师范教育及经费投入进行了考察,简述如下。

德国的师范教育因各州而异。巴登—符腾堡州保留了单独开设教育学院的传统,设有 6 所教育学院专门培养师范人才。其他州的师范教育都被纳入大学等高等教育机构中的"师范教育中心"进行,各个高校根据自己的教学重点和特色培养师范人才。在经费支持方面,政府对师范教育并没有特殊的拨款安排。

法国从 2010 年开始正式实施教师教育新模式——"3+2+1"培养模式。具体而言,就是学生在 3 年本科毕业以后,进入教师培训学院学习 2 年,可取得硕士文凭。其中,通过教师资格考试者(笔试和口试),即获得实习教师资格,开始为期 1 年的教育实习,在教学经验丰富的教师指导下开展教学。在担任 1 年的实习教师之后,由教师培训学院进行考核评定,通过考核,由教育部任命,正式上岗。法国实行低收费师范教育,对师范院校学生收取小额学费,大部分成本由国家统一负担,除此之外,向学生发放奖学金、助学金和津贴补助。法国为鼓励优秀大学生进入教师队伍,对一部分符合特定要求的学生,在进入教师培训学院前给其提供国家津贴。大学三年级准备从事教师职业的学生每年可获津贴 5 万—7 万法郎。在教师培训学院一年级学习的学生,每年可获津贴 7 万法郎。

日本在"二战"前曾经存在独立的师范教育体系。目前,日本的教师教育模式的特点是"开放型"、"大学培养教师"。除了历史原因形成的学艺学院、教育学院、学艺大学、教育大学开设教职课程以外,开放型的教师培养模式意味着日本任何大学的任何院系都可能开设有教职课程(如工学院可能培养理科老师,农学院可能培养生物老师)。日本政府对于设有教职课程的国立大学几乎没有特殊的投入机制。值得注意的是,在 1998 年之前,为了鼓励教师培养,日本育英会奖学金对从事教师职业的人实行免除返还的制度,实际上发挥了无偿奖学金的作用。

芬兰的师范学位教育主要由大学和应用科技大学的教育学院提供。从 20 世纪 60 年代开始,芬兰将师范教育并入大学,并将小学教师资格提升至硕士学历。教育学院与其他学科学院紧密合作相互促进,保证师范生既可以学到专业的学科知识也能掌握先进的教学法等。师范教育为研究型导向硕士学位教育,融合了研究、知识学习、教学法学习和贯穿整个学习阶段的实训。所有类型的师范专业均大量练习研究理论、方法及批判性思维,使师范毕业生可以应对复杂多变的社会及教学环境。在经费支持方面,没有对师范教育设立专门拨款机制。

均拨款方面对师范生因素没有专门考虑的话,那么,师范生的实习、实践经费很可能就是短缺的。(3)设施、设备方面投入不足。前面的考察表明,师范生培养需要一些特殊的设施、设备。此外,在信息化背景下,教师教育课程的开设、实践环节的开展都有可能会用到一些专门的设施、设备,这些设施、设备对适应未来教育的教师培养都具有极其重要的意义。目前,对于相关设施、设备的经费投入机制还尚不完善,经费投入也不足。(4)低学费。有些地区的师范专业学费低于非师范专业。浙江和广西曾对师范专业低学费进行拨款补偿。但是,其他实行低学费的地区并没有类似的政策。这样,虽然对学生就读师范专业有所鼓励,但是对于学校而言,则相当于少了一部分培养费用。

对于完善师范教育经费投入机制,需要在整个高等教育经费投入机制乃至整个财政体制的大背景下进行考虑。本文认为,可以通过以下途径来完善我国师范教育经费的投入机制。

第一,通过设立师范生均拨款系数对师范生培养的额外费用予以考虑。目前,中央政府和大部分地方政府对其所属院校(包括师范院校)普遍建立起了生均拨款制度,有些省份已经对师范生设定了差异化拨款系数。应该说,在生均拨款中设立师范生差异化拨款系数,是较为可行的一种投入机制调整。首先,设立师范生差异化拨款系数并不需要调整大的投入体制安排。制度调整的成本较低,实施的难度较小。其次,提高经常性拨款占比,通过经常性拨款增加高校投入,符合当前高等教育经费投入机制改革的精神。2015年发布的《关于改革完善中央高校预算拨款制度的通知》特别提到,"进一步落实和扩大中央高校办学自主权","进一步精简和规范项目设置,改进管理方式,推动政府职能转变,提高中央高校按照规定统筹安排使用资金的能力,完善中国特色现代大学制度"。对于经常性拨款,由高校在全校范围内统筹使用。师范院校可以自主决定是用于实习、实践,还是特定课程的开设,或是特定设施、设备的运转维护,这有利于提高师范院校的办学自主权,提高办学效率。

第二,调整中央政府对地方师范院校的专项支持。在中央政府对地方政府的转移支付方面,总的原则精神是扩大一般性转移支付占比,而压缩专项转移支付占比。因此,在考虑中央政府对地方师范院校的支持方式时需要考虑这一大的宏观背景因素。前文对中央政府对地方师范院校的支持方式进行了梳理。与其他地方高校一样,地方师范院校也有可能享受到中央政府设立的支持地方高校发展的专项资金,同时中央政府设立了专门针对地方师范院校的专项拨款。在目前压缩专项的宏观背景下,一方面,地方师范院校可以到已有的面向所有地方高校的中央支持项目中争取经费;另一方面,对于专门面向师范院校的支持项目,可以考虑予以调整、归并、保留。

第三,在中央政府对中央高校支持的六大专项中,考虑对于中央师范院校的支持。2015 年发布的《关于改革完善中央高校预算拨款制度的通知》提出重构项目支出体系,将 13 个中央高校专项调整为如下 6 个:中央高校改善基本办学条件专项资金、中央高校教育教学改革专项资金、中央高校基本科研业务费、中央高校建设世界一流大学(学科)和特色发展引导专项资金、中央高校捐赠配比专项资金、中央高校管理改革等绩效拨款。对于中央师范院校设施、设备、教育教学模式改革等方面的经费需求,应该在如上 6 个专项体系下予以解决。对于相关设施、设备的运转维护费用则通过生均拨款或学费予以解决。

第四,在简并专项的大背景下,地方政府针对地方所属师范院校设立新的专项有一定的难度。对于实习方面的经费需求,未来应通过设立差异化生均拨款系数解决。而对于教师培养、设备等方面的经费需求,则可以在现有师范专项或者普遍性的高校专项中解决。对于设施、设备的日常运转维护则通过生均拨款或学费解决。同时,由于部分地区对师范生实行低学费,这样虽然增加了师范专业的吸引力,但却减少了师范生培养经费。对于实行差别学费的地区,应考虑用财政拨款补足学费差额,从而保证不因低学费而影响师范生的培养经费。

此外,应鼓励各地继续根据各自的实际情况,开展符合地区需求的免费师范生政策。在国家学生资助政策的大框架下,各地可根据其实际需求,制定更为优惠的师范生奖、助学金政策。

第七章　我国义务教育阶段教师培训现状调查报告[①]

陈向明　王志明[②]

第一节　研究背景、内容与过程

教育大计,教师为本。有好的教师,才有好的教育。教师培训是教师专业发展的重要环节。1978 年至今,我国的教师培训经历了补偿性培训、探索性继续教育、普及性继续教育和国家级培训四个阶段,教师培训制度和体系日益完善。2008 年以来,中央财政加大了对教师培训的投入,对中西部省份边远地区教师培训的倾斜力度加大,国家级教师培训计划全面开展。各省市根据地区经济、文化、教育发展的实际状况探索了各具特色的教师培训模式。与此同时,教师培训制度和实践中的各种矛盾和问题也浮现出来,如培训的效果与评估、农村教师的培训以及培训者培训等。

为了更加准确、深入地了解当前我国教师培训制度及其实际运作情况,探究义务教育阶段教师培训制度体系的一般状况和关键问题,了解培训体系各个部分及其相互之间的整合方式,发现培训体系中影响体系运作效果的关键性问题,"我国义务教育阶段教师培训机制研究"课题组于2010 年 4 月至 2011 年 9 月在全国 11 个省市开展了调研。调查的主要内容包括:义务教育教师培训需求与培训效果,教师培训的内容、方式与方法,培训者专业发展状况,培训的监测和评估机制,以及我国义务教育阶段教师培训的财政保障机制五个大的方面。在调研过程中,课题组共回收教师问卷9197 份、培训者问卷 298 份,访谈 300 余人,进入各类培训课

　　① 本文为北京大学中国教育财政科学研究所资助课题"我国义务教育阶段教师培训机制研究"成果的一部分。该课题负责人为北京大学教育学院陈向明教授,课题组成员包括:陈向明、王志明、吴筱萌、张霜、徐月、江涛、王硕、李霞、宋改敏、张雨强、龙文佳、王红艳、薛海平、张玉荣、郭楠、马佳。本文发表于《开放教育研究》2013 年第 4 期。

　　② 陈向明,北京大学教育学院教授;王志明,北京教育学院讲师。

堂及中小学课堂进行了参与式观察,并收集了大量实物及政策文本。调研工具包括:两种问卷(教师和培训者),五类访谈提纲(教师、培训者、培训管理者、政策制定者、校长),两类观察表(教师培训观察表、网络培训观察表)。

第二节 调研主要发现

我国义务教育阶段教师培训机制既包括制度层面的整合机制,也包括实践层面的运行机制。前者指整个培训体系各个部分的关系和互动方式,比如培训主管部门、培训实施者和培训学员之间的关系。后者指培训活动具体开展的方式,比如课程的设置方式、效果的评价模式等。义务教育阶段教师培训实施现状实质上是培训制度体系在实践中的展开。在这个体系中,培训层级、内容及形式如图 7-1 所示。这一体系基本符合大部分省份的教师培训现状。

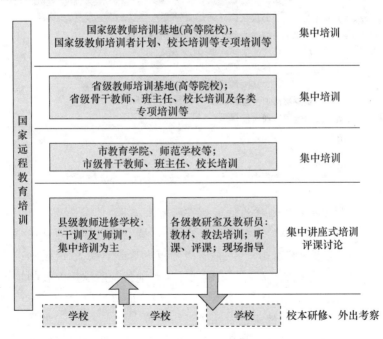

图 7-1 教师培训体系概图

下面从培训机构、培训形式、培训内容、培训学员、培训经费、培训者、培训的质量监控和评估等几个方面呈现我国义务教育阶段教师培训实施现状。

一、培训机构

如图 7-1 所示,各省中小学教师培训体系中的培训方主要包括:各级教研员和所属教研室、教师进修学校、省市级教育学院为代表的大中专教育培训机构、省级师范学院或师范大学为代表的高等教育机构。此外,还有全国范围的国家远程教育培训网络,中西部省市还包括"国培计划"所指定的培训单位。

(一)教师参与各级各类培训的频次

调研数据表明,过去两年中,教师参与各级各类培训的频次人均为6.9 次。如图 7-2 所示,其中参加国家级培训、省级(直辖市)培训、地区或县级培训、中心学区或乡镇级培训、校级培训的频次均值呈逐渐增加的趋势。这表明,培训层级的中心在逐渐下沉,校级培训已成为目前教师培训中比例最大的层次,而参加商业团体或非政府组织培训的人均次数最低。

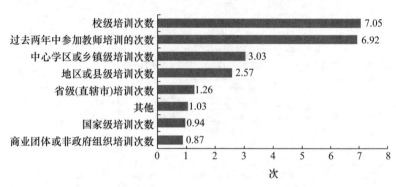

图 7-2　被调查者近两年参加各类培训平均次数统计

(二)教师对各培训机构培训效果的看法

如图 7-3 所示,被调查者所参加的培训,最主要由县教师进修学校和地市级教师进修学院承担;其次是省级师范大学或学院、省级教师进修学院,两者的比例分别为 17.9% 和 14.8%。其他机构所承担的教师培训较少,比例均在 10% 以下。比较教师对各机构培训效果的看法(见图 7-4),可以看到,较高比例的被调查者认为省级师范大学或学院、省级教师进修学院承担的培训效果较好,其次是综合性高校、地市级教师进修学院和县教师进修学校。

此外,问卷对参训者是否有机会选择培训机构或培训者进行了调查,85.7% 的参训者认为自己没有机会选择培训机构或培训者。

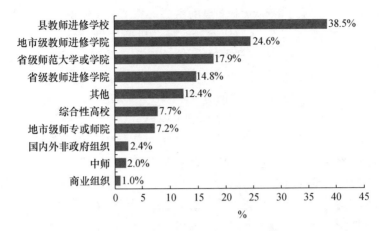

图 7-3 被调查者所参加培训的承担机构

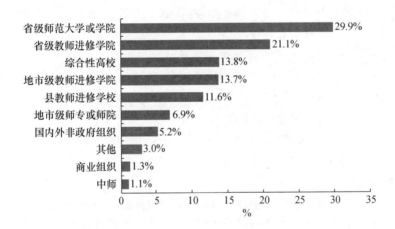

图 7-4 被调查者认为各类机构培训效果较好的比例分配

二、培训形式及内容

在培训形式上,目前的教师培训可以分为集中和非集中两大类。从国家级培训到区县教师进修学校组织的各级继续教育,以讲座等集中学习为主。根据学习时间长短还可分为寒暑假集中、周末节假日集中、短期在岗集中、脱岗集中、顶岗实习等不同方式。非集中式教师学习主要体现为教研员与教师之间的听课、评课,学校层面组织的集体备课、公开课研讨、校外考察等校本研修活动。在大规模国家教师培训专项经费出现之前,非集中式专业研讨是教师培训的主要方式,教研员听评课和学校内部的教研活动也构成了教师专业发展的主要支持平台。但近几年随着专项培训经费的增加，介入教师专业发展的培训机构日趋多元化。在大多数省份，更为常见的培训方式则是成本效益更为显著的集中讲座式学习。除了远程培训项目之外，目前国家级和省级组织的教师培训绝大部分采用假期(主要是暑假)集中培训的方式。

教师培训整体分为"干训"和"师训"两部分。"干训"包括校长培训、骨干教师培训、中层干部培训等；"师训"按照教师年龄分为新教师、中青年教师和老教师培训。包含校长培训在内的省级"干训"一般由省级教育学院组织和承担。而本研究只考察"师训"部分，其具体内容包括学科教学、教师教学技能、学生发展与学生管理、班主任工作、教师专业发展等。这类培训由教育学院、师范学院及其他国家及省级指定的有培训资质的地方院校共同承担。一般而言，省级培训项目在规划时就已由省教育厅规定了培训的主要内容和目的。因此，承接项目的培训方需要在省教育厅提供的大框架内结合自身资源，设计具体的培训内容。

(一)调查者所接触的培训类型以及认可情况

如图 7-5 所示，较高比例的被调查者认为，自己接触最多的培训类型是寒暑假脱产集中、学区教研活动、中小学校校本研修、周末或节假日短期集中。而较高比例的被调查者认为能够为自己的工作提供有效支持的培训类型是学区教研活动，其次是寒暑假脱产集中、中小学校校本研修、外出访问(见图 7-6)。被调查者对其他培训类型的有效性认可程度不高，比例均在 15% 以下。

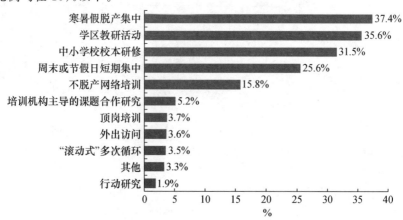

图 7-5　被调查者接触最多的培训类型

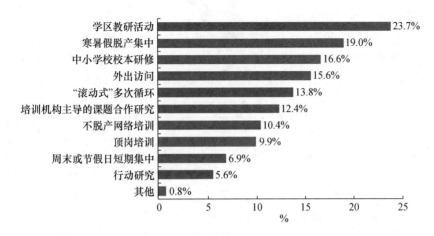

图 7-6　被调查者对培训类型有效性的认可情况

（二）教师所接受的培训内容及希望得到培训的内容

问卷对教师目前所接受的培训内容做了调查，并与他们希望得到的培训内容进行了比较，如表 7-1 所示。较高比例的被调查者认为自己接受最多的培训内容是教育教学理论、学科教学、教学方法及策略、班主任工作和学校及课堂教学管理。而较高比例的被调查者希望自己从培训中学到的内容列前三位的是：教学方法及策略、学生发展及心理健康、学科教学，这与目前受到的培训有一定差别。不同地区的教师对培训内容的诉求基本一致。

表 7-1　不同地区教师所接受的培训内容及希望得到培训的内容比较

培训内容	接受最多的培训内容				希望接受的培训内容			
	东部	中部	西部	合计	东部	中部	西部	合计
教育教学理论	51.2％	66.8％	56.0％	55.5％	12.2％	9.7％	12.1％	12.0％
学校及课堂教学管理	34.9％	27.7％	30.5％	31.5％	19.8％	17.5％	21.4％	20.7％
班主任工作	35.9％	19.1％	31.8％	31.9％	16.4％	11.5％	15.9％	15.7％
学科教学	57.9％	37.0％	36.5％	42.5％	33.6％	28.6％	26.4％	28.6％
教学方法及策略	31.5％	40.0％	34.2％	33.9％	36.2％	33.7％	36.1％	35.9％
学生发展及心理健康	12.9％	10.1％	15.5％	14.3％	31.8％	31.8％	31.7％	31.7％
现代教育技术	14.1％	18.4％	23.6％	20.6％	22.9％	28.2％	24.5％	24.4％
教育研究方法	10.9％	8.9％	11.8％	11.3％	20.8％	20.3％	20.2％	20.4％
教育法律、法规及政策	4.9％	7.6％	10.7％	8.9％	6.3％	7.5％	6.9％	6.8％
思想政治教育及德育	4.3％	5.6％	7.8％	6.7％	2.9％	7.1％	4.5％	4.3％

（三）校本研修的内容

目前，校本研修已经成为教师培训及专业发展中最重要的环节之一，问卷对其内容进行了调查。如表7-2所示，较高比例的被调查者所在学校开展的校本研修活动的内容以教学观摩及研讨、集体备课为主要形式。

表7-2　各地区校本研修内容比较

校本研修内容	东部	中部	西部	合计
专家讲座	48.6%	11.1%	17.9%	25.9%
专题研讨	46.9%	26.7%	34.2%	37.1%
集体备课	82.3%	65.5%	66.2%	70.6%
教学观摩及研讨	73.9%	60.0%	73.6%	72.6%
与研究机构合作开展课题	15.1%	6.0%	8.8%	10.3%
自主课题研究	34.0%	25.4%	34.2%	33.4%

从分地区数据可以看出，在东部地区，校本研修的各类内容在比例上均高于中部和西部地区，这表明校本研修在东部地区开展得更为丰富和广泛。在调研中也发现，在中西部地区，尤其是农村地区，校本研修活动的开展面临一些实际的困难，如缺乏专家引领，教师自主研究的动力不足，等等。值得注意的是，中部地区在校本研修各内容开展比例上最低。

三、培训学员

从培训学员的来源和选拔过程来看，国家级和省级项目的学员名单最终由省教育厅直接提供。其确定过程是一个由省、市、县三级由上至下分配名额，再由下至上推荐、选拔的过程。培训学员大多数来自各级重点中小学和部分完中。从大部分省份的数据来看，乡镇以下学校的教师参与省级培训的机会比较有限。而县级组织的培训原则上为教师全员培训。

（一）学历补偿教育效果明显

调研考察了被调查者的最初学历与现在学历的分布状况，其中接近38%的被调查者最初的学历是中师或中专，比例最高；比例略低一点的是大专，约为36.6%；最初学历为本科及以上的比例为22.4%。约三分之二的被调查者目前拥有本科及以上学历，比例最高；目前仍然是大专学历的比例为28.5%；学历为中师或中专、高中的比例不到5%。由此可见，近年针对中小学教师的学历补偿教育产生了明显的效果。

（二）城乡教师受训机会差异明显

通过对城市小学和农村小学教师参加培训的次数进行比较（表7-3），可以看到，城市学校教师参与的大多数培训的次数均多于农村学校教师。

表 7-3　过去两年中参加教师培训次数的城乡教师比较

项目	有效样本量（次）	均值（次）	标准差（次）	有效样本量（次）	均值（次）	标准差（次）
	城市学校教师			农村学校教师		
过去两年中参加教师培训的总数	4276	6.59	18.04	4556	4.89	8.33
国家级培训的次数	4276	0.18	0.51	4556	0.13	0.43
省（直辖市）培训次数	4276	0.43	1.00	4556	0.30	0.63
地区或县级培训次数	4276	1.76	5.38	4556	1.18	1.60
中心学区或乡镇级培训次数	4276	0.50	2.66	4556	0.88	2.34
校级培训次数	4276	3.64	14.86	4556	2.32	6.30
商业团体或非政府组织培训次数	4276	0.06	0.60	4556	0.05	0.35
其他	4276	0.02	0.29	4556	0.02	0.23

　　将城乡学校教师参加培训的承担机构进行比较（表 7-4），发现农村学校教师的培训近一半集中在县教师进修学校。另外，农村学校教师在中师参加培训的比例也稍高于城市学校教师。至于参与地市级以上培训的机会，农村学校教师也明显少于城市学校教师。

表 7-4　城乡学校教师所参加培训的承担机构分布

承担机构	城市学校教师	农村学校教师
县教师进修学校	30.61%	45.76%
地市级教师进修学院	27.97%	21.69%
省级师范大学或学院	18.22%	17.34%
省级教师进修学院	15.62%	14.03%
综合性高校	7.74%	7.55%
地市级师专或师院	6.15%	8.45%
国内外非政府组织	2.67%	2.24%
中师	1.75%	2.11%
商业组织	1.31%	0.90%
其他	14.45%	10.84%

　　此外，针对受训机会问题，98.1%的被调查者对"针对农村、少数民族地区以及特殊教育教师，建立稳定的福利性培训机制"表示同意，而98.3%的被调查者对"建立公开透明的学员选派制度，保证教师全员参与培训"表示同意。

四、培训经费

　　各省市培训经费的来源差异较大。东部省份大多根据自身情况，在教育经费中划拨出一定比例作为教师培训的经费来源,而中西部省份大部分省级以上培训项目经费都来自中央财政的专项经费。各省根据每年所得经费、教育部培训内容要求及本地需要,统一安排省级专项培训。

问卷调查了教师们最近参加的一次培训的费用分担状况。结果表明,学费、伙食费、住宿费是参训教师负担最多的三项支出,因缺课需支付的代课费最少。另外,教师在培训经济支出上的负担情况的调查数据表明,近45%的被调查者认为培训的经济支出负担过重,比例较高。若分省份来看,教师在经济负担上存在较大的差异,中西部省份的被调查者认为经济支出负担过重的比例明显高于东部省份。这与我国地区经济发展、教师收入以及各地培训政策存在差异有关。

对于培训的经费投入,92.3%的被调查者对"应该将培训经费以培训券的方式发到每个教师手中,由教师自行选择培训的内容、时间和机构"表示同意。

五、培训者

培训者的来源正趋向多元化,但不同级别和类型的培训中,培训者的构成有很大差异。除了教育专业的专家学者之外,越来越多的培训方尝试让一些优秀中小学老师参与进来。但是,目前培训者主体仍是培训单位的本校教师。他们培训的领域包括:教育教学理论、学校管理、教师教学技能、教育技术、学科教学、学生心理健康、教育研究方法、教师专业发展等。

一般而言,在培训前,培训组织方会向培训者提供需求调查的结果,说明学员情况和培训目的,最终由培训者设计具体的培训内容。对本校教师,校方会组织与教师培训相关的学习和培训活动。另外,培训组织方也与进修学校、相关中小学建立合作关系,邀请相关人员参加培训和学习活动。但是,培训组织方在具体培训过程中并没有有意识地引导不同培训者之间就培训内容、培训方式进行合作和讨论。

问卷针对培训者的资质做了调查,其中,97.4%的被调查者赞同"培训者必须有丰富的中小学教学经验,能充分了解学员的实践需求",97.4%的被调查者对"建立教师培训者认证制度,规范培训者队伍"表示同意。

六、培训的质量监控和评估

目前,培训的质量监控和评估环节成为培训方比较重视的一环,虽然各地在实施和效果上会有所不同。培训方评估的侧重点包括培训的内容和方法的科学性与实效性。很多培训项目都设计了教师反馈机制,利用问卷、电话抽查等方式征集教师对培训效果的评价。一些国家级和省级培训项目甚至派专人全程观察、评价培训的设计、管理和实施过程。教育部组织的"国培计划"项目也提出了培训结束后追踪培训效果三个月的方案。这一方案使各省对教师培训的质量监控和评估环节更为重视。

为了了解教师对培训的整体评价,问卷设计了关于培训过程及效果的评价,对培训过程的评价调查了参训者对培训中各个环节的看法(见图7-7)。对培训各环节的评价中,参与调查教师"很不满意"的环节分别是:选派学员的公平程度、培训时间安排、费用负担、食宿。

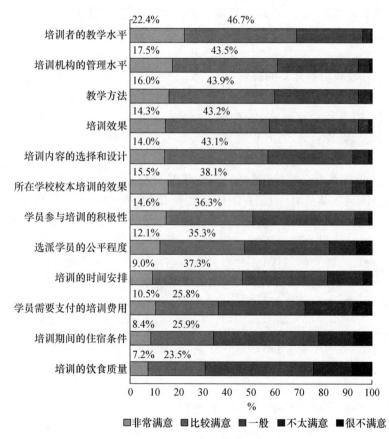

图 7-7　被调查者对教师培训各方面的整体评价

问卷采用观点式的问题,让教师对远程培训做出判断。虽然 92.6% 的被调查者对"远程培训是一种有潜力的学习方式,如恰当使用可取得很好的效果"表示同意,但是却有 81.4％的被调查者对"目前远程培训的效果很难保证"表示同意。

对于培训的监测和评估机制,90.1％的被调查者对"引入第三方评估机构,对教师培训的过程和质量进行监测和评估"表示同意。

第三节 讨 论

参照上述调研数据,我们发现教师培训实践中出现的一些问题与目前我国教师培训体系中正在发生的变革之间有密切的关联。因此,有必要在较为宏观的层面,针对教师培训所处的大环境,对其中几个关键性的问题进行讨论。

一、教师培训体系的整合

教师培养和培训的一体化趋势是教师发展的国际化趋势之一。1996年,联合国教科文组织在《教育——财富蕴藏其中》一书中提出"打破职前、在职教育各自为政、互相割裂的局面,通盘考虑教师的专业发展,保证教师一生都能受到连贯的、一致的教育"。同年,以教师问题为主题的第45 届世界教育大会指出,教师的职前培养和在职培训应该是一个整体,应该一体化。随后,教师教育一体化逐渐成为国际性的教育潮流。2001年,我国教育部领导在"全国进一步推进中小学教师继续教育工程暨继续教育实验区成果交流会议"上明确提出:"加强教师教育培养和培训的衔接,实现教师教育的一体化";"要对教师职前培养、入职培训和职后研修进行全程规划和总体设计,在各个方面相互沟通,有机衔接。"2002 年,《关于"十五"期间教师教育改革与发展的意见》明确界定了"教师教育"的内涵:"教师教育是在终生教育思想指导下,按照教师专业发展的不同阶段,对教师职前培养、入职教育和在职培训的统称。"由此,教师培训和教师培养的衔接成为必然之势,教师教育一体化的观念日益增强。

在这样的背景之下,我国原有教师培训机构的格局也同样发生了变化,侧重于教师学历补偿而设立的三级机构——县级教师进修学校—地市级教育学院—省级教育学院,部分已被改制、合并。其中县级进修学校从 2002 年开始与其职能相似的机构如教研部门、电教部门进行合并,重组为教师学习与资源中心。原有的 900 多所县级教师进修学校中,目前有 60％左右的学校已经进行了整合,其职能也由学历补偿机构转变成为对中小学教师培训、管理、支持校本研修的管理部门。大批地级市教育学院被当地师范院校或普通高校合并或更名。截至 2010 年年底,原有的 30 所省级教育学院,保留独立省级教育学院 13 所,其余 17 所分别被改制或合并。同时,更多的机构进入培训系统,如综合性高校、师范大学或学院、商业组织、非政府组织等。

承担培训的机构一方面呈现多元化,但同时也呈现出一种无序化状态。大部分省份原有的培训体系已经瓦解,但新的培训格局却尚未完全形成。这种局面与教师教育改革有关,改革打破了旧有格局,但是新的体制与配套机制没有建立,培训主体正处于中间转型期,需要进一步实质性的整合。

二、农村教师培训不足

不论是近几年出台的"国培"计划,还是各省组织的农村教师专项培训,仅从教师培训的经费分配和政策指导上,已能够看出各级教育管理部门对农村教师专业发展的倾斜和重视。但是,由于农村教师人数众多,农村教育本身具有高度的复杂性,针对农村教师的专业支持体系还远远不能满足农村教育体系的需要。现阶段义务教育阶段农村教师培训呈现出如下特点和问题。

1. 以专项培训为主,农村教师专业发展仍缺乏稳定的政策支持。调研发现,在培训学员的选拔等方面,很多培训明确提出向农村学校和教师倾斜的要求,部分省市更是以专款专项的方式连续开展农村教师的培训。然而,由于农村教师以专项培训为主,尚未建立常规化、连续性的培训机制,农村教师培训缺乏稳定的经费来源和政策支持。

2. 专项培训以骨干教师为主,全员培训难以保证质量和稳定性。除少数远程研修项目外,目前各级各类教师培训仍很难实现全员培训。而依托网络平台开展的远程培训,虽然能够有效地拉近农村教师与优质教育资源的时空距离,扩大了农村教师参与专业研讨的可能性,但由于网络学习对供电系统、电脑、网络、学员计算机操作水平等软硬件条件的现实需要,实际上有相当一部分农村教师难以深入参与网络学习,学习效果并不理想。

3. 培训的内容、方式及培训者知识结构脱离农村教育的实际。农村教师在参与各种专业活动时,常常被定位为"文化弱势者",需要学习和借鉴城市各级各类学校的先进理论和优秀经验。农村社会的独特问题语境、农村学校以及教师正在发生的变化、遭遇的困境、面临的挑战等问题通常很难找到发声途径,也难以在培训过程中形成学员与培训者、培训材

127

料之间的深入对话。

4. 农村教师培训的参与方多元化，但彼此之间缺乏交流和资源整合。目前各省市的教师培训多采取委托给少数资质单位的方式。各单位在设计和组织教师培训时，难以充分了解并借鉴相关培训项目的经验，难以避免不同培训项目之间内容的重叠。长远来看，这种做法将可能影响教师培训的学习效果，损害教师参与培训的积极性，而且影响农村教师专业发展的连续性和可持续性。

三、县级教师培训体系的危机

由于县级教师进修学校被划归为教育行政部门，没有纳入义务教育体系，近几年义务教育教师工资改革、教师培训经费改革都没有涵盖到教师进修学校。特别是新课程改革之后，进修学校教师需要大量培训各级教师，但自身却没有得到充分、有效的培训，他们的工作有效性和积极性受到很大影响。

县级教师进修学校目前面临的问题包括：（1）工作性质行政化，使其在经费管理、业务交流和施训者专业发展等方面都受到很大的限制；（2）培训形式单一，仍然以集中讲授式为主（这一点可能受到经费、施训者专业能力、教育管理部门规划思路等多方面的影响），对培训过程和结果的评估、监管力度不足、形式老化；（3）县及以下级别的教师培训者缺乏常规、有效的专业培训支持，业务能力很难满足一线教师实践和课程改革的需求；（4）缺乏能够与教师实践需求相结合的教师培训教材，基层培训者需要做大量的需求调查和培训内容转换、材料设计的工作，制约了培训的效率和效果。

四、国际教师培训项目的启示

在实地调研过程中，课题组发现，除了政府主导和部分学校自主开展的教师培训外，特别值得一提的是国际组织在其间发挥的作用。

首先，强有力的资金支撑是国际教师培训项目顺利进行的基础。以甘肃省为例，如在英国国际发展部（DFID）和中国政府合作的两期长达十年的"中英甘肃项目"（1999年至2009年）中，英国国际发展部共投入约2065万英镑（约合人民币2.75亿元）资金。又如，中国政府与欧洲欧盟委员会合作开展的"中欧甘肃基础教育项目"（2001年9月至2005年8月），总投资高达1700万欧元（约合人民币1.58亿元）。而且，这些资金都是无偿的捐赠款，不需要受益方返还。

国际教师培训项目除了充足的资金投入之外，还强调各利益相关者的协调配合和支持。这些项目采取了"小政府、大社会"的思路，在操作时努力渗透到教育环节中的每一个群体，积极动员它们的力量，并激发出各自的主人翁意识，共同参与到项目的设计、实施和评估活动中。为保障培训效果的发挥和巩固，国际项目同时展开针对中小学教师、教研人员、督导人员、校长、教育行政人员等各类不同身份类型的教育工作者的培训，共同营造学习、创新、变革的氛围，使培训效果落到实处。这些项目在项目流程的每个环节上都注重教师培训工作的系统性、整体性、连贯性，制定严谨的干预性方案，建立了完善的硬件、软件配套设施和支持系统，在项目设计中对系统化的重视，使各个部门之间相互嵌套，深入干预现有结构，使得培训有了质的提升，且形成长效机制，因此也更具有推广和借鉴意义。

第四节　政 策 建 议

基于以上调研发现及对关键性问题的讨论，课题组有以下建议。

一、建立有序、开放的义务教育教师培训组织体系

1. 明确义务教育教师培训各参与主体的责、权、利，理顺各个培训机构之间的关系。当前我国义务教育教师培训体系正处于转型时期，一方面，受教育形势和部门利益的激励，各种行为主体积极参与教师培训，逐步形成了立体化的培训网络；另一方面，各主体行为及主体之间的关系尚未规范化、制度化。一个培训实施主体可能有多个主管部门，而许多培训项目又处于无人监管的状态，这在一定程度上造成了混乱。建议通过制定制度和政策的方式理顺培训体系中的层级关系，规范各个主体的行为，力争做到责权利统一。同时，充分重视各个培训机构之间的组织协调工作。

2. 积极引导商业组织、民间非营利组织以及可信赖的国际组织参与我国义务教育教师培训。调研表明，非官方组织在教师培训中所具有的灵活性、多样性和实效性受到了教师和教育管理者的认可，它们的许多经验值得充分吸收。如果能积极引导它们加入义务教育教师培训，将可能增强整个教师培训体系的活力和动力。

二、着力提升教师培训的质量

调研中发现目前教师培训质量不高,特别是低质量的重复培训,是参训教师动力不足的重要原因之一。因此应该努力从课程、教材、教法、教师等多个环节入手,全面提高教师培训的质量。

(一)课程设置需要统筹安排

由于培训机构的多样化和培训权力的下移,有些机构设置课程比较随意,机构之间也缺乏沟通。这导致教师培训课程的繁杂和重复,造成人力、物力和财力的浪费。可以由中央或省级部门在充分论证的基础上,提出教师培训课程设置的指导意见,引导各培训机构提高课程设置的合理性。

(二)教师培训教材建设亟待加强

调研发现,各个地方和机构使用的培训教材基本处于自发和随意的状态,主要原因是国内可供选择的、成熟的教师培训教材非常少。建议通过政策调动各方面的积极性,编写高质量的教材。同时要建立教材审核制度,保障教材的科学性和适用性。

(三)推进培训者培训

培训者的素质与培训质量息息相关。本次调研发现,几乎所有的培训者都很少有机会接受培训,更不用说高质量的培训。虽然"国培计划"近几年组织了几期培训管理者和培训者的培训,但由于这是一个新鲜事物,很难找到合格的对培训者进行培训的培训者,承担培训者培训的机构能力也十分有限。应努力创造机会为培训者提供更多的培训机会,提高培训者的专业素养和专业能力。同时,注意在教育教学一线和高等院校发现优秀的培训者后备队伍,将他们培养为合格的培训者。

(四)改进教师培训的方法

教师作为成人,其学习具有独特的需要和特点。本次调研发现,现阶段教师培训中普遍采用的讲授法不能满足教师的需要,针对性比较弱,实效性也比较差。在课程设置中不仅要明确教学内容,还要逐步引导和鼓励培训者采用更适应教师专业发展和课堂教学需要的培训方法。

三、建立教师培训激励和评估机制

1.建立教师培训激励机制是保障培训质量的关键环节。调研中,培训主管者、培训者和培训学员普遍反映,参训教师缺乏动力是影响培训质量的最重要因素。一些地区为此进行了积极的探索,比如将培训与教师职称、绩效工资挂钩,取得了一定效果。但在实施这一政策时需注意避免形式化,如果教师利益只与是否参加培训相关,而与培训的实效无关,这可能导致培训成为一种形式。另一方面,需要注意避免因培训压力过重而加剧教师的职业倦怠。

2. 建立科学的教师培训评估体系。调研发现,大部分地区对教师培训的评估均比较重视,但评估方法和过程比较经验化。建议开发更加规范、可行的教师培训评估的标准、方法和工具体系。

四、高度重视农村教师培训工作

调研发现,农村教师——尤其是中西部农村教师——接受教师培训的机会和质量均落后于城市教师。农村教师培训的质量关系到农村教育的质量,关系到国家教育的均衡化发展。建议在政策上对农村教师培训进一步倾斜,加大人力、物力、财力的投入。

五、完善教师培训财政保障体系

1. 充分考虑地区差异,继续加大对不发达省份在中小学教师培训上的财政投入。"国培计划"的支持以及农村义务教育经费保障机制中公用经费的5%并未能充分缓解不发达省份的农村地区教师培训经费短缺问题,建议可以从以公用经费的一定比例的做法向以学区或学校为单位(如学校的状况、需培训的师资、学生数等)的实际需求转移。

2. 对培训者和培训管理者的培训给予专项支持。全员培训时代所发生的机构变革和培训层次下移的趋势成为必然,财政投入应该对此变革做出反应。应该在提高新的县级及以下培训机构能力建设方面给予支持,比如针对这些整合后机构中培训者及培训管理者的培训给予专项经费的支持。

第八章　我国义务教育阶段教师培训的财政问题研究[①]

王志明　陈向明[②]

第一节　研究背景、内容及过程

《国家中长期教育改革和发展规划纲要(2010—2020)》将义务教育教师队伍建设列为重大项目和改革试点之一,其中对义务教育阶段教师进行全员培训是一个重要内容。我国义务教育教师培训自20世纪90年代从学历补偿性培训转向全员培训以来,培训层次、培训机构、培训内容及形式都发生了一定的变化。而且,不同地区的实施情况存在差异。如何根据这些变化和差异制定更加有效的财政保障机制,成为一个迫在眉睫的问题。

"我国义务教育阶段教师培训机制研究"课题组自2010年4月至2011年9月份在我国11个省市针对教师培训状况进行了数据采集,共回收教师问卷9197份、培训者问卷298份,访谈300余人,进入各类培训课堂及中小学课堂进行了参与式观察,并收集了大量实物及政策文本,同时进行了相关文献的分析,教师培训的财政问题是其中重要的组成部分。本课题具体研究内容包括各级政府对义务教育教师培训的投入政策及投入现状、培训费用在不同主体间的分担状况,并据此对完善我国义务教育阶段教师培训的财政保障机制提出初步的建议。

第二节　中央义务教育教师培训投入政策及投入现状分析

1999年9月13日,教育部下发了《中小学教师继续教育规定》,随后召开了全国继续教育工作会议。这标志着中小学教师继续教育由学历补

---

①　本文为北京大学中国教育财政科学研究所资助课题"我国义务教育阶段教师培训机制研究"成果的一部分。本文发表于《全球教育展望》2014年第7期。

②　王志明,北京教育学院讲师。陈向明,北京大学教育学院教授。

偿性教育到全员培训时代的重要转变,财政支持随之也逐年加大。

《中小学教师继续教育规定》中的条件保障部分明确规定,中小学教师继续教育经费以政府财政拨款为主,多渠道筹措,在地方教育事业费中专项列支。地方教育费附加应有一定比例用于义务教育阶段的教师培训,省、自治区、直辖市人民政府教育行政部门要制定中小学教师继续教育人均基本费用标准。中小学教师继续教育经费由县级及县级以上教育行政部门统一管理,不得截留或挪用。社会力量举办的中小学和其他教育机构教师的继续教育经费,由举办者自筹。自《中小学教师继续教育规定》开始,中小学教师进入了有制度保障的全员培训时代。

中小学教师继续教育工程自 2001 年开始实施,财政部拨款一亿元予以支持。2001 年,教育部组织对一万名骨干教师进行了一个月的集中培训。与此同时,各省出资对 90 多万名骨干教师进行了培训。仅 2001 年一年,全国就有百万骨干教师参加了培训。自此,教育部开始启动以每五年为一个周期的教师培训。

2001—2007 年间,每年财政部拨款 1000 万元支持新课程改革的教师培训工程,属于新课改的专项培训资金。

2006 年,财政部下发的农村义务教育经费保障机制文件中,提出了中小学教师公用经费中的 5% 要用于教师培训。这一政策对各地教师培训有积极的推进作用,尤其是东部一些省份针对中小学教师培训(尤其是农村教师培训)进行了专项经费投入。其中,广东、上海、山东等地制定了针对性的政策,均明确规定学校至少要将公用经费中的 5% 用于教师培训。例如,课题组对山东省一些学校的调研发现,城市学校及较发达地区用于教师培训经费的比例多大于 5%。一些农村或不发达地区教师培训经费也通过由学区和乡镇统一管理所属学校的培训经费,来缓解因学校规模太小可能造成的培训经费不足的问题。

2006—2009 年,教育部在中央财政的支持下,组织实施了一系列国家级培训项目。5 年内,国家级培训项目培训中小学教师 100 多万人,其中农村中小学教师占 90% 以上,覆盖了全国 31 个省(区、市)的 1000 多个县。[①]

自 2010 年始,中央财政拨款支持"中西部义务教育教师国家培训计划",将 5 亿元专项资金转移支付到中西部 23 个省份,为地方教师培训提

---

　　① 王炳明. 加强中小学教师培训的示范性举措——"国培计划"概述[J]. 教师培训研究与评论,2011(10):128。

供直接的支持。此外,中央财政支持教育部组织的"国家示范性培训项目"专项经费为每年5000万元。两个专项的经费共约为5.3亿元,具体分配如表8-1所示。

表8-1　2010年"国培计划"项目专项资金拨付状况

"国培计划"项目	总拨付款项/年	教师人均补助	参与人数	持续时间
置换脱产项目	2亿元	120元/人/日	2万人	3个月/年
农村义务教育紧缺薄弱学科培训	2亿元	260元/人/日	10万人	10—20天/年
远程培训	约8000万元	2元/人/课时	70万人	——
国家示范性培训项目	约5000万元	——	——	——

除了以上专门针对教师培训的专项投入之外,与远程培训相关的还有自2003年开始的远程教育基础设施的硬件投入,其中包括现代远程教育试点示范项目和农村中小学现代远程教育工程的相关投入。[①]

综上所述,1999—2010年,中央政府对义务教育教师培训专项资金的投入有以下几个特点。

(1)中央政府的历次专项资金对地方义务教育教师培训工作发挥了重要的推动和引领作用,其意义在于政府对教师培训经费的分担使教师培训从教师个体的义务转而纳入整个国家教育质量提升中的重要一环。

(2)专项项目基本上与义务教育教师的培训需求和培训技术发展相对应,如1999年开始全员培训、2001—2007年针对新课程改革的培训需求、对远程教育的投入等。

(3)专项项目开始从集中解决教师素质提高的问题,逐步转向急迫性问题(如新课改、信息化培训)与教师继续教育常规性培训相结合的支

---

① 第一期现代远程教育试点示范项目中中央投资3.64亿元,在西部12个省(自治区、直辖市)和新疆生产建设兵团的农村地区的29229所小学、2350所初中,配备57140套教学光盘播放设备、5016个卫星教学收视点、410个计算机教室。农村中小学现代远程教育工程2003—2004年间的试点工作,国家投入10亿元,地方配套9.1亿元,在西部地区12个省(自治区、直辖市)、中部6省、山东省和新疆生产建设兵团试点工作共建成20977个教学光盘播放点、48605个卫星教学接收点、7094个计算机教室。试点共覆盖西部各省(自治区、直辖市)25%左右 的农村中小学,覆盖中部六省21%左右的农村中小学;覆盖西部试点省925万中小学生,学生覆盖率为27%,中部试点省644万中小学生,学生覆盖率为21%。试点地区同时覆盖了中央确定的9个全国农村党员干部现代远程教育试点县(市、州)。

持政策。

（4）专项项目明确地倾向于促进中西部不发达省份及农村地区的教师发展（如 2010 年开始的针对中西部 23 省份的"国培计划"），使更多处于弱势地位的教师能更多地受益于中央财政，对整体义务教育质量的提高有所助益。

总体而言，近年来，中央采取各类措施不断加强中小学教师培训，教师队伍建设取得了较大进展。但是，从总体上看，当前由中央政府直接转移支付的教师培训经费投入还不能适应提高教师队伍整体素质的需要，主要包括以下两个方面的问题：其一，中央财政投入的教师培训经费目前主要用于骨干教师的培训，全员教师培训机会整体不足，农村教师培训机会仍偏少；其二，教师培训发展不平衡，区域差异和城乡差异较大。由于经济发展水平和财政能力的差异，中央财政的投入不足以弥补教师培训发展的不均衡。因此，与中央投入相比，省本级及以下财政对教师培训的经费投入差别是造成各省教师培训经费投入不均衡的主要原因。

第三节　地方政府对义务教育阶段教师培训的投入状况

由于我国各地区经济发展水平和财政能力存在差异，中央财政和省本级及以下财政的投入比例及管理方式有很大的区别。在部分中西部经济不发达省份，中央财政和省本级财政是义务教育教师培训经费的主要来源，县级对县域内教师培训经费承担管理和分配职责，地市、县、学区则主要承担教师培训的组织实施工作。而在某些财力较强的东部省份，省本级及以下财政是义务教育教师经费的主要来源。通常省本级财政负担全省骨干教师的培训经费，并对省内一些经济欠发达地区的部分教师培训经费进行转移支付，地市和县级财政则支付普通教师培训的经费。各省也可能根据项目类型的不同，制定省内培训的经费分担办法。而社会力量在全国各省市培训经费的投入上十分有限。

关于不同省份对义务教育教师培训的投入，根据各级财力投入的不同，本课题将所调研的省份大致分为四种投入类型来分析：经费充足型、经费有保障型、国家资助型、经费缺乏型。

案例一：经费充足型——上海市和北京市

上海市教师培训经费充足，直接从公用经费中拨付。培训中一部分经费用于支付区里的集中培训，由区里直接划款；还有一部分经费用于外请专家,一般是聘请市里的专家、教育发展院的教师以及区里的教研员。由于教师培训经费充足,为了激励教师参训热情,上海市 J 区教育学院实施了一个新的培训项目,采用类似"培训券"的做法,为教师提供一定额度的"积分"。教师可以用这些"积分"自主选择和"购买"课程单上自己喜欢的培训课程,课程所得学分可以冲抵上海市统一规定的继续教育教师培训学分。这类培训课程大多是教育学院从专业的社会培训机构那里购买,双方充分协商,考虑到 J 区教师的实际需要,为 J 区教师量身定制。

为了保证这一新的培训模式的效果,J 区教育学院进行了较为细致的安排。比如,这个项目的初始阶段为每位教师分配的资金约为 500 元。由于社会商业机构认为利润太少,积极性不高,J 区教育学院根据实际情况又增加了资金。为了避免社会机构与教师私下协商,导致不开课而直接赚钱,J 区教育学院加强了监控。例如,要求教师统一在网上报名;每门课程在开课前社会培训机构必须提供课程说明等材料;正式开课后教育学院先预付给培训机构一半费用,课程实施达到预定效果后再付一半费用。在严格管理的同时,教育学院也为参训的教师提供良好的服务。比如,这类培训大部分安排在晚上或周末,如果晚上培训得太晚,会给老师提供点心。

北京市财政近年来每年用于中小学教师培训的专项经费都在 6000 万元以上,规定年人均培训经费不低于 500 元。此外,市财政投入近 6000 万元专门用于实施面向农村义务教育教师的"绿色耕耘行动"计划,培训教师 2 万余名。北京市还在一些城镇的优质学校设立 40 个研修工作站,近年投入 3000 余万元,选派 2000 多名农村骨干教师到工作站脱产学习半年,以促进教师教学水平的提高。

以上海和北京为代表的培训经费充足型地区,基本实现全员培训,教师因参训所承担的经济负担较轻。但所面临的问题在于如何激发教师的参训热情,并提升培训的效果,因此围绕这一目标,有"培训券"及研修工作站等有益的尝试。

案例二:经费有保障型——东部 S 省

S 省"十二五"期间明确提出了"高素质教师队伍建设"计划,因此省本级及以下财政均制定了相应的"教师培训专项资金管理办法"。其核心是各级要落实"将中小学教师培训经费列入各级政府预算",义务教育学校教师培训费"由学校按照年度公用经费预算总额的 5% 安排"的要求,进一步加大中小学教师培训投入。省政府还明确了各级财政的权责:全省中小学万名骨干教师培训工程经费由省级财政负担；中小学教师全员远程研修工程经费由各地负责落实；高中教师远程研修经费由所在学校统一支付，不得向教师个人收费。

2011 年，S 省教育厅、财政厅等四部门联合印发《S 省高素质教师队伍建设计划（2011—2015 年）》，规定在"十二五"期间，省财政每年安排 2000 万元财政专项经费，实施省"中小学万名骨干教师培训工程"和"中小学教师全员远程研修工程"。在随后印发的《关于实施中小学万名骨干教师培训工程、中小学教师全员远程研修工程的意见》中更进一步明确：义务教育教师远程研修经费从学校公用经费的 5％的教师培训经费中安排，如有不足，由市财政给予专项补助。省级财政安排专项经费用于平台建设和课程资源开发。各级要进一步建立健全教师培训专项经费管理制度，提高教师培训经费使用效益。

例如，S 省 D 市在《D 市高素质教师队伍建设计划（2011—2015 年）》中，明确提出"面向全员、倾斜农村、突出骨干"的原则，以农村教师为重点，通过实施系列专业培训工程，切实提高中小学、幼儿园教师队伍的整体素质。在经费保障上，市财政设立了教师专业发展专项资金，用于实施高素质教师队伍建设计划。县区教育、财政部门要根据本区域教师队伍建设需要，制定实施计划，安排专项经费，并列入财政预算，专门用于教师培养培训、县级教师培训基地建设。该计划提出，要确保将中小学年度公用经费预算总额的 5％用于教师培训，鼓励企事业单位、社会团体和公民个人通过捐资、设立专项奖励等方式支持教师队伍建设。以上一系列措施将 S 省各级政府对教师培训的投入责任逐步明确化。从表 8-2 中我们能够进一步了解 S 省省本级在中小学教师培训上的具体投入状况。

表 8-2　S 省教师培训投入状况

省本级财政支持的义务教育教师培训项目	总拨付款项/年（元）	教师人均补助（元）	参与人数	持续时间
名校长建设工程（2009 年第一期）	500 万	5 万/人	100 人	5 年
名师建设工程（2009 年第二期）	500 万	5 万/人	100 人	5 年
省中小学万名骨干教师培训工程	1000 万	0.5 万/人	2000 人/年	——
中小学教师全员远程研修工程	1000 万	——	——	

省本级对骨干教师培训的投入参照了"国培计划"的方式。省教育厅、财政厅按每位参训学员 5000 元的标准核拨给承办院校,不允许承办院校向参训学员收取任何费用。参照教育部"国培项目"资金拨付办法,培训项目开始前,按参训学员数支付培训经费的 60%。培训任务结束后,各承办院校提交项目经费决算,结合项目综合考评绩效进行培训资金审核,报经教育厅师范处同意后拨付余款。这样能够将培训过程和效果的评估与拨款相结合,有利于促进承办院校培训质量的提高。

但省内各地区间的差异也非常明显,调研中发现至少有三类学校,在教师培训经费的预算和支出上有不同的处理方式。

(1)省内不发达地区的农村学校教师培训经费仍然紧张。对省内经济不发达地区培训管理者的调研发现,培训经费仍然是这些教师参与培训的最大限制。如果培训名额多,每个学校可以外派一名教师出去学习,学校负担费用;如果名额少,乡里派一名教师去市里培训,费用由全乡各小学分摊。不同类型的培训报销的项目大致相同,包括会议费、培训费、住宿费、路费,而餐费由教师个人负担。老师参加培训一般是自己先垫付,回来后再从学校的经费中报销。

(2)中等发达地区的县城学校对教师培训的投入比例较高,一般学校远超过公用经费的 5%,有的重点学校甚至达到公用经费的 20%。除此之外,重点学校还能得到社会资金的资助。除了上级组织的教师培训之外,学校每年都组织骨干教师出去学习。另外,参照省级名师的评选,地区和县两级也分别开展名师工程的评选,其中县级名师每年科研经费两千元,主要用于教师的培训。

(3)省会城市中小学的培训由学区统一安排,教师不负担培训费用,受训名额也更充足,基本上达到全员培训。

S 省近年加大了对教师培训的投入,并将各级财政的投入责任逐步明确化,以远程培训的方式实现全省教师的全员培训。但省内各地区经济上的差异仍然造成教师培训上的不均衡,也使教师培训在经费的管理方式上存在差异。

案例三:国家资助型——西部 X 省

近年来中央对中西部省份教师培训的力度加大,其中对一些少数民族人口比例较大的西部省份投入增加更快,尤其在教师的汉语培训及推进新课程的相关培训方面的投入增加比例较大。从表 8-3 中有关 X 省2010 年部分教师培训经费的投入比例,可以看到中央、省本级的投入标准和投入情况。

表 8-3　X 省 2010 年部分国家和省本级教师培训经费投入数额

类别	项目名称	项目投入（万元）		
		国家经费	省经费	合计
培训类	培训类专项项目投入总计	5634	3297.83	8931.83
	1. 中小学少数民族双语教师培训工程	2520	1006	3526
	2. 第二期国家支援 X 省汉语教师工作方案	1114	24.2	1138.2
	3. "国培计划（2011）"X 省农村骨干教师培训项目	2000	336.6	2336.6
	4. 省新招聘学前双语教师岗前培训		1239.93	1239.93
	5. 特殊教育教师培训		80	80
	6. 省临时聘用学前双语教师培训计划		611.1	611.1
培养类	1. 省农村"双语"教师特培计划		1403.26	1403.26
	2. 内初班毕业生纳入中师培养		750.06	750.06

除了以上国家和省本级关于教师培训的专项投入之外，《省农村中小学公用经费支出管理暂行办法》规定，为加强农村中小学教师培训，每年用于教师培训的经费应按照学校年度公用经费预算总额不低于 5％ 的比例安排。根据农村义务教育经费保障机制改革的要求，2006—2009 年中央、省本级及各地县从农村义务教育资金中安排投入农村中小学公用经费 193277.6 万元，用于教师培训的资金应不低于 9663.88 万元。若这部分 5％ 的公用经费能真正到位，那么 2006—2009 年 X 省用于教师的培训经费每年应不低于 2415.97 万元，对于中央和省本级拨付的专项经费应该起到很大的补充作用。

但从审计调查的结果来看，情况并不乐观。例如，2006—2007 年度，某些县的多数学校教师培训费占公用经费的比例不足 5％，部分学校未安排教师培训费。而且，教师培训支出内容比较单一，多为参加继续教育培训的差旅费。2008 年 S、Y 两县教师培训费支出仅占公用经费的 0.67％ 和 1.76％，因为农村中小学公用经费用于校园硬化、绿化和维修项目支出比例较高，相应挤占了教师培训经费。

X 省教师培训的主要类别基本上是以人头费计算，如中小学教师继续教育经费和双语教师培训经费都有一定的额度。S县2010年的培训经费预算如图8-1所示。从经费的预算来看,双语教师培训比例最高,占总预算的24%;其次是汉语强化培训,占总预算的14.4%;而干部挂职培训和学历提高培训则占总预算的12%。从各类培训的人均经费来看,学历提高培训的人均经费最高,为10000元;次之的是双语教师培训(6600元)和骨干教师培训(6538元)。以上财政预算和支出只是政府承担的部分,大部分的培训项目由国家专项经费来支持。如双语教师培训,每年都由省统一分配名额,为教师提供到省相关高等院校进行1—2年的双语培训机会,再根据人均经费提供经费支持。汉语教学强化培训也有相应的专项资金支持,由地区一级或县一级来实施。实际上,目前最大规模的教师继续教育培训经费并未包括在以上预算中,因为这部分费用主要由教师个人承担。

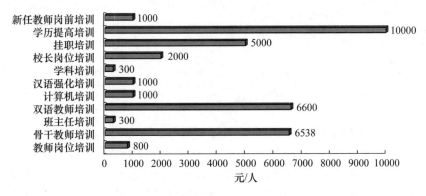

图8-1　S县2010年各类培训经费预算

根据K地区主管教师培训的行政人员提供的信息,初中和小学教师的继续教育培训按照每学时1.1元的收费标准向教师个人收费,教师自己还要负担路费、餐费和住宿费。虽然国家规定,教师继续教育的经费要占学校公用经费的5%,但实际上大多数学校并没有按规定实施。教师培训经费的投入在X省各地区之间存在差异。

在国家的资助下,X省在某些特定的培训项目上经费充足,但在对教师职称提升最重要的继续教育培训上,各级政府缺乏投入,教师负担较重。

案例四:经费缺乏型——西南G省

G省财力薄弱,贫困县所占比例为56.8%,贫困人口在全省总人口中所占比例很大。G省的教育水平相对比较落后,小学教师、农村教师占大多数。至2008年底,G省共有中小学专任教师33.54万人。其中小学教师占全省教师总数的61%,中学教师占39%;城市教师占教师总数的11%;县镇教师以及县以下的农村教师共有26.3万,占教师总数的89%。农村中小学教师是G省中小学教师继续教育工作的重点和难点。中央"国培计划"的拨款成为G省最大的教师培训投入项目,为2500万;而省本级每年的投入为550万;县级财政投入薄弱,公用经费5%的标准基本上达不到。在调研中发现,对于小规模的农村学校而言,按公用经费比例拨付的这笔培训经费较低,在一些学生较少的小学或教学点,每年能承担的教师培训费用甚至还不足以支撑一个教师的培训。

在调研的两个县里,数据表明,P县大多数教师在县级教师进修学校接受培训,W县大部分教师则在省级教师进修学校和省级师范大学接受培训(如表8-4所示)。但事实上在G省,经济和教育实力较强的县组织县域内教师培训较多,而贫困边远县份则多依靠省一级教师培训经费和培训机构完成培训。因此,P县教师虽然多在县级教师进修学校接受培训,但总体而言,P县在教师培训上投入的经费比W县更多,而教师群体接受培训的比例也更高些。

表8-4　G省两县教师参加的培训机构比较

培训机构	P县	W县
县级教师进修学校	41.1%	3.1%
地级市教师进修学校	3.5%	13.5%
省级教师进修学院	20.2%	30.5%
中师	2.6%	0%
地市级师专或师院	6.1%	16.8%
省级师范大学或师院	16.4%	13.4%
商业组织	2.2%	2.2%
国内外非政府组织	3.3%	3.3%
其他	13.2%	11.2%

为了补充省内教师培训经费的不足,G省还与国际组织合作开展一些教师培训,对培训经费提供了有益的补充。但整体上,对于开展全员培训而言,G省教师培训经费缺口仍旧很大。

第四节　义务教育教师对培训经费的分担状况

为了了解培训经费的分担对教师培训动力的影响,本次调研在教师问卷中调查了教师最近参加的一次培训的费用分担情况。从整体数据来看,参训教师在学费、伙食费、住宿费三项支出最多,因缺课需支付的代课费最少。其中,人均支出最多的项目是伙食费,其次是学费和住宿费,因缺课需支付的代课费最少;而学校及上级部门承担的费用部分,人均支出最多的项目是学费和住宿费,其次是路费和伙食费。

从各项费用的分担来看,学费、路费、住宿费、课本资料费、因缺课支付的代课费这五项费用,个人承担的比例在 37％—43％ 之间,个人在伙食费上的承担比例约 55％,在其他费用上的承担比例约为 63％;学校及上级部门在学费、路费、住宿费、课本资料费、因缺课支付的代课费这五项费用上的承担比例在 52％—58％ 之间,学校及上级部门在伙食费上的承担比例约 30％,在其他费用上的承担比例约为 16％;总体来说,个人和学校及上级部门的费用承担比例基本持平,均在 45％ 左右。但以上数据只是一个笼统的总体统计,实际上各省的培训费分担比例有很大的差异,从教师培训支出上的负担情况也可以看出这一点。

表 8-5　教师在培训经济支出上的负担情况

	在培训的经济支出上,您是否感到负担过重?										
	新疆	河北	甘肃	广西	河南	贵州	山东	北京	上海	江苏	合计
是	67.8％	56.1％	52.3％	49.8％	43.4％	43.2％	22.9％	19.1％	12.9％	3.2％	44.7％
否	32.2％	43.9％	47.7％	50.2％	56.6％	56.8％	77.1％	80.9％	87.1％	96.8％	55.3％

近 45％ 的被调查者觉得培训的经济支出负担过重,比例较高。但各省份因财力及管理措施的不同,教师在培训经济支出负担上存在着巨大的差异。如表 8-5 所示,中西部省份认为经济支出负担过重的教师比例明显高于东部省份。一些西部省份,除了一些中央和省属的专项培训之外,教师的继续教育培训经费基本上仍由教师自己负担,而大部分普通教师参加最多的培训是继续教育部分的培训。这也是为什么中西部省份教师感到培训支出负担过重的原因。与之相对应的是,以上海为代表的东部省份,只有 12.1％ 的教师觉得培训的经济支出负担过重。在对上海两个区的调研中发现,教师培训都由政府付费,甚至包括培训期间的午餐,

教师唯一需要支付的是交通费。

总体而言,在培训主体的经费分担上存在着巨大的地区差异。以北京、上海为代表的发达地区,经费主要由各级政府分担,学校层面在培训经费的使用上有一定自主权,教师在培训上的经济支出负担较轻。但中西部地区主要依靠近年来中央财政支持下的各类培训专项资金,地方财政对教师培训难以给予更多的支持,教师个体的培训负担较重。事实上,农村义务教育经费保障机制中公用经费中 5% 用于教师培训的政策在中西部农村地区学校中根本无法解决培训经费短缺的问题。因为各地财力和管理体制的不同,政府在培训费用支出及各主体之间的分担存在较大的差异。在调研的省份中,对培训经费的管理有以下三类做法。

(1)由县级财政统一管理教师培训的专项经费,不再下拨到学校,主要用于县域内由县统一开展的义务教育阶段教师培训活动,对参加县级以上教育行政部门举办的培训活动的合理开销进行支出。主要以一些西部省份为代表,以 G 省为例,由县财政统一管理教师培训的专项费用,但省里规定了专项资金的开支范围:县域内教师培训活动(包括传统的集中培训、送教下乡和现代远程培训以及支持学校开展校本培训)过程中学员交通费、伙食补助费、住宿费、外聘专家差旅费、外聘专家讲课酬金、场地租赁费、资料费、培训公杂费等开支;用于参加县级以上教育行政部门举办的教师培训活动所发生的差旅费及必要的培训费等开支。

(2)培训经费随学校的公用经费一起拨付至学校,由学校统一管理,学校拥有自主权。但这种方式往往造成两种后果:一是上级部门缺乏对学校的监管措施,很多学校并未将此款项用于教师培训;二是多数农村小学在校生数量减少,导致教师培训经费的实际数额相当有限。若公用经费小学每个学生是 300 元,中学每个学生是 500 元,而其中 5% 的数额是比较少的:以一个人数为 200 人的中等规模小学为例,每年学校的教师培训经费仅为 3000 元,只能为教师报销一小部分培训住宿费、交通费及教材费。

(3)一些地区(如上海、北京)采取了综合的办法,将各类培训经费分别按一定比例拨付学校和承担统一培训的机构,兼顾学校的自主性及培训机构的运行经费,其他东部地区也采取相似的做法。上海采取了综合的办法,教育财政拨款以两种形式拨付给负责区教师培训的教育学院和学校:将生均经费中的一定比例拨给学校作为教师培训费用,其中一部分直接分配给教育学院作为统一培训的费用;此外财政为各级教育学院设立特定的教师培训项目,各级培训机构可以申请专项资金。如上海市某

"农村优秀教师培训项目"的培训经费由市、区县分级承担,市级主要承担专家导师讲课费、研修班组织管理经费、远程管理平台建设经费等,区县级主要承担参训学员的差旅、食宿等费用。但大部分财力较弱的中西部省份,基本无法做到分级承担。

第五节　初步政策建议

对于我国义务教育阶段的教师培训,增加财政投入应该将逐步完善教师全员培训机制体制、提高培训效能作为重要目的。

首先,继续加大中西部地区义务教育阶段教师培训的财政投入。目前"国培计划"以及农村义务教育经费保障机制中公用经费的 5% 并不能充分缓解不发达省份的农村地区教师培训经费短缺问题,以目前的投入状况,在大部分中西部地区全员培训短时间内不可能实现。

其次,全员培训时代所发生的机构变革和培训层次下移的趋势成为必然,由学区、学校和教师自主开展和选择的培训比例在增加。调研数据也显示,校本研修在教师培训中已占有相当大的比例。教师教育的责任逐渐由大学转移到中小学,财政投入应该对此变革做出反应,经费也要在一定程度上转移到中小学。

再次,给予培训者和培训管理者的培训一定的财政支持。在提高新的县级及以下培训机构能力建设方面给予支持,比如针对这些整合后的机构中培训者及培训管理者的培训给予专项经费的支持。

最后,农村地区教师在全员培训中依然处于弱势地位,是否可以考虑将培训作为农村教师激励制度中的一环? 针对农村教师全方位的保障机制亟待建立,这对于我国义务教育质量的提升起着至关重要的作用。

针对以上教师培训的财政状况,一些地区已经有一些有益的探索值得推广。比如经费拨付在区县一级进行切合实际的多样化的分配管理,从简单的公用经费按比例拨付的方法向以学区或学校为单位(如学校的状况、需培训的师资、学生数等)的实际需求转移。如以上海为代表的经费充足的东部省份,开始采取将各类培训经费分别按一定比例拨付给学校和承担统一培训的机构,兼顾学校的自主性及培训机构的运行经费等做法,都值得推广。

第九章 关于代课教师若干问题的初步思考[①]

王 蓉[②]

第一节 完善教师制度是当前最为
重大的制度建设挑战之一

从历史角度来看,代课教师、民办教师大量存在是与我国长期以来"穷国办大教育"的基本国情分不开的。著名经济学家、诺贝尔奖获得者阿马蒂亚·森曾经指出,有两类成功促进社会发展、成功提供公共服务的模式:第一类是所谓的"增长引发型",就是以经济增长带来的经济繁荣为基础来扩展社会服务;第二类是"扶持导致型",这种模式没有高速经济增长为基础,而是通过精心筹划的扶持计划和有关的社会安排起作用。纵观历史,我国农村义务教育发展的"扶持导致型"模式具有两个基本特点。第一是通过广泛采取降低教育成本的措施,解决物质保障的基础问题,扩大教育供给。这一方面最为突出的就是历史上社请教师、民办教师的制度安排。正如阿马蒂亚·森所说,"扶持导致型"教育发展的可行性源于像教育这样的社会服务劳动密集程度极高,因此在低工资经济中成本相对较低。第二是通过广泛地分散经费供给责任,提高经费供给水平,其核心的制度安排包括向广大的农村家庭和社区分散责任。

随着党和政府高度重视农村义务教育而采取的各项政策逐步实施,农村义务教育经费保障机制已经逐步建立,实现了免费义务教育的政策目标,农村学校的公用经费保障水平逐步提高。改革和完善教师制度包括教师收入制度成为当前最为重大的制度建设挑战。

我国正处于一个社会发展过渡期。简而言之,一方面,从宏观经济角度来说,转变经济增长方式、改变国民收入分配格局、提高居民收入水平正在成为政策共识。在此背景下,提高教师收入的呼声顺应了这种共识。

---

① 本综述报告以同事刘明兴、刘积亮的研究成果为基础撰写而成,完成于 2010 年,发表于北京大学中国教育财政科学研究所 2010 年第 10 期简报。

② 王蓉,北京大学中国教育财政科学研究所所长、教授。

但是，另一方面，教师作为财政供养人员，其收入提高主要依赖于政府财力，而我国政府财政支出结构不合理、财政体制不完善这些基本约束条件仍然存在。

　　使这一问题更加复杂的是，教育过程中利益主体多元化的趋势越来越强。市场经济的发展冲击着教育体系内部对学校和教师的激励机制。教师群体作为一个独立利益主体的利益诉求越来越强烈。因此，如何吸引合格人才进入教师队伍，充分调动教师的积极性而又坚持贯彻党和政府的教育方针，现在比任何时候都更加重要。在教育财政制度的改革过程中，不能回避这些因素的影响。改革和完善教师制度包括教师收入制度，将是影响未来我国教育发展的最为重要的战略问题之一。但是，迄今为止，尚缺乏一个具有足够前瞻性的、系统有序的、符合科学发展观的总体改革方案。

第二节　代课教师抽样调查的初步结论

　　根据教育部统计数据，2008 年我国公办普通中小学还有代课教师 31.5 万人，占教师总数的 2.8%；其中，分布在农村的代课教师 20.7 万人，占农村教师总数的 4.1%。[①]

　　根据湖北和江苏两省 2007 年的抽样数据分析[②]，代课教师主要具有如下特点：(1) 代课教师普遍比较年轻，平均年龄在 30 岁左右，比公办教师平均年龄小。代课教师中，30 岁以下的年轻人占大多数，因此他们与上一代民办教师不同，政府对其不具有历史性补偿的义务。(2) 在代课教师群体中，存在相当比例的年轻新型代课教师，他们毕业于师范院校或者其他类型的院校，具有较高学历，很高比例的代课教师都具有教师资格证。(3) 从职业发展来看，大部分代课教师都参与了非学历培训，部分还参加了职称评定。(4) 大部分代课教师都从事非主干课程的教学，这反映出在现有公办教师队伍中，教师结构并不合理。另外，样本中代课教师由于从事非主干课程的教学，往往在雇佣关系中处于弱势。(5) 代课

---

　　① 数据来源：《中国教育统计年鉴(2008)》，根据其"统计指标解释"，代课教师是指因教师缺编而长期聘请的顶编教师，或专任教师因产、病假等而聘请的一年以上的顶编教师。《中国教育统计年鉴》未提供全国代课教师的学历构成、年龄结构等信息。

　　② 本部分有关研究发现皆参见：刘积亮.代课教师现状分析：以湖北和江苏为例[R].北京大学中国教育财政科学研究所内部报告，2010.

教师在所有类型的学校中均有分布,产生代课教师的原因看来也不仅仅是"老、少、边、山、穷"的农村穷困地区因派不进公办教师、不得已而采取的措施。

需要说明的是,此抽样调查是从湖北和江苏各选取了 10 个县和省会城市的 1 个区,接受此次调查的最终有效学校数是 229 所。研究者对小学四年级和初中二年级抽样班级的任课老师发放了问卷,本研究根据该样本中的代课教师数据进行了上述分析。这一调查能够反映抽样学校教师的任职与聘用格局,但是由于并非代课教师专题调查,所以可能存在样本量较小、不具有代表性等问题。

仅根据上述初步分析,当前代课教师作为一个群体,不同于历史上的民办教师。代课教师制度有可能是在不改变目前教师招聘和编制制度下,基层政府、教育行政部门和学校为满足教师短缺而主动采取的制度安排。可能的原因包括:一是地方出于财政能力的限制,通过雇佣代课教师长期顶编;二是部分学校为搞活用人机制,防止未来生源萎缩带来教职工分流压力,拿出部分空编专门用于雇佣代课教师;三是不存在空编,但由于教师结构不合理或临时性需求而雇佣代课教师。[1]

第三节　国际比较分析的初步结论

从国际比较的角度来看,代课教师在发达国家也是普遍存在的,并不是只在我国这样的发展中国家才有。[2] 原因在于,第一,教育是劳动密集型产业,而且随着技术进步,这一行业的生产效率不能跟随其他行业那样同步提高。在人工成本越来越贵的背景下,这一行业在降低生产成本方面处于劣势地位。提高教师收入是全面提升这一行业生产成本的关键举措,对于政府财力造成的压力是显著而长远的,因此往往不能轻率行动。各国都存在努力降低教育成本(因此控制教师方面的成本)同时又要确保教师队伍素质的矛盾,代课教师制度成为解决这一矛盾的出路之一。第二,教育自身的规律也导致了教师供给和需求方面的一些问题。例如,由

---

① 本部分有关研究发现皆参见:刘积亮.代课教师现状分析:以湖北和江苏为例[R].北京大学中国教育财政科学研究所内部报告,2010.

② 本节主要参考文献:EURYDICE. Key Topics in Education in Europe,Volume 3. The Teaching Profession in Europe:Profile,Trends and Concerns. Report II:The Teacher Supply and Demand at General Lower Secondary Level. Brussels,EURYDICE, 2002.

于学龄人口的波动性和人口迁移,对于教师的需求实际上具有一定的弹性。但是,从教师供给的角度说,充当教师的人员往往需要具备一定的教育背景和品德素质,各国往往把确保教师的工作稳定性——包括给予其公务员或者准公务员的待遇——作为吸引足够多和足够好的人才进入这一职业的战略性措施,这样就导致了教师队伍的供给惰性。教师的需求弹性和供给惰性之间不可避免地存在着矛盾,在各国,代课教师制度普遍被作为解决上述这些矛盾的出路。

在各国,教师供给和需求不匹配的问题往往包括两个方面,一个是师资短缺,一个是师资过剩,有时短缺与过剩同时并存,并在地域、学校类型和科目三个维度上产生交错。例如,可能在某些地区、学校、科目存在师资过剩,也可能在另一些地区、学校、科目同时存在师资短缺。师资短缺又体现为两种明显不同的形式:(1)公开招聘的职位无法招到受过充分培训的教师,这往往发生在招聘的职位是在贫困落后地区或主要服务于弱势群体的学校,或者是涉及某些特定的教学科目;(2)无法在教师请假离岗时找到顶替他们的人员。

面对这些短缺的情况,各国教育当局或者学校都设立了一套可由其支配的应急措施,把公开的师资短缺转化成了隐性的师资短缺。这些应急措施主要包括三类:(1)使用现有的资源(包括增加现有教师的教学任务,扩大班级规模或者资源重组);(2)重新安排那些资质不合格的人员;(3)紧急招聘新的教师。候选人或者是退休年龄的教师,或者是有教师资格但不是教授该科目的教师,或者不是从事该级教育的教师,或者是还没有完成教师教育的人员。应急措施(2)和(3)往往导致了代课教师的存在。

更加重要的是,代课教师与各国的两项基本教师制度相关,即教师的合同制度和教师的储备与替补制度。值得注意的是,在很多国家,终生教职的概念并不普遍;而对于教师,基本上各国都并非只有一种合同类型,而是具有多种的、一系列的合同类型,在临时合同或者固定期限合同之下工作的教师类似于我国的代课教师。例如在匈牙利,虽然政府实施教师公务员制度,但是并非所有的教师都是公务员,这通常是以资历为基础而获得的。有五年以上教师工作经历或者拥有专业考试资格证书的教师可能会基于永久公务员合同获聘,而少于五年工作经历的教师将基于临时合同获聘。

同时,各国都在逐步完善教师储备与替补制度,代课教师往往就是储备库中的人员,而各国教师招聘和岗位分配的体制与教师替补的组织方式有关。在那些采用中央集权教育管理体制的国家,政府往往也是采用集权化的方式来保证教师替补工作顺利进行。其他管制较少的系统则倾向于授予地方或学校更多的主动权,让它们自主解决这一问题。在一些国家,将正在求职的教师与教学岗位相匹配的过程是以每个学校为基础的。这种方法使得教师可以选择他们想申请的教学岗位,学校也在选拔过程和录用新教师上发挥直接的作用。

第四节　初步的政策建议

根据前文的分析,在目前我国的代课教师群体中,存在相当比例的年轻新型代课教师。对于解决与他们相关的问题的政策设计,需要新的思维和更加纵深的视角,更加广泛地借鉴国际经验,也必须与建设和完善我国教师制度这一根本问题联系起来。初步的建议如下。

首先,需要对这一问题产生的历史背景和政策背景进行全面的分析和把握。根据刘明兴的观点,自 2007 年以来,中央加快了教师绩效工资制度的改革,提高了公办教师的工资待遇。但是,研究表明,如果为了缓解政府、事业单位因收费引起的社会冲突而限制事业单位收费的自主权,则可能导致财政供养队伍内部不稳定,即事业单位内部调节教师收入水平的能力下降,使公务员、公办教师、代课教师之间的利益格局变得更加不平衡。在一定条件下,社会维稳目标(解决农民与政府之间的利益平衡问题)可能和政府内部的维稳目标(解决财政供养人员各群体之间的利益平衡问题)相互冲突。财政集权的程度实际上是在这两个维稳目标之间摇摆。[1] 可以预见的是,在我国,解决财政供养人员各群体之间的利益平衡问题未来将越来越具有挑战性。[2] 单纯依靠增加财政投入而不以精细、妥善的制度建设相配套,不能保证教师队伍的稳定。

其次,推进保护代课教师权益的政策应该采取分地区、分阶段的方式进行。目前看来,各个地方的代课教师问题具有不同的特点,中央不宜以"一刀切"的方式进行直接干预。采取那些由中央直接干预并承担相关财政责任的政策建议,可能导致平衡财政供养人员各群体之间的利益矛盾的棘手问题也将同时加速向上级政府集中,这种趋势是令人十分忧虑的。

---

[1]　刘明兴.甘肃省农村教师集体性上访问题[R].北京大学中国教育财政科学研究所内部报告,2010.

[2]　王蓉.公共教育解释[M].北京:中国财政经济出版社,2009:97-99.

当前应该坚持以地方政府为主的原则,在此原则下再考虑各级政府解决该问题的责任分担与转移支付的设计问题。

解决当前代课教师问题,必须以逐步完善我国相关的教师制度为基础,具体来说就是教师的储备和替补制度,以及教师合同制度。应该进一步完善教师储备制度、替补制度,使临时性或者固定期限的教师合同制度显性化、规范化,在此基础上将代课教师纳入短期合同制管理,并把解决代课教师问题与建立教师储备库的制度结合起来。另外,根据刘明兴的分析,政府可明确以下几条原则:适当考虑提高代课教师的最低工资保障;代课教师在工作量津贴、业绩奖励、艰苦边远津贴、校长津贴等方面,应当享受和公办教师同等的待遇。①

正如前文所言,完善教师制度是我国当前最为重要的制度建设挑战之一,必须注重相关政策的一致性、连续性和整合性。在这一过程中,应注重保护代课教师的权益,规范地方政府和学校的行为,引导人们将关注点转移到代课教师背后的教育深层次问题,转移到完善教师制度这一根本的战略性问题上去,而不是间接鼓励各个利益主体采用更加激烈的方式进行更加强烈的利益诉求这种趋势。

总而言之,目前迫切的任务是要认识到,我国教师制度建设进展极其缓慢,这已经成为阻碍我国教育发展的重要因素。

---

① 刘明兴.甘肃省农村教师集体性上访问题[R].北京大学中国教育财政科学研究所内部报告,2010.

第三部分

义务教育教师工资水平与结构

第十章 我国中小学教师队伍结构和工资水平现状[①]

魏 易[②]

　　教师是提高学校教育质量和学生学业成就的关键因素,各国政府都致力于提高教师素质从而提高学校的教育质量。如何建立一支规模、结构、素质能力基本满足各级各类教育发展需要的教师队伍,一直以来也是我国教育发展面临的一个重要问题。本文基于《中国劳动统计年鉴》《中国教育统计年鉴》、教育经费统计数据和实地调查数据,对我国中小学教师队伍的结构和工资水平的变化趋势、地区差异和编外教师的现状进行分析,并探讨了各国应对教师供需矛盾时的应对策略。

第一节 教师队伍结构

　　本节首先根据 2000—2017 年《中国教育统计年鉴》,对我国普通小学、普通初中、普通高中教师队伍结构、城乡差异和教师流动情况及其变化趋势进行描述分析。

一、教师队伍结构和城乡差异

（一）中小学生师比大幅下降,农村小学和初中的生师比已低于城镇学校[③]

　　2000—2017 年中小学的生师比呈下降趋势,小学和初中的生师比自

---

　　①　本文完成于 2019 年 12 月。

　　②　魏易,北京大学中国教育财政科学研究所助理研究员。

　　③　需要注意的是:(1) 2011 年起,《中国教育统计年鉴》不再区分普通初中与职业初中,职业初中教师人数占初中阶段教师总数的比重极低(2010 年职业初中专任教师人数仅 1975 人,占比不到 0.1%),对跨年度的比较影响不大。(2) 2011 年起,《中国教育统计年鉴》采用新的城乡划分标准,将原来的城市、县镇、农村的三个分类调整为三大类七小类,即城区(含主城区、城乡接合部)、镇区(含镇中心区、镇乡结合区、特殊区域)、乡村(含乡中心区、村庄)。城乡划分标准的变化可能会对跨年度的比较产生一定影响,后续分析我们将城区对应城市、镇区对应县镇、乡村对应农村。(3) 2003 年之前,《中国教育统计年鉴》不区分普通初中和普通高中,两者合并为普通中学统计,故普通初中和普通高中 2003 年之前的数据存在缺失。(4)《中国教育统计年鉴》中教师的年龄分层在 2013 年前后有所变化,2013 年之前可统计 35 岁以下教师的占比,2013 年及之后只可统计 34 岁以下教师的占比。(5) 本部分所介绍的教师无特别说明,皆指《中国教育统计年鉴》中的专任教师,不包括行政人员、教辅人员、工勤人员等。

2013 年开始趋于稳定。小学生师比由 2000 年的 22：1 下降至 2017 年的 17：1；初中生师比由 2003 年的 19：1 下降至 2017 年的 12.5：1；普通高中生师比由 2003 年的 18：1 下降至 2017 年的 13：1(图 10-1)。根据中央编办、教育部、财政部《关于统一城乡中小学教职工编制标准的通知》的规定,小学生师比在 2007 年已达到该标准(19：1),初中在 2013 年达到该标准(13.5：1),高中还略高于规定标准(12.5：1)。

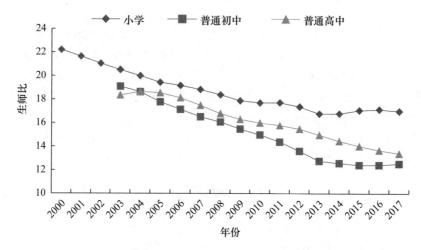

图 10-1　2000—2017 年普通小学和中学的生师比

图 10-2a 至图 10-2c 为分城市、县镇、农村的普通小学和中学生师比。整体来看,2000—2017 年农村小学和初中的生师比下降速度较快。农村小学和农村初中的生师比分别在 2005 年和 2007 年前后低于城市和县城的学校,在 2013 年之后趋于稳定。农村小学维持在 14.5：1 左右,农村初中维持在 11.2：1 左右。与农村学校相比,城镇小学生师比的变化不大,尤其是城市的小学一直维持在 18:1 左右。而城镇初中生师比则与农村初中的下降趋势相似,2013 年之后趋于稳定。2000—2017 年之间,普通高中生师比呈现出下降的趋势,城乡学校之间相差不大。

(二)中小学 34—35 岁以下年轻教师占比逐年下降,2017 年在 30%—35%之间,农村地区初高中教师队伍较城镇更加年轻

图 10-3 为中小学 34—35 岁以下教师占比变化。整体来看,2000—2017 年中小学 34—35 岁以下的年轻教师占比逐渐下降,初高中下降趋势更加明显。初中年轻教师占比由 2003 年的 63.9%下降至 2017 年的 31.1%;普通高中由 2003 年的 61.3%下降至 2017 年的 35.9%。小学年

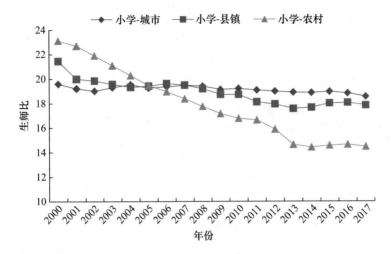

图 10-2a 2000—2017 年普通小学学校的生师比（城市、县镇、农村）

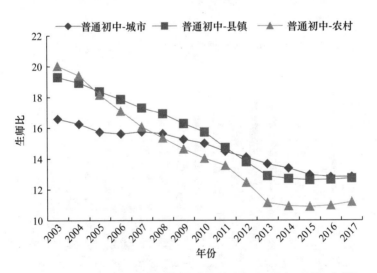

图 10-2b 2003—2017 年普通初中学校的生师比（城市、县镇、农村）

轻教师占比低于初中和高中，但下降幅度相对较小，从 2001 年的 47.7%
下降到 2017 年的 35.8%。到 2017 年左右，中小学 34—35 岁以下的年轻
教师占比已十分接近，在 30%—35% 之间。

　　图 10-4 为分城市、县镇、农村的初高中 34—35 岁以下教师占比变
化。农村初中年轻教师的占比高于城市、县镇学校，而县镇初中和城市初
中的年轻教师占比不断趋近。整体上，高中阶段年轻教师占比与初中一

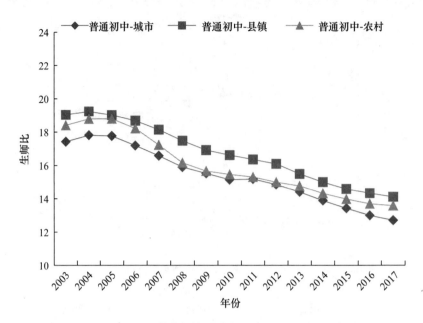

图 10-2c　2003—2017 年普通高中学校的生师比（城市、县镇、农村）

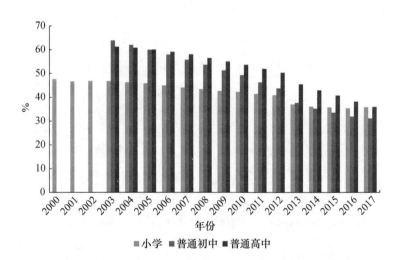

图 10-3　2000—2017 年普通小学和中学 34—35 岁以下教师占比变化

样也呈现出下降的趋势，但占比整体高于初中阶段。城乡学校高中年轻
教师占比与初中相似，农村学校年轻教师占比高于县镇学校，而县镇学校
则高于城市学校。

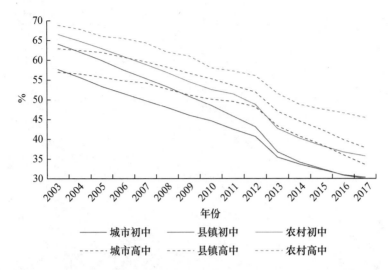

图 10-4　2000—2017 年普通初、高中 34—35 岁以下教师占比变化（城市、县镇、农村）

（三）中小学教师学历不断提升,农村学校本科及以上学历教师占比低于城镇学校,小学阶段差距扩大,初中阶段差距缩小

表 10-1 为 2001—2017 年普通小学和中学教师学历结构,可以看出各学段教师队伍的学历结构不断提升。高中教师学历本科及以上的占比从 2003 年的 75.7% 增加到 2017 年的 98.2%。普通初中教师队伍学历结构优化明显,本科及以上的占比从 2003 年的 23.8% 增加到 2017 年的 84.6%,教师队伍由以专科教师为主转变为以本科及以上学历教师为主。小学教师的学历结构由以高中及以下学历教师为主转变为专科、本科及以上学历教师各占一半左右。

表 10-1　2001—2017 年普通小学和中学教师的学历结构

年份	小学			普通初中			普通高中		
	本科及以上	专科	高中及以下	本科及以上	专科	高中及以下	本科及以上	专科	高中及以下
2001	1.61%	25.79%	72.60%						
2002	2.17%	30.92%	66.91%						
2003	3.09%	37.43%	59.48%	23.83%	68.21%	7.96%	75.71%	23.73%	0.56%
2004	4.60%	44.16%	51.24%	29.13%	64.66%	6.21%	79.59%	20.00%	0.40%
2005	6.73%	49.63%	43.65%	35.31%	59.94%	4.76%	83.46%	16.23%	0.31%
2006	9.17%	52.89%	37.93%	41.10%	55.23%	3.66%	86.46%	13.28%	0.26%

年份	小学			普通初中			普通高中		
	本科及以上	专科	高中及以下	本科及以上	专科	高中及以下	本科及以上	专科	高中及以下
2007	12.25%	54.63%	33.12%	47.26%	49.92%	2.81%	89.30%	10.50%	0.20%
2008	15.66%	55.22%	29.12%	53.22%	44.57%	2.21%	91.55%	8.27%	0.18%
2009	19.80%	55.04%	25.17%	59.44%	38.84%	1.71%	93.61%	6.26%	0.13%
2010	23.71%	54.58%	21.71%	64.05%	34.60%	1.35%	94.81%	5.08%	0.11%
2011	28.47%	53.58%	17.95%	68.22%	30.70%	1.09%	95.73%	4.17%	0.10%
2012	32.58%	52.33%	15.09%	71.63%	27.49%	0.88%	96.44%	3.48%	0.08%
2013	37.24%	50.09%	12.67%	74.87%	24.41%	0.72%	96.80%	3.11%	0.08%
2014	41.68%	48.16%	10.16%	77.89%	21.64%	0.47%	97.25%	2.70%	0.06%
2015	45.93%	45.96%	8.11%	80.23%	19.43%	0.34%	97.70%	2.25%	0.05%
2016	50.42%	43.23%	6.35%	82.47%	17.29%	0.24%	97.91%	2.04%	0.05%
2017	55.07%	40.19%	4.74%	84.63%	15.20%	0.17%	98.15%	1.81%	0.04%

图 10-5a 至 10-5c 为 2003—2017 年分城市、县镇、农村的小学和初中本科及以上教师占比，以及高中阶段研究生及以上教师占比。小学和初中阶段，农村学校本科及以上学历教师占比低于城镇学校。小学阶段本科及以

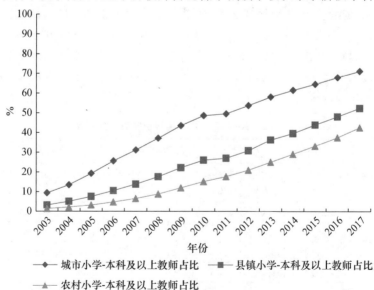

图 10-5a 2003—2017 年普通小学学校教师学历结构（城市、县镇、农村）

上教师学历的城乡差距从 2003 年的 8％扩大到 29％,而初中阶段有所缩小,从 2003 年相差 34％缩小到 2017 年相差 13％。由于普通高中教师学历普遍达到本科,因此图 10-5c 显示的是研究生及以上学历的教师占比。城市高中研究生及以上学历教师的占比高于县镇和农村学校,且差距在扩大。

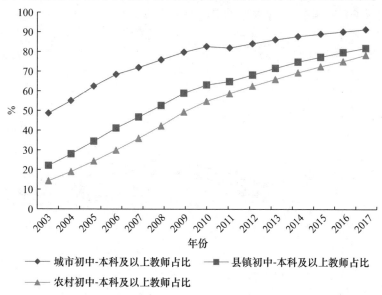

图 10-5b　2003—2017 年普通初中学校教师学历结构(城市、县镇、农村)

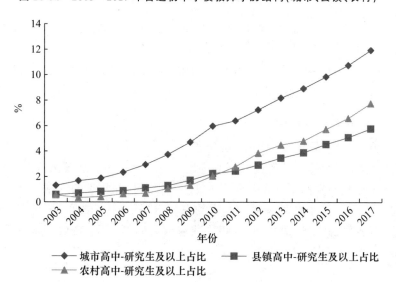

图 10-5c　2003—2017 年普通高中学校教师学历结构(城市、县镇、农村)

（四）农村中小学中高级职称教师占比低于城镇地区。

图 10-6a 至 10-6c 为 2003—2017 年普通小学和中学的中高级职称教师占比情况。① 整体上随着时间变化,中小学中高级职称教师的占比都在提高,除了小学阶段在 2011 年前后达到顶峰后开始回落,到 2017 年都超过了 50%。城乡学校之间的差距一直存在,小学阶段中高级职称教师的城乡占比差距从 2003 年的 11.64% 缩小到 2017 年的 4.74%,初中阶段从 2003 年的 23.22% 缩小到 2017 年的 8.27%,高中阶段从 2003 年的 19.32% 缩小到 2017 年的 14.26%。

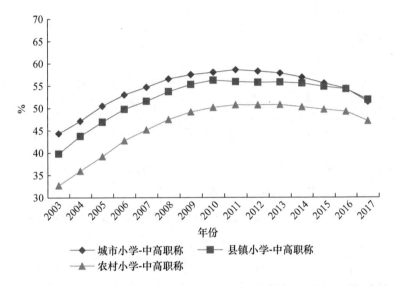

图 10-6a   2003—2017 年普通小学学校中高级职称教师占比(城市、县镇、农村)

二、教师的流动情况

根据《中国教育统计年鉴》各学段、各地区专任教师调入、调出的人数变化,计算出专任教师的调入率和调出率(见图 10-7)。从全国范围来看,小学教师的调入调出率大约介于 6%—9% 之间,近几年调入率开始高于调出率;初中教师的调入调出率大约在 4.5%—6.5% 之间,调出率一直高于调入率;高中教师在 2008 年之前有极高的调入率,之后调入率趋近调出率,介于 3%—4% 之间。

---

① 本部分中介绍的中高职称包括:中学高级、小学高级、中学一级。

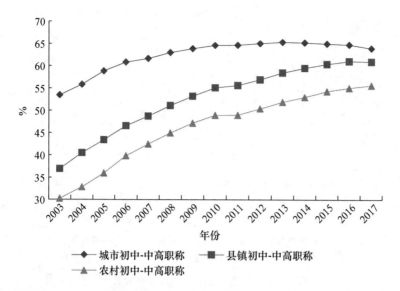

图 10-6b　2003—2017 年普通初中学校中高级职称教师占比(城市、县镇、农村)

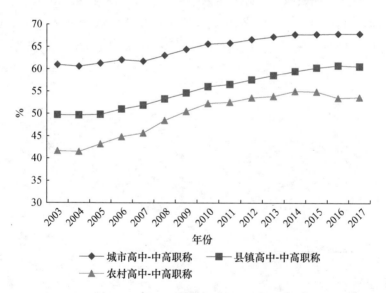

图 10-6c　2003—2017 年普通高中学校中高级职称教师占比(城市、县镇、农村)

分城乡来看(图 10-8a 至图 10-8c),城镇小学教师的调入率高于调出率,而农村小学教师的调入率则低于调出率,并且在 2010 年之后不断上升。农村初中教师调出率高于城镇学校,而调入率则垫底。而农村高中

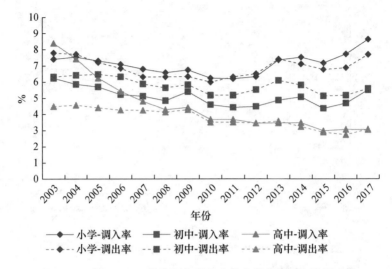

图 10-7　2003—2017 年普通小学和中学专任教师调入和调出率

则呈现出不同的趋势，到 2017 年高中阶段学校的调出、调入率基本持平。农村小学和初中高调出率、低调入率一方面受到城镇化和农村人口向城镇地区迁移的影响，另一方面也显示了农村小学和初中存在教师流失的问题。

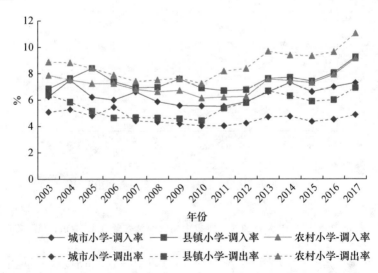

图 10-8a　2003—2017 年普通小学专任教师调入和调出率（城市、县镇、农村）

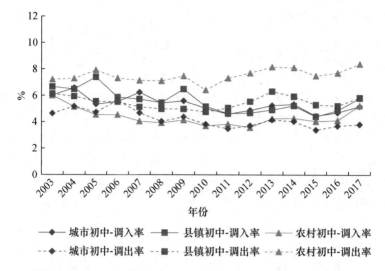

图 10-8b　2003—2017 年普通初中专任教师调入和调出率（城市、县镇、农村）

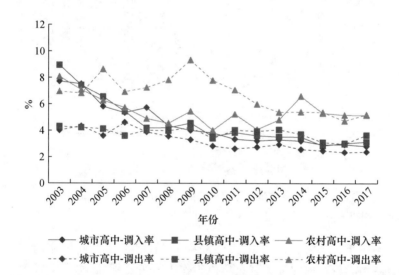

图 10-8c　2003—2017 年普通高中专任教师调入和调出率（城市、县镇、农村）

第二节　教师工资水平

本节首先利用历年《中国劳动统计年鉴》数据，分析我国中小学教师工资整体水平以及历史变动情况，并通过将教师工资与其他行业工资、人均国民生产总值相比较,反映其相对水平。

一、教师行业整体工资水平

(一)中小学教师平均工资水平不断增长

图 10-9 为以 2000 年为基期计算的 1999—2017 年中小学教师的平均工资以及与上一年相比的增长率。1999 年中小学教师平均工资为 7397 元/年(折合成 2000 年为 7427 元),到 2017 年增长到 79579 元/年(折合成 2000 年为 54159 元)。增长率方面,小学教师、中学教师以及中小学教师的增长趋势十分相似,在 2001—2002 年、2007 年、2009 年以及 2015 年出现了超过了 15%的增长。

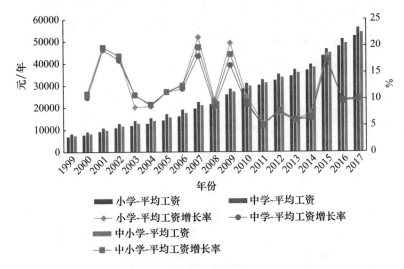

图 10-9　中小学教师工资的平均水平和增长率(单位:元/年,%)

注:图中数据均以 2000 年为基期计算得来。

与图 10-9 中 2001—2002 年工资增长相呼应,2001 年国家调整包括各级各类学校在内的机关事业单位工作人员工资标准,中小学教师工资水平相应提高。中央于 2001 年确立了"国务院领导下,由地方政府负责,分级管理,以县为主"的农村义务教育管理体制,实施了农村教师工资县级统筹等改革措施,并加强对中西部困难地区的转移支付,逐步将农村义务教育纳入公共财政保障范围。伴随这一系列的改革,农村公办教师工资的准时发放得到了保证。2006 年开始了事业单位第四次工资制度改革,《关于印发事业单位工作人员收入分配制度改革方案的通知》(国人部发〔2006〕56 号)规定中小学教师、护士的岗位工资和薪级工资标准提高10％,2007 年教师的平均工资出现增长高峰。2008 年起,伴随着义务教育免费政策在城市和农村的全面实施,中央推行了教师绩效工资体制改革,在提高公办教师待遇的同时也强化了与公务员工资之间的硬性挂钩机制。自 2008 年教师工资制度改革之后,教师的基本工资标准至 2014 年一直没有提高。中央于 2015 年年初下发了《关于调整机关事业单位工作人员基本工资标准和增加机关事业单位离退休人员离退休费三个实施方案的通知》,启动了新一轮机关事业单位薪酬体制改革,2015 年教师的平均工资出现增长高峰。

（二）2017 年中小学教师工资指数为 1.33,与高收入国家教师工资指数相近

图 10-10 通过教师工资指数,即教师平均工资占人均 GDP 的比例,来衡量中小学教师的相对工资水平。2000—2017 年教师工资指数变化的趋势较为平缓,2017 年中小学教师工资指数(1.33)相对 2000 年(1.04)略有上升。

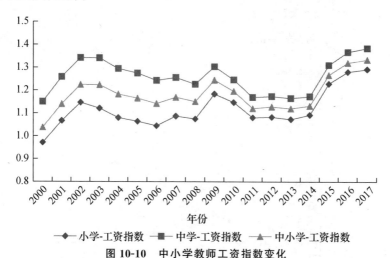

图 10-10 中小学教师工资指数变化

图 10-11 为各国教师工资指数。整体来看,相对于本国经济发展水平和人均 GDP,低收入国家的教师收入水平相对较高。在大部分 OECD 国家,教师的平均工资为人均 GDP 的 0.75—1.5 倍。在大部分撒哈拉以南的非洲国家,教师平均工资远高于人均 GDP,如尼日利亚和埃塞俄比亚的教师平均工资为人均 GDP 的 5 倍和 7 倍。中国的教师平均工资水平与 OECD 国家较为接近,低于大部分的中等收入国家。

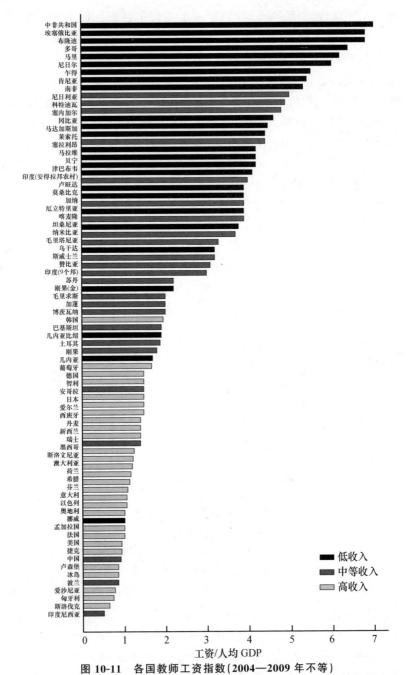

图 10-11　各国教师工资指数（2004—2009 年不等）

注：大部分数据来自 OECD *Education at a Glance* 和 UNESCO 教育数据，https://www. cgdev. org/blog/chart-week-teacher-pay-around-world-beyond-dis-ruption-and-deskilling.

（三）中小学教师工资接近全国就业人员平均工资水平,低于受教育水平相似的四类行业从业人员平均工资

借鉴以往的研究,我们选取金融业、科学研究和技术服务业、卫生和社会工作、公共管理社会保障和社会组织四个与教育行业人员的教育程度比较接近的行业平均工资进行比较。[①]图 10-12 显示,一直以来,中小学教师工资在全国就业人员平均工资水平上下浮动。金融业、科学研究和技术服务业、卫生和社会工作行业的平均工资要远远高于中小学教师的平均工资。而与公务员所属的公共管理社会保障和社会组织行业相比,中小学教师工资略低,两者的平均工资水平不断趋近。

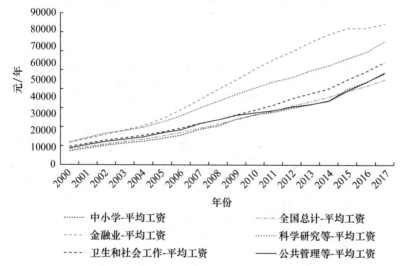

图 10-12　中小学教师平均工资与其他行业的比较(单位:元/年)
注:图中数据均以 2000 年为基期计算得来。

图 10-13 为中小学教师与其他行业的工资增长率比较。整体来看,全国平均工资增长率在 2000 年之后呈现出下降的趋势,金融业的增长率下降尤其显著。就平均的增长率来看,除几个增长高峰期外,中小学教师的工资增长速度低于全国总体平均水平,且增长趋势主要受到事业单位收入改革的影响。公共管理行业也呈现出相似的趋势。

---

①　需要注意的是,《中国劳动统计年鉴》中金融业、科学研究和技术服务业、卫生和社会工作、公共管理社会保障和社会组织这四个行业的名称和内涵在 2000—2017 年间有所变动,但变动涉及的人数占比较低。

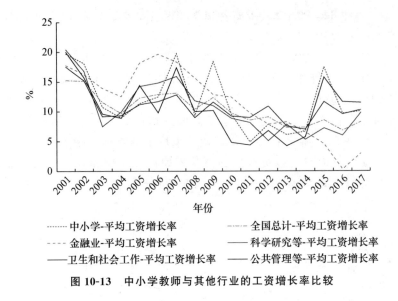

图 10-13　中小学教师与其他行业的工资增长率比较

二、教师工资水平、结构和地区差异

根据教师工资财政保障机制研究课题组在 2015—2016 年的调查结果(详见本书第十二章),各省中小学教师工资水平存在较大差异,同省内部不同县市公立中小学教师工资水平也存在较大差异。大部分被调查区县的中小学教师应发年平均工资低于当地城镇单位就业人员年平均工资。

将义务教育阶段教师工资水平与公务员工资水平进行比较,整体上高级职称教师工资高于相应级别公务员工资,而高级以下职称教师工资则低于相应级别公务员工资。就基本工资比较而言,除副高级职称教师基本工资明显高于副处级公务员基本工资外,高级以下职称教师基本工资均低于相应级别公务员基本工资。就绩效工资和津补贴比较而言,中级及以上职称教师绩效工资和津补贴高于相应级别公务员工资,而中级以下职称教师绩效工资和津补贴则低于相应级别公务员工资。

从教师工资结构来看,各地小学和初中公立学校教师基础性绩效工资中包含具体工资项目有较大差异,主要体现地区经济发展水平、物价水平、岗位职责等因素导致的工资差异。各地奖励性绩效工资中包含的具体工资项目也不相同,但大多含有农村任教津贴、农村教师补贴、乡镇岗位补贴、艰苦边远地区津贴等农村边远地区教师绩效奖励项目,奖励性绩效工资主要体现工作量和实际贡献等因素导致的工资差异。各地津补贴中包含的具体工资项目也有较大差异,主要体现当地福利因素导致的工资差异。

从各部分工资的构成比例来看,各地中小学教师工资结构有相同之处:基础性绩效工资所占比例最高,基本工资所占比例次高,奖励性绩效工资所占比例最低。不同之处首先在于地区之间教师津补贴的占比差异极大,其次是基础性和奖励性绩效工资的相对比例也存在较大差异。就教师津补贴来看,地方政府财政保障能力较强,则基本工资比例较低,津补贴比例较高。就奖励性绩效工资来看,较低的区县奖励性绩效工资只占总工资的 6%,而较高地区则占到总工资的 35%(详见本书第十二章)。

除了教学绩效激励之外,艰苦岗位补贴制度也是对于基层教师的重要激励机制。在绩效工资体制改革之前,许多县市为鼓励公办教师到农村艰苦学校任教,在辖区内自行采取了浮动工资制,使在农村艰苦学校任教的教师享受更高的待遇。例如,对于在农村学校任教的教师上浮一级工资,对于在偏远农村学校任教的教师上浮两级工资。在 2008 年的改革之后,类似向农村倾斜的地方性教师待遇政策在许多地区都被取消,因为绩效工资体制本身并没有考虑到县域内部艰苦岗位补贴的设置问题。

自 2013 年起,各地政府开始陆续推行了农村艰苦学校教师岗位补贴政策,由地方政府自行出台政策,中央财政针对地方实施情况给予奖补。从实施情况来看,政策在各地的执行出现了较大的差异。部分县市没有落实此项政策,在落实政策的县市中具体做法也各不相同。如,有些县按照岗位的艰苦程度,在县域内部采取了有差别的补贴标准,有些县则对全部农村学校岗位给予了同样的补贴标准;有些县为了防止艰苦岗位教师补贴政策引起农村机关事业单位工作人员的攀比,规定只有在一些偏远村小、教学点任教的教师才享受这一政策,而在乡镇政府所在地的学校就不享受此项政策。

第三节　编制外教师

从历史角度来看,我国代课教师大量存在是与我国长期以来"穷国办大教育"的基本国情分不开的。随着农村义务教育经费保障机制逐步建立,以及对农村教师队伍在补充渠道、工资待遇、社会保障、职称评聘和专业发展等多方面的关注和政策倾斜,民办代课教师的问题基本得到解决。同时,为了适应新型城镇化、全面二孩政策等带来的新情况,新型代课教师开始出现。早在 2007 年,北京大学中国教育财政科学研究所课题组在湖北和江苏 10 个县和省会城市的 1 个区共 229 所学校进行抽样调查,结果显示"新型代课教师"已开始大量出现。在这些代课教师群体中存在相当比例的年轻新型代课教师,具有较高学历,毕业于师范院校或者其他类型的院校,其中很高比例有教师资格证,部分还参加了职称评定。这些代课教师在所有类型的学校中均有分布,不仅仅是"老、少、边、山、穷"的农村穷困地区。

一、编外教师规模

根据《中国教育统计年鉴》提供的官方数据,2017 年我国普通小学共有代课教师 16.57 万人,占小学教师总数的 3.03%。其中,分布在城区学校的代课教师 4.55 万人,占城区学校教师总数的 2.76%;分布在县镇学校的代课教师 4.71 万人,占县镇教师总数的 2.39%;分布在农村的代课教师 7.32 万人,占农村教师总数的 3.94%。普通初中和高中共有代课教师 6.77 万人,占中学教师总数的 1.12%。其中,分布在城区学校的代课教师 2.83 万人,占城区学校教师总数的 1.17%;分布在县镇学校的代课教师 2.91 万人,占县镇教师总数的 1.02%;分布在农村的代课教师 1.03 万人,占农村教师总数的 1.30%。[①] 由于统计年鉴中的代课教师仅包括编外长聘教职员工,一些短期临聘教师并未包括在内,可能导致低估。

二、编外教师工资水平

在编教职工工资由基本工资、津贴补贴、奖金、社会保障缴费、伙食补助费、绩效工资和其他工资福利支出七部分组成,按比重最主要的是基本工资、津贴补贴、社会保障缴费和绩效工资四部分。编制外教职工的工资构成相对简单,仅有工资福利一项。从平均的人员工资水平来看,编内教职工为编制外教职工的近三倍。

从东、中、西部地区来看编制内人员工资水平,中部地区相对最低,东部地区是中部地区的 1.5 倍,西部地区是中部地区的 1.3 倍。具体分结构来看,总体上,2017 年全国义务教育人均人员部分支出按照构成的比重排序分别是基本工资(占比 40%)、绩效工资(占比 27%)、社会保障缴

---

① 以上代课教师数没有包括兼任教师。

费(占比 15％)和津贴补贴(占比 14％)。从地区来看,基本工资各地区差异不大,东部地区最高,中部地区次之,西部地区略低于中部地区;地区间最大的差异来自绩效工资,东部地区在绩效工资和社会保障缴费方面明显高于中、西部地区;其次是社会保障缴费和津贴补贴。由于 2006 年国家启动了新一轮机关事业单位薪酬体制改革,通过艰边津贴等手段进一步将资源向基层和经济欠发达地区倾斜,因此西部地区的人均津贴补贴支出高于东部和中部地区。

与地区间编制内教职工人员工资差异产生的机制不同,地区间编制外教职工人员工资的差异则主要基于地区劳动力市场定价的差异,相对来说更加贴近于地区经济发展水平和当地劳动力市场价格区间。总体来看,东部地区显著高于中、西部地区,中部地区略高于西部地区。比较各地区编内与编外教职工人均工资差异,西部差异最大(3.79 倍),中部其次(2.88 倍),东部差异相对较小(2.68 倍)。

三、教师替补制度

在世界各国,学校往往都会需要代课教师,部分情况是由于教师请假离岗,部分情况是由于公开招聘的职位无法招到受过充分培训的教师,这往往发生在招聘的职位是在贫困落后地区或主要服务于弱势群体的学校,或者是涉及某些特定的教学科目。面对这些教师临时性和结构性短缺,各国教育当局或者学校都设立了相应的教师替补制度,主要包括三类:使用现有的资源、使用不具备相应资质的教师、紧急招聘新教师。其中,后两种措施都会导致代课教师的存在。选择何种教师替补制度受到教育管理体制层级的影响。在那些采用中央集权教育管理体制的国家中,政府往往也是采用集权化的方式来保证教师替补工作的顺利进行。其他管制较少的系统则倾向于授予地方或学校更多的主动权。临聘新教师主要通过定期合同和教师储备库两种方式进行。一般只有在教师招聘方面较为集权的国家会采用教师储备库,由中央或地区教育部门负责招聘代课教师并与之签订合同,为教育部门管辖范围内的学校提供服务。

在我国,自 2001 年"分级管理,以县为主"的改革之后,县域中小学教师人事管理包括招聘逐渐上升到以县为主。编制内教师的招聘方式主要包括县管县聘、县管校聘、县聘校用、校聘校用以及中心学校聘用。而编外制教师的招聘则更加多元化。从招聘主体来看,包括学校、学区或中心校、人才中心和县政府/教育主管部门,原则上遵循谁聘用、谁负担、谁负责的基本原则。招聘方式除了临聘、返聘和兼职之外,还包括人事代理制教师和政府购买教师服务(例如教师外包、劳务派遣等),前者学校与教师之间有聘用关系,而后者学校只与劳务公司有合同关系,与教师之间则没有聘用关系。[①] 王蓉提出代课教师是在不改变我国目前教师编制制度下,基层政府、教育行政部门和学校为满足教师短缺而主动采取的制度安排。其可能的原因包括:(1)由于教师结构不合理或临时性需求雇佣代课教师;(2)地方出于财政能力的限制,通过雇佣代课教师长期顶编;(3)部分学校为搞活用人机制,防止未来生源萎缩带来教职工分流压力,拿出部分空编专门用于雇佣代课教师。[②]

第四节　欧洲各国面对教师供需挑战的经验

欧洲许多国家在中小学教师供需方面正面临着各种挑战,包括教师地区性和学科结构性短缺、在职教师高流失率、教师老龄化、教师教育招生不足和高退出率。其中,教师在部分学科和部分地区的结构性短缺在许多国家的小学和中等教育阶段都有存在。部分国家在师资短缺的同时,还存在着师资供给过剩的问题。师资不足和过度供给看似相互矛盾,但由于不同学科和地区的教师分配不均衡,这两个问题经常同时存在。除了普遍的教师结构性短缺,欧洲国家还面临着较为严重的教师老龄化问题。欧盟统计局数据显示,2015年欧洲的中小学教师当中年龄在50岁以上的比例为36%。

结构性短缺是教师供需方面最常见的问题,超过一半的欧洲国家都面临教师结构性短缺问题。许多国家同时面临着多项挑战,其中大多数是彼此相关,同时又与职业吸引力这一更普遍的问题有关。如何吸引足够多的学生接受职前教师教育是一个问题,还有一个问题是如何确保他们完成学业,真正进入教师这一行业。为了解决师资不足的问题,一些国家正在采取激励措施,吸引学生从事教师职业,或教授特定的学科。

---

① 此外,特岗教师也属于编外教师,区别在于具备潜在编制。

② 王蓉.关于代课教师若干问题的初步思考[R].北京大学中国教育财政科学研究所简报,2010.

欧洲各国吸引学生从事教师职业的做法

英国（英格兰和威尔士）正在实施类似的政策，争取招聘到更多特定领域的大学毕业生。在英格兰，教育部提供培训助学金和奖学金，以吸引"优先发展学科"的毕业生从事教学工作。目前的优先发展学科包括数学、物理、化学、生物、计算机、语言和地理。威尔士则为毕业生提供教师培训的激励机制，鼓励他们在中学教授"特定"（即师资不足的）学科。学习数学、威尔士语、物理和化学的毕业生享受的激励幅度最大，其次是学习现代外语和信息与通信技术/计算机科学的毕业生。尽管采取了这些措施，威尔士的教师职位空缺依旧有增无减，而学校填补这些空缺的能力因学科、地区、学校或角色的不同而存在着巨大的差异。

2015 年，为防止师资不足的情况出现，捷克共和国颁布了《教学人员法修正案》。通过这一法案，捷克教育部与工会和教育院系合作，使得捷克各地学校没有出现人事危机。该法案包括若干放宽和开放教师招聘的措施，并招聘具有各种资历的专业人士。捷克共和国的教育政策已经规划到 2020 年，其中一个优先事项是增加资金投入，以提升教育界的教学人员和非教学人员的工资。

意大利最近出台了政策，以应对一些学科和地区师资过度供给的问题和合格教师不足的问题。意大利于 2015 和 2016 年实施了专项招聘计划，意在解决长期存在的合格教师不足的问题。迄今为止，以签订短期合同的方式招聘的 85000 名教师已经转为终身制教师。2017 年 4 月通过的一项职前教师教育法令规定，将要在中学任教的准教师，若持有硕士学位，并在教育学领域获得 24 学分，仍必须通过一项公开竞争，胜出后才具备资格学习为期一年的大学专业化课程，然后接受为期两年的培训。在培训期间，他们将逐步承担教学任务，其中包括填补空缺的教师职位，避免任用代课教师。三年的培训结束时，如果能够通过评估，他们将获得终身教师资格。

除此之外，为了应对师资供给的问题，许多国家的政府部门还对师资的培养和储备进行前瞻性规划。前瞻性规划可以理解为对教师供需情况进行监测和分析，目的是预见到师资不足或师资供给过剩的情况。几乎所有欧洲国家都开展了全面的劳动力市场监测，许多国家利用这一手段来核查教师供需之间的平衡，并为决策者提供信息。其中，大多数国家都采取了对教师的供需进行前瞻性规划的做法。

所有 26 个执行前瞻性规划的教育体系都使用了在职教师的数据,但其详细程度各不相同。经常使用的数据包括退休教师人数、教师人口统计数据、按授课科目划分的教师人数和教师离职人数。而关于资格、合同和录用方面的数据则较少使用。除了在职教师数据,有近一半的欧洲国家使用了按所教授科目划分的接受和完成职前教师教育的学生人数。大约有十几个国家还收集了接受职前教师教育的学生的人口统计数据和退出人数的数据。只有三个国家,即丹麦、瑞典和瑞士,在其前瞻性规划中使用了由其他途径进入教师行业的教师数据。大多数欧洲国家还会使用关于教师需求的数据,这些数据主要以对学生人数增长的预测为依据,从而对各级别教育所需的教师总人数做出总体估计。有些国家更进一步,利用这些教师将要教授的学科的数据,对职前教师教育或其他专业成长活动所需的资金投入类型有了更为清楚的了解。有十几个国家还考虑到按照地区划分的对教师的需求。

欧洲各国教师供需前瞻性规划的建立

1. 欧洲一些国家已经建立预估教师供需的模型。

例如,在德国,各联邦州州政府收集数据以预估对教师的需求,并在必要时采取措施应对师资不足。根据这些数据,德国文化部长联席会议会定期发布估测教师供需情况的报告,对未来几年内各类教学岗位的教师需求进行预估,也对完成第二次国家教师资格证书考试、获得"候补教师"资格的人数进行预测。最近,德国文化部长联席会议发布了 2014 年至 2025 年教师供需的预估模型。

在英国的英格兰地区,教育部使用"教师供给模型"(Teacher Supply Model,TSM)的统计模型,预估该地区未来对教师的需求。"学校劳动力普查"(School Workforce Census)每年一次对公立学校劳动力的规模和特点进行数据收集,供"教师供给模型"使用。"教师供给模型"也被用于帮助政府对研究生职前教师教育的经费和学位在全地区范围内的分配做出决策。"教师供给模型"能够预估"对教师的需求"(每年的活跃储备需要的教师人数)和"对新入职教师的需求"(为满足"对教师的需求",综合考虑可能退出教育行业的教师人数、预计学生人数等因素,在即将到来的学年需要加入活跃储备的新任合格教师人数)。同样,在英国的威尔士地区,政府也开始使用"教师规划与供给模型"(Teacher Planning and Supply Model，TPSM)，不过目前这一模型所需的数据收集工作尚不如英格兰地区那样全面。

在挪威，挪威统计局会提供教师的劳动力市场预测。这一模型可预测五种不同类型的教师(从学前教育到普通高中教育和职业教育)的供求状况。其中最为关键的变量，是在基准年吸收新任实习教师的人数(此为供应方)和基于人口预测得到的未来使用教育服务人数的趋向(此为需求方)。这一模型可以分析是否有足够的教师接受教师培训，以满足未来的需求。该模型还考虑到部分接受教师培训的学员并不在教育领域工作。

2. 对于有些教育体系而言，前瞻性规划正处于发展当中。

爱尔兰一直在断断续续地对教师供需进行前瞻性规划，但在2014年，爱尔兰政府认定，对教师劳动力安排规划的分析势在必行。这项工作目前已经完成，爱尔兰正在考虑建立一个教师供给模式，以确保有足够的师资供给。

在立陶宛，教育部和研究与高等教育监测分析中心发起了一个项目，提供对教育专业人士(以教师为主)进行预测规划的方法。该项目的目标是为决策者提供工具，协助其评估对教师的需求，为教师培训进行规划和投入资金。

英国威尔士地区已经出台规章，允许设计并执行详细到个人程度的学校劳动力普查，包括姓名、出生日期和国家社会保险号码等个人识别数据项。威尔士从前并未集中进行数据收集(对劳动力信息水平进行收集)，因此无法对劳动力进行更为细致的规划。2017年3月，《2017年教育(学校劳动力信息供应)(威尔士)条例》于2017年10月31日开始执行。

爱沙尼亚计划于2017年秋季对教育领域的劳动力需求和必要技能进行大规模分析。第一批结果将于2018年6月出炉，并于2018年8月进行公布。

马耳他尚未制定正式的前瞻性规划，但是教育部刚刚成立了"师资培养和储备评价工作组"，其目标中就包括对公立学校的师资进行前瞻性规划；此外，在推行新的教育政策措施时，也会提前进行3至5年的预测。

在拉脱维亚,虽然尚未执行正式的前瞻性规划,但中央教育主管部门已经与地方政府就未来5年内教师这一职业的预期空缺情况进行了调查。

在匈牙利,虽然尚未执行正式的前瞻性规划,但匈牙利人力资源部(负责教育工作)长期以来一直在对教师的供需情况进行监测和分析。该部门使用的数据来自中央数据库,包括接受职前教师教育的学生人数、退出率、完成职前教师教育的比例,在职教师的人数和年龄、退休率,以及学生人口结构方面的变化。监测既在教育行业的整体层面上进行,也会针对一些特定学科领域进行监测,其结果可以为各参与方提供指导。

第五节 小 结

本文基于教育统计数据和实地调查,对我国中小学教师队伍的现状进行了分析。第一,从教师队伍的结构来看,我国教师队伍生师比不断下降,农村小学和初中下降尤其明显。各学段教师的学历结构不断优化,中高级职称教师占比上升,农村学校本科及以上教师和中高级职称教师占比低于城镇学校。从全国范围来看,小学教师的调入调出率为6%—9%,初中教师为4.5%—6.5%,高中教师为3%—4%;从调入调出率的城乡差异来看,农村小学和初中教师调出率持续高于调入率,表明存在一定的教师流失问题。

第二,从教师的工资来看,中小学教师工资水平和增长速度主要受到事业单位工作人员收入分配制度改革的影响。2017年中小学教师工资指数为1.33,与高收入国家教师工资指数相近。从教师的工资结构来看,高级以下职称教师工资低于相应级别公务员工资,工资的激励机制有待加强。

第三,本文还关注了编外教师的现状。基于《中国教育统计年鉴》的官方统计数据,2017年我国普通小学共有代课教师16.57万人,占小学教师总数的3.03%;普通初中和高中共有代课教师6.77万人,占中学教师总数的1.12%。从收入来看,编外教师工资显著低于编内教师,其工资更加贴近地区经济发展水平和当地劳动力市场价格区间。

第四,本文还探讨了欧洲各国和中国在面对教师供需矛盾时采取的相应措施。总体上，各国的措施受到本国教育管理体制的影响。在采用中央集权教育管理体制的国家中，政府倾向于采用集权化的方式来保证教师替补工作的顺利进行。而教育管理体制较为分权的国家则倾向于授予地方或学校更多的主动权。我国中小学以县为主的管理体制决定了教师的人事管理制度更加趋向于分权，编制内教师聘任以县为主，编制外教师聘任按照谁聘用、谁负担、谁负责的基本原则，聘任方式较为多元化。

结构性短缺是教师供需方面最常见的问题。由于职前教师教育需要经历数年时间，结构性短缺在短期内无法轻易解决。因此前瞻性规划以在中长期基础上进行为最佳。除了使用教师数据核查教师供需之间的平衡，预估未来对教师的需求，对教师相关数据的收集和分析还有利于促进教师的均衡配置。由于不同地区、学校类型和学科的教师分配不均衡，师资短缺和供给过剩问题看似相互矛盾，却经常同时存在。尤其是在学校或地方政府负责招聘教师的国家和地区，教师劳动力市场较为分散，因而更加难以对教师的均衡配置进行统筹规划。建立教师质量和分配情况的跟踪数据，有利于指导地方政府和学校基于数据分析的结果，有针对性地解决教师结构性短缺和分布不均衡的问题。

第十一章　义务教育教师与公务员的收入比较[①]

第一节　引　言

近三十年来,教育系统的工资水平在国民经济各行业中一直排名靠后。1978 年教育文化系统职工的平均工资在国民经济 12 大行业中位居倒数第一,之后多年都在倒数第一和倒数第三之间徘徊。[③] 根据京津陕皖等 11 省市调查数据,1988 年教育系统职工平均工资与全民所有制职工平均工资的差距大体在 150 元以上。[④] 1990—1999 年,在 15 个社会行业中教育系统平均工资一直处于第十至第十三位之间,并且在大多数年份教育系统平均工资都达不到社会平均工资水平。[⑤] 根据国家统计局统计数据,2001—2006 年教育系统平均工资超过了社会平均工资水平,但是在国民经济各行业中排名依然比较靠后,2001—2002 年教育系统在 15 个行业中排在第九,2003—2006 年在 19 个行业中排在第十一或第十二位。[⑥]

关于教师收入的重要性,联合国于 1966 年召开的关于教师地位的政府间专门会议上通过的《联合国教科文组织关于教师地位的建议书》指出,在影响教师社会地位的众多因素中,教师薪水是极为重要的因素,因为当今世界对一个职业社会地位的评价基本上取决于其所处的经济地位。

我国在立法方面对教师待遇有着明文规定。自 1994 年 1 月 1 日起

---

① 本文发表于《教育与经济》2008 年第 4 期。

② 杨建芳,北京大学中国教育财政科学研究所博士后(2006—2008 年);王蓉,北京大学中国教育财政科学研究所所长、教授。

③ 孙喜亭.教育原理[M].北京:北京师范大学出版社,1993.

④ 朱永新."老九"咏叹调[A].//朱永新.困境与超越:教育问题分析[C].北京:人民教育出版社,2004.

⑤ 陈赟.20 世纪 90 年代教师工资问题研究[J].清华大学教育研究,2003(1):92-96.

⑥ 国家统计局.中国统计年鉴[Z].北京:中国统计出版社,2002-2007.

施行的《中华人民共和国教师法》(以下简称《教师法》)第 25 条规定"教师的平均工资水平应当不低于或者高于国家公务员的平均工资水平,并逐步提高",第 26 条规定"中小学教师和职业学校教师享受教龄津贴和其他津贴"。新修订的自 2006 年 9 月 1 日起施行的《中华人民共和国义务教育法》(以下简称《义务教育法》)第 31 条规定"教师的平均工资水平应当不低于当地公务员的平均工资水平"。从《教师法》规定的"应当不低于或者高于",到《义务教育法》规定的"应当不低于",意在保障义务教育教师的工资水平,避免由于高校教师平均工资水平较高而掩盖中小学教师工资较低的情况。

然而,《教师法》和《义务教育法》关于教师与公务员之间的工资水平比较在以下两个方面是不明确的。

第一,比较的内容不明确,用于比较的"工资水平"是指基本工资还是指工资总额是不清楚的。2006 年 1 月 1 日起施行的《中华人民共和国公务员法》(以下简称《公务员法》)第 74 条规定"公务员工资包括基本工资、津贴、补贴和奖金。公务员按照国家规定享受地区附加津贴、艰苦边远地区津贴、岗位津贴等津贴。公务员按照国家规定享受住房、医疗等补贴、补助。公务员在定期考核中被确定为优秀、称职的,按照国家规定享受年终奖金"。依据此条法律规定,除基本工资之外,津贴、补贴和奖金都属于公务员工资的组成部分。那么,是否可以由此推理,在教师与公务员之间进行比较的"工资水平"也应该包括基本工资、津贴、补贴和奖金等部分呢?

第二,比较的人员群体不明确,即在哪些教师与哪些公务员之间进行比较是不明确的。《公务员法》第 19 条规定"公务员的职务应当对应相应的级别","公务员的职务与级别是确定公务员工资及其他待遇的依据";第 73 条规定"公务员实行国家统一的职务与级别相结合的工资制度"。然而,教师属于事业单位人员,有专业技术等级而无行政级别,1993—2006 年间实行专业技术职务等级工资制,2006 年工资改革以后实行(专业技术)岗位绩效工资制。也就是说,教师与公务员分别对应于两个不同的职务等级序列,教师的哪一级专业技术岗位适于与公务员的哪一级行政级别进行比较,在法律上是没有依据的。假如不考虑教师与公务员之间的级别比较,"平均工资水平"是指一个地区的教师人均工资与当地的公务员人均工资进行比较。那么,由于教师与公务员之间人员结构的差异,将会导致这种人均水平的工资比较对具体、特定的教师个人而言没有实际意义,这种法律规定对教师待遇也就起不到有效的保障作用。

以上两个不明确之处对于认识教师与公务员之间的收入差距造成了困难,也为衡量教师工资水平"应当不低于"公务员这一目标是否实现带来了困难。

由于客观上存在的教师与公务员收入比较的困难,以及数据收集的不易,所以尚未有文献对教师与公务员的收入进行系统的比较研究。本研究利用我国 28 个省 83 个县(市、区)的义务教育教师和公务员收入数据,把总收入划分为基本工资与津补贴两部分,从收入结构的角度考察了当前义务教育教师与公务员之间的收入差距。

第二节　数 据 说 明

本研究所用数据基于 2007 年对全国各省义务教育教师和公务员收入情况进行的一次调查,这次调查在每个省的高、中、低 3 个不同经济发展水平县(市、区)收集了各职级教师和公务员的月收入数据。其中,教师职级包括初中高级、一级、二级、三级和小学高级、一级、二级、三级,公务员级别包括正处级、副处级、正科级、副科级、科员、办事员。对于每个职级的教师和公务员,分别选取了工龄处于平均水平人员的月收入数据。因为除了与工龄有关的那部分工资以外,同一职级教师的工资是一样的,所以各职级的工龄处于平均水平教师的月收入大致上相当于该职级教师的平均收入;公务员的情况也是如此。月收入数据包括总收入、基本工资、津补贴,其中总收入是基本工资与津补贴之和。由于个别省份数据缺失或数据存在错误,最后能够利用的数据仅有 28 个省、自治区、直辖市(北京、天津、河北、内蒙古、辽宁、吉林、黑龙江、上海、江苏、浙江、安徽、福建、江西、山东、河南、湖北、湖南、广东、广西、海南、重庆、四川、贵州、云南、陕西、甘肃、宁夏和新疆)、83 个县(市、区)。

需要说明两点:(1) 此次义务教育教师和公务员收入情况调查不是随机抽样,因此,本研究是在不考虑各地教师和公务员实际人员规模的情况下对教师和公务员的月收入标准进行的比较分析;(2) 此次调查未能采集教师和公务员除收入和职级之外的其他信息,因此,本研究是在未控制学历和工作表现等因素的情况下对教师和公务员月收入差距进行的现状分析。

由于多数地区没有小学三级教师,初中三级教师和办事员、副处级、正处级等公务员数据缺失比较严重,所以本文的研究对象未包含小学三级和初中三级教师以及办事员、副处级和正处级公务员。具体而言,本文的研究对象包括初中高级、一级和二级教师,小学高级、一级和二级教师,以及正科级、副科级和科员公务员。

第三节　全国情况

全国平均而言,公务员的津补贴高于教师津补贴,基本工资和总收入的比较结果则取决于公务员的职务级别和教师的职称等级。

如表11-1所示,除了科员公务员津补贴比初中高级教师仅低33元/月之外,各职级公务员津补贴都高于教师津补贴,其中,正科级公务员与小学二级教师的津补贴差额最大,前者比后者高447元/月。公务员职级越高,其津补贴就越高,比教师津补贴高出得也就越多。例如,与初中一级教师津补贴相比,正科级、副科级和科员公务员的津补贴分别高出了305元/月、174元/月和74元/月。

基本工资的比较结果取决于公务员和教师的职级。副高级教师基本工资远远高于正科级及以下级别公务员,比正科级、副科级和科员公务员分别高出了429元/月、638元/月和816元/月。中级教师基本工资与正科级公务员相近,但高于副科级和科员公务员。例如,初中一级教师基本工资比正科级公务员低6元/月,但比副科级高203元/月,比科员高373元/月。至于初级教师,初中二级和小学一级教师的基本工资低于正科级和副科级公务员,但高于科员公务员,介于副科级和科员之间,而小学二级教师的基本工资比所有级别公务员都要低。

总收入是基本工资与津补贴之和。受基本工资的影响,总收入的比较结果也取决于公务员和教师的职级。副高级教师的总收入仍然高于正科级、副科级和科员公务员,分别高出230元/月、564元/月和849元/月。中级教师的总收入低于正科级公务员,但高于副科级和科员公务员,在数额上接近于副科级公务员。例如,初中一级教师的总收入比正科级公务员低311元/月,但比副科级高29元/月,比科员高299元/月。初级教师的总收入比所有级别公务员都要低。可见,由于公务员的津补贴高于教师,所以相对于基本工资的比较结果而言,教师的总收入与公务员相比就下降了一个档次。虽然副高级教师的总收入仍然高于正科级及以下级别公务员,但是,中级教师已经低于正科级公务员,变为接近于副科级公务员,且所有级别的初级教师都低于科员公务员。

表 11-1　全国义务教育教师与公务员月收入差距　　单位:元/月

教师职称			副高级	中级		初级		
			中高	中一	小高	中二	小一	小二
公务员职务	正科级	总收入 最大值	2899	3822	3722	4537	4605	4874
		总收入 最小值	−1056	−422	−419	−256	−256	30
		总收入 平均值	−230	311	296	696	710	941
		基本工资 最大值	114	450	555	742	762	909
		基本工资 最小值	−2396	−1068	−1022	−723	−481	−318
		基本工资 平均值	−429	6	−17	297	297	494
		津补贴 最大值	3065	3431	3360	3867	3893	4032
		津补贴 最小值	−333	−190	−143	−41	−36	−30
		津补贴 平均值	198	305	313	399	413	447
	副科级	总收入 最大值	1926	2849	2749	3564	3632	3901
		总收入 最小值	−1530	−716	−696	−357	−445	−71
		总收入 平均值	−564	−29	−39	356	370	595
		基本工资 最大值	−71	433	334	627	569	770
		基本工资 最小值	−2459	−1131	−1085	−786	−544	−381
		基本工资 平均值	−638	−203	−221	91	94	283
		津补贴 最大值	2459	2825	2754	3261	3287	3426
		津补贴 最小值	−447	−400	−353	−45	−40	−34
		津补贴 平均值	74	174	182	265	276	311
	科员	总收入 最大值	947	1527	1427	2242	2310	2579
		总收入 最小值	−1889	−1111	−1393	−541	−700	−220
		总收入 平均值	−849	−299	−312	94	109	358
		基本工资 最大值	−163	86	86	352	352	570
		基本工资 最小值	−2540	−1212	−1166	−867	−625	−462
		基本工资 平均值	−816	−373	−394	−75	−73	123
		津补贴 最大值	1762	1908	2027	2344	2480	2563
		津补贴 最小值	−995	−1070	−1023	−532	−638	−38
		津补贴 平均值	−33	74	81	170	182	234

注:1. 收入差距为公务员收入与教师收入之差,例如,表中左上角的 2899 元/月,表示正科级公务员总收入减去初中高级教师总收入之差的(全国)最大值为 2899 元/月。

2. 表中的平均值是公务员收入与教师收入之差的(全国)算术平均值。

第四节　分地区情况

分地区来看,东部地区的教师与公务员收入差距明显不同于中、西部地区(具体情况详见表 11-2)。

表 11-2　东、中、西部地区义务教育教师与公务员月收入差距　　单位:元/月

教师职称			副高级	中级		初级		
			中高	中一	小高	中二	小一	小二
公务员职务	正科级	东部地区 总收入	28	651	656	1109	1124	1374
		东部地区 基本工资	−466	0	−20	291	277	457
		东部地区 津补贴	494	651	677	818	847	916
		中部地区 总收入	−346	83	62	404	414	635
		中部地区 基本工资	−366	1	−14	282	290	499
		中部地区 津补贴	20	82	77	122	124	136
		西部地区 总收入	−425	108	74	459	475	711
		西部地区 基本工资	−433	16	−17	315	324	527
		西部地区 津补贴	8	92	91	145	151	184
	副科级	东部地区 总收入	−377	219	229	674	685	917
		东部地区 基本工资	−651	−191	−211	103	91	258
		东部地区 津补贴	274	410	440	570	594	658
		中部地区 总收入	−594	−165	−186	156	166	390
		中部地区 基本工资	−572	−205	−220	76	84	291
		中部地区 津补贴	−22	40	34	80	82	99
		西部地区 总收入	−749	−202	−225	155	173	408
		西部地区 基本工资	−673	−214	−233	89	103	303
		西部地区 津补贴	−76	12	8	66	70	104
	科员	东部地区 总收入	−805	−175	−172	285	301	580
		东部地区 基本工资	−873	−395	−416	−101	−112	64
		东部地区 津补贴	68	220	245	386	413	516
		中部地区 总收入	−758	−329	−349	−7	2	228
		中部地区 基本工资	−692	−325	−340	−44	−36	171
		中部地区 津补贴	−66	−4	−9	36	38	57
		西部地区 总收入	−970	−418	−445	−46	−30	214
		西部地区 基本工资	−848	−386	−409	−71	−58	151
		西部地区 津补贴	−122	−32	−36	25	28	63

第一,津补贴差距不同。在东部地区,各职级公务员的津补贴都比教师高。例如,正科级公务员的津补贴比初中高级教师高 494 元/月,比小学二级教师高 916 元/月;甚至科员公务员的津补贴都比初中高级教师高 68 元/月,比小学二级教师高 516 元/月。而在中、西部地区,正科级公务员的津补贴比所有教师都高;副科级公务员的津补贴比中级和初级教师高,但是低于副高级教师;科员公务员的津补贴低于副高级和中级教师,但是比初级教师高。从数额上看,中、西部地区副高级教师津补贴都比较接近于正科级公务员,中部地区的中级教师津补贴接近于科员公务员,西部地区的中级教师津补贴接近于副科级公务员。

第二,总收入差距也不同。在东部地区,正科级公务员总收入高于所有教师;副科级公务员总收入高于中级和初级教师,但低于副高级教师;科员公务员的总收入高于初级教师,但低于副高级和中级教师。在中、西部地区,正科级公务员总收入高于中级和初级教师,但低于副高级教师;副科级公务员的总收入高于初级教师,但低于副高级和中级教师;科员公务员的总收入仅高于小学二级教师。

第五节　分省(自治区、直辖市)情况

为了观察分省(自治区、直辖市)情况,对各职级教师与公务员分省的收入差距分别作图,每个省(自治区、直辖市)的数据都是该省高、中、低 3 个(浙江为 2 个)不同经济发展水平县(市、区)相应职级公务员与教师收入之差的算术平均值。限于篇幅,在此仅给出了初中一级教师与正科级公务员、小学高级教师与副科级公务员的收入差距图(图 11-1 和图 11-2)。

观察收入差距图可以发现,教师与公务员的基本工资差距在各省之间相差不大,图上显示出基本工资差距线在一个不大的范围内上下起伏。然而,教师与公务员的津补贴差距和总收入差距在各省(自治区、直辖市)之间却存在巨大悬殊。

如表 11-3 所示,中级和初级教师与公务员基本工资差距的省际总落差约在 400—600 元/月之间,副高级教师与公务员基本工资差距的省际总落差则比较大。实际上,副高级教师的情况是上海市经济发展水平高的区副高级教师基本工资水平异常高引起的,如果剔除上海市,那么副高级教师与公务员基本工资差距的省际总落差就在 500—700 元/月之间了。

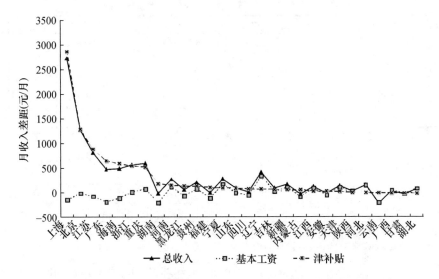

图 11-1　各省(自治区、直辖市)初中一级教师与正科级公务员月收入差距

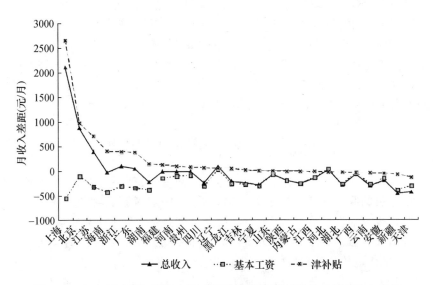

图 11-2　各省(自治区、直辖市)小学高级教师与副科级公务员月收入差距

表 11-3　义务教育教师与公务员月收入差距的省际总落差

教师职称			副高级	中级		初级		
			中高	中一	小高	中二	小一	小二
公务员职务	正科级	总收入	2371	2942	3088	3162	3550	3719
		基本工资	851	548	570	523	529	456
		津补贴	2854	2884	3038	3286	3575	3774
	副科级	总收入	2153	2172	2560	2536	3028	3046
		基本工资	1240	638	590	554	442	554
		津补贴	2731	2453	2778	2802	3155	3256
	科员	总收入	1370	1414	1665	1671	1998	2151
		基本工资	926	416	484	470	404	484
		津补贴	1576	1567	1760	1856	2128	2313

注:省际总落差是根据各省不同经济发展水平县(市、区)相应级别公务员与教师收入之差的算术平均值,通过计算其最大值与最小值之差所得。

从收入差距图上可以看出,上海、北京、江苏、广东、海南、浙江和重庆 7 个省(市)的教师与公务员津补贴差距比较大,特别是上海、北京和江苏的差距非常大,而其他省(市)的教师与公务员津补贴差距比较小。教师与公务员的总收入差距是由基本工资差距和津补贴差距共同构成的。在大多数情况下,上海、北京、江苏、广东、海南、浙江和重庆 7 个省(市)的教师与公务员津补贴差距比基本工资差距大,津补贴差距是影响总收入差距的主要因素;对于其他 21 个省(自治区、直辖市)而言,基本工资差距比津补贴差距大,影响教师与公务员总收入差距的主要因素是基本工资差距,而不是津补贴差距。

第六节　2006 年工资改革的影响

如果希望从实证角度分析 2006 年启动的工资改革对义务教育教师与公务员的收入差距产生了怎样的影响,就需要考察教师与公务员收入差距在改革前后的变化,从而需要收集此次工资改革之前和之后的教师、公务员收入数据。然而,本研究所用数据都是 2007 年某一时点上的数据,对于特定的县(市、区),要么是工资改革之后的数据,要么是尚未进行工资改革的数据,而不是改革前后之数据皆有。不过,数据显示已实行工资改革的县(市、区)并没有聚集性,既没有集中于经济发达地区,也没有集中于经济不发达地区,因此,把已实行工资改革地区的教师与公务员收入差距与尚未实行工资改革的地区进行比较,还是能够大致反映出 2006 年工资改革对教师与公务员收入差距的部分影响。

2006 年启动的工资改革尚在进行当中,表 11-4 中的已工改地区也仅是完成了基本工资改革,津补贴还是沿用以前的政策,因此,本节主要观察基本工资差距的变化。

如表11-4所示,与未工改地区相比,已工改地区副高级和中级教师与公务员的基本工资差距下降了,这表明在此次工资改革中副高级和中级教师基本工资的提高幅度相对较大,大于公务员基本工资的提高幅度。具体而言,与工资改革之前相比,改革后副高级教师的基本工资比公务员高得更多,中级教师的基本工资由低于正科级公务员变为不低于甚至高于正科级公务员,并且比副科级和科员公务员高得更多。例如,工资改革之前和之后,初中高级教师基本工资比正科级公务员分别高248.8元/月和469.2元/月;工资改革之前初中一级(小学高级)教师基本工资比正科级公务员低45.2元/月(41.2元/月),而工资改革之后变为比正科级公务员高0.4元/月(29.9元/月)。

表11-4 2006年工资改革对义务教育教师与公务员月收入差距的影响

单位:元/月

教师职称			副高级	中级		初级		
			中高	中一	小高	中二	小一	小二
公务员职务	正科级	已工改地区 总收入	−271.2	304.1	284.4	719.1	736.4	963.5
		基本工资	−469.2	−0.4	−29.9	318.5	318.1	518.0
		津补贴	198.0	304.5	314.3	400.6	418.3	445.5
		未工改地区 总收入	−35.0	374.6	370.6	633.1	632.6	868.0
		基本工资	−248.8	45.2	41.2	215.9	218.4	382.9
		津补贴	213.7	329.4	329.5	417.1	414.2	485.0
	副科级	已工改地区 总收入	−626.0	−57.7	−70.2	359.5	376.3	596.1
		基本工资	−693.8	−223.2	−246.5	100.3	102.8	294.5
		津补贴	67.8	165.5	176.3	259.2	273.5	301.6
		未工改地区 总收入	−292.5	117.2	113.2	375.7	375.1	614.1
		基本工资	−397.3	−103.3	−107.4	67.4	69.9	236.4
		津补贴	104.8	220.5	220.6	308.3	305.3	377.7
	科员	已工改地区 总收入	−908.3	−327.8	−344.0	94.9	112.2	363.3
		基本工资	−872.5	−401.3	−426.1	−77.4	−76.6	124.8
		津补贴	−35.8	73.4	82.1	172.3	188.8	238.5
		未工改地区 总收入	−563.9	−145.4	−153.8	110.6	111.9	340.2
		基本工资	−543.9	−230.8	−235.5	−58.4	−49.4	108.2
		津补贴	−20.0	85.4	81.7	169.1	161.3	232.0

注:收入差距为公务员收入与教师收入之差的(各地区)算术平均值。

然而，初级教师与公务员的基本工资差距并未缩小，甚至还增大了。具体而言，与工资改革之前相比，初中二级和小学一级教师的基本工资比正科级和副科级公务员低得更多，但是却比科员公务员高得更多；小学二级教师与公务员的基本工资差距增大，其基本工资比正科级、副科级和科员公务员都低得更多。

由于津补贴改革尚未到位，所以这次工资改革对教师与公务员总收入差距的影响目前还是未知的。随着工资改革的推进，教师与公务员的收入差距将会发生怎样的变化，还需要拭目以待。

第七节　津补贴差距纵向分析

从前文的分析可以看出，对于教师与公务员的收入差距，津补贴扮演着重要角色，因此有必要对津补贴进行更为深入的分析。本节对津补贴进行纵向分解，考察教师与公务员津补贴差距的纵向结构。

目前，对于津补贴项目及其标准，出台政策的政府不一定负责提供相关资金。一个津补贴政策出台之后，可能有以下几种资金提供方式：出台政策的政府提供全部资金；出台政策的政府提供一部分资金，其余部分由各地方政府筹措；出台政策的政府负责某些地区的津补贴资金，其他地区的津补贴资金则由当地政府筹措；出台政策的政府不提供资金，所需资金完全由各地方政府筹措；出台政策的政府不提供资金，所需资金由各机关单位自行解决。

本研究所用数据中关于津补贴项目的政策出台政府与资金来源的信息是不完全的，在 83 个县（市、区）中仅有 37 个县提供了津补贴政策出台政府的信息，几乎所有县（市、区）都缺乏津补贴资金来源信息，因此，本节仅从政策出台的角度进行津补贴纵向分析。表 11-5 和表 11-6 中的各级津补贴是指相应级别政府出台的教师和公务员每月津补贴标准，并不代表由哪级政府提供了教师和公务员津补贴资金，也不代表依据哪级政府出台的津补贴政策所发放的教师津补贴总额和公务员津补贴总额。

如表 11-5 所示，教师和公务员津补贴标准的纵向结构是相似的，都是省级津补贴所占比例最高，其次是县级津补贴，再次是地级津补贴，中央津补贴所占比例最低。教师的省级津补贴所占比例约为 50％，省级与县级津补贴之和约占 70％；公务员的省级津补贴所占比例在 55％以上，省级与县级津补贴之和所占比例接近 80％。由此可见，对教师和公务员而言，省级津补贴政策的影响都是最大的；在各级政府出台的津补贴政中,省级与县级津补贴政策的影响占据了主导地位。

表 11-5　各级政府出台的津补贴标准在津补贴合计中占比(%)

	教师职称						公务员职称		
	中高	中一	小高	中二	小一	小二	正科	副科	科员
中央津补贴	7.6	7.7	7.8	7.9	7.9	9.9	6.1	3.7	5.6
省级津补贴	51.2	49.7	50.4	50.5	50.8	48.3	55.1	56.1	55.0
地级津补贴	16.3	15.8	15.1	13.8	13.7	16.8	16.6	16.8	16.2
县级津补贴	16.6	17.1	17.9	18.8	19.4	25.0	22.2	23.4	23.3
学校补贴	8.3	9.7	8.8	9.0	8.3				
合　计	100	100	100	100	100	100	100	100	100
县市区(个)	37	37	37	37	37	34	37	35	35

注:表中比例是根据 37 个县相应津补贴标准之和计算而得。

如表 11-6 所示,对于不同级别政府出台的津补贴标准,教师与公务员的津补贴差距是不同的。在多数情况下,教师的中央津补贴高于公务员,但高出的额度不大。例如,副高级和中级教师的中央津补贴高于正科级及以下公务员;初级教师的中央津补贴虽然低于正科级和副科级公务员,但高于或不低于科员公务员。各职级教师的县级津补贴都远远低于公务员。至于省级和地级津补贴,除了科员公务员的省级津补贴低于初中高级教师、地级津补贴低于初中高级和一级教师,以及副科级公务员的地级津补贴低于初中高级教师之外,在其他情况下公务员的省级和地级津补贴都远远高于教师。

表 11-6　义务教育教师与公务员津补贴差距的纵向结构

单位:元/月

教师职称			副高级	中级		初级		
			中高	中一	小高	中二	小一	小二
公务员职务	正科级	中央津补贴	−336	−95	−112	106	102	179
		省级津补贴	2451	4622	4525	6078	5992	2716
		地级津补贴	471	1164	1390	2184	2211	2469
		县级津补贴	2244	2654	2493	2812	2672	2675
		合　计	2237	5644	5883	8970	8944	8038
		县市区(个)	37	37	37	37	37	34

单位:元/月 **续表**

教师职称			副高级	中级		初级		
			中高	中一	小高	中二	小一	小二
公务员职务	副科级	中央津补贴	−259	−121	−116	17	10	72
		省级津补贴	866	3037	2940	4493	4405	1829
		地级津补贴	−55	638	864	1658	1685	1943
		县级津补贴	1943	2324	2163	2472	2332	2414
		合计	−97	3177	3438	6430	6399	6258
		县市区(个)	35	35	35	35	35	32
	科员	中央津补贴	−446	−245	−262	−69	−73	2
		省级津补贴	−1135	1036	939	2492	2404	1010
		地级津补贴	−739	−46	180	974	1001	1259
		县级津补贴	1388	1750	1599	1896	1742	1874
		合计	−3525	−207	43	3083	3040	4144
		县市区(个)	35	35	35	35	35	32

注:表中数字是对 37 个县公务员与教师相应津补贴标准之差求和而得。

由此可见,只有中央津补贴政策是向教师倾斜的,省级、地级和县级津补贴政策则都是向公务员倾斜的,其中县级津补贴政策对公务员的倾斜力度最大。实际上,即使省级、地级和县级津补贴政策本身没有向公务员倾斜,也可能由于教师津补贴资金不到位,而导致教师的相应津补贴低于公务员。此外,虽然中央津补贴政策向教师倾斜,但是由于中央津补贴在教师津补贴和公务员津补贴中所占比例都很低,不超过 10%,所以这种政策倾斜对教师与公务员津补贴差距的影响就很小,在消弭二者津补贴差距方面所发挥的作用也是微小的。

第八节 结 语

本研究从教师工资"应当不低于"公务员工资这一法律规定出发,从收入结构的角度考察了义务教育教师与公务员的收入差距,重要的发现包括:1. 公务员的津补贴高于教师津补贴;2. 教师与公务员的基本工资差距在各省之间相差不大,但是,津补贴差距和总收入差距很大;3. 2006年工资改革之后,与公务员相比,副高级和中级教师基本工资提高幅度相对较大,基本工资水平已经超过了正科级及以下公务员;初级教师的基本工资提高幅度相对较小,不但基本工资水平仍然低于公务员,而且与公务员的基本工资差距变得更大；4. 教师和公务员津补贴标准的纵向结构是相似的，在各级政府出台的津补贴政策中，省级和县级津补贴政策对教师和公务员津补贴的影响都占据了主导地位；只有中央津补贴政策是向教师倾斜的，但这种政策倾斜对教师与公务员津补贴差距的影响很小。

需要说明，本研究所用数据决定了本研究存在不足之处。本研究是在未控制学历和工作表现等因素的情况下对教师和公务员月收入差距进行的现状分析，因此，本研究未能针对教师和公务员的诸多相关因素，解释收入差异是由哪些因素分别在何种程度上导致的，也未能论证教师与公务员的收入差距保持在何种程度上才是合理的。

由于本文引言中所说的法律规定不明确之处，本研究未能说明当前教师与公务员收入差距距离法律规定的"应当不低于"这一目标还有多远。

第十二章 理想与现实:我国中小学教师工资水平和结构研究[①]

薛海平　唐一鹏[②]

第一节　引　　言

提高教师职业社会经济地位以建设一支高水平的教师队伍,是世界各国政府努力追求的重要目标。教师的工资水平不仅是影响中小学教师供给的重要因素,也影响着教师职业的社会地位和社会声望。教师的工资结构则不仅影响中小学教师工资激励机制的发挥和财政保障机制的运行,也影响着教师工资水平的保障和提高。近两年来,随着公务员和事业单位人员工资改革步伐加快,中小学教师工资改革也日益成为政府和公众关注的焦点。本轮中小学教师工资改革的目标不仅关注涨多少,还关注如何调整教师工资结构以纠正当前教师工资制度缺陷等深层次问题,可以说教师工资改革正重新踏入"深水区"。深化中小学教师工资制度改革迫切需要准确把握我国中小学教师工资现状和问题,而相关的研究还很薄弱。研究中小学教师工资水平和结构将有助于我们理解和把握我国中小学教师工资现状和问题,相关研究结论和建议也将为深化我国中小学教师工资制度改革提供参考依据。

本文内容结构安排如下:第一节为引言;第二节是相关研究文献综述;第三节是对我国中小学教师工资水平的分析,包括地区间中小学教师工资水平比较分析以及义务教育教师工资水平与公务员工资水平比较分析;第四节是对我国中小学教师工资结构的分析,包括地区间中小学教师工资结构比较分析以及中小学教师工资结构中的绩效工资实施现状分析;第五节归纳主要研究结论并讨论;第六节是相关政策建议。

---

① 本文发表于《北京大学教育评论》2017 年第 2 期。基金项目:北京大学中国教育财政科学研究所资助课题"教师工资财政保障机制研究"。

② 薛海平,首都师范大学教育学院教授,教育经济与管理研究所所长;唐一鹏,首都师范大学教育学院讲师、博士。

第二节 文 献 综 述

一、教师工资水平研究

(一)教师工资水平理论研究

教师工资水平由什么决定？城乡、区域、学校、个体之间教师工资水平为什么会有差异？一些学者对上述教师工资制度设计中的重要问题进行了理论探讨。马克思在《资本论》中说明工资的性质是"生产劳动力所必需的生活资料的总和，要包括工人的补充者即工人子女的生活资料"。[①] 马克思认为工资决定因素包含三个部分：生活成本、资本积累提高劳动生产率、讨价还价机制。[②] 也有学者采用特征工资理论（Hedonic Wage Theory）来解释教师工资水平及差异影响因素。该理论认为个人收入及差异是个人特质和所在岗位特质共同决定的，"谁在哪里做什么"是特征工资理论对工资水平及差异来源的高度浓缩。[③] 特征工资理论关注"特征性补偿"，即理性"经济人"在职业选择过程中如不愿意去地处远郊、信息闭塞、交通不便、上下班往返距离长的地区工作，"特征性补偿"便成为必要并为政策干预和政府"有所为"提供了契机。[④]

(二)教师工资水平实证研究

一些学者比较了我国与世界其他国家中小学教师工资水平。何祚庥等人利用教师工资收入指数对世界 80 多个国家和地区教师工资收入水平做了比较研究。结果表明：1978 至 1986 年间，我国教师工资收入指数一直徘徊在 2 左右，低于国际平均水平。该研究认为发展中国家教师工资收入指数应该在 2.5∶1 至 3.5∶1 之间比较合理。[⑤] 安雪慧对我国中小学教师工资指数的研究表明：自 2002 年之后，中小学教师工资指数呈现缓慢上升趋势，当前我国中小学教师工资指数小于 1.3。[⑥]

---

① 马克思.资本论(第一卷)[M].北京：人民出版社,2004：199.

② 曾晓东,易文君.我国中小学教师工资的地区差异问题研究[J].华中师范大学学报(人文社会科学版),2015(5)：155-161.

③ SMITH R S. Compensating Wage Differentials and Public Policy：A Review[J]. Industrial and Labor Relations Review,1979,32(3)：339-352.

④ 马红梅.教师工资的影响因素及差异形成机制[M].教育测量与评价,2011(11)：23-28.

⑤ 何祚庥,兰士斌,郜丽文.我国教师收入的合理水准[J].科技导报,1990(6)：46-51.

⑥ 安雪慧.我国中小学教师工资水平变化及差异特征研究[J].教育研究,2014(12)：44-53.

一些学者对国内教师工资收入与其他行业工资收入水平进行了比较研究。陈赞对 20 世纪 90 年代教师工资进行研究发现,教师的工资在社会行业中处于第十至十三位,仅高于农林牧渔业和批发零售贸易餐饮这两个行业,并且在大多数年份教育系统平均工资都达不到社会平均工资水平。[①] 姜金秋和杜育红基于 1990—2011 年《劳动统计年鉴》和《中国统计年鉴》的数据,研究发现:中小学教师工资低于学历相当行业的劳动者。[②] 安雪慧的研究表明:2000—2012 年,小学教师平均工资与全国就业人员平均工资水平的差距越来越大,2012 年差距尤其明显,特别是与公务员所属的公共管理部门相比,《义务教育法》规定的"教师的平均工资水平应当不低于当地公务员的平均工资水平"远未实现。[③]

一些学者对国内教师工资收入与公务员工资收入水平进行了比较研究。杨建芳和王蓉基于 2007 年我国 28 个省 83 个县(市、区)的义务教育教师和公务员收入调查数据,研究发现:教师与公务员的基本工资差距在各省之间相差不大,教师与公务员的津补贴差距和总收入差距在各省之间却存在巨大悬殊。[④] 庞丽娟等人通过对全国 12 个省(区)的 22 个市、55个县的义务教育教师绩效工资政策的实施调研发现:绩效工资改革推行困难,部分地区绩效工资仅低水平兑现,与公务员平均工资水平差距较大。[⑤] 范先佐和付卫东以及姜金秋和杜育红的研究均发现:2009 年实施义务教育教师绩效工资改革缩小了义务教育教师与当地同级别公务员平均工资水平的差距。[⑥][⑦]

还有一些学者对城乡和地区之间教师工资收入进行了比较研究。庞丽娟等人以及范先佐和付卫东对我国 2009 年开始实施的义务教育教师绩效工资政策的调研均发现:各地绩效工资项目与标准差异较大,城乡、

① 陈赞.20 世纪 90 年代教师工资问题研究[J].清华大学教育研究,2003(1):92-96.

② 姜金秋,杜育红. 提高中小学教师工资水平方案设计及可行性分析[J].教育研究,2014(12):54-60.

③ 安雪慧.我国中小学教师工资水平变化及差异特征研究[J].教育研究,2014(12):44-53.

④ 杨建芳,王蓉.义务教育教师与公务员的收入比较[J].教育与经济,2008(4):11-19.

⑤ 庞丽娟等.完善机制落实义务教育教师绩效工资政策[J].教育研究,2010(4):40-44.

⑥ 范先佐,付卫东.义务教育教师绩效工资改革:背景、成效、问题与对策——基于对中部4 省 32 县(市)的调查[J].华中师范大学学报(人文社会科学版),2011(6):128-137.

⑦ 姜金秋,杜育红. 提高中小学教师工资水平方案设计及可行性分析[J].教育研究,2014(12):54-60.

地区间教师收入差距拉大。[1][2] 杜晓利通过对 2000—2011 年 12 年间我国教师年均工资水平的考察发现:我国教师年均工资水平增长较快,但区域差距大,出现中部地区凹陷的现象;教师年均工资水平省际差距大,且有进一步拉大的趋势。[3] 安雪慧的研究也表明:发达地区教师工资水平显著高于欠发达地区;城乡教师收入存在差异,虽然岗位工资和薪级工资相同,但工资构成中的津补贴以及医疗等社会保障福利却存在较大的差距。[4]

二、教师工资结构研究

(一)教师工资结构理论研究

教师工资应该由哪些部分构成?各组成部分由哪些因素决定?一些学者对上述教师工资制度设计中的重要问题进行了理论探讨。曾晓东和周惠从国际比较的视角研究了中小学教师工资结构,结论显示,从国际上看,教师工资结构大体上有三个组成部分:基础工资、地区差异和工资变动机制。与发达国家相比,我国教师工资结构中没有地区差异和变动机制的设计。[5] 曾晓东和易文君认为我国 2006 年工资套改没有体现出地区差异的制度安排。2009 年义务教育教师绩效工资改革用绩效工资作为地区差异的实现机制,使得绩效工资功能"超载"。[6]

(二)教师工资结构实证研究

一些学者研究了我国中小学教师工资构成变动趋势。吴红斌和马莉萍研究发现,2009 年实施义务教育教师绩效工资改革后:(1)教师工资构成中,基本工资占比明显下降(由 2007 年 57.29% 降到 2010 年 40.19%),奖励性绩效工资占比明显上升(由 2007 年 10.03% 升到 2010 年 31.32%)。(2)教师津贴补贴的县际差异加大,教师奖金绩效县际差异减小,基本工

① 庞丽娟等.完善机制落实义务教育教师绩效工资政策[J].教育研究,2010(4):40-44.

② 范先佐,付卫东.义务教育教师绩效工资改革:背景、成效、问题与对策——基于对中部 4 省 32 县(市)的调查[J].华中师范大学学报(人文社会科学版),2011(6):128-137.

③ 杜晓利.对我国教师工资水平的实证分析与政策建议[J].教育理论与实践,2014(34):20-24.

④ 安雪慧.我国中小学教师工资水平变化及差异特征研究[J].教育研究,2014(12):44-53.

⑤ 曾晓东,周惠.英美中小学教师工资制度地区差异实现机制的比较研究[J].比较教育研究,2014(12):63-67.

⑥ 曾晓东,易文君.我国中小学教师工资的地区差异问题研究[J].华中师范大学学报(人文社会科学版),2015(5):155-161.

资则基本保持不变。[①] 安雪慧研究发现,从 2009 年到 2013 年,我国义务教育学校教师绩效工资占工资水平比例从 10% 提高到 15%,绩效工资在总工资水平中的结构比例越来越高。[②] 曾晓东和易文君的研究发现,目前我国中小学教师的工资构成中,等级工资占工资的比例已经低至 20%—50%,中小学教师工资中的绝大部分由地方政府(主要是县级政府)确定,以绩效工资的形式发放。[③]

三、文献研究小结

综上所述,我国中小学教师工资收入水平和结构研究结论表明:(1)我国中小学教师工资收入水平低于国际平均水平,也低于国内社会平均工资水平和公务员平均工资水平。(2)发达地区教师工资水平高于欠发达地区,城市教师工资水平高于农村教师。(3)2009 年义务教育教师绩效工资改革后,教师工资结构中岗位工资和薪级工资占比明显下降,绩效工资占比不断上升。(4)我国中小学教师工资结构设计中没有体现地区差异和时间变动的制度安排。

梳理我国中小学教师工资收入水平和结构研究也发现已有研究存在如下不足和缺陷。

(1)多数已有研究采用《中国统计年鉴》《中国劳动统计年鉴》等统计年鉴获取宏观行业层面教师工资数据,少数已有研究采用问卷调查方法来获取微观个体层面教师工资数据,这些方式获取的教师工资数据都不能全面准确反映真实的教师工资数据,从而影响了其研究结论的准确可靠性。本研究通过对全国东、中、西 5 省 6 市(县)实地调查,收集了当地教育局提供的教师工资原始发放表数据,基于教师工资原始发放表数据进行的教师工资水平和结构研究结论无疑更加准确可靠。

(2)由于较难获取教师工资各组成部分数据,已有中小学教师工资研究侧重于分析教师工资水平,而对教师工资结构的分析则不多见,本研究由于收集了全国东、中、西 5 省 6 市(县)教育局提供的中小学教师工资原始发放表数据,基于各地中小学教师工资原始发放表数据和访谈资料,

① 吴红斌,马莉萍.义务教育教师工资水平、结构与地区差异变化:基于对绩效工资改革前后的比较研究[J].教师教育研究,2015(6):59-65.
② 安雪慧.从资历到能力与业绩:义务教育学校教师工资等级和结构决定因素[J].教育研究,2015(12):25-35.
③ 曾晓东,易文君.我国中小学教师工资的地区差异问题研究[J].华中师范大学学报(人文社会科学版),2015(5):155-161.

本研究将能准确分析教师工资结构,弥补已有研究不足。

（3）由于很难获取微观个体层面的公务员工资数据,因此比较中小学教师工资与公务员工资的实证研究很少见,本研究通过实地调查收集了全国东、中、西4省4市(县)财政局与教育局提供的公务员和教师工资发放标准实施方案,基于当地公务员和教师工资发放标准实施方案和访谈资料,本研究将能比较各地中小学教师工资与公务员工资,弥补已有研究的不足。

第三节　中小学教师工资水平分析

为了研究我国中小学教师工资财政保障问题,北京大学中国教育财政科学研究所于2014年4月份设立了"我国中小学教师工资财政保障机制研究"课题,于2014—2016年间对全国东、中、西7省中抽样的7个县(市)近30所中小学教师工资进行了调研,从调研县(市)教育局和财政局收集了当地中小学教师工资表原始数据以及公务员和教师工资发放标准实施方案,同时还对财政局,教育局负责人以及中小学校长和教师进行了访谈。课题组主要按照以下原则对省、市、县进行抽样调查:一是体现省、市、县经济发展水平差异;二是体现省、市、县中小学教师工资水平差异;三是考虑省、市、县中小学教师工资财政保障特点。本研究采用的中小学教师工资和公务员工资数据以及相关访谈资料均来自本课题组实地调研所得。

一、地区间中小学教师工资水平比较分析

笔者通过对全国东、中、西7省中抽样的7个县(市)获取的中小学教师工资数据进行整理分析,比较了其中5省6个县(市)公立中小学教师工资水平(见表12-1)。需要说明的是,Z省S市和Z市属于典型的东部发达地区。S省虽然属于东部发达地区,但其G县经济发展水平接近中部地区。H省X市属于典型的中部地区。B省虽然属于中部地区,但其E市经济发展水平接近西部地区。Y省J县属于典型的西部地区。

由表12-1可知,各省中小学教师工资水平存在较大差异,即使同省内部不同县(市)公立中小学教师工资水平也存在较大差异。考虑到教师月应发工资构成中,一些扣发社保项目如住房公积金、住房补贴等实际也归教师个人所有,故本研究在比较各地中小学教师工资水平时采用了中

小学教师月平均实发工资和月平均应发工资两项指标。就义务教育教师平均月实发工资看,东部 Z 省 S 市 K 区教师工资水平最高(4986 元/月),中部 H 省 X 市教师工资水平最低(2141 元/月),东部 Z 省内部 S 市 K 区义务教育教师工资水平也明显高于 Z 市 D 区教师工资(3348 元/月)。就普通高中教师平均月实发工资看,东部 Z 省 S 市 K 区教师工资水平最高(6144 元/月),中部 B 省 E 市教师工资水平最低(2469 元/月),东部 Z 省内部 S 市 K 区普通高中教师工资水平远高于 Z 市 D 区教师工资(3397 元/月)。比较各地普通高中和义务教育教师工资水平可知,东部 Z 省 S 市 K 区普通高中教师工资明显高于义务教育教师工资,东部 Z 省 Z 市 D 区和 S 省 G 县普通高中教师工资略高于义务教育教师工资,而中部 B 省 E 市和西部 Y 省 J 县普通高中教师工资均低于义务教育教师工资。

为了探知中小学教师工资在社会中处于何种水平,本研究比较了各地中小学教师平均应发年工资与当地城镇单位就业人员平均年工资,结果发现除 Z 省 S 市 K 区和 B 省 E 市中小学教师工资高于当地城镇单位就业人员平均年工资外,其他地方中小学教师工资均低于当地城镇单位就业人员平均年工资,其中尤以中部 H 省 X 市中小学教师工资与当地城镇单位就业人员平均年工资差距最大。

为了比较各地政府对中小学教师工资财政保障的努力程度,本研究比较了各地中小学教师工资占当地新房价格比例以及中小学教师工资占人均 GDP 比例(教师工资指数)两个指标。结果显示,就教师工资指数比较来看,中部 H 省 X 市中小学教师工资指数最低(0.41),中部 B 省接近西部经济发展水平的 E 市中小学教师工资指数最高(2.61),西部 Y 省 J 县中小学教师工资指数次高(1.30)。有研究认为在发达国家教师工资指数应该在 1.8∶1 至 2∶1 之间较为合理,发展中国家在 2.5∶1 至 3.5∶1 之间比较合理。[①] 若采用该研究结论,除中部 B 省 E 市中小学教师工资指数较为合理外,其他地方中小学教师工资相对水平都偏低。就教师工资占新房价格比例看,中部 B 省 E 市中小学教师工资占新房价格比例最高(93.68%),东部 Z 省 Z 市 D 区中小学教师工资占新房价格比例最低(38.75%)。

---

① 何祚庥,兰士斌,郜丽文.我国教师收入的合理水准[J].科技导报,1990(6):46-51.

表 12-1 地区间中小学教师工资水平比较 单位:元

	Z省S市 K区	Z省Z市 D区	S省 G县	H省 X市	B省 E市	Y省 J县
中小学月平均实发工资	5565	3373	3163	—	3972	2657
中小学月平均应发工资	6842	5328	3367	—	4615	3810
义务教育教师月平均实发工资	4986	3348	3145	2141	4108	2810
义务教育教师月平均应发工资	6065	5298	3350	2518	4743	4004
普通高中教师月平均实发工资	6144	3397	3251		2469	2742
普通高中教师月平均应发工资	7619	5357	3453	—	3204	3928
2015 年所属地级市城镇单位就业人员平均工资①	57058	72687	46986	50921	41152	49836
中小学年平均实发工资②	66780	40476	37956	25692	47664	31884
中小学年平均应发工资③	82104	63936	40404	30216	55380	45720
中小学年平均应发工资－当地城镇单位平均工资	25046	8751	6582	20750	14228	4116
2015 年 1 月当地新房价格(吉屋网)(单位:元/平方米)	6860	8704	4205	4582	4240	3753
中小学教师月平均实发工资占新房价格比例(单位:%)	81.12	38.75	75.22	46.73	93.68	70.80
2015 年当地人均 GDP	86196	89462	43500	63312	18207	24556
中小学教师工资指数(按月均实发工资算)	0.77	0.45	0.87	0.41	2.61	1.30

注:① S 省 G 县基于全县 2014 年 12 月中小学教师工资数据计算;Y 省 J 县基于全县 2015 年 1 月中小学教师工资数据计算;B 省 E 市基于 2015 年 1 月全市中小学教师工资数据计算。② H 省 X 市根据 2015 年 1 月小辛庄学区的工资数据计算,其他学区的工资结构和标准一样,但该学区数据未区分学段。③ Z 省 Z 市 D 区根据白泉高中 2015 年 5 月工资和干览中心学校(未分小学和初中)2015 年 2 月工资的数据分别计算普通高中和义务教育阶段教师工资,其他同阶段学校的工资结构和标准一样。④ Z 省 S 市 K 区根据 K 中学和某镇中心小学 2015 年 1 月工资分别计算普通高中和义务教育阶段教师工资,其他同阶段学校的工资结构和标准一样。⑤ 由于 S 省 G 县教师工资数据取自 2014 年 12 月,所以 S 省 G 县所属地级市城镇单位就业人员平均工资取自 2014 年该市城镇单位就业人员平均工资,S 省 G 县人均 GDP 取自 2014 年。

---

① 职工平均工资=报告期实际支付的全部职工工资总额/报告期全部职工平均人数。根据国家统计局 2013 年发布的《中国主要统计指标诠释(第二版)》,工资总额是本单位在一定时期内直接支付给本单位全部职工的劳动报酬总额,包括计时工资、计件工资、奖金、津贴和补贴、加班加点工资、特殊情况下支付的工资,不论是否计入成本,不论是以货币形式还是以实物形式支付,均包括在内。同时,根据国际惯例,工资总额统计的是个人税前工资,并且包括个人交纳的养老、医疗、住房等个人账户的基金。

② 教师实发年工资=教师月实发工资＊12 个月。

③ 教师应发年工资=教师月应发工资＊12 个月。由于城镇单位就业人员平均工资计算时涵盖了社保等项目,所以此处用来与当地城镇单位就业人员平均工资做比较的是包含社保项目在内的教师应发工资。

二、义务教育教师工资水平与公务员工资水平比较分析

教师收入是教师社会地位的一个重要影响因素,也是反映国家对教育重视程度的一个重要方面。为保障教师的工资水平,国家在立法方面对教师待遇有着明文规定。1994 年 1 月 1 日起施行的《教师法》第 25 条规定,教师的平均工资水平应当不低于或者高于国家公务员的平均工资水平,并逐步提高。新修订的于 2006 年 9 月 1 日起施行的《义务教育法》第 31 条规定,教师的平均工资水平应当不低于当地公务员的平均工资水平。如果不考虑教师与公务员之间的级别比较,假定"平均工资水平"是指一个地区的教师人均工资与当地公务员的人均工资进行比较,那么,由于教师与公务员的人员职称职务结构不同,这种人均水平的工资比较对具体、特定的教师个人而言就没有什么实际意义,这种法律规定对教师待遇也就起不到切实保障作用。我们在调研中了解到许多地方中小学教师目前的职称工资标准是参照公务员等级来定的,员级、助理级、中级、副高级、正高级相当于公务员的科员、副科、正科、副处、正处。为了更准确地比较教师与公务员工资水平,我们将比较每类职称教师与相应级别公务员工资。考虑到目前中小学正高级职称教师数量很少,因此我们不比较正高级职称教师与正处级公务员工资。由于个体层面公务员工资数据难以收集,因此尚未有文献对义务教育教师与公务员工资结构进行比较。我们不仅比较教师与公务员工资水平,还要比较教师与公务员工资结构,从而为认识教师与公务员之间收入差距这一问题提供更加丰富的信息。在比较教师与公务员工资收入结构时,将教师和公务员工资均分为基本工资以及绩效工资或津补贴两部分来比较。

需要说明的是,收集调研县市全部个体层面公务员工资数据难度很大,但课题组成员通过调查,收集了全国东、中、西 4 省 4 市(县)财政局与教育局提供的不同级别公务员和不同职称教师工资发放标准实施方案,本研究对教师和公务员工资收入的比较分析基于调研各地提供的不同级别公务员和不同职称教师工资发放标准。其中,不同职称教师和不同级别公务员基本工资标准由国家制定统一实施,而不同职称教师绩效工资标准以及不同级别公务员津补贴标准则由县市政府制定,各不相同。

不同职称教师基本工资标准由国家制定,全国统一,具体见表12-2。

表 12-2 事业单位专业技术人员基本工资标准表 单位:元/月

岗位工资			薪级工资											
职称	岗位	工资标准	薪级	工资标准	薪级	工资标准	薪级	工资标准	薪级	工资标准	薪级	工资标准	薪级	工资标准
			1	80	14	273	27	613	40	1064	53	1720		
正高	二级	1900	2	91	15	295	28	643	41	1109	54	1785		
	三级	1630	3	102	16	317	29	673	42	1154	55	1850		
	四级	1420	4	113	17	341	30	703	43	1199	56	1920		
副高(中学高级)	五级	1180	5	125	18	365	31	735	44	1244	57	1990		
	六级	1040	6	137	19	391	32	767	45	1289	58	2060		
	七级	930	7	151	20	417	33	799	46	1334	59	2130		
中级(中一、小高)	八级	780	8	165	21	443	34	834	47	1384	60	2200		
	九级	730	9	181	22	471	35	869	48	1434	61	2280		
	十级	680	10	197	23	499	36	904	49	1484	62	2360		
助理级(中二、小一)	十一级	620	11	215	24	527	37	944	50	1534	63	2440		
	十二级	590	12	233	25	555	38	984	51	1590	64	2520		
员级(小二、中三)	十三级	550	13	253	26	583	39	1024	52	1655	65	2600		

注:各专业技术岗位的起点薪级分别为:一级岗位 39 级,二至四级岗位 25 级,五至七级岗位 16 级,八至十级岗位 9 级,十一至十二级岗位 5 级,十三级岗位 1 级。

与教师一样,不同级别公务员基本工资标准由国家制定,全国统一。基本工资中,不同级别公务员职务工资表见表 12-3,不同级别公务员级别工资表见表 12-4。

表 12-3 公务员职务工资标准表 单位:元/月

职务	职务类别		职务与级别对应关系
	领导职务	非领导职务	
县处级正职	830	760	十二级至十八级
县处级副职	640	590	十四级至二十级
乡科级正职	510	480	十六级至二十二级
乡科级副职	430	410	十七级至二十四级
科员	—	380	十八级至二十六级
办事员	—	340	十九级至二十七级

表 12-4　公务员级别工资档次对照表　　　　单位:元/月

档次 级别	1	2	3	4	5	6	7	8	9	10	11	12	13	14
16	786	847	908	969	1030	1091	1152	1213	1274	1335	1396	1457	1518	1579
17	719	776	833	890	947	1004	1061	1118	1175	1232	1289	1346	1403	
18	658	711	764	817	870	923	976	1029	1082	1135	1188	1241	1294	
19	602	651	700	749	798	847	896	945	994	1043	1092	1141		
20	551	596	641	686	731	776	821	866	911	956	1001			
21	504	545	586	627	668	709	750	791	832	873				
22	461	498	535	572	609	646	683	720	757					
23	422	455	488	521	554	587	620	653						
24	386	416	446	476	506	536	566	596						
25	352	380	408	436	464	492	520							
26	320	347	374	401	428	455								
27	290	316	342	368	394	420								

　　义务教育教师工资水平与公务员工资水平比较结果见表 12-5。就总工资比较而言,除 Y 省 J 县副高职称教师工资明显低于副处级公务员外,其他地方副高职称教师工资均高于副处级公务员;除 H 省 X 市中级职称教师工资明显高于正科级公务员外,其他地方中级职称教师工资均低于正科级公务员;除 H 省 X 市助理级职称教师工资明显高于副科级公务员外,其他地方助理级职称教师工资均低于副科级公务员;除 H 省 X 市员级职称教师工资明显高于科员级公务员外,其他地方员级职称教师工资均低于科员级公务员。总体而言,义务教育教师的平均工资低于公务员平均工资,但不同职级,二者的差距也不同。高级职称教师工资高于相应级别公务员工资,而高级以下职称教师工资则低于相应级别公务员工资。但是由于在县城内,高级职称教师和处级公务员数量很少,所以正如上一节所分析的,教师的平均工资水平要低于公务员的平均工资水平。

　　就基本工资比较而言,除副高级职称教师基本工资明显高于副处级公务员基本工资外,高级以下职称教师基本工资均低于相应级别公务员基本工资。就绩效工资和津补贴比较而言,Y 省 J 县副高级、中级职称教师绩效工资和津补贴均远低于相应级别公务员,S 省 G 县副高级、中级职称教师绩效工资和津补贴则与相应级别公务员相同,H 省 X 市与 B 省 E

市副高级、中级职称教师绩效工资和津补贴则均高于相应级别公务员；除 H 省 X 市助理级、员级职称教师绩效工资和津补贴高于相应级别公务员外，其他地方助理级、员级职称教师绩效工资和津补贴均低于相应级别公务员。总体而言，中级及以上职称教师绩效工资和津补贴高于相应级别公务员工资，而中级以下职称教师绩效工资和津补贴则低于相应级别公务员工资。

表 12-5　义务教育教师工资水平与公务员工资水平比较

单位：元/月

工资	职称/职务	S省G县		H省X市		B省E市		Y省J县	
		教师	公务员	教师	公务员	教师	公务员	教师	公务员
基本工资	副高/副处	1372	1192	1372	1192	1372	1192	1372	1192
	中级/正科	947	971	947	971	947	971	947	971
	助理级/副科	787	816	787	816	787	816	787	816
	员级/科员	693	700	693	700	693	700	693	700
绩效工资和津补贴	副高/副处	1903	1903	2614	2300	2676	2427	1710	2810
	中级/正科	1787	1787	2440	2050	2291	2272	1560	2450
	助理级/副科	1588	1681	2121	1890	2041	2137	1410	2240
	员级/科员	1533	1588	2020	1780	1925	2021	1340	2040
总工资	副高/副处	3275	3095	3986	3492	4048	3619	3082	4002
	中级/正科	2734	2758	3387	3021	3238	3243	2507	3421
	助理级/副科	2375	2497	2908	2706	2828	2953	2197	3056
	员级/科员	2226	2288	2713	2480	2618	2721	2033	2740

注：为了便于比较，教师和公务员级别工资均按照最低起薪级别工资计算。

第四节　中小学教师工资结构分析

2006 年人事部和财政部发布《关于印发事业单位工作人员收入分配制度改革方案的通知》（国人部发〔2006〕56 号），"决定在高等学校、中等职业学校和中小学实行岗位绩效工资制度。岗位绩效工资由岗位工资、薪级工资、绩效工资和津补贴四部分组成，其中岗位工资和薪级工资为基本工资，主要体现岗位职务差异和工龄差异，基本工资执行国家统一的政策和标准"。① 2008 年人力资源社会保障部、财政部、教育部联合发布《关于义务教育学校实施绩效工资的指导意见》(国办发〔2008〕133 号),规定义务教育学校教师绩效工资分为基础性和奖励性两部分,"基础性绩效工资主要体现地区经济发展水平、物价水平、岗位职责等因素,占绩效工资总量的 70％,具体项目和标准由县级以上人民政府人事、财政、教育部门确定,一般按月发放。奖励性绩效工资主要体现工作量和实际贡献等因素,占绩效工资总量的 30％,在考核的基础上,由学校确定分配方式和办法"。② 根据实际情况,在绩效工资中设立班主任津贴、岗位津贴、农村学校教师补贴、超课时津贴、教育教学成果奖励等项目。《关于义务教育学校实施绩效工资的指导意见》强调要充分发挥绩效工资分配的激励导向作用,"根据考核结果,在绩效工资分配中坚持多劳多得,优绩优酬,重点向一线教师、骨干教师和做出突出成绩的其他工作人员倾斜"。

一、地区间中小学教师工资结构比较分析

当前,中小学教师工资由基本工资、基础性绩效工资、奖励性绩效工资和津补贴四块组成。调研各地基本工资均由岗位工资、薪级工资、教护 10％(岗位工资和薪级工资之和 10％)工资组成,执行国家统一的标准。由于基础性绩效、奖励性绩效和津补贴这三块内部具体项目和标准均由各地政府确定,各地中小学教师工资表中这三块内部具体项目五花八门、纷繁复杂。为了便于比较各地公立中小学教师工资结构,基于对各地中小学教师工资表具体项目的访谈了解,再根据国家现行中小学教师工资制度中对各块工资项目功能的规定,本研究将各地中小学教师工资表中纷繁复杂的具体项目分别归到基础性绩效、奖励性绩效和津补贴三大块中,表 12-6 呈现的是对各地公立中小学教师工资表结构的比较,需要指出的是本表没有包括扣发的社保基金项目,如住房公积金、养老保险金、医疗保险金等。由表 12-6 可知,各地基础性绩效工资中包含的具体工资项目有较大差异,有许多项目如生活补贴、工作性津贴、岗位津贴由改革以前的津补贴项目保留下来,主要体现地区经济发展水平、物价水平、岗

① 人事部. 关于印发事业单位工作人员收入分配制度改革方案的通知(国人部发〔2006〕56 号)[EB\OL]. (2016-05-14)[2017-3-15]. http://www. lncc. edu. cn/rsc/info/1022/1032. htm.

② 人力资源社会保障部,财政部,教育部. 关于义务教育学校实施绩效工资的指导意见[J]. 师资建设:理论与政策版, 2009 (1):33-34.

位职责等因素导致的工资差异。各地奖励性绩效工资中包含的具体工资项目也不相同,但大多含有农村任教津贴、农村教师补贴、乡镇岗位补贴、艰苦边远地区津贴等农村边远地区教师绩效奖励项目,一些地方也含有班主任津贴、班主任月考核奖等班主任教师绩效奖励项目,奖励性绩效工资主要体现工作量和实际贡献等因素导致的工资差异。各地津补贴中包含的具体工资项目也有较大差异,主要体现当地福利因素导致的工资差异。

表 12-6 地区间中小学教师工资表结构比较

	基本工资	基础性绩效	奖励性绩效	津补贴
Z省S市K区	岗位工资、薪级工资、教护10%	教龄津贴、浮动工资、保留职务津贴、保留津贴补贴、生活补贴、地方性补贴、职务补贴、省定补贴、局统筹绩效、校级职贴、局统筹职贴、岗位奖、特殊岗位津贴	乡镇浮动工资、农村任教津贴、月考核奖、班主任津贴及基础奖、班主任月考核奖、超工作量加班	特教津贴、教工龄补贴、误餐补贴、月福利补贴、节日福利及冷饮费、提租补贴
Z省Z市D区	岗位工资、薪级工资、教护10%	教龄津贴、生活补贴、岗位津贴	农村教师补贴、班主任津贴	特级教师津贴、教龄补贴、医疗补贴
S省G县	岗位工资、薪级工资、教护10%	教护龄津贴、生活补贴1、生活补贴2、工作性津贴1	工作性津贴2、特岗津贴1、乡镇岗位补贴	特岗津贴2、住房补贴
H省X市	岗位工资、薪级工资	教龄津贴、工作津贴	奖励性绩效工资	无
B省E市	岗位工资、薪级工资、教护10%	教龄津贴、绩效工资	边远津贴、班主任津贴、乡村教师生活补助、政府目标考核奖、文明单位奖、综治考核先进单位、档案达标单位、党建先进单位	特级教师津贴、骨干教师补助、住房补贴、交通补贴、通信补贴
Y省J县	岗位工资、薪级工资含10%	基础性绩效工资、教护龄津贴、改革性补贴、岗位津贴	艰苦边远地区津贴	特级教师津贴、回族补贴、财政补助公积金、大病医保金、治安联防费

基于表 12-6 各地中小学教师工资表结构划分和归类,本研究计算了

205

各地中小学教师工资构成中各块工资数量和比例(见表 12-7),在此基础上比较各地中小学教师工资结构异同。总体来说,各地中小学教师工资结构有相同之处,表现为:基础性绩效工资所占比例最高,基本工资所占比例次高,奖励性绩效工资所占比例最低。这反映了地区经济发展水平、物价水平因素对中小学教师工资水平影响最大,岗位职务(主要由职称体现)和工龄教龄因素对中小学教师工资水平影响次之,工作量和实际贡献等因素对中小学教师工资水平影响最小。具体来说,各地中小学教师工资结构也有不同之处,表现为:东部 Z 省 S 市 K 区义务教育和普通高中教师基本工资所占比例分别为 17.73%、18.41%,均远低于其他县市教师基本工资所占比例,其义务教育教师津补贴所占比例为 34.98%,远高于其他县市教师津补贴所占比例;东部 S 省 G 县(经济发展水平接近中部地区)与中部 H 省 X 市义务教育学校教师基本工资所占比例 37%左右,远高于其他县市教师基本工资所占比例;中部 B 省 E 市(经济发展水平接近西部地区)与西部 Y 省 J 县教师津补贴所占比例除低于东部 Z 省 S 市 K 区外,明显高于其他县市。这表明各地中小学教师工资结构受本地政府财政保障能力影响较大。地方政府财政保障能力较强,其中小学教师工资结构中基本工资比例较低,津补贴比例较高。而地方政府财政保障能力既与本地财政收入水平有关,也与上级政府转移支付力度有关。

表 12-7　中小学教师工资结构比较　　　　　单位:元,%

			Z省S市K区	Z省Z市D区	S省G县	H省X市	B省E市	Y省J县
义务教育学校	基本工资	绝对值	1031	1225	1254	1172	1312	1291
		占实发工资比	17.73	30.30	37.44	37.75	30.03	31.75
	基础性绩效	绝对值	1581	2356	1234	1353	1579	2003
		占实发工资比	26.86	58.28	36.86	43.57	36.15	49.25
	奖励性绩效	绝对值	1192	231	508	580①	445	160
		占实发工资比	20.43	5.70	15.16	18.68	10.19	3.92
	津补贴	绝对值	1999	231	353	—	1032	613
		占实发工资比	34.98	5.71	10.54	—	23.63	15.07

---

　　① 奖励性绩效工资设专户管理,按季度发放,不体现在教师每月发放的教师工资表中,所以工资表中没有具体奖励性绩效工资数额,只能根据政策规定的基础性绩效工资占 70%、奖励性绩效工资占 30%来推算教师奖励性绩效工资的平均数额。

单位:元,% **续表**

			Z省S市K区	Z省Z市D区	S省G县	H省X市	B省E市	Y省J县
普通高中	基本工资	绝对值	1438	1398	1294	—	1277	1248
		占实发工资比	18.41	29.81	37.91	—	45.36	31.36
	基础性绩效	绝对值	3717	2501	1255	—	923	1966
		占实发工资比	49.39	53.30	36.75	—	32.78	49.41
	奖励性绩效	绝对值	2300	226	506	—	246	155
		占实发工资比	29.67	4.82	14.81	—	8.75	3.89
	津补贴	绝对值	189	566	360	—	369	610
		占实发工资比	2.42	12.07	10.53	—	13.11	15.34

二、中小学教师绩效工资实施现状分析

2008 年人力资源社会保障部、财政部、教育部联合发布《关于义务教育学校实施绩效工资的指导意见》(国办发〔2008〕133 号),决定 2009 年开始我国义务教育学校实施绩效工资制度,强调要充分发挥绩效工资分配的激励导向作用。[1] 根据考核结果,在绩效工资分配中坚持多劳多得,优绩优酬,重点向一线教师、骨干教师和做出突出成绩的其他工作人员倾斜。义务教育学校教师绩效工资分为基础性和奖励性两部分。基础性绩效工资主要体现地区经济发展水平、物价水平、岗位职责等因素,占绩效工资总量的 70%,具体项目和标准由县级以上人民政府人事、财政、教育部门确定。奖励性绩效工资主要体现工作量和实际贡献等因素,占绩效工资总量的 30%,在考核的基础上,由学校确定分配方式和办法。从基础性绩效工资和奖励性绩效工资的设计功能看,只有奖励性绩效工资在分配中才可能坚持多劳多得、优绩优酬,因此要发挥绩效工资分配的激励导向作用,主要依靠奖励性绩效工资合理分配。

由表 12-7 对调研各地中小学教师工资结构的比较可知,奖励性绩效工资在工资构成中所占比例最低,其中,Y 省 J 县奖励性绩效工资只占总工资的 3.92%,Z 省 Z 市 D 区奖励性绩效工资只占总工资的 5.70%,过低的奖励性绩效工资占比不利于发挥绩效工资分配的激励导向作用。在

---

[1] 人力资源社会保障部,财政部,教育部. 关于义务教育学校实施绩效工资的指导意见[J]. 师资建设:理论与政策版, 2009 (1):33-34.

课题组实地调研中,大多数义务教育学校校长和教师反映:绩效工资奖励部分比例偏低、学校自主分配的额度偏小,不利于调动全体教职工教育教学工作的积极性,不能很好地体现多劳多得、优劳优酬的分配原则。如我们在 S 省 G 县调研中发现,该县所有教师奖励性绩效工资与公务员奖励性绩效工资一样均为 503 元/月,由县政府统一发放,直接打入教师个人账户,学校领导对教师奖励性绩效工资的影响基本没有。课题组在 B 省 E 市调研中,被访者反映:教师工资经过了 10 多年的改革,还是在吃"大锅饭",教师工资差距不大,绩效工资差异化并未体现。在奖励性绩效工资方面,该市各学校按照《关于印发〈E 市义务教育学校绩效工资实施方案〉的通知》中的规定设置了班主任工作项目,但是由于该市教育局没有对班主任工作占奖励性绩效工资总量的比例标准进行设定,各学校在具体实施的过程中,大致将班主任工作设为 3％—5％,一学期的奖励性绩效仅为 1000—2000 元。该市义务教育学校班额大,班主任工作十分辛苦,教师都不愿意承担班主任工作,绩效工资的激励导向作用没有发挥出来。课题组在调研中也发现少数义务教育学校实施了差别化的奖励性绩效工资办法,如 S 省 G 县第一实验小学,每年自筹 40 多万发放奖励性绩效工资,奖励性绩效工资 2000—3000 元/学期,2/3 的人能拿到奖励性绩效工资,1/3 的人拿不到绩效工资。这些学校自筹用于发放奖励性绩效工资的资金来源一般有以下几个方面:(1) 接受社会和企业捐助;(2) 乡镇政府援助;(3) 对公用经费挪用。然而,由于上述自筹资金来源的不稳定性以及不合规性,这些学校奖励性绩效工资实施也不能持久化和制度化。

大多数义务教育学校奖励性绩效工资分配之所以未拉开差距,不能很好地体现多劳多得、优劳优酬的分配原则,与奖励性绩效工资资金来源和拨付方式有关。义务教育学校奖励性绩效工资所需资金按照学校教师数测算全部纳入财政预算,并集中拨付到学校账户,这导致许多教师认为奖励性工资也是自己应发工资的一部分,与绩效考核结果无关,若没拿到这部分奖励性工资就认为是学校拿自己的应发工资去发给其他教师了,从而对奖励性绩效工资分配者有意见。这也导致我们在实地调研中发现一些学校不愿承担奖励性绩效工资分配职责,而愿意由上级教育局来承担,更多的学校为了避免矛盾,采取了平均分配财政拨付的奖励性绩效工资资金的办法,但这种平均分配的办法损害了那些工作量和实际贡献大的教师的积极性,也不利于校长对教师进行激励管理,削弱了校长的影响力。

普通高中学校由于经费筹措的多元化,并不完全依赖公共财政,因此在经费使用方面也享有较大程度的自主权,大多数校长能够利用奖励性工资分配手段合理拉开差距,调动教师的工作积极性,较好地体现了绩效工资多劳多得、优绩优酬的激励导向作用。B省E市《关于印发〈关于规范公务员津贴补贴和调整事业单位绩效工资有关具体问题处理意见〉的通知》中规定:“为了更能体现按劳分配、多劳多得、优绩优酬原则,市一中、市二中、市三中等七个相对特殊的事业单位基础性绩效工资和奖励性绩效工资占比调整为4∶6。”课题组对Z省Z市D区某高中校长访谈中得知:该校会按照学生成绩给予教师不同层次的奖励性绩效工资,奖金浮动一般在600元—2000元之间;高考奖金会发放给学生高考成绩优异的教师,约为每人7000元,一次性发放。

第五节　主要结论与讨论

基于上文对我国中小学教师工资水平和结构的研究,有如下主要研究结论及讨论。

(一)多数调查样本县(市)中小学教师平均工资低于社会平均工资水平。本研究比较了各地中小学教师平均应发年工资与当地城镇单位就业人员平均年工资,结果发现除Z省S市K区和B省E市中小学教师工资高于当地城镇单位就业人员平均年工资外,其他地方中小学教师工资均低于当地城镇单位就业人员平均年工资。通过比较中小学教师工资指数,发现除中部B省E市中小学教师工资指数较为合理外,其他地方中小学教师工资指数都较低,表明整体而言我国中小学教师工资相对水平偏低。

(二)义务教育教师平均工资水平低于公务员平均工资水平。对我国义务教育教师工资与公务员工资比较发现,总体而言,高级职称教师工资高于相应级别公务员工资,而高级以下职称教师工资则低于相应级别公务员工资。考虑到高级职称教师在义务教育教师群体中比例较低,高级以下职称教师在义务教育教师群体中占主体,而与之相对应级别的副处级以下公务员在公务员群体中占主体,因此我国义务教育教师平均工资水平低于公务员平均工资水平。我国《教师法》和《义务教育法》规定的“教师的平均工资水平应当不低于当地公务员的平均工资水平”未能实现。

(三)省际和省内中小学教师工资水平均存在较大差距。本研究显示省际中小学教师工资水平存在较大差距,东部地区 Z 省 S 市 K 区中小学月平均实发工资是西部 Y 省 J 县中小学月平均实发工资的 2.09 倍,是同为东部地区 S 省 G 县中小学月平均实发工资的 1.76 倍。即使同样在 Z 省内部,S 市 K 区中小学月平均实发工资是 Z 市 D 区中小学月平均实发工资的 1.65 倍,省内差距依然较大,甚至超过了 Z 省与 B 省中小学月平均实发工资省际差距。Y 省 J 县中小学教师工资指数为 1.3,远高于 Z 省 S 市 K 区中小学教师工资指数 0.77,表明尽管 Y 省 J 县政府对中小学教师工资财政保障努力程度远高于 Z 省 S 市 K 区,但受地方财力限制,Y 省 J 县中小学教师工资水平远低于 Z 省 S 市 K 区。

（四）中小学教师工资水平和结构主要受县、市级政府财政保障能力影响。各地中小学教师工资结构的研究显示,基础性绩效工资所占比例最高,基本工资所占比例次之,奖励性绩效工资所占比例最低,而基础性绩效和奖励性绩效一起构成的绩效工资所占比例超过 60%,主要由县、市级政府财政进行保障。进一步的研究显示,县、市政府财政保障能力较强,其中小学教师工资结构中基本工资比例较低,津补贴比例较高;县、市政府财政保障能力较弱,其中小学教师工资结构中基本工资比例较高,津补贴比例较低。

（五）义务教育学校绩效工资未能充分发挥激励导向作用。2006 年我国中小学开始实施的岗位绩效工资制度改革以及 2009 年我国义务教育学校开始实施的绩效工资制度改革的重要目标就是要发挥绩效工资的激励导向作用,强调在绩效工资分配中坚持多劳多得,优绩优酬,重点向艰苦边远农村地区教师、一线教师、骨干教师和做出突出成绩的教师倾斜。对教师工资结构的分析表明,义务教育学校教师工资构成中,奖励性绩效工资所占比例普遍较低。实地调研也显示大多数义务教育学校为了避免矛盾,采取了平均分配财政拨付奖励性绩效工资资金的办法,不能很好地体现多劳多得、优劳优酬的分配原则,结果损害了那些工作量和实际贡献大的教师的积极性。如何在义务教育学校真正实施绩效工资,根据教师的工作量和实际贡献进行差别化的奖励性绩效工资设计,充分调动教师的工作积极性,且又不至于引起教师对绩效工资产生不公平感,这是义务教育学校教师绩效工资改革面临的一个棘手但应解决的问题。

第六节　相关政策建议

基于本文对我国中小学教师工资水平和结构研究的主要结论和讨论,本文提出如下政策建议,以提高我国中小学教师工资水平,优化我国中小学教师工资结构。

1. 提高中小学教师工资标准,依法切实保障教师工资水平的提高。

研究发现,在大多数国家,中小学教师社会地位比较高,教师平均工资水平一般也都高于类似或同等资格的其他职业从业人员的平均工资。例如,美国中小学教师工资一般高出普通公司职员工资额 25%—35%;日本中小学教师平均工资比同期毕业的其他行业职员平均工资高出16% 左右,教师工资待遇高于国家公务员水平;法国中小学教师平均工资比高级熟练工平均工资高出近一倍;英国中小学教师平均工资比一般职员的平均工资高 35%。同时,很多国家通过把教师与公务员待遇联系起来突出对教师职业的重视。① 虽然近年来中小学教师工资水平在稳定增长,但当前我国中小学教师工资低于社会平均工资水平和公务员平均工资水平的事实,致使中小学教师职业与其他行业相比缺乏竞争力。如果不提高中小学教师工资水平,学校就难以成为吸引和留住优秀人才的地方,从而影响我国中小学教师队伍建设和基础教育质量。为此,迫切需要建立中小学教师工资稳定增长的机制,制定能保障中小学教师工资水平不断增长的标准,如以中小学教师工资指数做参照标准,保持中小学教师工资与当地人均 GDP 同步增长;或以中小学教师工资与对应级别公务员工资水平进行具体参照,保持中小学教师工资与公务员工资同步增长,依法切实保障教师工资水平的提高。

2. 增加奖励性绩效工资水平,改变奖励性绩效工资拨款方式,充分发挥义务教育奖励性绩效工资多劳多得、优绩优酬的激励导向作用。

2009 年我国义务教育学校开始实施的绩效工资制度改革的重要目标就是要发挥绩效工资多劳多得、优绩优酬的激励导向作用。由于义务教育教师工资构成中,基础性绩效工资主要受职称等资历因素影响,故义务教育教师绩效工资的激励导向作用主要通过奖励性绩效工资分配体现。奖励性绩效工资水平及占总工资比例直接体现了绩效工资基于绩效激励的力度。薪酬管理研究表明,只有绩效工资力度达到一定比例,才会起到激励作用。许多研究也表明,较低的奖励工资不能提供足够的激励去改变教师的教学行为。② 对教师工资结构的分析表明,义务教育学校教师工资构成中,奖励性绩效工资所占比例普遍较低。实地调研也显示

---

① 李星云. 国外中小学教师工资制度对我国的启示[J]. 教育与经济,2008(3):69-72.

② OWEN H-B. Performance-Based Rewards for Teachers: A Literature Review[M]. Paris:OECD,2003:18.

大多数义务教育学校为了避免矛盾,采取了平均分配财政拨付奖励性绩效工资资金的办法,不能很好地体现多劳多得、优劳优酬的分配原则,结果损害了那些工作量和实际贡献大的教师的积极性。为了充分发挥奖励性绩效工资的激励导向作用,一方面需要增加奖励性绩效工资水平,提高奖励性绩效工资占总工资的比例。另一方面,需要改变奖励性绩效工资拨款方式,县、市教育部门不应再根据每所学校教师数核算奖励性绩效工资数额然后拨到学校账户,以免引发教师产生扣发自己工资去给别人发奖金的不公平感;县、市教育部门可以根据本县、市教师总数核算奖励性绩效工资总额后自己掌握,然后根据各学校业绩考核表现和工作条件艰苦程度,决定各学校奖励性绩效工资额度,最后再将各学校获得的奖励性绩效工资总额拨付到学校账户由学校自行分配,这种拨付方式可以将学校集体激励和教师个体激励结合起来,能产生更好的激励效果。[①]

3. 优化中小学教师工资结构,明确各级政府承担的教师工资财政保障职责。

根据 2006 年事业单位工资改革方案,目前我国中小学教师工资由岗位工资、薪级工资、绩效工资和津贴补贴四部分组成,其中岗位工资和薪级工资为基本工资,基本工资执行国家统一的政策和标准。各部分工资功能如下:(1)岗位工资主要体现工作人员所聘岗位的职责和要求。(2)薪级工资主要体现工作人员的工作表现和资历。(3)绩效工资主要体现工作人员的实绩和贡献。(4)国家规定的事业单位津贴补贴,分为艰苦边远地区津贴和特殊岗位津贴补贴,艰苦边远地区津贴主要是根据自然地理环境、社会发展等方面的差异,对在艰苦边远地区工作生活的工作人员给予适当补偿。特殊岗位津贴补贴主要体现对事业单位苦、脏、累、险及其他特殊岗位工作人员的政策倾斜。当前我国中小学教师工资结构在执行过程中存在如下制度缺陷:(1)各部分工资功能错位。岗位工资按方案设计应主要体现工作人员所聘岗位的职责和要求,但由于执行过程中岗位工资基本按照职称确定等级,体现的是资历与薪级工资功能错位。薪级工资按方案设计应体现工作人员的工作表现,这又与绩效工资主要体现工作人员的实绩和贡献功能错位。许多地方实行的班主任津贴、特岗津贴、农村教师津贴等津补贴功能又与绩效工资和岗位工资功能错位。(2)没有正视地区生活成本和社会经济发展水平差异。马克思认为生活

---

① 薛海平,王蓉.义务教育教师绩效奖金、教师激励与学生成绩[J].教育研究,2016(5):21-33.

成本是决定工资水平和结构的重要因素,特征工资理论认为岗位所在地区社会经济发展水平对工资水平和结构有重要影响。2006 年事业单位工资改革方案确定的中小学教师工资结构中,没有正视地区生活成本和社会经济发展水平差异引起的工资差异这一客观事实,2009 年开始实施的义务教育学校绩效工资改革不得已通过基础性绩效工资来反映地区生活成本和社会经济发展水平差异,用绩效工资实现地区差异是典型的制度安排"错位",其结果是既没有发挥绩效工资的激励作用,也没有正视地区生活成本和社会经济发展水平造成的工资差异。

为纠正当前我国中小学工资结构在执行过程中存在的制度缺陷,本研究认为我国中小学教师工资结构需要优化,建议调整为如下四个基本部分:(1)岗位工资,既要体现教师所聘岗位的职责和要求,也要体现对所聘岗位工作环境特征性补偿,如对艰苦边远农村教师岗位工资补偿以及对某些特殊教师岗位工资补偿等。将艰苦边远农村教师津补贴和特岗教师津补贴等纳入岗位工资使之制度化,有利于提高这类岗位特征性补偿工资保障水平。(2)薪级工资,主要体现教师的资历和人力资本积累,当前主要根据职称划分工资档次,将来将逐步淡化职称作用,按照教龄和工龄划分工资档次,按照教龄和工龄增长考核合格自然晋升档次。(3)地区工资,主要体现不同地区生活成本和经济发展水平的差异。(4)绩效工资,主要体现教师的实绩和贡献。岗位工资、薪级工资、地区工资合起来为基本工资,基本工资标准由国家确定,体现岗位差异、人力资本积累差异、地区差异,所需资金由中央和省级政府分项目、按比例承担。绩效工资标准由省级政府确定,主要体现教师的实绩和贡献差异,所需资金由省、市、县政府按比例承担。

4. 建立中小学教师工资标准定期调整机制,确保教师工资水平随物价上涨和经济增长而提高。

为了确保教师工资水平随物价上涨和经济增长而提高,建立中小学教师工资标准定期调整机制成为世界各国政府的通行做法。具体做法就是确定一个期限,根据"一揽子"指标进行综合分析,确定中小学教师工资标准调整幅度。这"一揽子"指标主要包括在此期间的物价水平、政府财政收支状况、整个社会的通行工资变动状况。除设定工资调整期限和调整幅度等技术指标外,定期工资标准调整机制还包括调整程序设计。我国有必要建立中小学教师工资标准定期调整机制,从制度上确保能根据经济发展、财政状况、企业相当人员工资水平和物价变动等因素对中小学教师工资标准进行适时调整。

第十三章 农村特岗教师薪酬体制的调研报告[①]

刘明兴 宋婷娜 魏 易[②]

2006 年,教育部、财政部、人事部、中央编办联合启动实施"特岗计划",在中西部农村学校设立教师岗位,公开招募高校毕业生从事农村义务教育工作,创新农村学校教师补充机制,以解决农村学校师资紧缺和结构不合理等问题。根据《关于实施农村义务教育阶段学校教师特设岗位计划的通知》(教师〔2006〕2 号),特岗教师在聘任期间,执行国家统一的工资制度和标准,其他津贴补贴根据当地同等条件公办教师年收入水平和中央补助水平综合确定。中央财政按人均每年 1.5 万元的标准设立专项资金用于特岗教师工资性支出,高于 1.5 万元的部分由地方政府承担。省级财政负责统筹落实资金,用于解决特设岗位教师的地方性津补贴。该通知还规定特岗教师纳入当地社会保障体系,享受相应的社会保障待遇。[③]

随着公办教师薪酬的调整,中央财政特岗教师工资性补助标准先后提高了 3 次,由 2006 年 1.5 万元/年/人提高至 2015 年西部地区 3.1 万元/年/人,中部地区 2.8 万元/年/人。为确保特岗教师和编制内教师之间的公平性,各地特岗教师的待遇水平并不严格按照中央拨款标准来设定,各地政府主要采取特岗教师与编制内教师同城同待遇的原则,包括两方面:一是实发工资的结构和水平,二是各项社会保障、保险和福利政策。落实特岗教师和编制内教师同城同待遇的政策有利于确保教师群体内部的公平与稳定,但也为合理安排特岗教师薪酬的中央地方财政分担机制带来了复杂的影响。首先,由于目前各地区教师的薪酬水平及结构存在较大差异,2014—2015 年机关事业单位薪酬调整之后,这种情况并没有

---

① 本文完成于 2016 年 8 月,收录于《中国教育财政政策咨询报告(2015—2019)》(王蓉主编、魏建国副主编,社科文献出版社,2019 年)。

② 刘明兴,北京大学中国教育财政科学研究所教授;宋婷娜,北京师范大学教育学部博士研究生;魏易,北京大学中国教育财政科学研究所助理研究员。

③ 教育部,财政部,人事部,中央编办.关于实施农村义务教育阶段学校教师特设岗位计划的通知(教师〔2006〕2 号)[EB/OL].(2006-12-15)[2016-05-12]. http://www.gov.cn/ztzl/ywjy/content_470412.htm.

改观,甚至有加剧的趋势;其次,机关事业单位社保并轨体制改革在基层落实的过程中尚存在诸多遗留问题,中央和地方财政的实际投入责任划分不清晰。因此,随着教师薪酬待遇水平的提高和社会保障体制的改革,中央财政对于特岗教师补助标准的原有核定办法也面临新的挑战。有效解决这些矛盾问题,是特岗教师政策进一步顺利实施的必要前提。

为了研究教师薪酬体制问题,北京大学中国教育财政科学研究所于2014—2015年对东部 A 省和中西部 B、C、D 省的五个县、市中小学教师工资进行了调研。本文基于此次调查收集的数据和访谈资料,分析了特岗教师薪酬待遇以及特岗计划的中央地方财政分担机制,反思了特岗教师政策存在的问题,并对调整中央财政对特岗教师补助标准以及完善农村学校艰苦岗位教师补充的长效机制提出了建议。

第一节　特岗教师薪酬待遇的基本情况

2014—2015年机关事业单位薪酬调整及社保并轨改革中,此次调研的四省各县、市已经按中央、省、市各级政府的政策部署,对教师工资的水平、结构及各项津补贴标准进行了相应的调整,同时也初步落实了教师社保并轨改革。其中,部分地区特岗教师的相关配套政策安排相对滞后,导致特岗教师与编制内公办教师的同城同待遇格局被打破。为了厘清特岗教师和入编的公办教师的薪酬待遇的异同,我们首先对比二者的工资构成,其次比较工资水平的差异,最后再看社保并轨改革后特岗教师社会保险缴纳情况。

一、工资结构

教师工资由基本工资、绩效工资及津补贴、奖金等几部分构成。绩效工资又分为基础性绩效工资(占绩效工资总量的 70%,按月发放)及奖励性绩效工资(占绩效工资总量的 30%,一般按学期发放)。津补贴和奖金的构成比较复杂,各地差别较大。为了清晰对比纳编的公办教师和特岗教师的薪酬待遇状况,表13-1中列出了五个调研地区的教师薪酬组成结构。D 省 H 县纳编的公办教师与特岗教师的薪酬结构存在较大差异,因此表13-1将 H 县的公办教师和特岗教师分别说明。其余地区特岗教师与公办教师工资结构较为相似。

表 13-1　三省特岗教师工资结构

工资结构		包含项目
A省E县	1. 基本工资	职务工资、薪级工资、教护(高定工资,为职务和薪级工资10%)
	2. 绩效工资	基础性绩效(占绩效总量的70%)、奖励性绩效(占绩效总量的30%)
	3. 奖金	按本人当年十二月份的月基本工资计发(第十三个月工资)
	4. 津补贴	教龄津贴、女职工卫生费(5元/月)、取暖补贴(300元/月)、独生子女费(120元/月)、乡村教师生活补贴(四档,100—500元/月,每年发10个月,不计入工资)、乡镇工作补贴(四档,120—340元/月,2015年1月开始)
B省K县	1. 基本工资	职务工资、薪级工资、教护(高定工资,为职务和薪级工资10%)
	2. 绩效工资	基础性绩效(占绩效总量的70%)、奖励性绩效(占绩效总量的30%)
	3. 地区附加津补贴	保留地区补贴、艰苦边远地区补贴、南部工作补贴
	4. 农村岗位教师津补贴	乡镇基层岗位补贴(与公务员同等享受,1200元/年)、农村教师生活补助(公务员不享受,2400元/年)、农村工作津贴(K县本地政策,根据农村机关事业单位距离县城的远近分三档)
	5. 其他津补贴	取暖费、班主任津贴
C省N市	1. 基本工资	职务工资、薪级工资、教护(高定工资,为职务和薪级工资10%)
	2. 绩效工资	基础性绩效(占绩效总量的70%)、奖励性绩效(占绩效总量的30%)
	3. 地区附加津补贴	保留地区补贴、艰苦边远地区补贴、南部工作补贴
	4. 农村岗位教师津补贴	农村教师生活补贴(未全部执行到位)
	5. 奖励性津补贴	按本人当年十二月份的月基本工资计发(分至每月发放)
	6. 年终绩效考核奖	单独设立的年终奖(主要取决于各级财政国有资本金预算收入的多寡,发放办法和平均发放水平在市本级以及各县之间存在较大差异)
	7. 其他津补贴	取暖费、班主任津贴

	工资结构	包含项目
D省H县	纳编公办教师	1. 基本工资:职务工资、薪级工资、教护(高定工资,为职务和薪级工资10%)
		2. 基础性绩效工资(占绩效总量的70%):生活津贴、D津贴
		3. 奖励性绩效工资(占绩效总量的30%):工作津贴、奖金、班主任津贴
		4. 津补贴:艰边津贴、女职工卫生费(10元/月)、教龄津贴(四档,3、5、7、10元/月)、住房公积金补贴(应发工资的5%计,纳入工资,特岗教师也享受此项待遇)、交通费(200元/月)
		5. 其他津补贴:取暖费(3900元/年)
		6. 年终奖励性津补贴:目标达成奖
	特岗教师	1. 应发工资:为当月工资发放总量
		2. 扣发工资:扣发总量,并对扣发工资进行备注说明
		3. 年终奖励性津补贴:特岗教师只享受60%
D省Y市	1. 基本工资	职务工资、薪级工资、教护(高定工资,为职务和薪级工资10%)
	2. 基础性绩效工资	占绩效总量的70%:生活津贴、D津贴
	3. 奖励性绩效工资	占绩效总量的30%:工作津贴、奖金、班主任津贴
	4. 国家统一津贴	艰边津贴、女职工卫生费、教龄津贴、高海拔津贴
	5. 地方性津补贴	工龄工资、年限补贴、十年补贴、二十年补贴
	6. 其他津补贴	交通补贴(5元/月)、住房公积金补贴(应发工资的5%)

A省E县特岗教师工资结构与纳编的公办教师工资结构完全一致,包括基本工资、绩效工资、奖金和津补贴四个部分。奖金为第十三个月工资。津补贴包括教龄津贴、女职工卫生费、取暖补贴、独生子女费和乡镇工作、生活补贴。其中,乡村教师生活补助按照县域内部不同地区(平原、丘陵、山间、山地)进行了分档。

B省K县特岗教师工资结构与公办教师基本一致。K县除将农村岗位教师津补贴单列外,特岗教师还享受取暖费及班主任津贴等其他类津补贴。农村岗位教师津补贴分为乡镇基层岗位补贴、农村教师生活补助和农村工作津贴三项,其中乡镇基层岗位补贴、农村教师生活补助都为中央政策。而农村工作津贴为县级政策,是本次工资改革的新政策,由县财政负担,其他县市并未实施此项政策。此外,K县已经取消发放第十三个月工资。

C省的N市特岗教师工资结构与公办教师也基本一致。与K县不同,N市的农村岗位教师津贴只有农村教师生活补助一项。但N市保留第十三个月工资,并将此作为奖励性津补贴拆分至各月工资中。此外,N市另设年终绩效考核奖,发放办法和平均发放水平在市本级以及各县之间存在较大差异,主要取决于各级财政国有资本金预算收入的多寡。例如,市本级所属学校的发放办法是按照教师月均应发工资的85%,而县所属学校则不一定会与教师本人的工资水平挂钩。部分经济水平较好的县所属学校特岗教师的年终绩效奖可以达到5000元。此外,C省内部市本级学校与各县学校教师待遇还存在一些细微的差异。例如,市本级学校给教师每年发放体检费,而许多县学校没有发放。N市某县属民族学校教师每月享受150元生活补贴,住在县府所在地的教师还享受每人每月150元交通补助,而其他县属学校则没有这项政策。N市各县为了推进城镇化建设、吸引外地人才,对于特岗教师购买个人住房给予了政策优惠,包括购房款和利息的减免,而类似优惠政策在各县之间存在较大差异。从调研的情况来看,对于特岗教师而言,类似差异性的补助政策在N市均遵循了同城同待遇的原则。

D省两个地区特岗教师工资结构有明显差异。Y市特岗教师的基础性绩效工资与奖励性绩效工资中出现了细分模块。这些模块是2009年绩效工资改革前的津补贴项目,在2009年绩效工资改革时规范津补贴项目,将其直接并入了绩效工资中,确保教师工资的原有水平在绩效工资改革中不变。在奖励性绩效工资条块中,特岗教师和纳编教师月奖金的金额略有差距。调研发现Y市并未执行差别性绩效工资政策,学校并不对奖励性绩效工资进行考核制定分配方案,而是根据教师职称、岗位进行总量核定。总体而言,Y市特岗教师与纳编教师在工资政策的同城同待遇方面执行得比较到位。

与调研的其他地区相比,H县特岗教师工资结构单一,特岗教师工资结构并未严格遵循同城同待遇的原则。工资条块中只有应发工资和扣发工资两项,其中扣发工资并不出现在每个月的工资条上,只有在月发工资中扣发了某项工资时才会标明。由于工资结构单一,H县特岗教师并不清楚教师工资结构,因此只能根据实发工资与纳编教师工资待遇进行比较。值得注意的是,H县纳编教师工资津补贴条块中有一项住房公积金补贴,计发金额为应发工资的5%,自2014年起开始发放,特岗教师也享受此项补贴(从工资结构中反映不出来)。与此同时,特岗教师享受与纳编教师等额的 3900 元/年的取暖补贴。

二、工资水平

表 13-2 为 2015 年机关事业单位薪酬调整前后特岗教师与新纳编的公办教师工资水平差异。

表 13-2　调资前后三省特岗教师与新纳编教师工资水平

	A 省 E 县	B 省 K 县	C 省 N 市	D 省	
				H 县	Y 市
调资前	略低	略高	基本一致	低于	基本一致
调资后	略低	低于	基本一致	略高	基本一致

A 省 E 县在本次薪酬调整前后均按照本科毕业生 12 级岗位、专科生 13 级岗位确定特岗教师的待遇标准。特岗教师与纳编教师享受同等绩效工资、乡村教师生活补贴、艰边津贴等,在职称评审、评优评先、年度考核、休假等方面也与纳编教师同等对待。2013 年起,E 县全额保障事业单位开始发放 3000 元/年的精神文明奖励,此项奖励特岗教师并不享受。因此,特岗教师年收入略低于纳编教师。

在本次薪酬调整之前,B 省 K 县特岗教师的基本工资与新纳编的公办教师大体保持一致。由于当时各项津补贴的发放水平不高,套算的结果显示特岗教师的绩效工资水平反而高于新纳编的公办教师。在薪酬调整之后,特岗教师同步享受了各项津补贴政策,但由于基本工资和绩效工资仍维持在本轮薪酬调整之前的水平,尤其是基本工资的差距显著拉大,结果实发工资要低于新纳编的公办教师。例如,专科毕业生应发基本工资,特岗教师与初纳编教师每月相差 800 元左右,本科毕业生相差 900 元左右。

与 K 县相比,C 省 N 市执行同城同待遇政策更加规范。本科毕业生按照 12 级岗位、专科生按照 13 级岗位确定特岗教师的待遇标准。伴随本轮薪酬调整,N 市各县各学校特岗教师的基本工资和绩效工资均同步上调,确保了与在编教师的同等待遇。

D 省 Y 市调资前后都按照本科毕业生 12 级岗位、专科生 13 级岗位确定特岗教师的待遇标准,特岗教师与纳编教师享受同等工资待遇,服务期间可参加职称评定,各项奖励、津补贴也和纳编教师一致。而 D 省 H

县特岗教师工资在调资前后与纳编教师相比呈现出比较复杂的情况。在本次薪酬调整前,H县特岗教师工资存在中央拨付工资性补助落实不到位的情况。H县提供的材料显示,2006—2008年中央财政下拨的特岗教师工资性补助为 1.896 万元/年,即每月 1580 元。在访谈中,2006 年第一批特岗教师(大专学历)指出到手的工资只有 1000 元/月左右,2007 年涨至 1400 元/月。根据教育局资金管理中心主任所说,2006 年 H 县特岗教师工资按照本科毕业生 1197 元/月(共 60 人)、大专毕业生 1072 元/月(共 29 人)发放,与中央财政下拨的工资性补助之间存在差额。由于 H县特岗教师工资结构单一,并不能够从工资条上看出扣款去向。在薪酬调整之后,以 2016 年 1 月同一学校特岗教师与 13 级岗位纳编教师工资为例,特岗教师应发工资为 4745 元,实发工资 3597.48 元,扣发工资为 2015 年 9 月—12 月的养老金。纳编教师应发工资为 5754 元,实发工资为 2622 元,扣发工资为住房公积金、养老保险、失业保险、医疗保险、个人所得税、班主任津贴、绩效工资。特岗教师应发工资低于纳编教师,而实发工资则高于纳编教师。此外,特岗教师在年终奖励性津补贴上低于纳编教师,只享受目标达成奖金额 60% 的奖励。

三、社会保障政策

表 13-3 为三省特岗教师社会保障政策对比表,社保并轨后各省、市、县之间都存在一定不同。

表 13-3　社保并轨后三省特岗教师社会保险缴纳情况

缴纳项目	A省E县	B省K县	C省N市	D省	
				H县	Y市
养老保险	√		√	√	√
医疗保险	√	√	√	√	√
失业保险		√	√	√	√
生育保险	√		√	√	√
工伤保险	√		√	√	√
大额医疗保险		√	√		
住房公积金	√	√	√		√
职业年金	√				

A省 E 县作为社保并轨的试点,从 2007 年 7 月起全额事业单位就开

始缴纳养老保险。2014 年 10 月之后,除养老保险、医疗保险、生育保险、工伤保险、公积金之外,E 县还为特岗教师缴纳职业年金,这在其他省份并未出现。

社保并轨后,B 省 K 县按照国家的政策为特岗教师缴纳了医疗保险金、大病保险金、失业保险金、住房公积金。但在本轮改革中,特岗教师没有被纳入机关事业单位养老保险的覆盖范围,只有在转正之后才开始纳入。

C 省 N 市特岗教师已经计提的社保、保险和福利项目包括:基本养老保险、基本医疗保险、失业保险、生育保险、工伤保险、大额医疗保险及住房公积金。然而,在基本养老保险并轨的改革中,N 市的特岗教师与在编教师也没有完全保持一致。特岗教师的计提基数不是按照实发工资的标准,而是按照社会公益岗位的工资标准计提。

自 2014 年开始,H 县为特岗教师缴纳养老保险金(20%)、医疗保险金(11%)、失业保险金(2%)、工伤保险金(0.5%)、生育保险金(0.5%)。但是特岗教师服务期间并不享受住房公积金,只有转正之后才开始纳入。与 H 县相比,Y 市不仅按照国家政策为特岗教师缴纳五险,还自录取开始为特岗教师缴纳了公积金。

第二节　特岗教师薪酬的财政分担体制

一、财政分担体制

从表 13-4 三省特岗教师薪酬的财政分担体制来看,调研三省分担机制根据自身财力以及对上级转移支付的总体依赖程度各有不同。

表 13-4　三省特岗教师薪酬财政分担体制

	工资结构	中央、地方分担	公积金和社保单位负担部分
A省E县	1. 基本工资	中央财政承担	中央财政及县级财政共同承担
	2. 绩效工资	中央财政及县级财政承担	
	3. 奖金	县级财政承担	
	4. 津补贴	乡村教师生活补贴和乡镇工作补贴由中央和县级财政承担,其他津补贴由县级财政承担	

	工资结构	中央、地方分担	公积金和社保单位负担部分
B省K县	1. 基本工资	中央及省财政承担	主要由县级财政承担
	2. 绩效工资	中央及省财政承担	
	3. 地区附加津补贴	K县级财政承担南部工作补贴的30%,其余由中央及省财政承担	
	4. 农村岗位教师津补贴	K县级财政承担乡镇基层岗位补贴、农村教师生活补助的30%,农村工作津贴的100%	
	5. 其他津补贴	县级财政承担	
C省N市	1. 基本工资	中央财政全额拨付	由学校所属的本级财政承担
	2. 绩效工资	中央财政全额拨付	
	3. 地区附加津补贴	中央财政全额拨付	
	4. 农村岗位教师津补贴	省已经出台的农村教师生活补助金政策是每人每月600元(这是省同项政策的三倍),由中央、省、市本级财政各承担200元(但至今未落实到位)	
	5. 奖励性津补贴	由学校所属的本级财政承担	
	6. 年终绩效考核奖	由学校所属的本级财政承担	
	7. 其他津补贴	由学校所属的本级财政承担	
D省H县	纳编公办教师	1. 基本工资:中央财政承担	中央财政及县级财政共同承担
		2. 基础性绩效工资:中央、省及县级财政共同承担	
		3. 奖励性绩效工资:中央、省及县级财政共同承担	
		4. 津补贴:艰边津贴由中央财政承担,乡村教师生活补贴由中央和县级财政承担,其他津补贴由中央、省、县级财政共同承担	
		5. 其他津补贴:由中央、省、县级财政共同承担	
		6. 年终奖励性津补贴:由中央、省、县级财政共同承担	

	工资结构	中央、地方分担	公积金和社保单位负担部分
D省H县	特岗教师	1. 应发工资	中央财政及县级财政共同承担
		2. 扣发工资	
		3. 年终奖励性津补贴：由中央、省、县级财政共同承担	
D省Y市	1. 基本工资	中央财政承担	中央财政及县级财政共同承担
	2. 基础性绩效工资	中央、省、县级财政共同承担	
	3. 奖励性绩效工资	中央、省、县级财政共同承担	
	4. 国家统一津贴	艰边津贴由中央财政承担，乡村教师生活补贴由中央财政和县级财政共同承担，其他津补贴由中央、省、县级财政共同承担	
	5. 地方性津补贴	中央、省、县级财政共同承担	
	6. 其他津补贴	中央、省、县级财政共同承担	

A省E县特岗教师的薪酬主要由中央财政以及县本级财政共同承担，中央拨付的工资性补助主要保障特岗教师基本工资和艰边津贴。在同城同待遇的原则下，县财政补足剩余工资以及社保缴费的单位负担部分。特岗教师工资支出为47424元/年/人，除去中央财政28000元/年/人的工资性补助，E县需配套19424元/年/人。根据县财政局局长所说，县本级财政收入（含上级财政拨付的财力性补助）的90％都用于财政供养人口的工资支出。

B省K县特岗教师的薪酬主要是由中央财政和省本级财政共同承担，社保缴费的单位负担部分和少部分津补贴由县级财政承担。考虑工资水平上调以及计提养老金，如果维持中央地方的负担比例不变，省教育厅提出需要将中央的特岗补助标准从目前的33000元/年/人提高到44000元/年/人。此算法是直接将特岗教师社保缴费单位负担部分均算成对特岗教师的地方财政投入（A省E县提供的数据也采用类似算法）。实际上，社保的单位缴费部分对应的是给离退休人员的工资投入，社保本身处于空账运转状态，地方财政实际上并没有负担账面上所显示的投入金额。因而在计算中央地方实际分担比例时，还要再对实际情况进行摸底。

C省N市特岗教师工资，中央补助的不足部分需要由省和市本级财政共同负担。N 市本级财政对于经济状况困难的县以及处于边境的县还要进行额外的转移支付,以缓解特岗教师的社保和福利缴费对于县级财政造成的压力。2016 年年初起,C 省将农村教师生活补助金定为 600 元/月/人(这是 B 省其他地区同项政策的三倍),由中央、省和市本级财政各承担 200 元(但至今未落实到位)。C 省之所以要求中央财政承担 200元/月/人,存在多方面的考虑。目前,中央对 C 省的特岗教师的补助标准是 31000 元/年/人,低于 B 省 33000 元/年/人的标准。如果中央财政承担特岗教师 1/3 的农村生活补助金,那么就等于将中央对于 C 省的补助标准提高到 33000 元/年/人。而对于社保的单位缴费投入,C 省各县财政的实际投入也存在空账运转的情况。因此,要准确计算省对特岗教师的财政投入金额,也不能简单按照账面数值来核算。

D 省 H 县特岗教师的薪酬主要由中央财政、省级财政及县本级财政共同承担,中央拨付的工资性补助主要保障特岗教师基本工资及艰边津贴,省级财政保障绩效工资的部分比例,县财政保障津补贴的部分比例及社保缴费的单位负担部分。2016 年 H 县特岗教师月平均工资为 4745元,年工资性支出为 56940 元/年/人,比中央财政拨付的 31000 元/年/人的补助高出 25940 元/年/人。因此,D 省教育部门表示希望将中央财政工资性补助标准提高至 42000 元/年/人,并将补助期限由现行的 3 年延长至 5 年。由于 Y 市震后情况特殊,特岗教师工资基本主要由中央财政及省级财政负担,Y 市级财政只负担少部分津补贴和社保缴费的单位负担部分。另外,中央财政也对养老金并轨改革中地方财力的缺口提供了转移支付。

二、提高中央补助标准需注意的几个问题

由于各地特岗教师薪酬的财政分担体制存在较大差异,调整中央财政对特岗教师工资性补助标准以及财政分担机制存在几个值得关注的问题。首先,地方财政对于特岗教师的实际投入金额缺乏准确的核算,难以按照一个固定的比例来确定中央和地方的投入。其次,由于 B、C、D 省等民族地区的机关事业单位薪酬体制及财政分担体制有别于其他省份,如果较大幅度地提高个别省份的特岗教师的补助标准,需要评估对其他中西部省份产生的影响。针对这些问题,本文提出调整中央对特岗教师补助标准的如下建议。

1. 不规定跨省统一的补助标准,也不明确规定中央和地方的投入比例,而是将补助标准与教师薪酬的部分模块"挂钩",即与中央政府审批的

基本工资、绩效工资以及中央财政明确保障的津补贴(如艰边津贴)的总数挂钩。可以全额补助,也可以按照一定的比例补助,剩余不足部分由地方财政承担。

2. 中央财政投入主要是为了帮助贫困地区。教师绩效工资的标准在省际有较大差异,即便是在同一个省内部也存在多个水准,因此中央财政可以根据各省省内的最低标准调整补助。同样,艰边津贴的标准在省际和省内都有较大差异,中央财政可以根据其分地区的具体标准对于特岗教师进行全额补助。此外,针对少数民族地区的一些特殊情况,中央政府已经批准在艰边津贴之外增设了一些地区性的附加津补贴,如南部工作补贴、高海拔补贴等,以体现对于这些特定地区教育发展的重视。中央财政对于这些特定地区特岗教师的补助标准也应该将之考虑在内。例如,南部各县市及省特岗教师目前享受南部工作补贴的最低标准,每月550元。中央财政可以考虑全部或者部分负担这个补助金额。

3. 对于特岗教师的社会保障问题,中央可以交由地方财政负责,也可以根据中央财政对于地方政府机关事业单位社保并轨的转移支付办法进行相应的补贴。如果采取后一方式,那么中央政府需要明确规定特岗教师的社保政策。

4. 类似 N 市等中央财政直接供养单位的中央政策补助方式需要与各省政策相互衔接配合。N 市作为一个中央本级财政供养单位,其对应的中央地方财政体制安排与其他地区存在很大的区别。事实上,N 市并不需要增设特岗教师的中央专项,因为特岗教师在入编之前和入编之后都主要是靠中央财政供养。如果新任教师不经过特岗计划,而是直接经过人事部门的招考进入编制内,中央财政给予的保障力度反而要大于特岗计划的补助额度。之所以积极支持特岗计划的实施,可能基于多方面的考虑。首先,C 省内部的学校长期存在教师缺编或者超编的情况,通过实施特岗计划可以统筹安排学校的师资补充机制。其次,由于特岗计划是 C 省义务教育阶段学校教师的主要补充渠道,这等于将部分的师资管理权限集中到了省一级。再次,通过特岗计划可以突破中央对编制的限制。例如,B 省在学前阶段既直接争取到了中央的扩编指标,又增设了自行批准的额外编制计划。C 省在一定程度上模仿了 B 省的做法,向中央申请到了学前阶段的扩编指标。尽管现阶段 N 市和 C 省其他地区特岗计划的同质性安排在短期内很难改变,但是在长期内在中央财政一级预算单位中是否需要延续此类专项政策还需要慎重考虑。

第三节　三省特岗教师政策存在的问题

一、结构性缺编问题仍旧存在

比较调研的三省，A省E县特岗教师需求量已经基本与退休教师的数量持平，教师补充机制已经基本进入均衡状态，但仍然存在结构性缺编的问题。大部分特岗教师都在农村中心学校工作，在教学点及偏远村小工作的大多是当地老教师或代课教师，特岗教师仅占2.6%。这说明中央的专项补助政策对于地方政府的努力程度产生了替代效应。每年因教师退休所产生的空岗，会逐步被边远学校调动来的教师占据(包括已经纳编的特岗教师)，艰苦的教学岗位会一直处于结构性缺编状态，其中部分岗位将由新招聘来的特岗教师承担。随后，在纳编以后，这些年轻的特岗教师又会慢慢调离艰苦岗位。总的来说，特岗教师计划补充了农村教师队伍，但还需要进一步完善政策，使优质师资能够下沉到村小及教学点。

二、财政分担体制对保障教师薪酬的挑战

C省N市、D省Y市属于中央财政直接供养单位，其机关事业单位编制内人员由中央财政直接保障，因此落实特岗教师与在编教师同城同待遇政策难度较小，但也存在着一些问题。目前N市教师绩效工资高于省内其他地区同等岗位级别的教师1000元/月，如果农村教师生活补助政策全部落实到位，那么N市特岗教师的实际待遇水平已经大幅度高于省内其他地区的学校，进而对省内各地特岗教师造成潜在的涨薪压力。

此外，伴随着城镇化建设的推进，C省内部各地已经在原体制不变的前提下增设了市镇建制。就学校教师的薪酬来看，公办教师既有原本的编制，也有新建的市属编制。特岗教师服务期满之后两种编制都可以入，取决于哪一类编制有空缺。不同编制类型的教师执行一致的薪酬标准，但财政保障资金的来源不同。新编制教师的工资主要由新设立的市级财政来承担，而新设市的财税收入需要在中央、自治区、市本级之间进行分享。如何改革完善类似N市等中央财政直接供养单位的财政体制，是一个比较有挑战性的问题。

三、社保并轨改革对保证教师队伍稳定的挑战

各地社保并轨对教师薪酬待遇所产生的影响各异。A省E县自

2007 年开始进行机关事业单位社保并轨体制改革试点,至 2014 年社保正式并轨运行。同年,E 县进行了公办教师基本工资调整,结果 2014 年 9 月退休的教师与 10 月退休的公办教师退休金相差近 1000 元,退休教师就此问题进行了多次上访。这说明机关事业单位待遇的提高与地方财力衰退之间的矛盾已经日益加剧,最终也会影响特岗教师的待遇保障。

K 县、N 市和 H 县在特岗教师的各项社保待遇上均未能做到与纳编教师同等水平。H 县特岗教师的工资计提金额低于纳编教师,也没有执行住房公积金政策。H 县志愿者教师人数众多,该县很多特岗教师是志愿者教师通过特岗项目招聘转岗。志愿者教师每月固定工资为 1900 元左右,并不享受各项社会保险及福利。与志愿者教师相比,特岗教师工资已有了大幅度提升,因此许多特岗教师不太关注各项社保待遇,但这仍然对教师队伍的稳定性带来一定问题。

此外,N 市内部各学校公办教师自 1992 年以来已按照企业单位的政策要求缴纳养老保险。这与 N 市新入职的公办教师、特岗教师以及省内其他地区的公办教师存在较大差异。今后如何在事业单位养老保险并轨的制度框架下解决此问题,尚需要尽快出台政策。

四、中央财政的引导和激励作用有限

特岗教师计划中中央财政的引导、激励性作用在实施过程中并没有调动地方积极性,甚至加重了地方对中央财政的依赖性。目前许多地区对于特岗教师招聘兴趣日趋浓厚,其宏观背景在于这些地区对于中央转移支付的依赖度在不断提高。以 D 省 H 县为例,2015 年 H 县本级财政收入 40011 万元,县财政支出 358826 万元,教育人员性经费支出 48255 万元,即 H 县财政主要依靠中央及省的转移支付运转。在这种情况下,特岗教师服务期工资的差额补助部分,需要由县本级财政负担,而转正后其工资来源主要是中央和省级转移支付。随着特岗教师差额补助金额进一步加大,H 县在财政压力下希望中央能够进一步提高补助金额或缩短特岗教师服务期,使特岗教师尽快转入吃"财政饭"的行列。

第四节 关于农村学校艰苦岗位教师补充的长效机制

长期以来,地方政府对于社会公益部门的人员性经费投入缺乏充分的动力,这导致农村学校艰苦岗位上一直缺乏优质的师资。为此,中央财政运用多项措施对于地方教育财政的支出结构进行了直接干预,努力将

财力下沉到基层的学校、教师及其所服务的社会群体,例如农村教师工资发放保障机制、特岗教师计划、农村教师生活补助政策、农村教师流转房政策、西部志愿者计划等。中央政府的政策措施对于稳定农村教师队伍、为艰苦岗位补充师资起到了显著的作用,但同时也在很大程度上承担了本应由地方政府负责的公共事权,产生了地方财政对中央财政的倒逼现象。从政策实践来看,大部分贫困地区的地方政府都有积极性扩张特岗教师规模,但是这并不意味着特岗计划对于地方政府提高师资投入的激励效应在增强。

在过往的十年中,贫困地区得到的上级财政转移支付保持高速增长,远高于其本级财力的增速。而教育部门人员性经费的增长主要依靠上级补助来支撑,因此对于许多贫困县来说,中央财政已经承担了绝大部分包括特岗教师在内的教师工资的发放责任。特岗项目的不同之处在于,中央财政主要通过一般性转移支付来补助地方政府的人员性经费开支,而特岗计划则是专项转移支付。在这个格局下,中央政府应该综合考虑多种政策工具的运用,来激励地方政府加大对于艰苦边远岗位的投入,以建立起更具可持续性的农村教师队伍补充长效机制。从特岗计划的实施经验来看,长效机制的设计应当重点考虑以下几方面的因素。

1. 中央政府的补助政策目标究竟是盯住教师个人,还是学校的艰苦岗位? 人岗之间是否分离?

特岗教师计划为了增强对于大学毕业生的吸引力,主要采取"人岗不分"的办法,承诺进入计划的年轻教师服务期满之后可以进入正式编制。该政策的设计主要有三方面的弊端。第一,年轻教师在纳编之后,可以逐渐从艰苦岗位上调离、回城,最终艰苦岗位上照样缺编,然后再由新的特岗教师补充。第二,人员编制的规模一直是由中央集权决策,因此各项中央财政的转移支付政策都与编制数量紧密挂钩。在中央转移支付不断增长的背景下,膨胀编制内的财政供养规模是获取更多上级补助的有效方式。因此,地方政府可以通过扩大特岗教师规模将财政投入负担再转嫁给中央财政。第三,在部分少数民族地区,特岗计划也为地方政府倒逼中央政府扩张编制规模提供了借口。例如,B省在执行特岗计划的过程中,已经突破了中央政府的编制限制,设置了地方性的教师编制,即所谓"人才储备编制计划"。根据本次实地调研的发现,这种情况在其他西北少数民族地区也同样存在。

2. 中央和地方财政在经费投入上的责任分担机制究竟是采取总量投入按比例的方式,还是按照特岗教师的薪酬结构进行分项目分担?

中央目前采取区分中西部地区、按照固定金额补助的办法,该方式在农村教师工资水平开始快速上涨的情况下(相对于中央财政对特岗教师的补助)已经面临着诸多矛盾。如果中央财政放弃按照固定金额补助的办法,而是按照某一个固定比例来承担特岗教师的投入,则可以增加补助标准的弹性,避免一刀切。但是无论采取哪一个办法,地方政府都有动力来夸大自身实际承担的投入金额。如果中央按照某几个特定的等次来规定跨地区的特岗教师的总投入水平,再按一定比例来承担特岗教师薪酬的投入责任,那么各地区之间依然会以薪酬水平的地区差异为借口,相互攀比,倒逼中央提高补助标准。

相比之下,中央和地方按照特岗教师的薪酬结构进行分项目分担,中央政府审批的薪酬项目由中央财政来承担,同时执行跨地区差异化补助标准,省内标准存在较大差异的薪酬项目按照省内最低标准来承担。这样的政策设计既确保中央的专项资金主要瞄准贫困地区,也能够抑制地方政府的攀比效应。必须要指出的是,即便是执行这个政策方案,也要针对地方政府的真实执行情况采取一定的惩罚机制。例如,如果特岗教师由于工资政策落实不到位而出现上访的话,则应当在下一年度核减给该县的特岗数量。

3. 中央在解决贫困地区农村学校艰苦岗位空缺的问题上,需要明确县域内部究竟是结构性缺编,还是整体性缺编?

如果县域内部的公办教师已经处于整体性超编的状态,而仅仅是艰苦岗位上缺少教师执教,则并不合适继续执行基于专项补助的特岗计划(但可以继续执行不与编制体制挂钩的西部志愿者计划)。此时,中央的政策主要是为了对县域内部的教师岗位进行结构性调整,而农村教师薪酬体制的深化改革是确保特岗政策目标得以实现的重要基础。

第一,中央层面制定的农村津补贴政策在执行过程中没有在县域内部进一步细分,这种情况在全国比较普遍。A省E县在执行乡村教师生活补助和乡镇工作补贴政策时,在县域内部进行了等级细分,这个经验值得推广。B省K县农村教师同时享受乡镇基层岗位补贴、农村教师生活补助及农村工作津贴三项农村工作补助,其中农村工作津贴是K县本地政策,根据机关事业单位距离县城的远近分三档。尽管如此,类似在县域内部划分层次的补助政策在补助金额的绝对水平上尚缺乏足够的吸引力,且没有区分乡镇所在地学校和村小及教学点。

中央应鼓励县政府实施更为灵活的农村教师生活补助金政策,在县域内部根据岗位的艰苦程度重新确定补助标准,拉大艰苦岗位与普通农村教学岗位之间的补助差异。中央财政可以对于县域内部的差异化标准采取更加有弹性的奖补措施。例如，如果县财政根据农村教学岗位的划分层次，对于艰苦岗位给予更高的补助标准，那么中央财政也可以相应提高针对艰苦岗位的奖补力度，以增强这些岗位的吸引力。在这个政策激励机制之下，给定艰苦岗位的实际数量，缺编的数量越少，地方财政得到的中央补助越多，这对于艰苦岗位长效补充机制的确立起到了正向激励的作用。

第二，农村教师生活补助金的数额在工资结构中的占比较小，尚不足以对地方政府产生充分的激励。对于仅处于结构性缺编的地区，可以根据农村边远学校编制内岗位的实际缺编情况，采取人岗分离的补助方式。中央财政仅对缺编岗位进行补助，在相应岗位上执教的教师一旦离岗，便不再享受该项补助。补充到缺编岗位上的执教教师原则上可能包含四种情况：从非艰苦岗位调动或者支教的公办教师、新招聘的公办教师、特岗教师、临聘教师。对于整体性超编的县，第二、三种类型的教师可以暂不考虑，中央的补助政策可以重点针对第一种类型的教师，补助的持续期间可与特岗计划的 3 年服务期保持一致。该办法也存在一定的弊端：地方政府为了得到中央的补助，有动力让艰苦岗位一直处于缺编状态。因此，需要由上级教育行政主管部门对于县域内部艰苦岗位的缺编补充情况进行督导考核，缺编岗位如果逐年下降的话，中央财政可以通过县级财力保障机制以奖励的方式对县级财政进行财力性补助。

上述思路始终都围绕编制体制和薪酬体制来设计政策，这主要是为了政策设计本身与宏观财政体制充分衔接起来。需要指出的是，中央集权体制事实上是促使地方政府相互攀比、倒逼中央财政的深层根源。机关事业单位的编制体制和薪酬体制都是中央高度集权的，各项央地财政政策往往都与这两个体制密切挂钩，最终导致地方财政对于中央的依赖度不断攀升。如果不逐步增强地方财政和事业单位的自主权，由此建立起来的农村教师补充长效机制也是无法避免倒逼问题的。

第四部分

教师人事、薪酬制度与学生成绩

第十四章　农村义务教育分权管理制度对教育质量影响实证研究

——基于湖北、江苏两省中小学校的调查[①]

薛海平　王　蓉[②]

近年来,随着国家经济的强势发展和政府对农村教育的极度重视,各级政府明显加大了对农村义务教育的投入,特别是随着 2001 年农村税费改革后"以县为主"的农村义务教育管理体制的确立和 2007 年农村义务教育经费保障新机制改革的全面实施,农村义务教育投入不足的局面得到了极大的改善。然而,农村义务教育经费保障新机制和"以县为主"等改革在改善农村义务教育经费不足的同时,也使许多地区的教育财政和人事管理出现向上集中的趋势。[③] 因此,需要探讨的重要问题是:这种农村义务教育财政和人事管理的集权趋势会对教育质量产生何种影响? 迄今为止,国内学者对此问题的实证研究非常薄弱。因此,本研究将探讨我国农村义务教育人事和财政分权管理制度对教育质量的影响,希望研究结论能为我国制定提高农村义务教育质量以及深入实施农村义务教育经费保障新机制改革的相关政策提供必要的参考依据。

第一节　相关实证研究回顾

国外许多研究表明在当前教育体制下仅仅增加投入并不能大幅提高学习成绩。[④] 为此,部分学者开始把目光投向教育管理制度并展开了一

---

① 本文发表于《教育学报》2010 年第 4 期。基金项目:全国教育科学"十一五"规划项目"农村中小学教师素质与教育质量关系的多水平模型分析"(课题编号:EFA080293)和教育部人文社会科学一般项目"农村义务教育投入与教育质量关系的多水平模型分析"(课题编号:08JC880026)。

② 薛海平,首都师范大学教育学院教授,教育经济与管理研究所所长;王蓉,北京大学中国教育财政科学研究所所长、教授。

③ 李小土,刘明兴,安雪慧.西部农村教育财政改革与人事权力结构变迁[J].北京大学教育评论,2008(4):62-77.

④ HANUSHEK E A, RAYMOND M E. Does School Accountability Lead to Improved Student Performance? [R]. NBER Working Paper No. 10591,2004.

系列研究,这些研究结论大都显示教育管理制度对学习成绩有重要的影响,教育的投入必须与以激励为导向的教育管理制度结合起来才能大幅提高学习成绩。[1] 以激励为导向的教育管理制度主要包括三个特征:学校选择带来的竞争、分权以提高学校自主权、包括统考在内的学校问责制度。[2] 汉纳谢克(Eric A. Hanushek)和雷蒙德(Margaret E. Raymond)对美国 20 世纪 90 年代以来所推行的问责制度进行了研究,结论表明,在控制其他的投入和政策因素后,问责制度的引入对学生的成绩有显著的正影响,尤其是早期引入的结果导向问责制度更快地促进了学生成绩的提高。[3] 人们认为增加家长和学生对学校的选择权将把竞争机制引入教育领域中,这有助于提高教育质量。为此,许多学者对学校选择、竞争与教育质量的关系进行了实证研究。这些研究中大部分都表明,较高程度的竞争对于提高学生的成绩有显著的正影响。[4] 沃斯曼因(Ludger Woessmann)采用 TIMSS 国际考试的数据研究表明,给予学校自主权对学生成绩的影响是复杂的,给予学校设定自己的预算、绩效目标和教学标准方面的自主权将对学生的成绩产生负影响,因此这方面的权力应该被集中。相反,在一个有效的评估和监控机制下给予学校达到目标和标准的自主权,如自主选择教学方法和招聘教师,将有助于提高学生的成绩。[5] 我国只有少数学者利用实证研究方法探讨了义务教育管理制度对教育质量的影响。薛海平和闵维方采用多层线性模型的研究结果表明,在控制住其他因素后,分权管理制度对甘肃农村初中教育质量有显著正影响。[6] 李小土等分析了教育人事权力结构与教师激励之间的关系,结果表明,人事权力配置的差异会显著改变教师的激励机制,进而影响教学

---

① WOESSMANN L,WEST M R. Class-Size Effects in School Systems Around the World:Evidence from Between-Grade Variation in TIMSS[J]. European Economic Review,2006,50(3):695-736.

② WOESSMANN L. Institutional Comparisons in Educational Production[J]. CESifo DICE Report,2004,2(4):3-6.

③ HANUSHEK E A,RAYMOND M E. Does School Accountability Lead to Improved Student Performance?[R]. NBER Working Paper No.10591,2004.

④ HOXBY C M. School Choice and School Productivity(or Could School Choice Be a Tide That Lifts All Boats?)[C] National Bureau of Economic Research,Inc,2002.

⑤ WOESSMANN L. Growth,Human Capital and the Quality of Schools:Lessons from International Empirical Research[M]. Mimeo,Ifo Institute for Economic Research at the University of Munich,2006.

⑥ 薛海平,闵维方.中国西部教育生产函数研究[J].教育与经济,2008(2):18-25.

成绩。[1] 由于教育管理制度的复杂性,教育管理制度对义务教育质量的影响需要未来更广泛、深入的研究予以评估。本研究将在教育生产函数的分析框架内重点考察中国农村义务教育中的教育人事和财政分权管理制度对教育质量的影响,以便有助于我们更加全面、准确地理解教育投入与教育质量的关系。

第二节 理论分析框架

本文根据汉纳谢克建立的经典教育生产函数理论分析框架[2]建立如下的教育生产函数扩展模型,以分析学校教育投入和教育管理制度对教育质量的影响:

$$A_t = f(F_t, T_t, OS_t, S_t)$$

在这里,A_t 代表 t 时间的教育质量,用学生数学考试成绩衡量;F_t 代表累积到时间 t 为止来自家庭方面并对学生学业成绩有影响的各种因素,如父母受教育程度、家庭经济收入等;T_t 代表累积到时间 t 为止由教师投入到一个学生身上的各种因素,如教师学历、教师资格、教师培训、教师工资等;OS_t 则代表学校的其他投入要素,包括学校生均公用经费、生均人员经费、班级规模等;S_t 代表教育管理制度因素,本研究中指教育人事管理分权制度和教育财政管理分权制度。

第三节 数据介绍与研究方法

本研究采用的数据是北京大学中国教育财政科学研究所于 2007 年在湖北和江苏两省进行的"中国农村义务教育状况调查"数据。本次调查分别对抽样学校的校长以及抽样班的全体学生和老师发放了问卷,调查内容包括学生个体特征、学生家庭社会经济背景、学生所在班级的教师素质背景、学校投入背景等。为了度量教育质量,调查还分别对接受调查的四年级学生和初二年级学生进行了标准化的数学考试,试卷由考试专家

---

[1] 李小土,刘明兴,安雪慧.西部农村教育财政改革与人事权力结构变迁[J].北京大学教育评论,2008(4):62-77.

[2] HANUSHEK E A. The Economics of Schooling: Production and Efficiency in Public School[J]. Journal of Economic Literature,1986,24(3):1141-1177.

参照 TIMSS(国际数学和科学测评)试卷内容制定。本研究中,农村小学有效样本为 96 所,农村初中有效样本为 54 所,农村小学生有效样本数是 4440 名,农村初中生有效样本数是 3028 名。

为了克服计量分析中的数据层次性问题,在上述理论模型基础上,本研究将采用多层线性模型方法来估计学校教育投入和教育管理制度对教育质量的影响,所采用的统计软件为 HLM6.0 版本。考虑到每所学校内部只抽取了一个班级,故不适合构建学生个体、班级、学校的三层模型。因此,本研究构建了学生个体和学校两个层面的估计模型。对样本中拟构建模型的主要变量统计描述结果见表 14-1。

表 14-1　样本中主要变量统计描述

变量名	农村小学		农村初中	
	均值	标准差	均值	标准差
2006 年生均公用经费(元)	237.57	245.22	488.30	404.89
2006 年生均人员经费(元)	1284	1223	1595	1373
抽样班级班级规模(人)	42.55	12.63	56.07	11.57
数学教师教龄(年)	18.64	9.36	13.50	8.14
数学教师用于业务进修和培训的时间(小时/月)	21.29	24.04	29.94	33.29
数学教师 2006 年下半年获得的总奖金(元)	131.44	499.07	219.85	505.90
	比例	样本数	比例	样本数
数学教师初始学历获得于师范院校比例	52.08%	50	88.9%	48
数学教师具有本级学校及以上教师资格比例	91.7%	88	81.5%	44
数学教师具有高级职称比例	64.6%	62	9.26%	5
数学教师为公办教师比例	91.7%	88	94.4%	51
只有校长才能决定教师调动(1=是,0=否)	16.7%	16	1.9%	1
学校能否决定经费使用(1=能,0=不能)	50.0%	48	55.6%	30
学校能否决定教师的绩效工资(1=能,0=不能)	36.5%	35	48.1%	26

第四节　农村义务教育财政和人事分权管理对教育质量的影响

一、学生成绩方差分析模型结果

在进行两层模型分析之前需要研究方差分析模型。该模型中，第一层和第二层模型里都没有预测变量，它只注重区别被研究对象的个体差异和背景差异的比较，而暂时不考虑控制相关变量对因变量的影响。方差分析模型的主要目的是将学生数学成绩的总方差分解为学生个人和学校两个层次，以检验各层方差的比例是否显著，它决定了本研究是否有必要建立两层模型。表 14-2 是小学学生数学成绩方差分析模型带有稳健标准误（with robust standard error）的方差成分估计结果。

表 14-2　小学数学方差分析模型层际方差成分表

随机效应	标准差	方差成分	组内相关	自由度	χ^2	P 值
层 2 随机项	7.591	57.624	22.55%	95	1056.672	0.000
层 1 随机项	14.07	197.965				

从表 14-2 可知，层 2 随机项方差估计的卡方检验 P 值小于 0.01，这表明湖北、江苏两省小学学生的数学成绩在第二层（学校层面）存在非常显著的差异，也就是说学校背景因素对学生成绩的变异有很大影响，为此，需要在第二层模型中增加一些解释数学成绩的预测变量。

利用组内相关公式[①]可计算出第一层、第二层方差占总方差的比例分别为 77.45% 和 22.55%，这说明了湖北、江苏两省小学学生的数学成绩约 77% 的差异来源于个体和家庭间的差异，约 23% 的差异来源于校际差异，而当前校际差异主要表现为教育资源配置的不均衡。

表 14-3 是初中学生数学成绩方差分析模型带有稳健标准误（with robust standard error）的方差成分估计结果。从表 14-3 可知，层 2 随机项方差估计的卡方检验 P 值小于 0.01，这表明湖北、江苏两省初中学生的数学成绩在第二层（学校层面）也存在非常显著的差异，为此，需要在第二层模型中增加一些解释初中学生数学成绩的预测变量。

---

① RAUDENBUSH S W, BRYK A S. Hierarchical Linear Models: Application and Data Analysis Methods (Second Edition) [M]. Thousand Oaks: Sage Publication, 2002.

表 14-3 初中数学方差分析模型层际方差成分表

随机效应	标准差	方差成分	组内相关	自由度	χ^2	P 值
层 2 随机项	9.26	85.763	23.75%	53	997.773	0.000
层 1 随机项	16.595	275.404				

同样利用组内相关公式可计算出第一层、第二层方差占总方差的比例分别为 76.25% 和 23.75%，这说明了湖北、江苏两省初中学生的数学成绩约 76% 的差异来源于个体和家庭间的差异，约 24% 的差异来源于校际差异。值得一提的是，薛海平和闵维方的研究[①]显示，甘肃农村初中学生的数学成绩大约 21% 的差异来源于班级间的差异，约 21% 的差异来源于校际差异。如果将班级因素也归为学校因素，实际上甘肃农村初中学生数学成绩大约 42% 的差异来源于校际差异。因此，与西部农村初中相比，我国中东部地区农村初中数学教育质量受学校因素的影响似乎更小些，而受学生个体和家庭因素的影响似乎更大些，其原因可能在于与西部地区农村相比，我国中东部地区农村学生父母文化程度和家庭收入普遍较高，因此中东部地区农村学生父母对孩子的教育辅导和教育投入较多，结果是家庭对学生成绩的贡献也会较大。

二、层 2 变量的探索性分析

在分层线性模型中，零模型中高层子模型的自变量往往是通过探索分析在被选变量集合中选择的。这样可以最大限度地找出那些真正对因变量的变化起影响作用的自变量。所以在分层线性模型中，利用零模型分析了层际方差比例后，就会对零模型的二层作探索分析，以便找到那些潜在的自变量。探索分析在选择适合的潜在变量时，是依据"t-to-enter"的 T 值进行判断的，并在分析结果里选出|T| 较大值所对应的变量，从大到小依次选取。但如果|T|值接近 1 或者小于 1，这样的变量就不是好的潜在变量。此外，通过探索分析分析哪些潜在的变量是可以被层 2 所接受的，然后进一步利用似然比检验，看看零模型的离差统计量 D_0 与被选模型离差统计量 D_1 组成的偏差统计量 $H = D_0 - D_1$ 是否足够大。如果 H 足够大，说明零模型对真实数据的拟合较差，被选的模型就比较好。H服从于自由度为 $L_1 - L_0$ 的卡方分布。可以在计算出 H 值后查卡方分位

---

① 薛海平,闵维方.中国西部教育生产函数研究[J].教育与经济,2008(2):18-25.

表确定它究竟是否接受零假设 H_0，如果拒绝了 H_0，就可以说零模型对于数据的描述过于简单。[①]

根据李小土等人[②]和沃斯曼因[③]的研究，本研究选取了只有校长才能决定教师调动(1＝是,0＝否)、学校能否决定经费使用(1＝能,0＝不能)、学校能否决定教师的绩效工资(1＝能,0＝不能)三个潜在变量以衡量教育人事和财政管理分权制度。通过对湖北和江苏两省农村小学学生数学成绩的零模型的探索分析，会发现 t 值在 3.0 以上的有 6 个变量：月进修时间、教师初始学历、教龄、2006 年生均公用经费、2006 年生均人员经费、班级规模。t 值如此之大，说明了这些变量对小学学生的数学成绩有极大的影响。t 值介于 2.0 和 3.0 之间的有 4 个变量——2006 年下半年奖金、是否为公办教师、只有校长才能决定教师调动、学校能否决定经费使用，说明这些变量对小学学生的数学成绩有很大的影响。t 值介于 1.0 和 2.0 之间的有以下变量——教师初始学历是否为师范专业、学校能否决定教师的绩效工资，这些层 2 变量对小学学生的数学成绩有较大的影响。

通过对湖北和江苏两省农村初中学生数学成绩的零模型的探索分析，发现 t 值在 3.0 以上的有 2 个变量——实发月工资、教师初始学历，说明这两个变量对初中学生的数学成绩有极大的影响。t 值介于 2.0 和 3.0 之间的有 2 个变量——是否有初中及以上教师资格、2006 年生均人员经费，这 2 个层 2 变量对农村初中学生的数学成绩有很大的影响。t 值介于 1.0 和 2.0 之间的有以下变量——2006 年下半年奖金、是否具有高级职称、2006 年生均公用经费、只有校长才能决定教师流动、学校能否决定经费使用，这些层 2 变量对农村初中学生的数学成绩有较大的影响。

三、小学学生数学成绩随机截距模型分析结果

根据以前相关研究选择的第一层模型自变量和小学数学成绩探索分析选择的第二层模型自变量，本研究建立了无教育管理制度变量的小学数学成绩随机截距模型(模型 1)和有教育管理制度变量的小学数学成绩随机截距模型(模型 2)。

---

① RAUDENBUSH S W, BRYK A S. Hierarchical Linear Models：Application and Data Analysis Methods(Second Edition) [M]. Thousand Oaks：Sage Publication，2002.

② 李小土，刘明兴，安雪慧.西部农村教育财政改革与人事权力结构变迁[J].北京大学教育评论，2008(4)：62-77.

③ WOESSMANN L. Institutional Comparisons in Educational Production，CESifo DICE Report[J]. Journal for Institutional Comparisons，2004，2(4)：3-6.

两个模型固定效应部分主要统计结果见表 14-4。首先看模型 1 的统计结果,在层 2(学校层面)变量中:① 小学学校生均公用经费对学生数学成绩有极显著的正影响,生均公用经费增加 1 元,小学学生数学成绩就提高 0.008 分。小学生均人员经费对学生数学成绩有负影响,但没有通过显著性检验。② 小学数学教师初始学历对学生数学成绩有显著正影响,具体说,小学数学教师初始学历每提高一个层级(如从大专到大本,大本到研究生),学生数学成绩提高 2.27 分。③ 小学数学教师每学期用于业务进修和培训的时间对学生数学成绩有显著正影响。④ 具有高级职称小学数学教师所教学生数学成绩显著高于其他教师所教学生数学成绩 2.734 分。⑤ 小学数学教师教龄对学生数学成绩有显著负影响。⑥ 抽样班班级规模对小学学生数学成绩有显著正影响。在层 1(学生个体和家庭层面)变量中,男生数学成绩显著高于女生数学成绩,中等收入家庭(家中有电话但无电脑)和高收入家庭(家中有电脑)小学生数学成绩显著高于低收入家庭(家中无电话家庭)小学生数学成绩,表明家庭经济背景对小学生数学成绩有显著正影响。小学数学成绩模型 1 的拟合优度统计结果见表 14-5,拟合优度卡方检验的 P 值小于 0.01,表明小学数学成绩模型 1 对数学成绩的解释度显著优于小学数学成绩零模型,这也表明层 2 在加入学校经费和教师质量系列变量后,小学数学成绩模型的解释力得到了显著提高。

看模型 2 的统计结果,在层 2(学校层面)变量中:① 加入的 3 个教育管理制度变量均对小学学生数学成绩有显著影响,具体来说,只有校长才能决定教师调动的学校学生数学成绩显著高于其他学校(如县教育局、乡镇政府决定教师调动)学生数学成绩 3.85 分。能决定经费使用的学校学生数学成绩显著低于不能决定经费使用的学校学生数学成绩 2.787 分。能决定教师绩效工资的学校学生数学成绩显著高于不能决定教师绩效工资的学校学生数学成绩 2.843 分。② 在引入 3 个教育管理制度变量后,抽样班班级规模对小学学生数学成绩仍有显著正影响,但之前在模型 1 中一些对学生数学成绩有显著影响的变量(如生均公用经费、教师初始学历、教师职称等)均变得不显著了。在层 1(学生个体和家庭层面)变量中,男生数学成绩显著高于女生数学成绩,中等收入家庭(家中有电话但无电脑)小学生数学成绩显著高于低收入家庭(家中无电话家庭)小学生数学成绩,表明家庭经济背景对小学生数学成绩有显著正影响。小学数学成绩模型 2 的拟合优度统计结果见表 14-6,拟合优度卡方检验的 P 值小于 0.05,表明小学数学成绩模型 2 对数学成绩的解释度显著优于小学数学成绩模型 1,这也表明层 2 在引入教育管理制度系列变量后,小学数学成绩模型的解释力得到了显著提高。

表 14-4　小学数学随机截距模型固定效应结果

	变量名	模型 1	模型 2
学校层面	2006 年生均公用经费(元)	0.008 **	0.004
	2006 年生均人员经费(元)	−1.874	0.029
	数学教师初始学历	2.270 *	1.047
	数学教师初始学历是否获得于师范院校(1＝是,0＝否)	−1.123	−1.299
	数学教师教龄	−0.151 *	−0.116
	数学教师每学期用于业务进修和培训的时间	0.063 *	0.040
	数学教师是否具有小学及以上教师资格(1＝是,0＝否)	−4.130	−2.268
	数学教师是否具有高级职称(1＝是,0＝否)	2.734 *	1.887
	数学教师是否为公办教师(1＝是,0＝否)	2.198	2.794
	抽样班班级规模	0.179 **	0.162 **
	数学教师 2006 年下半年获得的总奖金(元)	0.0005	0.002 **
	只有校长才能决定教师调动(1＝是,0＝否)		3.850 **
	学校能否决定经费使用(1＝能,0＝不能)		−2.787 **
	学校能否决定教师的绩效工资(1＝能,0＝不能)		2.843 *
个体层面	性别(1＝男,0＝女)	1.449 ***	1.435 ***
	父亲学历	0.114	0.123
	家中有电脑(以家中无电话为基准)	1.614 *	1.572
	家中有电话但无电脑(以家中无电话为基准)	1.626 **	1.574 **
	家中除课本外的藏书量	0.0005	0.0005

注:本表中的结果是基于稳健估计标准误得到的。 *** $P<0.001$, ** $P<0.05$, * $P<0.1$。

表 14-5　小学数学成绩模型 1 的拟合优度统计结果

	离差统计量	估计参数	偏差统计量	自由度	P 值
小学数学成绩零模型	33436.643	2	5462.721	20	0.000
小学数学成绩模型 1	27973.922	22			

表 14-6　小学数学成绩模型 2 的拟合优度统计结果

	离差统计量	估计参数	偏差统计量	自由度	P 值
小学数学成绩模型 1	27973.922	22	14.568	6	0.024
小学数学成绩模型 2	27959.354	16			

四、初中学生数学成绩随机截距模型分析结果

同理,根据以前相关研究选择的第一层模型自变量和初中数学成绩探索分析选择的第二层模型自变量,本研究建立了无教育管理制度变量的初中数学成绩随机截距模型(模型 1)和有教育管理制度变量的初中数学成绩随机截距模型(模型 2)。

两个模型固定效应部分主要统计结果见表 14-7。首先看模型 1 的统计结果,在层 2(学校层面)变量中:① 初中数学教师实发月工资对学生数学成绩有极显著的正影响,教师实发月工资增加 1 元,初中学生数学成绩就提高 0.014 分。② 初中数学教师初始学历对学生数学成绩有显著正影响,具体说,初中数学教师初始学历每提高一个层级(如从大专到大本,大本到研究生),学生数学成绩提高 7.228 分。③ 初中学校生均公用经费和生均人员经费对学生数学成绩的影响均没有通过统计显著性检验。在层 1(学生个体和家庭层面)变量中,父亲学历对初中学生数学成绩有显著正影响,高收入家庭(家中有电脑)初中学生数学成绩显著高于低收入家庭(家中无电话家庭)初中学生数学成绩,表明家庭社会经济背景对初中学生数学成绩有显著影响。初中数学成绩模型 1 的拟合优度统计结果见表 14-8,拟合优度卡方检验的 P 值小于 0.01,表明初中数学成绩模型 1 对数学成绩的解释度显著优于初中数学成绩零模型,这也表明层 2在加入学校经费和教师质量系列变量后,初中数学成绩模型的解释力得到了显著提高。

看模型 2 的统计结果,在层 2(学校层面)变量中:① 学校能否决定经费使用对初中学生数学成绩具有显著负影响,具体来说,能决定经费使用的学校学生数学成绩显著低于不能决定经费使用的学校学生数学成绩2.249 分。只有校长才能决定教师调动对初中学生数学成绩影响没有通过统计显著性水平检验。② 在引入 2 个教育管理制度变量后,初中数学教师实发月工资和初始学历对初中学生数学成绩仍有显著正影响。在层1(学生个体和家庭层面)变量中,父亲学历对初中学生数学成绩仍有显著

正影响,高等收入家庭(家中有电脑)初中学生数学成绩显著高于低收入家庭(家中无电话家庭)初中学生数学成绩。初中数学成绩模型 2 的拟合优度统计结果见表 14-9,拟合优度卡方检验的 P 值小于 0.05,表明初中数学成绩模型 2 对数学成绩的解释度显著优于初中数学成绩模型 1,这也表明层 2 在引入教育管理制度系列变量后,初中数学成绩模型的解释力得到了显著提高。

表 14-7 初中数学随机截距模型固定效应结果

	变量名	模型 1	模型 2
学校层面	2006 年生均公用经费(元)	0.002	0.0005
	2006 年生均人员经费(元)	-1.323	4.872
	数学教师实发月工资	0.014***	0.014***
	数学教师 2006 年下半年获得的总奖金(元)	0.001	
	数学教师初始学历	7.228***	5.410**
	数学教师是否具有初中及以上教师资格(1=是,0=否)	1.719	1.808
	数学教师是否具有高级职称(1=是,0=否)	3.341	6.390
	只有校长才能决定教师调动(1=是,0=否)		-2.431
	学校能否决定经费使用(1=能,0=不能)		-2.249^*
个体层面	性别(1=男,0=女)	1.005	1.066
	父亲学历	1.508**	1.524**
	家中有电脑(以家中无电话为基准)	-2.567^*	-2.678^*
	家中有电话但无电脑(以家中无电话为基准)	-0.459	-0.339
	家中除课本外的藏书量	0.00002	0.0003

注:*** $P<0.001$,** $P<0.05$,* $P<0.1$

表 14-8 初中数学成绩模型 1 的拟合优度统计结果

	离差统计量	估计参数	偏差统计量	自由度	P 值
初中数学成绩零模型	25756.347	2	3177.817	20	0.000
初中数学成绩模型 1	22578.529	22			

表 14-9 初中数学成绩模型 2 的拟合优度统计结果

	离差统计量	估计参数	偏差统计量	自由度	P 值
初中数学成绩模型 1	22578.529	22	15.505	6	0.017
初中数学成绩模型 2	22563.023	16			

五、与 OLS 分析结果的比较

多层次分析最大的优点在于它强调教育系统内在的层次性,这可以使研究者在不同层次上讨论不同因素的影响。一般来说,当同一班级或学校的学生成绩相关较低时,多层次分析与 OLS 结论相似。当单位内相关增大时,OLS 估计会低估标准误,这可能会导致对零假设的错误拒绝。因此,当没有考虑到数据结构问题时,研究者可能会发现解释变量与学生产出之间存在正向的关系,但实际上这种关系并不存在。汉纳谢克等人[①]的调查就表明如果没有考虑到数据的层次结构而使用了总量数据的研究更可能显示出学校投入和产出间存在显著关系。我们也分别计算了小学和初中数学成绩 OLS 回归结果(由于篇幅所限略去相关表格),对比小学和初中数学成绩多层次分析结果后发现,OLS 回归结果总体更加显著,许多变量的回归系数在多层次分析方法下没有通过统计显著性水平检验,但在 OLS 回归方法下均通过了统计显著性水平检验。由此可见,忽略层次的 OLS 回归结果存在较严重的估计偏差,多层次分析方法的结果更加精确。

第五节　主要结论与政策建议

根据上述实证分析结果,本文得出如下主要结论。

1. 教师因素对中东部地区农村中小学数学教育质量有重要影响。具体来说,数学教师初始学历对中小学数学教育质量均有显著正影响;初中数学教师实发月工资对数学教育质量有极显著正影响;小学数学教师职称以及学期中每月用于业务进修和培训的时间对数学教育质量都有显著正影响。但小学数学教师教龄对数学教育质量有显著负影响,其原因可能在于由于缺乏有效激励,农村小学教师随着教龄的增加,其职业倦怠的程度也在增加,表现为一定程度的得过且过,不愿意努力工作,结果导致教育质量下降[②]。

2. 生均公用经费对中东部地区农村中小学数学教育质量影响比较

---

①　HANUSHEK E A, RAYMOND M E. Does School Accountability Lead to Improved Student Performance? [R]. NBER Working Paper No. 10591, 2004.

②　桑青松,黄卫明. 农村中小学教师职业倦怠调查[J]. 中国公共卫生,2007 (10):1260-1261.

复杂。具体来说,生均公用经费支出对初中数学教育质量影响不显著;在小学数学成绩随机截距模型1中,生均公用经费支出对数学教育质量有显著正影响,在小学数学成绩随机截距模型2中,当引入学校能否决定教师的绩效工资这一变量后,学校能否决定教师的绩效工资对小学数学教育质量具有显著正影响,而生均公用经费支出对小学数学教育质量影响变得不显著了,生均公用经费支出对小学数学教育质量的影响在很大程度上被学校能否决定教师的绩效工资这一变量抵消了,原因可能在于生均公用经费对教师的绩效工资有重要影响。以2006年农村小学教师下半年奖金为因变量、2006年农村小学公用经费拨款为自变量的普通线性回归结果显示学校公用经费拨款对教师奖金有极显著正影响,由此推断农村小学教师部分奖金可能来源于对学校公用经费的挤占,由于这种人头经费挤占公用经费现象的存在,真正流入教学过程的公用经费大量减少,最终导致农村小学生均公用经费对数学教育质量影响不显著。

3. 教师人事分权制度对中东部地区农村小学数学教育质量有显著正影响。只有校长才能决定教师调动的小学教育质量显著高于教育局或乡镇政府决定教师调动的小学教育质量,显示教师人事权下放到学校而非集中于教育局或乡镇政府有助于提高教育质量,这与李小土等人[①]对甘肃农村中小学人事与教师激励机制的研究结论一致。在农村中小学尤其是地处偏远的农村学校,将教师调动到乡镇或交通便利的学校,无疑是一项重要的激励手段。这种激励手段掌握在校长手中的制度设计要优于掌握在教育局或乡镇政府等其他制度设计,其主要原因在于:校长是学校教学业务的直接管理者,最熟悉本校教师和学校的情况。业务管理者同时掌握人事权力,有利于建立合理的教师激励制度和有效配置教育资源;教师人事权力如果集中于县教育局或乡镇政府所产生的一个后果是,权力的掌控方与教育管理方完全分离,拥有支配权的领导往往对教学业务和教学第一线的工作者并不熟悉。换言之,教育绩效的评估者却无法掌握对于教师激励的权力,结果可能会逐渐不再愿意进行严格的管理。教师人事权集中,也会导致教师调配更不合理,对于差的教师难以管理,这都可能引起教学质量下滑。

4. 教育财政分权制度对中东部地区农村中小学数学教育质量产生

---

① 李小土,刘明兴,安雪慧.西部农村教育财政改革与人事权力结构变迁[J].北京大学教育评论,2008(4):62-77.

了混合影响。能决定教师绩效工资的小学学生数学成绩显著高于不能决定教师绩效工资的小学学生数学成绩,表明中东部地区农村小学拥有教师绩效工资分配权有助于提高数学教育质量。教师绩效工资也是一项重要的激励手段。这种激励手段下放到学校的制度设计要优于掌握在教育局或乡镇政府等其他制度设计,其主要原因同样在于:校长是学校教学业务的直接管理者,最熟悉本校教师的情况。业务管理者同时掌握教师绩效工资分配权力,就直接掌握了激励教师的权力,有利于建立合理的教师激励制度和有效配置教育资源。然而,能决定经费使用的中小学学生数学成绩均显著低于不能决定经费使用的学校学生数学成绩,表明中东部地区农村中小学拥有经费使用自主权会对教育质量产生负影响。一个可能的原因是中小学拥有经费使用自主权而学校经费使用过程监督机制又不健全的情况下,学校会挤占公用经费给教师发一些福利(含保险)、津贴、奖金或偿还学校债务。笔者在 2006 年跟随北京大学中国教育财政科学研究所所长王蓉教授在湖北和陕西调查时发现,农村义务教育阶段学校的公用经费普遍受到严重挤占。挤占公用经费的支出包括分发教师福利、津贴,支付代课教师与教职工工资,偿还债务等。为了证实学校是否挤占了公用经费给教师发一些福利(含保险)、津贴、奖金或偿还学校债务,本研究以 2006 年生均公用经费支出为自变量,分别对农村小学和初中 2006 年教师奖金和津贴、福利(含保险)、归还贷(借)款本息支出进行了回归,每一个模型均通过了 0.05 的统计显著性水平检验,具体结果见表 14-10。从中可以看到,中东部地区农村小学和初中生均公用经费支出均对教师奖金和津贴、福利(含保险)、归还贷(借)款本息支出产生了显著正影响,这在一定程度上证实了中东部地区农村中小学可能存在挤占公用经费给教师发奖金、津补贴、福利或偿还学校债务的推论。本研究结论与一些国际比较研究的结论保持了一致,沃斯曼因采用 TIMSS 国际考试的数据研究表明给予学校自主权对学生的成绩的影响是复杂的。给予学校设定自己的预算、绩效目标和教学标准方面的自主权将对学生成绩产生负影响,因此这方面的权力应该被集中。[①]

---

① WOESSMANN L, WEST M R. Class-Size Effects in School Systems Around the World: Evidence from Between-Grade Variation in TIMSS[J]. European Economic Review, 2006,50(3): 695-736.

表 14-10　2006 年生均公用经费支出(元)与教师奖金、津贴、福利和学校债务偿还

自变量 因变量	农村小学		农村初中	
	回归系数	调整后 R^2	回归系数	调整后 R^2
2006 年教师奖金、津贴	213.22***	0.062	510.57***	0.321
2006 年教师福利(含保险)	194.31***	0.160	211.38***	0.146
2006 年归还贷(借)款本息支出	233.85*	0.118	397.42*	0.132

注：$***\ P<0.001$，$**\ P<0.05$，$*\ P<0.1$

根据上述主要结论,本文对提高我国中东部地区农村义务教育质量以及推动农村义务教育经费保证机制改革的深入实施提出以下几点政策建议。

1. 提高农村中小学教师素质和生均公用经费拨款标准。本研究表明中东部地区农村中小学数学教师素质对数学教育质量具有重要影响,因此可以采取以下措施提高农村中小学教师素质:提高应聘教师的初始学历标准;加大城镇高级职称教师去农村小学支教力度;增加农村小学教师业务进修和培训时间;采取有效措施对农村小学教师进行激励,消除其职业倦怠。学校公用经费是教育事业费中用于保证和改善办学条件的公共开支部分,它是学校行政和教学活动的基本保证,研究表明学校生均公用经费支出对农村小学数学教育质量有显著正影响,对农村初中数学教育质量也有正影响,但没有通过统计显著性水平检验,其原因可能在于公用经费被大量挤占用于给教师发奖金、津补贴、福利或偿还学校债务,结果导致真正流入教学过程的公用经费较少。基于上述分析,增加学校生均公用经费支出有助于提高农村中小学教育质量,为此,政府需要提高农村中小学学杂费和生均公用经费的财政拨款标准,加强中东部地区农村中小学公用经费保障水平。

2. 给予农村中小学一定的经费使用自主权,同时完善和强化对学校公用经费使用过程的监控机制。前文分析表明校长掌握教师绩效工资分配权力,有利于建立合理的教师激励制度和有效配置教育资源,最终有助于提高教育质量。2007 年中东部地区开始实施农村义务教育经费保障机制改革后,伴随着农村中小学接受的教育财政拨款的增加,为了强化对学校经费使用过程的监控,很多地方实行了"校财局管"的学校财政管理模式,农村中小学基本失去了经费使用自主权,这虽然可以在一定程度上规范农村中小学经费使用过程,但同时也取消了校长对教师绩效工资的

分配权,不利于建立合理的教师激励制度和有效配置教育资源,最终不利于教育质量的提高。因此,应实行教育财政分权制度,给予农村中小学一定的经费使用自主权,赋予校长对教师绩效工资的分配权。与此同时,为了防止农村中小学挤占公用经费危害教育质量,需要完善和强化对学校公用经费使用过程的监控机制。尽管"校财局管"的学校财政管理模式可以在一定程度上规范农村中小学经费使用过程,但仍很难对学校公用经费使用去向和效益进行监督与评估,为此需要采取以下措施完善对学校公用经费使用过程的监控机制:(1)监督地方政府切实承担起对农村中小学教师保险、津贴的财政拨款责任,将绩效工资、代课教师工资、学校债务偿还支出纳入政府财政拨款范围,消除农村中小学挤占公用经费的客观原因。(2)强化对学校经费的审计制度和学校财务公开制度。

3. 实行教师人事管理分权制度,赋予农村中小学校长一定的教师人事自主权。1985年公布的《中共中央关于教育体制改革的决定》明确指出中小学要逐步实行校长负责制,校长应拥有教学科研管理、行政管理、人事管理、后勤和经费管理等各项权力。近年来,伴随着"以县为主"改革和农村义务教育经费保障机制改革的深入,农村义务教育财政管理的集权趋势也引起了教师人事管理权力不断集中于县教育管理部门或人事管理部门手中,农村中小学校长原来掌握的人事管理和经费管理权力越来越小,结果导致他们对于本校教师的激励手段和强度均受到了很大削弱。教师人事权力过度集中所产生的一个后果是,学校教学业务的直接管理者不掌握对于教师激励的权力,而拥有激励支配权的县级管理部门却往往对教学业务和教学第一线的教师并不熟悉,这在一定程度上扭曲了教师人事管理的激励机制,无疑会对教育质量带来负面影响。为了建立合理的教师人事管理激励机制,可考虑真正落实校长负责制,实行教师人事管理分权制度,赋予农村中小学校长在教师调动、职称评定、绩效工资分配等教师人事管理方面一定的自主权。

第十五章 义务教育教师绩效奖金、教师激励与学生成绩[①]

薛海平 王 蓉[②]

1985 年我国机关和事业单位工资制度改革后,义务教育学校逐步实施了结构工资制,教师工资主要包括固定的专业技术职务工资和浮动的津贴两部分,国家规定公立中小学教师工资构成中津贴比例为 30%,与工作数量和质量挂钩。20 世纪 90 年代中后期,随着结构工资制改革的深入,教师工资构成中奖金津贴比重逐渐增加,且与教师工作绩效联系更加紧密,义务教育学校教师绩效工资制度逐渐形成。2008 年 12 月,国务院常务会议审议并原则通过《关于义务教育学校实施绩效工资的指导意见》,决定于 2009 年 1 月起在全国义务教育学校实施绩效工资制度,义务教育学校教师绩效工资制度正式确立。国家实施义务教育学校绩效工资制度的主要目的在于将教师的收入同其本人的工作绩效直接挂钩,建立校内激励和竞争机制,打破平均主义的分配办法,建立多劳多得、优质优酬的分配原则,以调动教师的工作积极性,全面提高教育质量。然而,需要探讨的关键问题是:义务教育学校教师绩效工资制度的实施能否对教师产生有效激励进而提升教育质量?迄今为止,国内针对此问题的实证研究非常少见,本文将对此问题进行实证研究。从 20 世纪 90 年代中后期开始,我国义务教育学校教师绩效工资主要分为基本工资和绩效奖金两部分,而绩效奖金由于与教师工作绩效联系更加紧密,因此教师工作绩效奖金的分配是充分发挥绩效工资激励效应的关键部分,决定着绩效工资的分配导向,可能对教育质量产生重要影响。为此,本文主要探讨教师工作绩效奖金及其分配方式对学生成绩的影响,希望研究结论能够为我国政府和学校实施和改进教师绩效工资制度提供重要的参考依据。

---

① 本文系国家自然科学基金项目"义务教育生产效率研究"(项目批准号:71003071)的部分研究成果。本文发表于《教育研究》2016 年第 5 期。

② 薛海平,首都师范大学教育学院教授,教育经济与管理研究所所长;王蓉,北京大学中国教育财政科学研究所所长、教授。

第一节　相关实证研究回顾

　　义务教育绩效工资制度是否能够对学生的学习成绩产生积极有效的影响？迄今为止，国内学者对义务教育绩效工资进行了大量研究，但研究问题主要集中于义务教育绩效工资制度本身及其对教师的影响[1][2][3]，针对义务教育绩效工资制度对学生学习成绩的影响的实证研究基本没有。与国内研究不同，国外学者对此问题则进行了广泛讨论与研究。拉德（Helen F. Ladd）以美国得克萨斯州达拉斯市所实施的主要以教师绩效工资制度为主的学校激励项目为例，分析绩效工资制度对学校产出造成的影响。其中教育产出主要以七年级学生在 TAAS 考试中的阅读和数学考试成绩通过率为代表。其研究通过建立教育生产函数，以考试通过率为独立变量进行大量回归分析，表明达拉斯市在实施以教师绩效工资制度为主的学校激励项目后，学生的阅读、数学考试通过率较基年相比有明显的提升，并且与该州其他未实施绩效激励项目或者实施力度不足、方案不够完善的地区相比，考试通过率明显较高。[4]迪（Thomas S. Dee）与凯斯（Benjamin J. Keys）以美国田纳西州所实施的义务教育绩效工资项目——教师职业阶梯计划为实验样本，并且运用与之同时进行的田纳西州 STAR 项目（始于 1985 年，通过缩小班级规模和降低师生比来提高学生学习成绩）所提供的丰富数据，研究义务教育绩效工资制度是否能够成功奖励那些对提高学生成绩卓有成效的教师。研究中所有教师和学生都是随机选择的，因此克服了选择偏好所带来的偏差，参与职业阶梯计划的教师除了得到金钱物质上的奖励之外，还会获得例如促进教师专业发展的非物质奖励。研究通过建立回归模型进行数据统计分析，发现当绩效工资制度拥有良好规范的评估体系时，高质量的教师是可以得到合理的绩效奖励的，绩效工资制度对提高学生的数学成绩有显著积极影响，但是

　　①　范先佐,付卫东.义务教育教师绩效工资改革:背景、成效、问题与对策:基于对中部 4 省 32 县(市)的调查[J].华中师范大学学报(人文社会科学版),2011(6):128-137.

　　②　赵宏斌,惠祥凤,傅乘波.我国义务教育教师绩效工资实施的现状研究:基于对 25 个省 77 个县 279 所学校的调查[J].教育理论与实践,2011(10):24-27.

　　③　杨挺.教师绩效工资制度审视:人力资本的视角[J].中国教育学刊,2010(07):20-23.

　　④　LADD H F. The Dallas School Accountability and Incentive Program: An Evaluation of Its Impacts on Student Outcomes[J]. Economics of Education Review, 1999,(8):1-16.

对阅读成绩的影响不显著。[①] 菲格里奥（David N. Figlio）和肯尼（Lawrence W. Kenny）着重探讨了美国教师绩效工资制度对教师个体进行激励是否能对学生学习成绩产生积极影响。其研究通过建立教育生产函数并进行回归分析，并将实施教师绩效工资制度的程度分为三个不同的等级——高度激励、中度激励和低度激励。研究发现对于教师实施绩效激励的学校中，学生分数要高；并且绩效激励的程度越高，提升学生成绩的效果越好，特别是教师绩效与学生成绩之间的关系在那些缺乏父母监督的学生中表现更加明显。教师绩效激励与学生学习成绩之间的正向关系可能是由于教师绩效激励促使学校整体目标的提升和教师更加努力地工作。[②]

　　除美国之外，其他国家学者对教师绩效工资激励效果的研究也得出了类似结论。拉维（Victor Lavy）以以色列实施教师绩效工资制度的试点中学为案例，探寻教师绩效工资制度对教师工作努力程度以及工作产出的影响。研究发现，绩效工资制度通过激励教师提高工作努力程度，有效地提高了教师的工作产出，而工作产出增加的最直观体现就在于学生成绩的提升。[③] 阿特金森（Adele Atkinson）与伯吉斯（Simon Burgess）等人探寻英国基于学生考试通过率的教师绩效工资制度是否促使教师更加努力地工作。英国政府于 1999 年实施了教师绩效工资制度，评估教师绩效工资的标准是学生 GCSE 升学考试的考试通过率。研究发现绩效工资制度对教师工作产生了显著影响，教师会对物质激励做出反应，从而提高工作努力程度，促使学生成绩提高。沃斯曼因（Ludger Woessmann）运用更加丰富广泛的跨国数据探讨绩效工资制度对学生学习成绩的影响。数据涵盖 28 个 OECD 国家中 190000 名 15 岁学生参加 2003 年国际 PISA 考试的成绩，通过建立教育生产函数进行大量回归分析，发现实施绩效工资制度国家的学生 PISA 考试数学成绩要比没有实施绩效工资制度国家的学生数学成绩高出 24.84 分，从而证明实施绩效工资制度对于提升学生学习成绩有积极影响。同时研究发现教师绩效工资的发放权在学校手中的激励效果要高于在地方教育部门和国家教育部门的激励效果，并且

①　DEE T S, KEYS B J. Does Merit Pay Reward Good Teachers? Evidence from a Randomized Experiment[J]. Policy Analysis and Management，2004，22(03)：471-488.

②　FIGLIO D N, KENNY L W. Individual Teacher Incentives and Student Performance [J]. Public Economics，2007，(91)：901-914.

③　LAVY V. Performance Pay and Teacher's Effort, Productivity and Grading Ethics[J]. NBER Working Paper，2004，(10622)：1-35.

各种工资调节因素在绩效工资制度下对学生学习成绩的影响更为显著。①

虽然大量研究表明实施绩效工资制度对教师产生了有效的激励,促使教师更加努力地工作,因而增加了教育产出,提高了学生的学习成绩,但是一些研究对绩效工资制度与学生学习成绩的积极影响持怀疑、否定的态度。埃伯特(Randall Eberts)等人研究教师绩效激励与学生产出时提出,教师绩效工资制度与学生成绩之间的关系并不显著。其文章将一所实施了绩效工资制度的学校与一所保持传统教师工资制度的学校做对比研究,其中实施了绩效工资制度的学校将会奖励提高学生保持率的教师。研究通过建立双重差分模型,发现绩效工资能够提高学生保持率,但是对年级考试平均分没有影响,甚至降低了学生的日出勤率,缩减了课容量。② 格利维(Paul Glewwe)等人在研究教师绩效激励的时候也对其是否能对学生成绩产生影响提出质疑。其研究评估了肯尼亚乡村小学教师的绩效工资计划,教师的绩效衡量标准是学生的考试成绩。研究发现实施了绩效工资制度的学校学生成绩相对于那些没有实施绩效工资制度的学校学生成绩有了明显的提高,但是教师只是在提高学生短期内考试分数上提高了工作努力程度,对学生实施了更多的短期测验,实施绩效工资制度的学校的教师并没有在提高学生长期学习能力上付出努力,教师出勤率没有上升,家庭作业没有增加,教学方法没有改变。待绩效工资制度结束以后,学生成绩上的进步就消退了。③

第二节 数 据 介 绍

北京大学中国教育财政科学研究所 2007 年在中国中部 A 省和东部 B 省开展了"中国农村义务教育状况调查",本研究的数据来源于此次调查。调查人员采取多阶段、等距抽样的方法对两省的义务教育阶段农村和城市学校进行了抽样调查,向抽样学校的校长以及抽样班的全体学生和老师发放了问卷,从不同的角度考察了影响教育质量的因素。调查内

---

① WOESSMANN L. Cross-country Evidence on Teacher-Performance Pay [J]. Economics of Education Review,2011,(30):404-418.

② EBERTS R, HOLLENBECK K, STONE J. Teacher Performance Incentives And Student Outcomes [J]. The Journal of Human Resources,2002,37(4):913-927.

③ GLEWWE P, ILIAS N, KREMER M. Teacher Incentives[J]. Economic Policy,2003, (9):21-37.

容包括学生个体特征、学生家庭社会经济背景、学生所在班级的教师素质背景、学校投入背景等。为了度量教育质量,调查还分别对接受调查的四年级学生和初二年级学生进行了统一的数学考试,试卷由考试专家参照TIMSS(国际数学和科学测评)试卷内容制定。本研究中的有效学校样本数为 229 所,具体学校样本分布见表 15-1,学生样本数为 10055 名,教师样本数为 1338 名。

表 15-1　学校样本分布

		样本量	占全体学校样本的比例
全体学校		229	100%
学校类别	城市小学或县直小学	30	13.1%
	乡镇中心小学	63	27.5%
	村完小	55	24.0%
	九年一贯制学校	9	3.9%
	市、区(县)直属独立初中	20	8.7%
	乡镇属独立初中	52	22.7%
学校所在地	农村(包括乡、镇)	173	75.5%
	城市	56	24.5%
学校所有制性质	公办	216	94.3%
	民办	9	3.9%
	其他	4	1.7%
学校所在省份	中部 A 省	111	48.5%
	东部 B 省	118	51.5%

第三节　教师绩效奖金对学生成绩影响分析

一、绩效奖金对学生成绩影响分析理论模型

借鉴汉纳谢克[①]建立的分析学生成绩影响因素的教育生产函数经典理论模型,本文建立了如下的理论模型以分析绩效奖金对学生成绩的影响:

$$A_t = f(R_{t-1}, S_{t-1}, T_{t-1}, F_{t-1})$$

---

① HANUSHEK E A. The Economics of Schooling: Production and Efficiency in Public School[J]. Journal of Economic Literature, 1986, 24(3): 1141-1177.

在这里,A_t 代表学生成绩,用学生的数学测试得分衡量;R_{t-1} 代表与绩效奖金有关的自变量矩阵;S_{t-1} 代表与学校特征有关的自变量矩阵;T_{t-1} 代表与教师特征有关的自变量矩阵;F_{t-1} 代表与学生家庭社会经济背景特征有关的自变量矩阵。

二、变量定义

根据上述理论模型,本文将采用普通线性回归模型和多层线性模型分别计量绩效奖金对学生成绩的影响,模型中涉及的各类变量定义见表 15-2。

表 15-2　模型中的变量定义

变量类型		变量名	变量说明
因变量		学生成绩	用学生数学测试分数衡量
自变量	绩效奖金因素	2006 年总绩效奖金	学校、班级、个人绩效奖金加总(元)
		2006 年学校绩效奖金	由于学校整体表现优秀,给本校所有老师发的奖金(元)
		2006 年班级绩效奖金	由于所教班级优异表现,给相关任课教师发的奖金(元)
		2006 年个人绩效奖金	由于教师自身的优异表现,给教师个人发的奖金(元)
		学校能否决定教师绩效奖金分配	1=能,0=否
	学校因素	生均公用经费支出	2006 年生均公用经费支出(元)
		生均人员经费支出	2006 年生均人员经费支出(元)
		班级规模	班级学生人数(人)
		学校类型	0=小学,1=初中
	家庭因素	父亲学历	父亲受教育年限(年)
		家中是否有电脑	1=是,代表家庭经济条件较好,0=否;以家中无电话为基准
		家中是否有电话但无电脑	1=是,代表家庭经济条件中等,0=否;以家中无电话为基准
		家庭文化资本	家中除课本外的藏书量(册)
	教师因素	数学教师受教育水平	教师初始受教育年限(年)
		数学教师教龄	教师从事教育事业年限(年)
		数学教师月工资	数学教师实发月工资总额(元)
		数学教师是否具有高级职称	1=是,0=否
		教师编制类型	0=非公办,1=公办

三、普通线性模型回归分析结果

学生数学成绩还受到学生家庭、教师、学校等因素影响,因此为了控制住这些因素对学生成绩的影响,建立普通线性回归模型1、模型2,分别分析 2006 年总绩效奖金以及 2006 年学校绩效奖金、2006 年班级绩效奖金、2006 年个人绩效奖金对学生数学成绩的影响,具体结果见表 15-3。模型1、模型2均通过了1%的统计显著性水平检验,且各自变量的共线性检验 VIF 值均小于 10,表明自变量间不存在严重的共线性问题。由模型 1 回归结果可知,在控制住学生家庭、教师、学校等因素影响后,2006年总绩效奖金仍然对学生成绩有显著正影响。教师的年绩效奖金每增加 1000 元,学生的数学成绩就提高 2 分。从标准化回归系数可知,与其他因素相比,2006 年总绩效奖金对学生成绩的影响较大。由模型 2 回归结果可知,在控制住学生家庭、教师、学校等因素影响后,2006 年学校绩效奖金、2006 年班级绩效奖金、2006 年个人绩效奖金对学生数学成绩均有显著正影响。教师的学校、班级、个人绩效奖金每增加 1000 元,学生的数学成绩分别提高 2 分、4 分、1 分。对比学校、班级、个人绩效奖金标准化回归系数可知,班级绩效奖金对学生成绩影响最大,其次是学校绩效奖金,个人绩效奖金对学生成绩影响最小。此外,学校生均公用经费支出、班级规模、教师学历、教师月工资、班级规模、父亲学历、家庭经济状况对学生成绩均有不同程度的显著正影响。班级规模对学生成绩有显著正影响而非负影响,其可能原因在于样本中有许多农村学校,农村学校班级规模普遍偏小,但学生成绩也较低,城市学校班级规模普遍较大,但学生成绩也较高,具体分析结果见表 15-4。

表 15-3　绩效奖金因素对学生成绩影响回归分析

自变量	模型 1		模型 2	
	非标准化回归系数	标准化回归系数	非标准化回归系数	标准化回归系数
2006 年总绩效奖金	0.002***	0.100		
2006 年学校绩效奖金			0.002***	0.042
2006 年班级绩效奖金			0.004***	0.090
2006 年个人绩效奖金			0.001**	0.024
生均公用经费支出	0.004***	0.069	0.004***	0.072
班级规模	0.122***	0.135	0.120***	0.132

自变量	模型 1		模型 2	
	非标准化回归系数	标准化回归系数	非标准化回归系数	标准化回归系数
父亲学历	0.388***	0.076	0.384***	0.075
家中是否有电脑	4.548***	0.109	4.562***	0.110
家中是否有电话但无电脑	2.703***	0.079	2.736***	0.08
家庭文化资本	0.003***	0.031	0.003***	0.031
数学教师受教育水平	2.757***	0.086	2.76***	0.086
数学教师教龄	0.02	0.011	0.027	0.015
数学教师月工资	0.001***	0.036	0.001***	0.035
数学教师是否具有高级职称	0.777*	0.023	0.725	0.022
调整后 R^2	0.086		0.087	
模型卡方检验值	0.000		0.000	

注：* 表示通过 0.1 显著性水平检验，** 表示通过 0.05 显著性水平检验，*** 表示通过 0.01 显著性水平检验。

表 15-4　班级规模与学生成绩关系分析

学校类型	数学平均成绩	班级规模	数学成绩有效样本数	班级规模有效样本数
村小	72.13	48.34	1653	2670
乡镇中心小学	75.25	51.29	2648	2917
城市小学	81.61	64.80	1308	1308
乡镇初中	75.39	51.34	2677	2677
城市初中	83.02	57.96	1017	1017

现实中，教育行政部门、其他政府部门、学区领导、村委会、学校都可能会影响教师绩效奖金分配。学校领导处于教育教学工作第一线，应最了解教师工作绩效，因此学校掌握教师绩效奖金分配权可以最大限度地调动教师努力工作以提高学生成绩。为了考察教师绩效奖金分配权对学生成绩的影响，建立模型3、模型4，具体结果见表15-5。模型3、模型4均通过了 1% 的统计显著性水平检验，且各自变量的共线性检验 VIF 值均小于10，表明自变量间不存在严重的共线性问题。由模型3回归结果可知，在控制住其他因素影响后，2006 年总绩效奖金仍对学生成绩有显著正影响，教师绩效奖金分配权对学生成绩有显著正影响，掌握了教师绩效奖金分配权的学校学生数学成绩比没有掌握教师绩效奖金分配权的学校

显著高出近 1 分。进一步分析显示,学校能否决定教师绩效奖金分配与 2006 年总绩效奖金交互项对学生成绩有显著负影响,这意味着掌握了教师绩效奖金分配权的学校,其教师绩效奖金对学生成绩正影响力度相对小于没有掌握教师绩效奖金分配权的学校。其可能的原因在于掌握了教师绩效奖金分配权的学校如果对学校教师绩效奖金分配不当,更容易引起本校教师对学校领导的不满,结果会降低教师的工作积极性,最终削弱教师绩效奖金对学生成绩的积极影响。由模型 4 回归结果可知,在控制住其他因素影响后,教师绩效奖金分配权对学生成绩仍有显著正影响。

表 15-5　绩效奖金分配权对学生成绩影响回归分析

自变量	模型 3		模型 4	
	非标准化回归系数	标准化回归系数	非标准化回归系数	标准化回归系数
学校能否决定教师绩效奖金分配	0.909**	0.027	0.723*	0.022
学校能否决定教师绩效奖金分配与 2006 年总绩效奖金交互项	-0.001**	-0.049		
2006 年总绩效奖金	0.003***	0.137		
2006 年学校绩效奖金			0.002***	0.040
2006 年班级绩效奖金			0.004***	0.092
2006 年个人绩效奖金			0.001*	0.022
生均公用经费支出	0.004***	0.065	0.004***	0.066
班级规模	0.121***	0.134	0.118***	0.130
父亲学历	0.385***	0.075	0.379***	0.074
家中是否有电脑	4.504***	0.108	4.498***	0.108
家中是否有电话但无电脑	2.694***	0.079	2.725***	0.080
家庭文化资本	0.003***	0.032	0.003***	0.031
数学教师受教育水平	2.717***	0.085	2.704***	0.085
数学教师教龄	0.019	0.011	0.026	0.015
数学教师月工资	0.001***	0.035	0.001***	0.033
数学教师是否具有高级职称	0.788*	0.024	0.738	0.022
调整后 R^2	0.086		0.087	
模型卡方检验值	0.000		0.000	

注:* 表示通过 0.1 显著性水平检验,** 表示通过 0.05 显著性水平检验,*** 表示通过 0.01 显著性水平检验。

四、多层线性模型回归分析结果

由于影响学生成绩的家庭、教师、学校等因素具有层次关系,如果只采用普通线性回归模型来计量教师绩效奖金对学生成绩的影响,其估计结果可能会有偏差。为了克服计量分析中的数据层次性问题[①],本研究还将采用多层线性模型方法来估计教师绩效奖金对学生成绩的影响。考虑到样本数据中每所学校内部只抽取了一个班级,故不适合构建学生个体、班级、学校的三层模型。因此,本研究构建了学生个体和学校两个层面的估计模型,具体的教育生产函数二层估计模型如下。

层 1 模型:将学生个体的考试成绩表示为学生层面特征变量的函数与一个误差项的和,即:

$$Y_{ij} = \beta_{0j} + \beta_{1j}\alpha_{1ij} + \beta_{2j}\alpha_{2ij} + \cdots + \beta_{pj}\alpha_{pij} + r_{ij} = \beta_{0j} + \sum_{p=1}^{p}\beta_{pj}\alpha_{pij} + r_{ij}$$

其中:Y_{ij} 表示第 j 个学校第 i 个学生的考试成绩,β_{0j} 为回归截距;

α_{pij},$p=1,2,\cdots,p$ 表示学生层面的预测变量,主要包括学生家庭社会经济背景;

β_{pj},$p=1,2,\cdots,p$ 表示学生层面的预测变量 α_{pij} 对因变量的回归系数,可以在学校层面随机变化;

r_{ij} 为学生层面的随机变异,表示学生的考试成绩与预测变量的差异,假设服从正态分布,平均值为 0,方差为 σ^2。

层 2 模型:学生层面中的每一个回归截距 β_{0j} 和回归系数 β_{pj} 可以看作固定的、非随机变化的或随机的,每一个学生层面的系数 β_{0j} 和 β_{pj} 可以由层 2(学校层面)的预测变量预测或解释,因此可将 β_{0j} 和 β_{pj} 表示为学校层面预测变量的函数:

$$\beta_{pj} = \gamma_{p0} + \gamma_{p1}x_{1j} + \gamma_{p2}x_{2j} + \cdots + \gamma_{pq}x_{qj} + \varepsilon_{pj}$$

$$= \gamma_{p0} + \sum_{q=1}^{q_p}\gamma_{pq}x_{qj} + \varepsilon_{pj} \quad p=0,1,\cdots,p$$

其中:γ_{p0} 表示第 j 个学校变量对 β_{pj} 回归的截距;γ_{pq} 表示第 j 个学校变量对 β_{pj} 回归的斜率;x_{qj} 表示学校层面的预测变量,主要包括学校生均公用经费、班级规模、教师绩效奖金、教师工资、教师学历等;ε_{pj} 表示学校

---

① VIGNOLES A, LEVACIC R, WALKER J, MACHIN S, REYNOLDS D. The Relationship Between Resource Allocation and Pupil Attainment:A Review[R]. The Department of Education and Employment Research Report,2000:228.

层面的随机误差,描述 β_{pj} 与预测值之间的差异。

1. 学生数学成绩方差分析模型结果

在进行两层模型分析之前需要研究方差分析模型。该模型中,第一层和第二层模型里都没有预测变量,它只注重区别被研究对象的个体差异和背景差异的比较,而暂时不考虑控制相关变量对因变量的影响。方差分析模型的主要目的是将学生数学成绩的总方差分解为学生个人和学校两个层次,以检验各层方差的比例是否显著,它决定了本研究是否有必要建立两层模型。表 15-6 是学生数学成绩方差分析模型带有稳健标准误的方差成分估计结果。

表 15-6　数学成绩方差分析模型层际方差成分表

随机效应	标准差	方差成分	组内相关	自由度	χ^2	P 值
层 2 随机项	8.35	77.96	26.73%	197	14270	0.000
层 1 随机项	3.05	213.68				

从表 15-6 可知,层 2 随机项方差估计的卡方检验 P 值小于 0.01,这表明 A、B 两省学生的数学成绩在第二层(学校层面)存在非常显著的差异,也就是说学校背景因素对学生成绩的差异有很大影响,为此,需要在第二层模型中增加一些解释数学成绩的预测变量。利用组内相关公式可计算出第一层、第二层方差占总方差的比例分别为 73.27% 和 26.73%,这说明了 A、B 两省学生的数学成绩约 74% 的差异来源于个体和家庭间的差异,约 26% 的差异来源于校际差异。

2. 学生数学成绩随机截距模型分析结果

方差分析模型的结果表明建立两层模型分析 A、B 两省学生数学成绩是完全有必要的。随机截距模型中,第一层和第二层模型里都引入了预测变量,以分析各层预测变量对因变量的影响。在分层模型中,高层模型即本研究中的第二层模型的自变量往往是通过探索分析在被选变量集合中选择的,这样可以最大限度地找出那些真正对因变量的变化起影响作用的自变量[1];第一层模型自变量的选择没有什么定式,通常的做法是利用相关性分析和经验研究相结合。根据以前相关研究选择的第一层模型自变量和学生数学成绩探索分析选择的第二层模型自变量,本研究建

---

① RAUDENBUSH S W, BRYK A S. Hierarchical Linear Models:Application and Data Analysis Methods(Second Edition)[M]. Thousand Oaks:Sage Publication,2002:68-99.

立了数学成绩随机截距模型 5 至模型 8。模型固定效应部分主要统计结果见表 15-7。在层 2(学校层面)变量中：① 模型 5 至模型 8 显示 2006 年总绩效奖金和 2006 年班级绩效奖金对学生数学成绩具有显著正影响，而 2006 年学校绩效奖金和班级绩效奖金对学生数学成绩的影响没有通过显著性水平检验。② 模型 7、模型 8 显示学校掌握教师绩效奖金分配权对学生成绩有显著正影响。③ 学校生均公用经费支出、班级规模、教师初始学历在各模型中均对学生数学成绩有稳定的显著正影响，其他因素对学生数学成绩影响均不显著。在层 1(学生个体和家庭层面)变量中，父亲学历和家庭经济背景均对学生数学成绩有稳定显著正影响。综合来看，除了 2006 年学校和个人绩效奖金对学生成绩影响不显著外，多层线性模型和普通线性回归模型估计结果比较接近。

表 15-7　教师绩效奖金因素对学生成绩影响多层线性模型分析

自变量	模型 5	模型 6	模型 7	模型 8
2006 年总绩效奖金	0.002**		0.003**	
2006 年学校绩效奖金		0.001		0.001
2006 年班级绩效奖金		0.004**		0.004**
2006 年个人绩效奖金		0.0008		0.0008
学校能否决定教师绩效奖金分配			2.196*	1.909*
学校能否决定教师绩效奖金分配与 2006 年总绩效奖金交互项			−0.002	
生均公用经费支出	0.005***	0.005***	0.004***	0.004***
班级规模	0.165***	0.162***	0.157***	0.157***
父亲学历	0.206***	0.205***	0.204***	0.203***
家中是否有电脑	1.019*	1.022*	0.999*	0.999*
家中是否有电话但无电脑	0.674	0.675	0.672	0.669
家庭文化资本	0.0009	0.001	0.0009	0.001
数学教师受教育水平	3.520***	3.550***	3.524***	3.479***
数学教师教龄	−0.040	−0.040	−0.032	−0.033
数学教师月工资	0.0007	0.0007	0.0007	0.0006
数学教师是否具有高级职称	2.081	1.961	1.997	2.002
模型卡方检验值	0.000	0.000	0.000	0.000

注：* 表示通过 0.1 显著性水平检验，** 表示通过 0.05 显著性水平检验，*** 表示通过 0.01 显著性水平检验。

第四节 教师获得绩效奖金影响因素分析

长期以来,我国义务教育阶段教师工资制度维持一种以职称、教龄、学历等教师个人资历为主要发放依据的工资制度,教师工资缺乏以工作业绩为导向的激励机制设计。教师绩效奖金的分配是充分发挥教师绩效工资激励效应的关键部分,其设计应主要以工作业绩为导向,而不应以教师职称、教龄、学历等教师个人资历为主要依据。为了探讨现实中我国义务教育教师绩效奖金分配是以工作业绩为导向还是以个人资历为主要依据,本文将考察工作业绩因素与个人资历因素对教师获得绩效奖金数量的影响。

表 15-8 对教师工作业绩因素、个人资历因素与教师绩效奖金关系做了统计描述。限于变量可得性,本研究将主要以教师 2006 年年终考核结果、教师执教以来获得最高荣誉、班级规模等变量来衡量教师工作业绩。本调查样本中,教师 2006 年年终考核结果分不称职、称职、良好、优秀四个等级,不称职、称职、良好、优秀四个等级对应的绩效奖金分别为 0 元、808.12 元、908.28 元、963.35 元,教师绩效奖金随着年终考核结果等级上升而增长。教师执教以来获得最高荣誉分无、校级、乡级、县/区级、地/市/州级、省级、国家级几种类型,由于获得国家级荣誉的教师样本量很少,故不计入分析。无、校级、乡级、县/区级、地/市/州级、省级荣誉的教师绩效奖金分别为 285.52 元、1366.18 元、540.94 元、920 元、1114.37 元、1120.75 元,除校级外,获得荣誉等级越高的教师,其绩效奖金也越高。获得校级荣誉教师的绩效奖金比较高,可能是部分处于大城市的学校教师其认可的校级荣誉等级高于乡级或县/区级,其相应的教师绩效奖金也就相对较高,因此导致整个校级荣誉教师样本平均绩效奖金较高。

在教师个人资历因素中,公办教师和代课教师 2006 年教师绩效奖金分别为 908.21 元、713.30 元,公办教师绩效奖金高于代课教师绩效奖金。本调查样本中,教师目前学历只有高中、大专、本科及以上几种类型,高中学历教师 2006 年绩效奖金为 580.75 元,大专学历教师 2006 年绩效奖金为 793.76 元,本科及以上学历教师 2006 年绩效奖金为 1038.45 元,教师绩效奖金随其学历上升增长明显。见习期教师 2006 年绩效奖金为 372.14 元,小教二级教师样本数比较少,故不计入分析,小教一级教师绩效奖金为 1531.18 元,小教高级教师绩效奖金为 525.92 元,中教二级教师绩效奖金为 1058.83 元,中教一级教师绩效奖金为 921.41 元,中教高级教师绩效奖金为 1365.52 元,总体而言,职称较高的教师绩效奖金也较高。

表 15-8　工作业绩、个人资历与教师绩效奖金统计描述

分配依据	衡量指标	指标取值	绩效奖金(元)	样本数
工作业绩因素	2006 年年终考核结果	不称职	0.00	100
		称职	808.12	1192
		良好	908.28	1497
		优秀	963.35	758
	执教以来获得最高荣誉	无	285.52	252
		校级	1366.18	455
		乡级	540.94	510
		县/区级	920.00	1577
		地/市/州级	1114.37	448
		省级	1120.75	106
个人资历因素	教师编制类型	公办	908.21	3196
		代课	713.30	203
	教师现在学历	高中	580.75	440
		大专	793.76	1392
		本科及以上	1038.45	1459
	教师职称	见习期	372.14	70
		小教一级	814.98	365
		小教高级	525.92	1245
		中教二级	1058.83	706
		中教一级	921.41	680
		中教高级	1365.52	261

　　本文分别建立了回归模型 9、模型 10 以考察教师个人资历变量、工作业绩变量对绩效奖金的影响,具体结果见表 15-9。模型 9、模型 10 均通过了 1% 的统计显著性水平检验,且各自变量的共线性检验 VIF 值均小于 10。由模型 9 回归结果可知,教师个人资历因素能解释 2.2% 的绩效奖金变异。个人资历因素中,教师目前学历、月工资、是否具有高级职称对绩效奖金具有显著正影响。由模型 10 回归结果可知,教师工作业绩因素能解释 1% 的绩效奖金变异。工作业绩因素中,2006 年年终考核等级、班级规模对绩效奖金具有显著正影响。比较回归模型 9 和模型 10 可知,教师个人资历变量对绩效奖金的影响似乎要高于工作业绩变量的影响。

表 15-9 个人资历和工作业绩因素对教师绩效奖金影响分析

自变量	模型 9		模型 10	
	非标准化 回归系数	标准化 回归系数	非标准化 回归系数	标准化 回归系数
个人资历变量				
教师编制类型	0.346	0.005		
教师目前受教育水平	3.728***	0.160		
教师教龄	−0.037	−0.020		
教师月工资	0.0004*	0.035		
教师是否具有高级职称	1.230*	0.037		
工作业绩变量				
2006 年年终考核等级			1.477***	0.066
执教以来最高荣誉			0.345	0.025
班级规模			0.074***	0.065
调整后 R^2	0.022		0.010	
模型卡方检验值	0.000		0.000	

注:* 表示通过 0.1 显著性水平检验,** 表示通过 0.05 显著性水平检验,***表示通过 0.01 显著性水平检验。

在一所学校内部,一名教师获得的绩效奖金数量应主要受到其个人资历因素、工作业绩因素以及学校因素的影响,因此,本文引入了教师个人资历变量、工作业绩变量、学校特征变量建立回归模型 11 以进一步系统分析教师绩效奖金的影响因素,具体结果见表 15-10。模型 11 通过了 1‰ 的统计显著性水平检验,且各自变量的共线性检验 VIF 值均小于 10。由模型 11 回归结果可知,在控制住其他因素影响后,2006 年生均人员经费支出对 2006 年总绩效奖金有显著正影响,2006 年生均公用经费支出对 2006 年总绩效奖金有显著负影响,其原因可能在于部分学校挪用公用经费支出以支付教师绩效奖金,如果教师绩效奖金增加,学校公用经费支出会相应减少。学校能否决定教师绩效奖金分配对教师总绩效奖金有显著正影响,掌握了教师绩效奖金分配权的学校教师绩效奖金比不掌握教师绩效奖金分配权的学校多 132.23 元。公办教师绩效奖金显著低于代课教师绩效奖金,其可能原因在于代课教师工资构成中,基本工资较低,而绩效工资较高。教师受教育水平对教师绩效奖金有显著正影响。教师教龄对教师绩效奖金有显著负影响,其可能原因在于职业倦怠导致教师的工作积极性和绩效随着年龄的增加而降低。教师月工资对教师绩效奖金有显著正影响,教师职称对教师绩效奖金也有显著正影响。2006 年年终考核等级与执教以来最高荣誉均对教师绩效奖金有显著正影响。此外,班级规模对教师绩效奖金有显著正影响,班级规模越大,教师的工作量也越大,因此其在一定程度上也可以衡量教师的工作业绩。总体而言,教师个人资历因素与工作业绩因素对教师获得绩效奖金数量均有重要影响。

表 15-10　2006 年教师总绩效奖金影响因素分析

自变量	模型 11	
	非标准化 回归系数	标准化 回归系数
学校变量		
2006 年生均人员经费支出	0.329***	0.073
2006 年生均公用经费支出	−0.304***	−0.189
学校能否决定教师绩效奖金分配	132.228***	0.103
学校类型	341.283***	0.262
个人特征变量		
教师编制类型	−246.995***	−0.073
教师目前受教育水平	30.288**	0.034
教师教龄	−8.076***	−0.114
教师月工资	0.110***	0.168
教师是否具有高级职称	107.956***	0.084
工作业绩变量		
2006 年年终考核等级	73.187***	0.091
执教以来最高荣誉	48.399***	0.092
班级规模	3.031***	0.086
调整后 R^2	0.114	
模型卡方检验值	0.000	

注:＊表示通过 0.1 显著性水平检验,＊＊表示通过 0.05 显著性水平检验,＊＊＊表示通过 0.01 显著性水平检验。

第五节　结论与政策建议

根据上述实证分析结果,本文主要得出以下主要结论。

1. 教师绩效奖金对学生成绩有显著正影响。普通线性模型和多层线性模型回归分析结果均表明,在控制住学生家庭、教师、学校等因素影响后,2006 年教师总绩效奖金对学生数学成绩有显著正影响。普通线性模型回归结果显示,教师的年绩效奖金每增加 1000 元,学生的数学成绩就提高 2 分。且与学生家庭、教师、学校等因素相比,2006 年教师总绩效奖金对学生成绩的影响较大。

2. 不同层次的教师绩效奖金对学生成绩有不同程度的影响。普通线性模型回归分析结果表明,在控制住学生家庭、教师、学校等因素影响后,2006 年学校绩效奖金、2006 年班级绩效奖金、2006 年个人绩效奖金对学生数学成绩均有显著正影响,多层线性模型回归结果显示班级绩效奖金对学生数学成绩具有显著正影响,学校和个人绩效奖金影响不显著。对比学校、班级、个人绩效奖金标准化回归系数可知,班级绩效奖金对学生成绩影响最大,其次是学校绩效奖金,个人绩效奖金对学生成绩影响最小。

3. 教师绩效奖金分配权对学生成绩具有显著影响。在控制住其他因素影响后,掌握了教师绩效奖金分配权的学校学生数学成绩比没有掌握教师绩效奖金分配权的学校显著高出近 1 分。沃斯曼因对 28 个 OECD 国家的研究也发现教师绩效工资的发放权在学校手中的激励效果要高于在地方教育部门和国家教育部门的激励效果[①]。本研究结果与沃斯曼因的研究结论保持了一致。本研究进一步分析显示,掌握了教师绩效奖金分配权的学校,其教师绩效奖金对学生成绩正影响力度相对小于没有掌握教师绩效奖金分配权的学校。

4. 教师个人资历因素与工作业绩因素对教师获得绩效奖金数量均有重要影响,但教师个人资历因素影响似乎更大。在控制住其他因素影响后,教师受教育水平、编制类型、月工资等个人资历变量对教师绩效奖金具有显著正影响,与此同时,2006 年年终考核等级、执教以来最高荣誉、班级规模等教师工作业绩变量均对教师绩效奖金有显著正影响。这表明我国大多数义务教育学校在分配教师绩效奖金时兼顾考量了教师个人资历因素和工作业绩因素,但研究也显示教师个人资历变量对绩效奖金的影响似乎要高于工作业绩变量的影响。

当前,我国教育行政部门和义务教育阶段学校正在努力探索如何实施教师绩效工资制度,根据上述主要研究结论,本文从提升教育质量出发,提出如下几点政策建议,为我国探索实施教师绩效工资制度提供

---

① WOESSMANN L. Cross-country Evidence on Teacher-Performance Pay [J]. Economics of Education Review,2011,(30):404-418.

参考。

　　1. 重视开展义务教育教师绩效工资制度对教育质量影响的评估研究，为科学实施教师绩效工资制度提供理论指导。我国实施义务教育教师绩效工资制度的主要目的是提高教育质量，因此研究什么样的义务教育绩效工资制度设计才能够成功奖励那些对提高学生成绩卓有成效的教师非常有必要。然而，目前国内学者探讨义务教育绩效工资制度对学生学习成绩影响的实证研究非常少见。设计绩效工资方案是相当专业的工作，没有专业人员的参与和指导很难保证方案的效果。因此，在教师绩效工资方案的设计与实施中，教育行政部门和学校应重视开展义务教育教师绩效工资对学生成绩影响的评估研究，注重研究数据的搜集与分析，为绩效工资改革提供重要的信息保障和技术支持。

　　2. 深化教师绩效工资结构改革，从以教师个人资历为导向转向以工作业绩为导向的教师绩效工资制度。目前，我国实施的义务教育教师绩效工资是一种结构工资，其中岗位工资、薪级工资主要取决于教师的职称、职务及工作年限等个人资历因素；而绩效工资和津贴合并，其中又分为基础性绩效工资（占 70%）和奖励性绩效工资（占 30%）。从各地设计的绩效工资实施方案来看，基础性绩效工资大多由地方人事局或教育局确定分配方案，一般都以职称和职务为基础划分出一些等级，有些地区则完全是平均分配；奖励性绩效工资多由学校制订分配方案，经教代会讨论通过后报地方教育行政部门批准后实施，主要考虑教师的出勤、工作量、工作成效等因素来综合决定，一般出勤和工作量占奖励性绩效工资总额的 60% 左右，而工作成效只占不到 40%。可见，我国当前的义务教育仍维持一种以教师个人资历因素为导向的教师绩效工资制度，由于工作业绩导向的激励机制欠缺，导致教师干多干少、干好干坏区别不大，因此教师普遍缺少工作热情与积极性，职业倦怠问题严重。本研究表明，教师绩效奖金对学生成绩有显著正影响，而相较教师工作业绩因素，教师个人资历因素对教师获得绩效奖金影响似乎更大。绩效工资设计和实施应主要与教师工作业绩挂钩，较少以教师个人资历为依据，才能够有效地激励教师的工作热情与积极性，从而提升教师工作效率与教育质量。我国义务教育学校在实施教师绩效工资制度时，应改革以教师个人资历为导向的工资制度，建立起工作业绩导向的绩效工资制度，切实体现多劳多得、优绩优酬的原则，充分发挥绩效工资分配的激励功能。

　　3. 坚持个人与集体绩效奖励相结合，注重班级层面教师集体绩效奖励。在实施教师绩效工资制度过程中，如果一味将绩效工资与教师个人的工作绩效挂钩,绩效工资在给教师个人带来正面激励效果的同时,也可能会引发教师之间的过度竞争,导致教师团队精神瓦解,进而对教师工作效率与教育质量产生负面影响。然而过分注重整体的集体绩效又可能因为绩效工资分配均等化而起不到真正的激励效果。本研究表明,班级绩效奖金对学生成绩有稳定的显著正影响,而个人绩效奖金与集体绩效奖金只在普通线性模型中对学生成绩有显著正影响。总体而言,集体绩效奖金对学生成绩影响优于个体绩效奖金,集体绩效奖金中,班级层面教师集体绩效奖金对学生成绩的影响又优于学校层面教师集体绩效奖金,这可能是因为班级层面教师集体规模较小,平时工作配合更加紧密,更加有利于教师团队精神的形成。义务教育学校在制定绩效工资方案时,应坚持个人与集体绩效奖励相结合,实施集体绩效奖励时可注重班级层面教师集体绩效奖励,因为以班级为单位的绩效奖励可以较好地结合集体激励与个人激励,对教师的工作激励效果较好。

　　4. 赋予学校教师绩效工资分配自主权,同时加强民主监督。近年来,随着义务教育经费保障机制改革的深入,义务教育财政管理呈现集权趋势,校长掌控的经费管理权力越来越小[1][2],教师绩效工资使用和支配在很大程度上受到上级教育行政部门或相关政府部门的控制,然而上级教育行政部门或相关政府部门往往对学校一线教师工作情况并不熟悉,很难利用绩效工资对各学校教师进行有效激励。在中小学实施校长负责制的背景下,校长作为学校的全面负责人和直接管理者,对本校教师工作情况很熟悉,如果赋予学校教师绩效工资分配自主权,有利于校长根据本校具体情况因地制宜地对教师进行绩效工资分配,从而建立合理的教师绩效工资激励制度,有助于提高教师工作效率和学校教育质量。本研究结论支持了该假设,但也表明,拥有教师绩效工资分配自主权的学校如果对学校教师绩效工资分配不当,容易引起教师不满,进而削弱教师绩效工资的激励效果。因此,掌握了教师绩效工资分配自主权的学校,要认真制定绩效考核和绩效工资分配办法,坚持绩效考核和绩效工资分配过程中公开、公平、公正的原则,加强民主监督,广泛听取教职工的意见并经教代会讨论认可。

　　① 李小土,刘明兴,安雪慧.西部农村教育财政改革与人事权力结构变迁[J].北京大学教育评论,2008(4):62-77.

　　② 容中逵.教师绩效工资实施问题及其臻善:基于对浙江省的实地调研[J].中国教育学刊,2012(1):38-41.

第十六章 "以县为主"背景下的西部农村教育人事体制和教师激励机制[①]

李小土　刘明兴　安雪慧[②]

第一节 教育行政管理与教师激励机制

多数实证研究都支持教师激励机制对于教育绩效的积极作用。拉维（Victor Lavy）[③]对以色列高中教师的统计研究表明，集体性和个人性的奖励均有助于提高学生的成绩。埃伯特（Randall W. Eberts）、霍伦贝克（Kevin Hollenbeck）和斯通（Joe Allan Stone）[④]与菲格里奥（David N. Figlio）和肯尼（Lawrence W. Kenny）[⑤]对美国的数据研究，也支持教师的个人性奖励能够显著影响学生成绩。不过，这些研究在统计上都无法排除教师激励体制的内生性问题，因为激励体制和学生成绩都会受到学校其他特性的影响。格利维（Paul Glewwe）、伊利亚斯（Nauman Ilias）和克雷默（Michael Kremer）[⑥]通过对肯尼亚小学教师的集体性奖励实验，认为奖励机制使得教师追求短期内的学生成绩提高，对学生的长期学习效果没有帮助。印度的实验结果显示，对于教师的集体性和个人性物质奖励

①　本文发表于《教师教育研究》2010年第3期。

②　李小土，北京大学政府管理学院博士；刘明兴，北京大学中国教育财政科学研究所教授；安雪慧，国家教育发展研究中心研究员。作者感谢国家自然科学基金（编号：70573028）和世界银行"年轻学者支持计划"（编号：7137639）对本项研究的资助。

③　LAVY V. Evaluating the Effect of Teachers' Group Performance Incentives on Pupil Achievement[J]. Journal of Political Economy. 2002,110(6):1286-1317. LAVY V. Paying for Performance: The Effect of Financial Incentives on Teachers' Effort and Students' Scholastic Outcomes[R]. Hebrew University working paper, 2003.

④　EBERTS R W, HOLLENBECK K, STONE J A. Teacher Performance Incentives and Student Outcomes[J]. Journal of Human Resources, 2002(37): 913-927.

⑤　FIGLIO D N, KENNY L W. Individual teacher incentives and student performance[J]. Journal of Public Economics, Elsevier, 2007,91(5-6): 901-914.

⑥　GLEWWE P, ILIAS N, KREMER M. Teacher Incentives[R]. Cambridge, MA: NBER Working Paper 9671,2003.

显著提高了学生的成绩。[①] 研究者认为,如果将奖励办法制度化,会有助于增强教师在长期内的工作努力程度,且可以吸引优秀的人才加入教师队伍。"奖勤罚懒、奖优罚劣"制度是激励教师努力的基本方式。尽管这对于教育管理者来说是一个普遍接受的道理,但是在现实中仍然有大量的学校处于"干好干坏一个样""教学业绩不如社会关系管用"的状态。我们在西部甲省农村 20 个县的调查发现,不仅县与县之间教师管理状况存在很大差异,一县之内也可能既有严格管理、重奖重罚的乡镇学区,也有统考不严、奖罚不明甚至连考勤也不抓的乡镇学区。如何解释农村基层教育管理中存在如此不同的激励机制?什么样的环境下乡镇教育管理者会更积极地实施对学校和教师的激励?影响基层管理者采取不同激励制度的因素是什么?

许多文献分析了教师激励机制存在的决定因素。巴罗(Dale Ballou)的分析表明,在美国的公立学校之中(1993 年),大概有 13%的学区使用了对教师的物质奖励。[②] 同时,美国的私立学校远比公立学校更为广泛地应用教师激励计划,也更倾向于解雇不称职的教师。[③④] 为什么公立学校的激励体制比较弱化?汉纳谢克指出,学校没有采取有效的教师激励机制,并非由于学校没有意识到激励的重要性,而是因为缺乏外部的竞争压力。要解释学校外部竞争压力的差异,就需要更为深入地理解学校所处的社会结构特点。[⑤⑥] 丘伯(John E. Chubb)和默(Terry M. Moe)详细对比了美国公立和私立学校的外部政治、社会组织环境,研究结果表明学校的外部环境会对学校的管理体制产生重要的影响,这是私立学校更为有效率的原因。[⑦] 波葛斯基(Michael Podgursky)通过对美国公立、私

① MURALIDHARAN K, SUNDARARAMAN K. Teacher Incentives in Developing Countries: Experimental Evidence from India[R]. Working Paper, Harvard University, 2006.

② BALLOU D. Pay for Performance in Public and Private Schools[J]. Economics of Education Review, 2001(20): 51-61.

③ BALLOU D, PODGURSKY M. Teacher Pay and Teacher Quality[M]. Kalamazoo, MI: W. E. Upjohn Institute for Employment Research, 1997.

④ 关于美国以绩效激励为基础的教育财政改革情况,参见 HANUSHEK E A. Incentive-based financing of schools[R]. Working Paper, Stanford University, 2007.

⑤ HANUSHEK E A. Publicly Provided Education[M]. //AUERBACH A J, FELDSTEIN M. Handbook of Public Economics. Amsterdam: North-Holland, 2002: 2045-2141.

⑥ HANUSHEK E A. The Failure of Input-based Schooling Policies[J]. Economic Journal, 2003, 113(485): F64-F98.

⑦ CHUBB J E, TERRY M M. Politics, Markets, and the Organization of Schools[J]. The American Political Science Review, 1988, 82(4): 1065-1087.

立和特许公立学校的对比,指出在放松管制和分权的体制之下,市场竞争会促使学校采取灵活的教师激励机制和聘用机制。①② 本文的研究则结合中国西部农村社会现实,揭示学校与地方行政部门之间的关系及其所产生的影响。研究发现,乡镇基层人事权力结构影响了教育管理者采取什么样的措施来激励乡村学校和教师。

在中国西部农村教育体制中,学校和教师的管理依然带有浓厚的行政色彩。择校竞争和家长的意见尚难以对学校形成足够压力。教师的流动或配置主要由行政机构而不是人才市场来决定;教师长期收入(职称级别)和短期收入(奖金)的确定,也依靠上级行政管理者的评判决策。正是地方行政部门对教育资源支配权有着不同的划分,决定了基层教育管理者处于不同的环境,进而影响其管理策略以及最终的教学成绩。行政支配权之中的人事支配权在基层管理中极为关键。换句话说,制定并执行教师激励制度的管理者必须具有一定程度的师资配置权力。在现行体制下,要达到这个目的并不容易,因为这会相应地削弱行政部门的实际权力。

本文的研究视角强调需要先了解农村教育人事管理体制内的权力配置结构与运行逻辑,才能深入解释教师激励机制与教育绩效的差异。目前国内关于县级或乡镇教育管理体制的研究多为个案类研究。吕丽艳③在东北某县的调查和张新平④对湖北某县的深入研究,都对农村现行教育管理体制进行了具体的分析,他们描述了农村基层教育管理权力在县政府、教育局、乡镇政府中间争夺不清并阻碍教育发展的典型个案。葛新斌⑤在珠江三角洲的调查研究揭示了县乡两级政府对教育系统的人事控制及政府行政权力对学校管理的诸多影响,提出政府应当转变职能,给学校更多自主管理权。尽管这些研究与本文的主张有许多相近之处,但是

---

① PODGURSKY M. Teams versus Bureaucracies: Personnel Policy, Wage-Setting, and Teacher Quality in Traditional Public, Charter, and Private Schools[R]. Prepared for the National Conference on Charter School Research at Vanderbilt University. September 28, 2006.

② 巴罗和波葛斯基也得出了相似的结论。博伊德的实证分析表明,教师的选拔与聘用体制对于教育绩效有显著影响。

③ 吕丽艳."以县为主"的农村义务教育管理体制运行状况个案调查[J].东北师范大学学报(哲学社会科学版),2004(1):123-128.

④ 张新平.教育行政组织的发展与创新:对基层教育行政的个案研究[M].南京:南京师范大学出版社,2003.

⑤ 葛新斌.政府与学校关系的现状与变革:以珠江三角洲地区公立中小学为例[J].华南师范大学学报(社会科学版),2001(6):86-92.

既有的研究均没有对基层教育体制进行系统的抽样调查和测度比较。在国际学术文献中,目前也尚无专门针对中国义务教育人事体制的实证研究。

本文试图在西部甲省 20 个县 50 个乡镇的调查基础上,描述县乡两级教育人事管理体制的指标特征,揭示人事权力配置与教师激励机制之间的关系,同时对不同类型的人事权力结构与学生成绩间的关系进行横向比较。根据我们对调查数据和访谈资料的统计分析,本文选取了几个指标来描述农村基层教育人事权力配置与教师激励方式:学区校长由谁选拔任命;学区内调动由谁批准;中级职称的评聘原则;学区组织的小学统考频率;与教师工作业绩挂钩的奖惩强度;等等。除特别注明,本文表中数据均指 2005 年的情况,数据来源为作者根据调查数据整理。

第二节 基层教育人事管理权力配置的不同类型

在农村教育"分级管理"时期[①],乡镇分管教育的职能部门是乡镇教委或教育辅导站,其工作受乡镇政府和县教育局的双重领导。甲省的乡镇教委在实行"以县为主"后逐步撤销,大部分转变为学区或将管理职能合并到乡镇中心学校中。为叙述简便,本文统一称乡镇教育主管机构为"学区",其主管领导则为"学区校长",尽管在不同的地区或时期,"学区校长"可能是乡镇教委副主任、乡镇辅导站站长、学区校长、乡镇中心小学校长或乡镇初中校长等。[②]

我们将乡镇学区人事体制分成学区及学区以内两个层次,即任命学区校长的任命权与学区校长自身的人事控制权两个层次,后者又包括乡镇中心小学校长(或副校长、教导主任)和村小校长的任命权、教师在学区内调动的决定权、教师在学区内分配的决定权等。本文为简化起见,仅仅重点考察教师在学区内调动的决定权。两个层面的权力之间有密切的关联,进而组成了不同的人事权力结构。例如,由乡镇政府推荐任命学区校

---

① 1985 年《中共中央关于教育体制改革的决定》和 1986 年《义务教育法》确定了我国基础教育实行地方政府负责、分级管理的制度,由乡镇政府负责基础教育。从 1986 年至 2001 年"以县为主"体制之间,可称为"分级管理"时期。

② "学区"是甲省当地目前对乡镇教育管理机构的普遍称呼,农村基层教育管理都是以学区为单位进行。村小校长一般只负责学校的日常管理。

长的学区,基本上也是由乡镇政府任命村小校长及批准调动和分配教师;由县委组织部任命学区校长的学区中,大约 3/4 的学区内教师分配都是县教育局直接决定的;而对于教育局任命学区校长的学区,学区校长的人事权力就呈现出多种情况——学区校长既可能充分掌握了学区内的人事决定权,也可能几乎没有任何决定权。为了探讨各种权力配置与教育管理模式之间的关系,我们按照不同的人事权力配置对 50 个样本学区进行分组,以尽量明确基层学区人事体制的基本类型。

表 16-1 中按照四种不同的分组方法,对学区的人事体制进行分组,也就是分类。按学区校长的任命权对学区分组时(见"分组一"),50 个学区可以大致分为四种类型。其中,最多的一组是由"教育局推荐、教育局任命"的学区,实际上这一组学区的学区内人事权力配置尚存在较大差异。按照学区内教师调动权进行分组(见"分组二"),则可以将样本学区分成五种类型,各个类型的数量分布相对比较平衡。总体上,学区内的教师调动权主要掌握在学区校长或者乡镇政府手中。

如果同时按学区校长任命权和学区内教师调动权两项权力的组合对学区分组,两项权力组合下有 14 种不同类型的学区。本文将 14 种学区合并为五个基本类型,合并的原则还是从对学区校长的控制权和学区校长自身的控制权两个层次来考虑,其名称大致概括了这一类学区的人事权力配置特点,这一分组方式在表 16-1 中称为"分组三",其五个基本类型的具体定义见表 16-2。类似地,如果按任命学区校长和任命村小校长这两项权力的组合对学区分组,在表 16-1 中称为"分组四",也可以得到与表 16-2 相似的五种基本类型,并且其对于学区教师激励机制的影响也大致一样,篇幅所限,本文没有列出这种分组的具体定义。

表 16-2 中所谓"学区主管"是指教育系统内基层学区有相当自主权的人事体制类型;"县主管"代表了县政府较多干涉县教育局、同时县教育局较多干涉学区管理的权力配置类型;"乡镇主管"即基层教育人事权基本由乡镇政府控制;"学区和乡镇共管"表示学区和乡镇政府都有一定控制权;"教育局和乡镇共管"则表示学区基本没有人事管理权,乡镇政府和县教育局在分享或争夺对基层人事的控制权。对于五种类型的后两类,教育局、乡镇政府或学区的控制权孰强孰弱并不确定,这可能是权力结构变迁时的过渡状态,也可能反映了当地权力分配的不确定性。

"学区和乡镇共管"类型所包含的 11 个学区,是由三个子类合并而成。第一子类有 7 个学区属于"教育局任命学区校长,学区校长对教师调动有较大的建议权",因此,比较接近"学区主管"的类型。第二子类有 2 个学区属于"乡镇推荐、教育局任命学区校长,乡镇政府控制教师调动权(学区的建议权较小)",这已经非常接近"乡镇和教育局共管"型。第三子类有 2 个学区属于"乡镇推荐、教育局任命学区校长,学区校长对教师调动有较大的建议权",这一子类也比较接近"学区主管"的类型。

此外,调查的结果显示,即使是在同一个县内部,不同的乡镇学区也可能属于不同的类型。这往往因乡镇而异或因人而异,例如条件较好的学区(靠近县城)经常属于"县主管"的类型,而乡镇党委政府领导在政治上较强势时则往往属于"乡镇主管"的类型。[1]

表 16-1 学区人事体制分组:四种不同分组方法

分组一		分组二		分组三		分组四	
按任命学区校长分组	学区数量(个)	按学区内教师调动分组	学区数量(个)	按任命学区校长＋学区内调动分组	学区数量(个)	按任命学区校长＋任命村小校长分组	学区数量(个)
(1)由县委组织部任命	8	(1)学区或学校批准	14	(1)学区主管	11	(1)学区主管	13
(2)由教育局推荐、教育局任命	32	(2)学区建议,教育局批准	9	(2)乡镇主管	6	(2)乡镇主管	7

---

① 对于一些地处偏远的农村学校,将教师调动到靠近乡镇和交通便利的学校,无疑是一项重要的激励手段。即使在发达国家,学校的地理位置和工作条件同样是影响教师流动的重要因素,甚至超过了工资水平的影响程度。参见 SCAFIDI B, SJOQUIST D, STINEBRICKNER T. Do Teachers Really Leave for Higher Paying Jobs in Alternative Occupations? [J]. Advances in Economic Analysis & Policy, 2006, 6(1):1604-1604. SCAFIDI B, SJOQUIST D, STINE-BRICKNER T. Race, poverty, and teacher mobility[J]. Economics of Education Review, 2007, 26(2): 145-159. BOYD D, LANKFORD H, LOEB S, WYCKOFF J. The Draw of Home: How Teachers' Preferences for Proximity Disadvantage Urban Schools[J]. Journal of Policy Analysis and Management,2005, 24 (1):113-132. PODGURSKY M, MONROE R, WATSON D. The Academic Quality of Public School Teachers: An Analysis of Entry and Exit Behavior [J]. Economics of Education Review,2004,23 (5):507-518. 对于美国公立学校的教师,高水平教师的流动性要高于低水平的教师。PODGURSKY M, MONROE R, WATSON D. Teacher Mobility, Pay, and Academic Quality[R]. Working Paper, 2008,University of Missouri-Columbia.

分组一		分组二		分组三		分组四	
按任命学区校长分组	学区数量（个）	按学区内教师调动分组	学区数量（个）	按任命学区校长＋学区内调动分组	学区数量（个）	按任命学区校长＋任命村小校长分组	学区数量（个）
（3）由乡镇推荐、教育局任命	6	（3）学区建议权较小，乡镇批准	7	（3）学区和乡镇共管	11	（3）学区和乡镇共管	5
（4）由乡镇推荐、乡镇任命	4	（4）学区建议权较大，乡镇批准	15	（4）县主管	14	（4）县主管	13
		（5）学区建议，乡镇和教育局批准	5	（5）教育局和乡镇共管	8	（5）教育局和乡镇共管	12

注：每种分组下的学区数量合计都是50个。

表16-2　按学区校长任命权和学区内教师调动权对学区分组

	（1）由县委组织部任命学区校长	（2）由教育局推荐、任命学区校长	（3）由乡镇推荐、教育局任命学区校长	（4）由乡镇推荐、任命学区校长
（1）学区或学校批准调动	1（D）	11（A）	2（C）	0
（2）学区建议，教育局批准调动	3（D）	6（D）	0	0
（3）学区建议权较小，乡镇批准调动	0	4（E）	2（B）	1（B）
（4）学区建议权较大，乡镇批准调动	3（C）	7（C）	2（C）	3（B）
（5）学区建议、乡镇和教育局批准调动	1（D）	4（E）	0	0

注：表中数字即学区数量，括号内字母含义是：A＝学区主管；B＝乡镇主管；C＝学区和乡镇共管；D＝县主管；E＝教育局和乡镇共管。调查中未出现的类型则没有定义。

第三节 基层教育人事管理权力结构与激励机制的关系

教育管理部门对教师的激励可以通过多种方式来实现,激励的手段包括:(1) 短期收入激励,比如奖金、结构工资;(2) 长期收入激励,如职称晋级;(3) 教师的调动;(4) 政治激励,如从教师提拔为教导主任、校长。其中,教师的调动和提拔作为师资配置的重要手段,也是教师激励的重要手段。但调动和提拔本身受到多种因素的限制,操作规则相对比较复杂,因此本文暂不讨论后两种激励手段,重点关注教师收入的激励机制。同时,教师的调动和提拔的操作规则都是教师人事管理体制的重要组成部分。而本文所论的人事权力结构则既会影响教师的收入激励机制,也会影响调动、提拔的规则。

要比较公平地确定教师待遇或对教学绩效进行评估,必须要将其与可观测的绩效指标挂钩。通常使用的绩效指标主要包含三类:统考考试成绩指标;过程管理指标,例如教师出勤率、教案撰写、作业批改、教研成果等;以及相关领导、同事、家长或者学生的主观评价指标。这其中最为节约的信息显示方式是统考,除了统考成绩,教育管理部门也可以在一定程度上采取过程管理和主观评价的方法。下文将会说明,这些指标会在不同的激励方式中得到运用。

本节按照学区校长任命权和学区内调动权对学区分组,将不同人事管理权力结构下基层学区的激励机制进行比较,可以发现二者之间的内在关联。这里,我们具体比较了学区的年终考核、评职称、统考和奖罚等几项制度措施。我们也利用跨乡镇学区的统考数据,比较了不同的人事管理权力结构下教育绩效的差异。

(一)人事权力结构与年终考核、评职称制度的关系

教师技术职称评定关系到每一位正式教师(临时聘用教师除外)。一般情况下,教师只要符合学历与教龄条件即可评定中级以下职称,而中级职称(即小教高级和中教一级职称)则有名额限制,需要从符合基本条件的教师中按照一定规则评定。除了属于县教育局直管的学校,乡村中小学教师的职称名额通常分配到学区一级,由学区组织测评。学区在符合中级职称基本条件的教师中确定人选,教育局通常都会批准学区推荐上报的教师。本文不讨论高级职称的评选,尽管在政策上,甲省已经在 2001 年之后容许小学教师参加中教高级职称的评选,但现实中多数农村学区都无法得到相应的评审名额,因此该项政策基本上形同虚设。另一方面西部地区的农村

中学教师,能够评上高级职称的比例也很小,不具一般意义。

中级职称评聘的基本资格要求在省内各地区都相同,但谁先谁后的排队规则在各县各乡镇都可能有所不同,因而对教师产生的激励也不同。大多数学区的中级职称评定的先后次序依赖于教师的学历、教龄、近几年的年终考核成绩、发表论文的等级数量、得奖情况等,综合计算的公式往往复杂多变。这里,我们以"最重要的影响因子"为准,根据学区校长问卷及教师问卷的相关回答,把职称评定的诸多规则简化为三大类,代表了三种不同的激励取向:(1)以教龄或取得前一级技术职称的年度长短(专业年限)为侧重;(2)以年终考核成绩、统考成绩或论文发表、评优选先奖励等考核成绩因素为侧重;(3)以学区和其他领导的个人意见或领导与教师的私人关系因素为侧重。其中,第一类属于论资排辈的激励,教师的职称晋升主要靠"熬年头",而不是业务成绩;而第三类则脱离了客观评价体系,存在一些领导滥用职权的嫌疑。

表 16-3 列举了人事权力结构与职称评定激励机制之间的关系,"县主管"类型的学区主要按教龄因素评职称;"学区和乡镇共管"及"乡镇主管"类型的学区侧重于考核成绩因素;"学区主管"类型的学区基本一半以教龄因素为重、一半以考核成绩因素为重;"教育局和乡镇共管"类型,即教育局任命学区校长,但学区内调动权或任命权属于乡镇政府的学区中,评职称较少根据成绩,且有不少学区是要靠私人关系才能评上职称,此时对教师的激励非常不利于教学工作。

表 16-3　评职称侧重于不同因素的学区比例

分组类型	评职称以教龄因素为重	评职称以成绩因素为重	评职称以关系因素为重	分组小计
(1)学区主管	45.45%(5)	54.55%(6)	0	100%(11)
(2)乡镇主管	33.33%(2)	66.67%(4)	0	100%(6)
(3)学区和乡镇共管	9.09%(1)	81.82%(9)	9.09%(1)	100%(11)
(4)县主管	71.43%(10)	28.57%(4)	0	100%(14)
(5)教育局和乡镇共管	37.50%(3)	25%(2)	37.50%(3)	100%(8)

注:括号内为学区数量。

单凭"评职称的侧重因素"还不能充分说明教师职称评定体制的优劣。现实中,评职称所依赖的各项因子比较复杂模糊,例如年终考核等级(一般要求在规定的年份里必须曾有一年评为优或两年评为良)、评先进教师、受各级奖励等各种必要条件的评定过程都可能有不同的取向。即使是对于"以考核成绩为重"的类型,年终考核本身也受到各种因素的影响。比如,一些学区仅仅公布教师最终的考核等级(优、良、称职、不称职),却不公布考核的具体分数以及计算过程。或者,考核分数的评定并不充分考虑教师所在学校的意见。由于考核过程的信息不对称,考核结果的公正性也就打了折扣。

作为补充信息,我们调查了教师个人对于评职称及年终考核的主观认识。表16-4报告了教师本人"是否清楚地知道年终考核等级是如何评定的"以及"是否认为评职称公平"的统计结果。如果年终考核规则公开、透明,则多数教师清楚地知道本人年终考核结果是如何评定的。如表16-4所示,"教师清楚地知道年终考核如何评定"的比例越高,则越少比例的教师认为评职称不公平。600名教师样本中一共148名认为职称评定不公平或很不公平,即认为不公平的平均比例为24.7%。

当然,被认为"公平"的体制不一定有利于教学业务管理。"县主管"类型的学区主要是论资排辈地评职称(表16-3),调查显示大多数教师觉得公平(表16-4),但从激励教师的角度看,这不利于促进教师尤其是年轻教师努力工作。这从另一个侧面说明,当基层人事权过度集中的时候,由于上级领导直接干预学区内部的管理,所以学区校长在评职称中搞论资排辈,是对现实利益关系的平衡。对于"乡镇主管"和"乡镇和学区共管"的学区,评职称最看重教师的考核成绩(表16-3),但教师认为职称评定不公平的比例却相对偏高(表16-4)。这个现象的深层成因还需要进一步的研究。不过,我们在实地访谈中发现,一些乡镇政府领导片面追求考试成绩,忽视对教育过程的管理,对教师采取行政高压的激励方式,结果导致了一些不良后果,如教师劝退差等生,在考试中跨学校"买卖"优等生等。这可能是引起上述现象的原因之一。

值得强调的是,"学区主管型"的职称评定原则虽然在"以教龄长者优先"和"考核成绩高者优先"之间比较平衡,但学区对教师的年终考核相对更透明,73.5%的教师清楚地知道年终考核是如何评定的,评职称的满意度也最高,只有17.11%教师认为职称评定不公平。因此,这种体制模式可能是现实中一个较为可取的选择。五组学区中最难以激励教师努力教学的是"教育局和乡镇共管"类型,只有47.9%的教师知道年终考核如何评定,有42.11%的教师认为职称评定不公平,是最不满意的。由于人事权力处于争夺不定的状态,学区对教师和教学的管理显然较为混乱。

表 16-4　教师对年终考核与职称评定的看法

分组类型	知道如何评定年终考核	不知道如何评定年终考核	每组小计	认为评职称不公平	认为评职称公平	不确定评职称是否公平	每组小计
(1) 学区主管	73.53%	26.47%	100%(136)	17.11%	66.45%	16.45%	100%(152)
(2) 乡镇主管	63.79%	36.21%	100%(58)	29.79%	53.19%	17.02%	100%(47)
(3) 学区和乡镇共管	70.44%	29.56%	100%(159)	23.19%	49.28%	27.54%	100%(138)
(4) 县主管	68.07%	31.93%	100%(166)	21.43%	64.29%	14.29%	100%(168)
(5) 教育局和乡镇共管	47.96%	52.04%	100%(98)	42.11%	40.00%	17.89%	100%(95)

注：括号内为教师样本数量。

（二）人事权力结构与统考、奖惩制度的关系

年终考核和评职称是对教师"德能勤绩"的综合评价，而对教师的奖金或罚金则大多与考试成绩挂钩，或者完全由成绩决定，这是两套并行不悖的激励机制。统考是学区控制教学质量的直接方法，也是学区奖惩教师的主要依据。[①]

我们将学区奖惩强度大致分为三个等级，其中有明确奖罚制度的学区一般是进行某种"二次分配"，即所有教师的统考成绩分科分年级排名，学区按照排名将一部分工资或津贴用于奖励成绩优良的教师、扣罚成绩差的教师，也有少数学区是用额外奖金来奖励教师。另一类学区不以学区单位进行奖惩，而是部分学校自行奖惩，或者仅对毕业班教师、考试成绩突出的个别教师有奖励，不涉及全体教师。调查也发现取消了学区统考的地区管理松散，从表 16-5 可以看到乡镇主管类型和县主管类型的学区统考频度较小，这两类学区的奖惩强度也较弱。

---

①　学校对教师的物质奖励是否应当主要以学生的考试成绩为标准？在学校之间竞争不充分的前提下，学校的教育目标并不一定能够充分反映家长和学生的要求。而标准化的考试作为一种次优的替代，既可以测度教育的绩效，也可以促进学校之间的竞争。近年来，美国的公立学校也在增强标准化考试的要求。研究表明，统考体制不仅是执行教师激励计划的重要基础，其本身就对学生成绩的提高有积极作用。BISHOP J H, MANE F, BISHOP M, MORIARTY J. The Role of End-of-course Exams and Minimal Competency Exams in Standards-based Reforms [C]//RAVITCH D. Brookings Papers in Education Policy 2001. Brookings, Washington, DC, 2001:267-345. HANUSHEK E A, RIVKIN S G. Teacher Quality[M]//HANUSHEK E A, WELCH F. Handbook of the Economics of Education. Amsterdam: Elsevier, 2006.

表 16-5　学区奖罚制度

分组类型	对学区全体教师有明确奖罚	仅部分学校或仅对毕业班奖罚	学区和学校都不奖罚	分组小计
(1) 学区主管	81.82%(9)	18.18%(2)	0.00%	100%(11)
(2) 乡镇主管	50.00%(3)	16.67%(1)	33.33%(2)	100%(6)
(3) 学区和乡镇共管	54.55%(6)	45.45%(5)	0.00%	100%(11)
(4) 县主管	21.43%(3)	50.00%(7)	28.57%(4)	100%(14)
(5) 教育局和乡镇共管	50.00%(4)	37.50%(3)	12.50%(1)	100%(8)

注:括号内为学区数量。

由于学区奖罚制度基本以考试成绩为主要依据,因此还需要将每个学区的统考频度与奖罚强度结合起来分析,我们将学区统考的频度也分为三个等级:"学区统考一学期一次"包括了一学期统考一次以上的学区,"学区统考一学年一次"则包括了每学期抽考一到二个年级的学区。统计显示教育局任命学区校长并且学区校长有人事管理权时,所有学区一学年至少组织统考一次,交叉监考统一阅卷,比其他类型的学区明显更为积极(表略)。

为了将统考频度与奖罚强度结合分析,将每个学期统考并且对全体教师有奖罚制度的学区归类为"统考奖罚程度较强",将每学年统考并奖惩或每学期统考但仅有部分奖惩的学区归类为"统考奖罚程度中等",其他的情况归类为"统考奖罚程度较弱",这样得到的人事体制与统考奖罚激励之间的关系就更为明确了。表 16-6 列出人事权配置与统考奖惩之间的关系,两种分组都显示出"学区主管"的学区统考奖惩程度更强,而"乡镇主管"和"县主管"类型有较大比例的学区统考奖惩较弱。

表 16-6　统考奖惩强度

分组类型	统考奖惩较强	统考奖惩中等	统考奖惩较弱
(1) 学区主管	45.45%(5)	45.45%(5)	9.09%(1)
(2) 乡镇主管	0	50%(3)	50%(3)
(3) 学区和乡镇共管	18.18%(2)	63.64%(7)	18.18%(2)
(4) 县主管	14.29%(2)	14.29%(2)	71.43%(10)
(5) 教育局和乡镇共管	25%(2)	37.5%(3)	37.5%(3)
总体比例	22%(11)	40%(20)	38%(19)

注:括号内为学区数量。

（三）人事权力结构与考试成绩的关系

如前所述,不同的人事权力结构下,学区倾向于采取不同的激励机制和奖惩强度,这些不同的激励机制是否真的带来相应不同的成绩呢?我们利用 2004 年在样本学区抽样进行的统考考试数据(跨县分年级统考),计算样本学区的标准化学生成绩,以比较不同的人事管理体制下教育绩效的差异(表 16-7)。表 16-7 中的人事体制分类是样本学区 2003 年的情况。不同的学区类型下,抽样学生的平均成绩的差距是非常明显的。"学区主管"的学区明显占据优势,而"学区乡镇共管""县主管"和"教育局乡镇共管"类学区则低于整体平均水平。

同时观察 2003 年的人事体制与统考奖惩强度,可以看到成绩最好的"学区主管"类学区的统考奖惩强度也是最强的。比较表 16-6 与表 16-8,还可以发现总体上 2005 年统考奖惩程度较强的比例比 2003 年增加了,但变化不太大;"学区主管"和"学区和乡镇共管"类型学区都在 2005 年比两年前有更强的统考奖惩,因为弱激励学区的比例明显减少。与此发展趋势相反的是"县主管"类型学区,2005 年比 2003 年有更大比例的弱激励学区。

表 16-7　抽样学生的考试成绩(按 2003 年人事权力结构分组)

分组类型	2—6 年级语文标准化成绩	2—6 年级数学标准化成绩	学生样本数
(1) 学区主管	0.279	0.358	82
(2) 乡镇主管	0.111	0.106	65
(3) 学区和乡镇共管	−0.154	−0.095	83
(4) 县主管	−0.133	−0.186	60
(5) 教育局和乡镇共管	−0.168	−0.289	97

注:由于不同年级的学生使用不同的测试内容,因此学生成绩首先需要进行标准化处理,而后再以学区为单位取平均值。

表 16-8　统考奖惩强度(按 2003 年人事权力结构分组)

分组类型	统考奖惩较强	统考奖惩中等	统考奖惩较弱	分组小计
(1) 学区主管	44.44%(4)	55.56%(5)	0	100%(9)
(2) 乡镇主管	22.22%(2)	55.56%(5)	22.22%(2)	100%(9)
(3) 学区和乡镇共管	9.09%(1)	45.45%(5)	45.45%(5)	100%(11)
(4) 县主管	10.00%(1)	30.00%(3)	60.00%(6)	100%(10)
(5) 教育局和乡镇共管	9.09%(1)	27.27%(3)	63.64%(7)	100%(11)
总体比例	18%(9)	42%(21)	40%(20)	100%(50)

注:括号内为学区数量。

第四节　进一步的分析

制约农村地区教育发展水平的因素很多,除了财政投入、尊师重教的传统、学校硬件条件、师资力量等,教育人事和教师激励制度也有重要的影响。本文利用甲省 50 个乡镇的调查数据,对农村教育人事与教师激励机制进行测度与比较分析,描述出二者之间的关系及其对教育绩效的影响。本文对人事权力的配置按照学区校长的任命权和学区内教师的调动权两者的组合对学区进行分类,分析人事权力配置和教师激励机制之间的联系。如果采取其他的分组方式也能看到相似的关联性,只是用两种权力的组合进行分组时,这种关系表现得更为明确。在这一发现之上,还有两方面的问题需要进一步的明确:一是人事权力结构会通过怎样的途径来影响教师激励机制的建立;二是人事权力结构的变异究竟受到哪些因素的影响。

相对而言,"学区主管"以及"乡镇主管"的教师激励机制和考试成绩均优于其他类型的学区。这大致可以概括为两个因素:一是教学业务管理中的信息成本;二是教学业务管理者自身的激励约束问题。具体而言,有如下几方面的因素。(1)无论在何种权力格局下,学区校长都是乡镇范围内教学业务的实际管理者,最熟悉教师和学校的情况。业务管理者同时掌握人事权力,有利于建立合理的教师激励制度和有效配置教育资源。(2)在县域管理范围较大的情况下,乡镇政府和村两委的干部通常比教育局的干部更熟悉村小的情况。因此,乡镇学区内部的人事管理权集中到教育局,会劣于归乡镇政府管理的情况。(3)"学区主管"或者"乡镇主管"的模式,有利于展开在乡镇学区之间的教育竞争。县级基础教育的竞争主要是在乡镇之间,这种竞争的压力也只对乡镇一级的管理者才有效。如果是县级领导干预基层学校的话,那么乡镇之间的竞争就被破坏了。(4)"学区主管"的绩效之所以突出,还有一个重要的原因是,学区校长仅仅是事业编制的领导,不是公务员,通常没有正式的"行政级别"。教育绩效下滑,教育局可以直接将学区校长撤职。但是,乡镇政府的领导是县委组织部管的干部,教育局是没有权力干预其任命的。同时,县委组织部考察乡镇干部,要综合考虑各方面的政治、业务情况,教育绩效的优劣仅仅是其中的一个因素。县教育局主管领导在政治上的角色也基本与此类似。因此,教育绩效的好坏对学区校长的压力,要大于其他行政部门的领导。这种压力既来源于上级主管部门,也来源于学生家长和社区。

（5）在人事权力过度集中或者不同行政主体之间交叉控制的情况下，学区校长可以将成绩下滑的责任推卸到其他行政部门身上，教育绩效失去了被问责的实际对象。同时，在教师调配权被扭曲的情况下，学区校长的任命权也会被滥用，这无疑将进一步破坏教育的绩效激励。所以，这两种情况都不利于教师的管理和教育的发展。

人事权力的配置首先取决于地方的政治权力结构。在不同的县以及一个县内的不同乡镇之间，县委县政府、县教育局、学区和乡镇政府实际掌握的教育人事权力均有所不同。在多数的调查样本县中，教育系统往往不能有效地控制教师人事的管理权限，实际权力的划分取决于县乡各个行政部门之间的政治权力对比。换言之，地方政治之中的权力集中或分散的程度，也决定了教育系统内部的权力结构。除了地方政治自身的特性之外，中央政策的变动也会改变基层的权力配置。伴随着"以县为主"改革的深入，在许多被调查的学区，教育财政投入体制的集权也引起了教师人事权力的不断集中。[①] 到 2007 年，本文的样本学区中，已经有50％属于"县主管"的模式。按照前文的逻辑，这种趋势必然对教育绩效带来负面影响。近年来，政府不断增加对农村教育的财政投入，但这也在一定程度上扭曲了教育人事权力的结构，从而部分地抵消了财政投入的积极作用。

---

① 李小土,刘明兴,安雪慧.西部农村教育财政改革与人事权力结构变迁[J].北京大学教育评论,2008(4):62-77.

第五部分

教师薪酬体制改革与诉求变化

第十七章　财政体制和工资体制改革下义务教育教师待遇呼声变迁

——基于全国两会数据的研究[①]

冯昕瑞　王江璐[②]

　　改革开放后,我国教师政策经历了若干重要变化。1993 年出台的《中华人民共和国教师法》(以下简称《教师法》)将中小学教师的平均工资收入水平与当地公务员的平均收入水平挂钩,为保障教师权益、改善教师工作和生活条件、提高教师地位提供了有效的制度保障。二十余年来,教师工资和福利待遇得到普遍提高,但也面临着一些现实问题与矛盾。2018 年 1 月,中共中央、国务院《关于全面深化新时代教师队伍建设改革的意见》在《教师法》的基础上,对教师的法律身份做出进一步规定,确立了"公办中小学教师作为国家公职人员特殊的法律地位";同时,教师工资所挂钩的公务员工资的具体含义,从 1995 年所规定的"国家统计局规定的工资总额构成的口径统计的平均工资额",转变为公务员的"实际收入水平"。在我国,教育政策实现的重要途径之一是通过全国人大进行立法,大多数重要的教育公共政策,都可能被人大代表提出立法案交付会议讨论审查。而全国政协是中国式政治参与机制的重要承载机构,政协提案则是有动员的政治表达。[③] 那么,针对教师待遇问题,在不同政策背景下,两会代表和委员对教师待遇问题的关注程度和关注焦点有怎样的特点? 教师工资体制的变革与代表、委员的行为之间是否存在关联? 本文希望通过研究全国人大和政协提案中关于教师待遇的议案和提案,结合义务教育教师工资体制改革等重要历史事件,分析不同时期义务教育教师待遇关注的重点,以对现行的义务教育教师待遇保障体制和政策演变逻辑提供更多的理解。

---

　　① 本文发表于《教育发展研究》2019 年 Z2 期。

　　② 冯昕瑞,北京大学中国教育财政科学研究所博士研究生;王江璐,北京大学中国教育财政科学研究所博士后。

　　③ 张宸珲. 民族地区教育财政优惠政策扩散效应研究[D]. 北京大学博士学位论文. 2016.

第一节　文献回顾:教师待遇和相关政策过程

对于改革开放后我国教师待遇政策方面的研究,朱新民和曲铁华等将 1985 年、1993 年、2001 年作为改革开放以来我国教师待遇政策的几个关键节点,并认为始于 2006 年的绩效工资改革影响重大。[1][2] 针对 20 世纪 80 年代后教师工资制度的调整及其效果,已有研究主要从工资水平[3]、地区差异[4][5]、激励机制[6]、法律沿革[7]、代课教师[8]等特殊教师群体的待遇保障等方面进行分析,并提出建议对策[9][10]。其中,教师待遇入法和绩效工资体制改革是对教师待遇影响最大的政策事件,也是学者们讨论最为热烈的影响两会议案/提案的重要政策问题。

研究的焦点之一是教师与公务员工资"挂钩"问题。针对 1993 年《教师法》的法律条文是否落实的问题,杨建芳等对各省义务教育教师和公务员收入的调查研究发现:公务员津补贴高于教师津补贴;教师和公务员津补贴的纵向结构相似,且省级、县级津补贴政策对两个群体的津补贴影响占主导地位。[11] 虽然两个群体的基本工资差距在各省之间相差不大,但是津补贴差距和总收入差距存在巨大差距。还有学者以教师的法律身份地位的变化作为切入点进行研究。申素平认为,我国 1993 年颁布的《教

---

① 朱新民.改革开放以来农村中小学教师待遇政策变迁研究:以 P 县为个案[D].南京师范大学硕士学位论文,2008.

② 曲铁华,张立军.农村义务教育教师政策:近 30 年的演进与思考——以农村教师工资待遇为视角[J].沈阳大学学报(社会科学版),2012(5):1-5.

③ 姜金秋,杜育红.我国中小学教师工资等级研究[J].教师教育研究,2014(4):58-63.

④ 曾晓东,易文君.我国中小学教师工资的地区差异问题研究[J].华中师范大学学报:人文社会科学版,2015(5):155-161.

⑤ 杜晓利.我国中小学教师工资水平的比较分析与若干建议[J].中国教育学刊,2015(4):27-31.

⑥ 安雪慧,刘明兴,李小土.农村教师评价体制变革中的教师激励机制[J].中国教育学刊,2009(10):1-4.

⑦ 劳凯声,蔡金花.教师法律地位的历史沿革及改革走向[J].教育政策研究,2009(9):21-27.

⑧ 容中逵.近 20 年来我国代课教师政策文本分析[J].教育理论与实践,2016(31):26-30.

⑨ 唐一鹏,胡咏梅.我国义务教育阶段教师工资制度框架设计:经济学和管理学的视角[J].教师教育研究,2013(4):20-25.

⑩ 姜金秋,杜育红.我国中小学教师工资水平分析(1990—2010 年)[J].上海教育科研,2013(5):10-13.

⑪ 杨建芳,王蓉.义务教育教师与公务员的收入比较[J].教育与经济,2008(4):11-19.

师法》对教师法律身份的确立十分模糊，教师既与学校之间存在劳动雇佣关系，又具有公务的性质。[①] 劳凯声等认为，从 1993 年《教师法》颁布至 2006 年《义务教育法》修订，学校、教师和政府之间的关系在动态调整的过程中。[②] 虽然教师身份一直具有"专业性"和"公务性"的双重特性，然而 20 世纪 90 年代，义务教育学校作为法人可以以"合同"的形式聘用教师，教师身份更偏向于"劳动者"。从 21 世纪起，随着《义务教育法》的颁布，学校逐渐被剥夺了原先作为法人所具有的一系列权利，在现行的法律规定下，教师的法律身份性质可能更接近于"国家公务人员"。劳凯声对未来教师身份有三种改革构想：将教师规定为公务员，或建立教育公务员制度，或将教师定为"国家公职人员"。[③] 除了法律身份模糊外，有学者指出，《教师法》中教师工资平均水平不低于当地国家公务员工资的规定，也有若干不清晰之处。例如，"当地"指的是县域、市域还是省域？[④] 是哪一级教师工资与哪一级公务员工资的平均水平相比？"工资"指的是基本工资，还是加入了津补贴和其他待遇？由哪一级政府来进行保障？[⑤]

　　《教师法》中规定的模糊性，也给两会代表、委员针对教师待遇与公务员待遇挂钩问题提供了发声的空间，尤其是 2006 年后针对此问题的呼声高涨。林小英的研究将政策文本置于政策演化的动态视野之中，对理解《教师法》中教师与公务员工资收入模糊而笼统的"挂钩"条款及其演化以及不同政策行动者针对此问题的反应有所启示。[⑥][⑦][⑧][⑨] 林小英指出在教育政策制定阶段，决策者巧妙地将意图和目的隐藏在政策中（"去脉络化"过程），并在政策执行阶段进行"再脉络化"。由于政策的社会合法性与行政合法性之间的冲突，政策供给方（教育行政部门）在尝试解决这一矛

　　① 申素平. 对我国公立学校教师法律地位的思考[J]. 高等教育研究，2008(9)：54-58.

　　② 劳凯声，蔡金花. 教师法律地位的历史沿革及改革走向[J]，教育政策研究，2009(9)：21-27.

　　③ 同上.

　　④ 柴纯青，丛春侠. 教师绩效工资政策访谈：来自地方教育局长的声音[J]. 中小学管理，2009(5)：9.

　　⑤ 杨建芳，王蓉. 义务教育教师与公务员的收入比较[J]. 教育与经济，2008(4)：11-19.

　　⑥ 林小英，陈学飞. 民办高等教育政策变迁中的策略空间[J]. 高等教育研究，2005(6)：73-73.

　　⑦ 林小英. 中国教育政策过程中的策略空间：一个对政策变迁的解释框架[J]. 北京大学教育评论，2006(4)：130-148.

　　⑧ 林小英. 教育政策文本的模糊性和策略性解读：以民办高校学历文凭考试相关政策为例[J]. 教育发展研究，2010(2)：23-29.

　　⑨ 林小英. 教育政策变迁中的策略空间[M]. 北京：北京大学出版社，2012.

盾的过程中,形成了一定的"策略空间",为行动者的政策对象(政策标的团体)所利用。教育政策文本类型的多样化、权威层级的模糊性以及政策文本生产者之间的利益不相容,可以为政策参与者带来更多可争辩的问题以及推动政策变迁的机会。虽然林小英的研究为教师待遇与公务员待遇"挂钩"政策的变迁提供了理论解释,然而自 1993 年至 2012 年,《教师法》颁布 20 年间,代表、委员在不同时期对此问题的呼声有着很大差异。在不同的政策环境下,针对教师待遇保障的呼声有着怎样的变化? 其背后有怎样的规律? 这些问题林小英的研究并未涉及。

除了《教师法》中保障教师待遇的条款外,2006 年,中央开始对全国事业单位人员进行绩效工资改革,这也对两会议案/提案产生了重要影响。2008 年,三部委联合下发了《关于义务教育学校实施绩效工资的指导意见》,提出从 2009 年 1 月 1 日起对全国义务教育学校正式工作人员实行绩效工资制度。① 绩效工资制度改革的铺开与中央财政增加对教师工资的转移支付相一致。但是,针对现行的绩效工资制度,基于不同的研究方法和视角,学者们对绩效工资制度的评价不一。一些学者认为,绩效工资制度提高了欠发达地区教师收入②、提高了县域内均衡水平,且具有激励效果,绩效工资与教师学历和职称、校内行政职务、教主科、教低年级等因素挂钩。③ 虽然绩效工资制度改革使部分地区的教师待遇提高,但另一些学者发现改革的实施效果并未达成促进地区间均衡和激励教学者的初衷。例如,赵宏斌等人的研究发现,绝大部分教育局局长和校长愿意实施绩效工资制度,但其原因更多的是将其与涨工资等同起来。④ 范先佐等人的实证研究发现,不同经济发展地区之间义务教育教师绩效工资差距拉大;实操过程中,绩效工资对小规模学校的校长、初小和教学点的教师缺乏激励作用,同时出现学校内按照行政级别分配教师绩效工资的

---

① 根据该意见规定,绩效工资分为基础性和奖励性两部分。基础性绩效工资主要体现地区经济发展水平、物价水平、岗位职责等因素,占绩效工资总量的 70%,具体项目和标准由县级以上人民政府人事、财政、教育部门确定,一般按月发放。奖励性绩效工资主要体现工作量和实际贡献等因素,在考核的基础上,由学校确定分配方式和办法。根据实际情况,在绩效工资中设立班主任津贴、岗位津贴、农村学校教师补贴、超课时津贴、教育教学成果奖励等项目。

② 庞丽娟,韩小雨,谢云丽,等.完善机制落实义务教育教师绩效工资政策[J].教育研究,2010(4):40-44.

③ 安雪慧.义务教育学校教师绩效工资政策效果分析[J].中国教育学刊,2015(11):53-60.

④ 赵宏斌,惠祥凤,傅乘波.我国义务教育教师绩效工资实施的现状研究:基于对 25 个省 77 个县 279 所学校的调查[J].教育理论与实践,2011(28):24-27.

做法,这些现象违背了绩效工资改革的初衷。[①] 曾晓东的研究发现,教师工资的地区差距是现实存在的,占教师实际收入的 50%—80%。他认为,虽然绩效工资改革起到了保障农村中小学教师工资、缩小校际差异的作用,但在绩效工资改革将学校自主权"收上来"后,承认地区差异、建立工资正常增长机制是统一教师工资制度的关键设计,也是当前迫切需要弥补的制度缺陷。[②] 有学者认为,绩效工资制落实不到位,是中央财政支持力度不足、各地省级财政保障力度差距大、财政保障重心过低等原因造成的[③],教师工资分配中依然普遍存在的不均衡问题需要依靠教师工资分配制度管理重心进一步上移来加以解决;[④]但另一些学者认为,学校的工资分管权力过小正是教师薪酬与工作业绩并不挂钩的原因[⑤]。也有学者持相反的观点,认为目前实行的绩效工资体制设计存在缺陷,单纯依靠加大财政投入力度的方式,很难确保教师群体的稳定。[⑥][⑦] 如何疏导政治精英对教师待遇问题的诉求,成为目前工资体制政策制定过程中需要考虑的因素之一。在绩效工资体制改革后,政策制定者和利益相关方的进一步诉求向怎样的方向发展? 这也是本文希望通过研究两会提案回答的问题。

在我国的政治体制下,全国人大和政协在政策制定过程中扮演着特殊的角色,是政策制定中公共参与的重要实现形式。[⑧] 有研究通过对 30 年来不同教育政策下两会代表的提案行为进行观测,对教育政策和立法过程中的公共参与机制和行动特点进行讨论,从而加深对政策的动态演进过程和逻辑的理解。例如,伍银多用社会网络分析法,对 1983 年以来的全国人大及政协教育类提案进行分析,发现重大教育政策出台前,两会

① 范先佐,付卫东. 义务教育教师绩效工资改革:背景、成效、问题与对策——基于对中部 4 省 32 县(市)的调查[J]. 华中师范大学学报(人文社会科学版),2011(6):128-137.

② 曾晓东,易文君. 我国中小学教师工资的地区差异问题研究[J]. 华中师范大学学报:人文社会科学版,2015(5):155-161.

③ 庞丽娟,韩小雨,谢云丽,等.完善机制落实义务教育教师绩效工资政策[J].教育研究,2010(4):40-44.

④ 贺雪梅. 我国中小学教师工资分配制度改革研究[D]. 湖南师范大学硕士学位论文,2010.

⑤ 杨建芳. 义务教育教师收入分配制度存在的问题与对策:以江苏、湖北为例[J]. 浙江社会科学,2010(11):33-39,126.

⑥ 刘明兴. 教师薪酬体制改革:历程、困境与出路[R]. 北京大学中国教育财政科学研究所研究报告,2015.

⑦ 刘明兴. 教师绩效工资改革:好事如何办[N]. 中国青年报,2015-05-18.

⑧ 李占乐. 中国公民社会参与公共政策制定的渠道和方式[J].理论导刊,2011(3):38-40.

代表的相关呼声增加,且当中央财政责任被强化时,两会代表政策参与的积极性会大幅度增加,但推动政策出台的提案者往往并不来自中央转移支付政策瞄准的地区。[①] 张宸珲利用全国政协 1983—2012 年涉及民族教育政策的提案数据,发现要求中央财政加大投入力度的民族教育提案自 20 世纪 80 年代以来就已经大量涌现,这远早于针对其他各级各类教育财政政策的提案,且提案内容更多地指向本地区所面临的具体问题,而并非就全国性普遍问题提出政策建议。[②] 张文玉、王江璐分析了与高等教育政策相关的全国政协提案数据,发现在重点大学建设工程实施之后,精英高校与非精英高校的利益诉求出现分化,非精英高校出现与教育部不同的利益诉求。[③] 于洋的研究表明,新闻媒体中的相关发声要显著强于政协提案。[④] 上述研究以两会提案作为政策制定过程的观测窗口,为理解不同教育政策过程提供了参考。

那么,针对教师待遇问题,在不同政策背景下,两会代表和委员对教师待遇问题的关注程度和关注焦点有怎样的特点?教师工资体制的变革对代表、委员的行为倾向产生了怎样的影响?对于这些问题尚缺乏翔实的实证研究。本文将教师待遇政策置于宏观政策制度背景之下进行讨论,试图借助两会文本,部分地揭示政策制定的参与者的行为特征,对教师待遇政策演变进行更加充分的理解,通过观测两会代表和委员在不同教师工资体制下的行为特征,更好地理解不同政策在执行过程中可能出现的问题以及目前教师工资政策面临的争论,并提出政策建议。

第二节　不同时期义务教育教师待遇 两会议案/提案的趋势特点

在 1983—2013 年的教育类全国人大议案中,共有 45 件议案与教师相关,在 1983—2012 年的教育类全国政协提案中,教师待遇相关提案共

---

① 伍银多. 教育立法过程中公共参与机制和行动特点:基于 1983—2012 年全国两会提案的实证分析[D]. 北京大学博士学位论文, 2017.

② 张宸珲. 民族地区教育财政优惠政策扩散效应研究[D]. 北京大学博士学位论文, 2016.

③ 张文玉,王江璐. 高等教育财政政策的演进逻辑(1983—2012 年):中央与地方博弈策略分析[R]. 北京大学中国教育财政科学研究所简报第 17-4 期(总第 146 期),2017.

④ 于洋. 谁在为高校自主权发声:对政策文本、学术文本与新闻文本的内容分析[D]. 北京大学博士学位论文, 2016.

有 540 条。人大议案与政协提案的变化趋势基本一致。议案和提案的峰值出现在 1986—1988 年、1993 年、2008—2011 年,低谷出现在 2002 年左右。这几个时间点也恰逢教师工资体制相关的重大政策出台(图 17-1)。

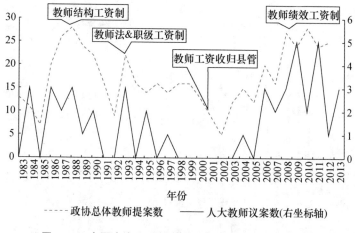

图 17-1　全国人大和政协教师待遇相关议案/提案数目

　　第一个峰值为 1988 年,这是在 1985 年中央推行了结构工资制改革后,随即针对教师工资问题出台了关于各级各类学校教师工资及待遇的重要方案和文件。[①] 第二个峰值为 1993 年,此时恰逢《教师法》出台,同时进行了教师职级工资体制改革。然而,2001 年"以县为主"的改革使得教师工资收归县管,教师相关的议案/提案出现低谷。第三个议案和提案高峰为 2008 年绩效工资制改革之后。其中人大议案和政协提案的高峰时期,在 20 世纪 80 年代出现在工资制度改革之后,而 20 世纪 90 年代以及 2008 年的提案高峰几乎与教师待遇改革同期。

　　在 1983—2012 年的 540 条涉及教师待遇的全国政协提案中,涉及义务教育教师的提案共 330 条,其数目的波动趋势与总体教师待遇提案趋势一致。然而,如果观测政协义务教育教师待遇提案在义务教育财政类提案中的占比可以发现,1987—1988 年的占比高达 40％以上。而 2008

---

　　① 参见国务院工资制度改革小组、劳动人事部联合出台《关于高等学校、中等专业学校、中小学教职工工资制度改革问题的通知》,其中包含《高等学校教职工工资制度改革实施方案》《中等专业学校教职工工资制度改革实施方案》《中小学教职工工资制度改革实施方案》和《关于教师教龄津贴的若干规定》等文件。

年后的义务教育教师待遇提案峰值却仅占当年义务教育财政类提案的20％上下。也就是说，提高教师待遇在20世纪80年代末是义务教育财政问题的焦点，然而2008年以后，政协委员以教师待遇为抓手而为义务教育财政投入问题发声的统一性下降（图17-2）。

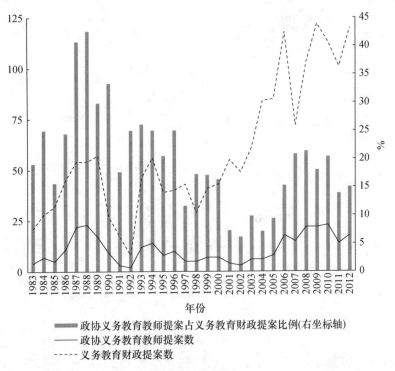

图 17-2　政协义务教育教师待遇提案与义务教育财政提案趋势

一、20世纪80年代：挂钩机制的雏形和以增设津补贴为主要内容的提案上扬时期

随着20世纪80年代的经济体制改革和财政分权化改革，教育管理体制和教师工资体制进行了一系列改革。1985年《中共中央关于教育体制改革的决定》确立了"地方负责、分级管理、以乡为主"的教育管理体制，并提出"坚持实行简政放权，扩大学校的办学自主权"，乡镇财政支付农村公办中小学教师工资，乡村两级共同负责民办教师工资。同时，1985年中央推行了结构工资制改革后，针对教师工资问题，国务院工资制度改革小组、劳动人事部联合出台了《关于高等学校、中等专业学校、中小学教职工工资制度改革问题的通知》，建立了以职务工资为主的结构工资制。较之 1956 年起实施的高度集权的"等级工资制",此次工资制度的调整虽然使中央政府缩小了对工资体制的管控范围和财政部门的保障范围,但中央仍然严格管控教师的基本工资和职务工资标准。虽然地方单位发放物质福利的情况较为常见,但各项津补贴的发放仍需经中央审批。

1986—1990 年,共有 11 条与《教师法》相关的议案,人大代表积极提议以教师工资"挂钩"的形式立法保障教师待遇。早在 1984 年,全国人大教科文卫委员会在第一次全国教育立法研讨会上就将《教师法》列入人大工作的重要议事日程。[①] 1985 年,人大代表张承先在全国人大会议上提出,要使农村的中小学教师的待遇略高于当地中等劳动力的人均收入水平,城市中小学教师待遇略高于当地职工平均收入水平。1986 年第六届全国人大第四次会议上,张承先联名 303 名代表首次提出"尽快制定《教师法》"的议案。同年,在全国政协会议上,方明、王路宾等人联名提出了类似提案。[②] 1989 年,在全国人大代表山东代表团全体会议上,张承先进一步提出应将教师工资水平与全民所有制的平均工资水平进行"挂钩"的建议[③],可以视为教师待遇挂钩机制的雏形。

在教育财政下放地方政府和学校而工资津补贴制定标准仍然由中央管控的背景下,20 世纪 80 年代后期关于教师待遇的提案中,委员们主要关心的是以提高津补贴的方式提高教师待遇。提高津补贴的提案在 1987 年和 1989 年都有 12 条,达到了 1983—2012 年该类政协提案的峰值(图 17-3)。另外,关于退休教师的相关提案在 1987 年也达到历史峰值,与义务教育教师相关的有 6 条之多。在此期间,国家出台了若干政策以提高基础教师的待遇,包括《关于提高中小学教师工资待遇的通知》(国发〔1987〕102 号)、《国务院关于提高部分专业技术人员工资的通知》(国发〔1988〕60 号)、《关于提高中小学班主任津贴标准和建立中小学教师超课时薪酬制度的实施办法》等,要求将中小学和幼儿园教师工资提高 10%,计入基础退休费中,并提出了建立中小学教师超课时酬金制度,以提高中

---

① 吴福生.一部重要法律的诞生:制定《教师法》的前前后后[C]//全国人大教科文卫委员会教育研究室.教师法学习宣传讲话.北京:北京师范大学出版社,1993:220.

② 方明联名 21 名政协委员、王路宾联名 27 名政协委员,分别提出了"关于尽早制定《教师法》的提案"、"关于提请制定中小学教师法的提案"。

③ 张承先提出,"第一步使教育系统职工平均工资水平达到全民所有制的平均工资水平;第二步再考虑使教育系统职工平均工资水平比全民所有制职工高一些,比如高 25%到 30%"。张承先.治理整顿中要正确贯彻落实确保教育发展的方针[A]//《张承先教育文集》编委会.张承先教育文集[C].北京:北京大学出版社,2012:499-510.

小学班主任的津贴标准,但具体的提高幅度和数额,是分权给省级政府自行确定的。1989 年 12 月,国务院转批人事部、国家计委、财政部《1989 年调整国家机关、事业单位工作人员工资实施方案的通知》,对正式教师在"现行职务工资标准的基础上增加一级工资",另外,对退休人员按在职人员相应职务普调一级平均增资数额。虽然在 20 世纪 80 年代中期后,部分地区因为基层财政困难,各地出现了不同程度的拖欠工资的事件①,但是直至 1993 年《教师法》出台前,都没有出现标题中直接涉及"教师工资拖欠"问题的政协提案。

20 世纪 80 年代末期机关事业单位工资管控还较为严格,在分权化的财政体制下,政协委员们积极呼吁设立和提高各类津补贴以提高教师待遇,形成了政协提案的高峰,而人大代表则积极提议对教师工资"挂钩"立法以保障教师待遇,形成了 1993 年《教师法》中教师工资与公务员工资进行"挂钩"的雏形。此时虽然提案在政策上可能产生了一定的效果,但由于分权化的管理和投入体制,农村义务教育教师工资采取的是"分散型"模式,教师工资的筹资和分配下沉,由县乡承担。② 由于基层财力不足而产生的教师工资拖欠问题也未在提案中体现。

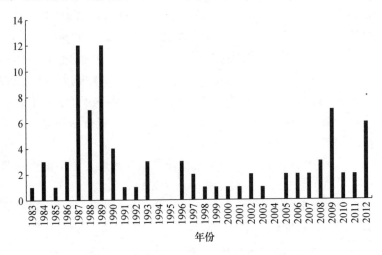

图 17-3　涉及提高工资津补贴的政协提案数目

①　顾卫临. 至圣的焦虑:关于拖欠教师工资的思考[J]. 开放时代,1994(5):50-54.
②　曲铁华,张立军. 农村义务教育教师政策:近 30 年的演进与思考:以农村教师工资待遇为视角[J].沈阳大学学报,2012(5):1-5.

二、1993 年前后：挂钩机制入法与以要求保障为主要内容的提案高峰

1993 年，历时七年、几易其稿的《教师法》终于颁布。这一时期迎来相关人大议案的又一高潮。虽然 20 世纪 80 年代末期人大代表就积极建议出台《教师法》并以法律的形式规定教师待遇与"其他行业的实际收入水平"或"当地全民所有制职工工资平均水平"挂钩，但在 1991 年正式提请全国人大常委会审议的《中华人民共和国教师法（草案）》中却并未将"挂钩"规定纳入进去。[①] 另外，由于 1991 年的草案中关于教师待遇的规定过于空泛和原则，弹性较大，许多委员建议将法律推迟通过。随着 1993 年《中国教育改革和发展纲要》中教师待遇相关规定出台，当年共有 3 条人大议案呼吁尽快修法。该年 10 月颁布的《教师法》最终纳入了将教师工资水平与国家公务员平均工资水平"挂钩"的规定。根据 1995 年《国家教委关于〈中华人民共和国教师法〉若干问题的实施意见》，此时"平均工资水平"指按国家统计局规定的工资总额构成的口径统计的平均工资额。至于教师的住房、医疗、退休金等其他待遇问题，一是考虑到公费医疗制度正在进行改革，二是可以调动中央和地方的积极性，所以没有进行太细、太死的规定。

1993 年《教师法》颁布，也恰逢"分税制"财政体制改革、教师职级工资制改革的关键年份。在政协提案中，亦于 1993 年迎来了第二个提案高峰。20 世纪 80 年代的结构工资制将机关事业单位与国有企业脱钩，而职级工资制改革进一步将机关与事业单位的工资制度脱钩，使教师工资的具体标准下放到省，同时允许各单位在国家规定的津贴总额内根据本单位实际情况，具体确定津贴项目、档次和分配方式。这使得教师工资与学校的收入能力密切相关。虽然由中央政府来决定基本工资标准，但是地方有更大的自由和灵活的空间来调整区域内的津补贴水平，同时其支配预算外收入的权力也大幅提高。[②] 但是，分税制改革后，教师的工资保障机制也出现了两个突出问题，一方面部分地区基本工资占比倒挂的趋势明显，即基本工资占比逐步降低，而另一方面，部分地区的基层财政运转困难加大，即教师在基层经济困难的地区更加缺乏实质的财力保障。

---

① 该草案关于教师待遇的第二十四条规定：国家分别规定适合高等学校和中小学教师特点的工资制度；随着国民经济的发展，国家不断提高教师的工资水平，具体办法由国务院制定。

② 赵俊婷，刘明兴. 教师工资体制的宏观运转机理与基层实施效果分析[J]. 北京大学教育评论，2017(4)：2-16.

而这两年全国政协义务教育教师提案分别是 12 条和 13 条。1993 年的提案组成中,有 3 条关于提高工资津补贴(图 17-3),4 条明确涉及师资投入(图 17-6)。1994 年的提案中,6 条是关于要求落实《教师法》的建议(图 17-4),4 条是关于代课/民办教师转正式编制或提高待遇(图 17-5),4 条是关于解决拖欠教师工资问题的提案(图 17-4)。这些都可以反映基层对教师保障的困难。

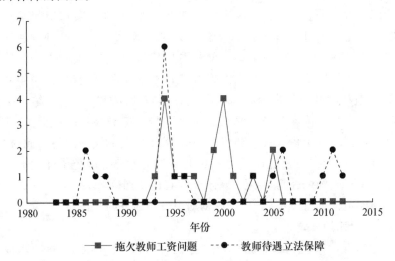

图 17-4　涉及教师待遇立法保障和拖欠教师工资问题的政协提案数目

三、20 世纪 90 年代中后期:两会呼声的回落

分税制改革后,教育事业单位的局面发生内部分化,两会代表并未形成较统一的呼声,这段时间是人大和政协教师待遇相关议案和提案的低潮。虽然 1993 年《教师法》对教师和公务员待遇的关联性进行了规定,但是对教师身份的描述是教师是履行教育教学职责的"专业人员",第十七条规定,学校和其他教育机构应当逐步实行教师聘任制,教师的聘任应当遵循双方地位平等的原则,由学校和教师签订聘任合同,明确规定双方的权利、义务和责任。虽然《教师法》中也对教师职务的"公务性"有所涉及,但此时,教师的法律地位更像专业劳动者,学校有较为独立的聘任教师的权利。[①] 与此相配套,此阶段学校对于收费和教师工资发放都拥有更大

---

　　① 劳凯声,蔡金花.教师法律地位的历史沿革及改革走向[J]. 教育政策研究,2009(9):21 −27.

的自主权。1993 年以后,中央放开了发放各项津补贴的规定,教师的实际收入和学校的财力密切相关,加之教育财政责任下沉到基层,虽然部分财力较差的地方拖欠教师工资,但财力较好的地区或学校的教师实际工资待遇显著高于公务员。中央继续出台政策和法律,进一步要求地方对教师待遇等问题进行保障。20 世纪 90 年代中期出台的政策文件针对《教师法》中未明确的待遇问题做出了补充说明,再次强调了县级或乡级财政保证农村公办教师工资和民办教师工资的国家补助部分,农村教育费需要保障民办教师工资中的集体统筹部分,并对公民办教师的"同工同酬"问题、纳入正式编制等问题做出正面回应。1995 年《教育法》在 1986 年《义务教育法》所规定的"两个增长"的基础上①,加入了"保证教师工资和学生人均公用经费逐步增长"的条款,对教师工资的逐步增长进一步加以法律规定和保障。1997 年起,在《关于 1997 年调整机关、事业单位工作人员工资标准等问题的通知》(人发〔1997〕89 号)、《关于调整机关事业单位人员工资标准和增加离退休人员退休费三个实施方案的通知》(国办发〔1999〕78 号)等文件中,中央屡次提高基本工资的标准。在地方和学校拥有了更多工资津补贴标准制定权且教师工资的保障责任下沉至基层的背景下,提案和议案中很难再不断针对教师工资的结构化组成部分发声。这一时期是教师待遇相关议案和提案的低潮。在 20 世纪 90 年代中后期,总共只有 3 条关于《师范教育法》的议案与教师群体直接相关。这一时期是教师待遇相关议案的低谷期。

同期的政协提案也有明显回落。在 1993 年《教师法》出台后的两年内,伴随着"落实《教师法》"的呼声,共有 6 条相关提案要求解决民办教师问题。1995 年《国家教委关于〈中华人民共和国教师法〉若干问题的实施意见》规定:农村公办教师的工资和民办教师工资的国家补助部分,根据地方政府的财力,由县级或乡级财政负责支付;民办教师工资中集体统筹部分,由农村教育费附加予以保证。20 世纪 90 年代末期,民办教师工资负担责任下沉至基层政府,民办教师工资主要依靠农村教育费附加来支付,这也是代课教师工资拖欠问题最为严重的时期。然而,相关政协提案却跌入谷底(图 17-5),1996—2000 年没有一条政协提案在标题中直接涉及该问题。

20 世纪 90 年代中后期,虽然中央放开了对教师工资标准的管控,但

---

①　"两个增长",即《义务教育法》中规定的国家用于义务教育的财政拨款的增长比例,应当高于财政经常性收入的增长比例,并按在校学生人数平均的教育费用逐步增长。

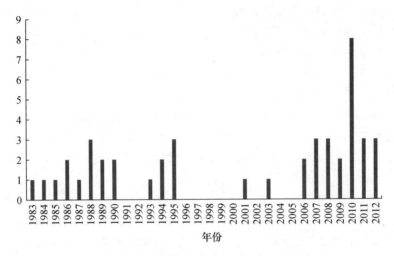

图 17-5　涉及民办/代课教师问题的政协提案数目

财权上收中央、教师工资负担下沉县乡政府和学校。在分权化的教师工资管理体制下,教师收入和学校的收入能力关系密切,虽然在部分发达地区,教师的收入水平超过了公务员收入,但在一些贫困偏远地区,教师工资偏低、拖欠教师工资的现象十分普遍。然而在此背景下,人大和政协的教师待遇相关议案/提案都变得稀少且分散化,代表们未能形成较为统一的诉求和呼声。

四、21 世纪初：零散的政策诉求

进入 21 世纪后,伴随着农村税费改革和"以县为主"教育财政体制的逐步建立,教师工资的负担逐渐向中央转移,农村中小学教师工资管理上收到县,落后地区公办教师的工资发放得到了更有力的保证,针对中西部农村学校教师的财政体制保障问题进入了大家视野。2001 年国务院《关于基础教育改革与发展的决定》规定县级财政要设立"工资资金专户"保障农村中小学教师工资发放。2003 年《关于进一步加强农村教育工作的决定》中要求建立和完善农村中小学教职工工资保障机制。同时,中央财政从 2001 年起每年安排至少 50 亿元专项资金用于中西部困难地区农村中小学教师工资的发放。在中央逐步加强的转移支付下,公办教师的工

资发放得到了较好的保证。①

人大议案对于教师工资保障的诉求与整体教育财政体制的变迁相配套。虽然在 2000 年年初并没有人大议案直接针对修订《教师法》，但一些人大代表在呼吁制定或修改《义务教育投入法》《义务教育法》等宏观教育或财政分担方面的法律时，也涉及教师待遇问题。例如，安徽省全国人大代表胡平平在 2001 年提出的"建议尽快制定《义务教育投入法》"议案中，建议"农村义务教育教师工资、事业费一律收归县管，中央、省、市的义务教育经费转移支付到县财政"。② 在随后两年中她继续建议：将义务教育阶段教师纳入国家公务员系列，中央负责承担国家统一标准的教师基本工资、津补贴的供给；省、市、县级财政承担省级地方政府出台的教师津补贴等政策性工资的供给。③ 总的来说，此阶段虽无专门针对教师待遇的议案，但人大代表也在其他教育类议案中提出了增加中央对教师工资的财政责任、建立各级政府对教师工资的分担体制、将教师纳入公务员队伍等建议。

针对教师待遇问题，政协提案还没有形成较为一致的诉求。2002 年前后教师待遇相关提案数量达到历史低点。在 2000 年拖欠教师工资的提案达到 4 条后，便迅速降低（图 17-4）。21 世纪初，关于提高教师津补贴（图 17-3）、增加师资投入（图 17-6）、教师培训（图 17-6）等方面的提案稀少，每年仅有 1 条或 2 条。此时公办、民办教师间的待遇差距虽进一步扩大，但在 1996 年至 2005 年 10 年间，政协提案中只出现过两条民办教师或代课教师相关提案（图 17-5）。也就是说，虽然基层对民办教师仍然面临比较严峻的财政保障问题，但国家对于预算外收入还没有进行全面的清理和规范，不同地区民办教师的问题程度不一，也较难形成统一的提案诉求。此阶段的提案更多关注更为宏观的与"教育经费投入"相关的问题。

21 世纪初依然延续了 20 世纪 90 年代分权化的工资管控体制，教师工资的标准制定下沉至地方和学校。然而，随着"以县为主"教育管理体制的建立和中央转移支付力度的增加，与整体教育财政投入问题相关的议案和提案开始逐渐凸显（图 17-2）。教师待遇问题依然不是代表和委员

---

① 参见 2001 年《国务院关于基础教育改革与发展的决定》，其中关于教师待遇的规定是："从 2001 年起，将农村中小学教师工资的管理上收到县。"

② 胡平平. 挑战：我的 40 年教育实践及反思[M]. 北京：教育科学出版社，2014.

③ 胡平平. 挑战：我的 40 年教育实践及反思[M]. 北京：教育科学出版社，2014：322-381. 她在人大"加大和完善财政转移支付，依法建立稳定的农村义务教育投入保障机制"提案中对此有详细说明。

们关注的焦点,但要求加强中央对教师待遇保障力度的诉求已经在更为宏观的人大议案中出现,相关政协提案也呈现回暖的趋势(图 17-2)。

五、2006—2013 年:明确教师法律地位的呼声与教师工资制度集权化后的提案激增

2006 年后的一系列政策和改革,加强了中央层级对义务教育阶段教师工资的财政支出责任,教师工资标准也更为集中统一,同一地区公办教师与公务员之间以及公办教师群体内部的账面工资收入差距在进一步缩小,中央财政对教师待遇的支持也进一步细化。伴随着 2006 年《公务员法》的实行和职务与级别相结合的工资制度的改革,级别工资的比重提高,中央清理并规范了各项地方性津补贴发放。同期,实行农村义务教育阶段学校教师特设岗位计划,且经费主要由中央财政承担。[①] 2006 年修订的《义务教育法》也以法律形式规定义务教育由国家保障,并在《教师法》对教师工资待遇的基础上,要求在民族地区和边远贫困地区工作的教师享有艰苦贫困地区补助津贴。2008 年起,基于中央财政收入较高的增速和财政集权的宏观背景,中央逐步增加其财政保障机制,伴随着义务教育免费政策在城市和农村的全面实施,中央也推行了教师绩效工资体制改革。[②] 此次的工资制度改革在提高公办教师待遇的同时,却规定学校不得在核定的绩效工资总量外自行发放任何津贴补贴或奖金,不得违反规定的程序和办法进行分配。于是,与以往不同的是,各级各类学校的收费权及定价权被逐渐限制,教师工资与公务员工资之间的硬性挂钩机制被进一步强化。[③] 在这之后,掀起了第三个议案和提案的高峰。然而,有研究表明,新的教师工资体制建立后存在一系列问题,例如无法建立正常的工资增长机制,教师工资收入增长主要依靠地方政府自行提高绩效工资和津补贴水平;同时,薪酬发放的平均主义倾向普遍存在,绩效工资体制的激励效果在实操中未能发挥。近年来,国家又陆续出台了增加农村义务教育师资的文件,在 2010 年启动"国培计划",2012 年推行"教师培

---

① 参见《教育部、财政部、人事部、中央编办关于实施农村义务教育阶段学校教师特设岗位计划的通知》(教师〔2006〕2 号)。

② 参见《关于转发人社部、财政部、教育部关于义务教育学校实施绩效工资指导意见的通知》(国办发〔2008〕133 号)、《教育部关于做好义务教育学校教师绩效考核工作的指导意见》(教人〔2008〕15 号)。

③ 赵俊婷,刘明兴. 教师工资体制的宏观运转机理与基层实施效果分析[J]. 北京大学教育评论,2017(4):2-16.

训学费制度",在住房方面推进为农村教师缴纳住房公积金及社会保险费,中央安排经费支持建设农村艰苦边远地区学校教师周转宿舍,以及鼓励地方政府将符合条件的农村教师住房纳入当地住房保障范围统筹予以解决等。中央的财政支持也逐步愈加具体和细化。

人大议案中,在 2006—2013 年,共有 22 条议案呼吁修订《教师法》。2009 年《教师法》修订中只将"国家工作人员对教师打击报复构成犯罪的,依照刑法第一百四十六条的规定追究刑事责任"改为"依照刑法有关规定追究刑事责任",并无其他实质性修订。人大代表对继续修法的呼声依然强烈。在教师待遇方面,修法的呼声大致分为三类。一是细化对特定人群的待遇保障。例如,人大代表张淑琴自 2010 年起连续三年联名三十余位代表提出修改《教师法》的议案,希望社会力量所办学校教师待遇不得低于当地同级同类公办学校教师的待遇,并保证其医疗保险、养老保险和失业保险的落实。她还建议从法律上规定对从事特殊教育的教师和在民族地区、偏远地区工作的教师予以特殊津贴补助。人大代表张雅英连续两年提出了关于依法保证企业办中职学校和幼儿园离退休教师待遇的建议。二是继续提高教师工资的财政保障层级,增加中央和省级政府的责任。例如,在 2008 年提出修法议案的人大代表庞丽娟提出:建议建立义务教育教师工资、待遇的中央、省(市)、县三级政府承担制度,其中农村教师的国标工资由中央、省级财政共同全额支付;教师工资的拖欠问题由中央和省级财政共同负责尽快解决。三是试图以转变教师身份的方式,进一步将教师待遇与公务员挂钩。人大代表王斌泰曾经在 2007 年两会期间公开发声,建议将教师纳入公务员行政管理序列中,以解决教师待遇偏低的问题。同期,周洪宇、庞丽娟等代表则呼吁明确义务教育教师作为"教育公务员"的法律地位和身份,以落实教师工资待遇,提高中小学教师的社会地位,同时有利于政府统筹教师资源。周洪宇借鉴日本、法国等国家的经验,建议教师所属的"教育公务员"身份不同于"一般公务员",而属于体现"专业性"与"公务性"的"特殊公务员"。但是,无论是将教师纳入公务员队伍,还是建立独立的"教育公务员"制度,改革都不仅涉及福利待遇问题,而且对于中国传统的编制和任命体制都有一定冲击,需要有关部门之间的统筹协调。上述建议均未在 2009 年《教师法》的修订中体现。

与此相应,自 2006 年起教师相关的政协提案也迅速增多,形成了 30 年来相关呼声最多的时期,且对教师待遇的诉求变得更为多元化。2006 年的政协提案为 18 条,到了 2010 年达到 23 条,之后略有回落。在这 5 年中,涉及编制、确保/增加师资投入、提高教师素质、农村地区教师问题、民办教师问题、住房问题的提案数量都达到了历史峰值。例如,在 2006 年后,中央建立了"义保"机制,教师工资发放与学校财力脱钩,落后地区代课教师问题得到缓解后,相关提案反而陆续涌现,在此后 7 年间共计 24 条之多,2010 年达到峰值 8 条,次年在相关政策出台后快速回落(图 17-5)。涉及农村地区教师待遇问题的政协提案在 2007 至 2012 年总计 52 条,并在 2007 年达到了 12 条之多(图 17-6);而涉及城市、农村教师待遇公平性问题的提案也在同期逐渐凸显,于 2010 年达到 5 条,为历史峰值。涉及教师素质提高或师资投入问题的政协提案数目也分别于 2006 年和 2007 年达到历史峰值 7 条(图 17-6)。

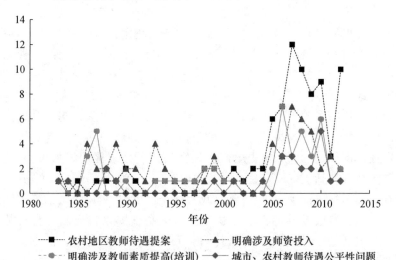

图 17-6　涉及农村教师待遇、城乡教师公平性、师资投入和
教师素质提升问题的政协提案数目

　　由此可见,在教师工资财政责任、教师收入标准的制定权力都向中央政府转移的时代,两会代表对教师待遇的呼声数目增加,内容具体且细化。由于施行全国统一的基本工资标准,国家统一调资时会面临两难境地:如果增幅过大,则经济欠发达地区的增资难以落实;如果增资幅度过小,也无法应对经济发达地区生活成本迅速提高的实际问题。发达地区有较强的出台各类津补贴和奖金政策的动机,然而由于中西部地区教师津补贴实际上也依赖中央的转移支付,为了减少地区间的攀比而造成中

央财政压力加大,中央政府陷入了对地方津补贴进行清理的怪圈。[①] 虽然中央出台了一系列政策提升教师待遇,然而各类教师待遇方面的呼声仍然此起彼伏。立法议案中虽然出现了将教师和公务员的法律身份进行挂钩从而进一步保障教师待遇的建议,然而却并未体现在新修订的《教师法》中。

第三节 教师待遇相关两会议案/提案特征及其启示

一、教师待遇相关的全国人大议案和政协提案的特征

总体来说,在教师工资标准较为集中、财权和教师工资发放责任下沉地方的 20 世纪 80 年代末期,政协提案中的政策建议以增设和细化津补贴规定的方式为提高教师待遇发声,人大议案则以教师工资"挂钩"为抓手推动立法。1993 年《教师法》的颁布和实施伴随着一波关于制定和落实《教师法》的议案和提案高峰。在 1994 年后,随着分税制改革、职级工资制改革和《教师法》的实施,财权收归中央,教师工资和各类津补贴标准的制定权下放地方,不同地区间的教师待遇实际差异加大,虽然部分地区存在较大困难,但两会代表难以形成较为统一的关于教师待遇的呼声。然而,随着 2001 年起中央对地方教师工资的负担力度逐步增加,政协提案中关于教师待遇方面的呼声由冰点逐渐回暖,人大议案中也出现了关于加强中央对教师工资保障的建议。2006 年后,中央财政对教师工资的转移支付不断增强,并在之后进行教师绩效工资制改革,中央加大对地方津补贴政策的清理,教师工资和学校收入能力脱钩。在此背景下,两会代表对增设各类津补贴和待遇保障的呼声高涨,而一些代表也提议将教师纳入公务员行政序列管理,或通过转变教师身份为"教育公务员"而修订《教师法》,进一步加强教师与公务员之间的"挂钩"关系。

与人大议案中频繁地出现"挂钩"建议不同,与工资挂钩的政协提案非常少见,仅在 1994 年和 2006 年各出现过 1 次。教师工资与公务员工资水平挂钩的条款在 1993 年提出后,在后续的《义务教育法》和各类文件中不断被提及,然而政协提案中极少使用与"公务员工资"挂钩的手段作为抓手,主要还是以提出具体的扶持要求为主。然而,近年的政协提案内

---

① 赵俊婷,刘明兴. 教师工资体制的宏观运转机理与基层实施效果分析[J]. 北京大学教育评论,2017(4):2-16.

容更为具体化和多元化,出现了更多围绕教师待遇的细致提案。

与政协提案中多元、具体且微观的提高教师待遇的政策建议不同,关于修订《教师法》的人大议案以更为长远、上位且宏观的角度,对教师待遇和公务员待遇之间进行"挂钩"发出较为统一的呼声。1993 年之前的议案以"教师工资不低于国家公务员"为抓手,2006 年后的修法议案则呼吁将教师纳入公务员行政序列管理,或建立"教育公务员"制度,强化教师的待遇和身份与公务员之间的挂钩关系。虽然此类立法将在更宏观的体制层面推动改革,釜底抽薪地强化教师待遇保障,但涉及公务员体系的重大调整,最终 2009 年修订《教师法》时并未将此纳入条款。此后虽然有人大代表持续为此发声,但另一些代表则转向以增加和细化津补贴项目、增加中央和省级政府对教师工资的保障责任等更为微观的方式推进保障教师待遇的法律。

二、2018 年的政策回应:中小学教师法律地位的确立与挂钩水平的加强

对于近年来关于教师待遇和公务员待遇相挂钩的争论,2018 年 1 月 20 日中共中央、国务院《关于全面深化新时代教师队伍建设改革的意见》予以正面回应。该文件是新中国成立以来第一次以党中央名义专门印发的加强教师队伍建设的文件,文件要求"核定绩效工资总量时统筹考虑当地公务员实际收入水平,确保中小学教师平均工资收入水平不低于或高于当地公务员平均工资收入水平"。也就是说,教师工资所挂钩的公务员工资的具体定义,从 1995 年《〈教师法〉实施意见》中规定的"国家统计局规定的工资总额构成的口径统计的平均工资额",转变为"实际收入水平",进一步明确和加强了公办义务教育教师待遇和公务员待遇之间的挂钩关系。其次,该文件要求确立公办中小学教师作为国家公职人员特殊的法律地位,是对已有法律的重要调整。《教师法》规定学校对教师的聘任应当遵循双方地位平等的原则,由学校和教师签订聘任合同,明确规定双方的权利、义务和责任。《教育法》第三十五条也明确提出国家实行教师"聘任制度"。然而,随着 2006 年《义务教育法》的修订,规定义务教育由国家举办(第二条、第四十二条),义务教育标准由国家制定(第十六条、第三十条、第三十五条),学校失去了独立法人的身份,现实中的义务教育阶段教师由地方教育行政部门与教师签约,而非由学校聘任。[①] 2018 年的新政策确立教师作为"国家公职人员"的法律身份,更加明确了教师作为政府雇员而非学校雇员的身份。这意味着在法律层面上,学校自主权将进一步削弱,管理层级进一步上升。2018 年 8 月 27 日,国务院办公厅《关于进一步调整优化结构、提高教育经费使用效益的意见》中更是提出,财政教育经费要优先保障中小学教职工工资发放,健全中小学教师工资长效联动机制,实现教师工资与当地公务员工资收入同步调整,并且提出要力争用三年时间解决义务教育阶段教师工资待遇问题。

三、提高教师待遇过程中需要应对的问题

在现今教师工资标准的管理体制集权化、中央对教师工资的财政保障力度加强的大背景下,此政策的出台一方面进一步推进了教师待遇的政策制度保障,另一方面可能会在实际执行过程中面临一系列的问题。

第一,在集权化的教师工资管控体制下,进一步要求教师工资水平与公务员实际工资水平挂钩,可能会导致教师工资结构和公务员工资结构的趋同化趋势加剧,从而扭曲工资对教师工作的激励机制。2006 年起施行的《公务员法》第七十四条规定:公务员工资包括基本工资、津贴、补贴和奖金;公务员按照国家规定享受地区附加津贴、艰苦边远地区津贴、岗位津贴等津贴;公务员按照国家规定享受住房、医疗等补贴、补助;公务员在定期考核中被确定为优秀、称职的,按照国家规定享受年终奖金。据此规定,教师与公务员之间比较的"实际收入水平"也应包含基本工资、津贴、补贴和奖金。然而,由于教师工作具有劳动内容的复杂性、劳动过程的创造性、劳动要求的示范性、劳动方式的个体分散性、劳动社会效果的潜在性等独特的职业特点[②],和公务员的工作性质具有较大差异,二者的工资结构设计应存在一定差异。如果教师的工资结构与公务员的工资结构进一步趋同化,可能会扭曲教师工作的激励机制。

第二,由于各地公务员工资水平和结构的差异,进一步加强教师待遇和公务员实际收入水平之间的挂钩关系,可能会对财政保障机制带来挑战。不同地区公务员工资水平受到经济发展影响,具有较大差异,公务员工资结构如基本工资占比、年终奖和各类津补贴占比等也显著不同。各

---

①　劳凯声,蔡金花.教师法律地位的历史沿革及改革走向[J].教育政策研究,2009(9):21-27.

②　王继平.合理调整我国教师政策价值取向初探[J].教师教育研究,2005(6):3-9.

地公务员的工资组成背后的财政体制各不相同,对于地方以不同名目发放的津补贴和奖金,中央财政并没有建立相应的保障机制,主要靠地方自身财力解决。一旦教师也与公务员同步发放,那么保障教师实际工资提高的财政体制需要更加健全。否则,当地方财力不足之时,可能会出现公务员和教师都要求发放类似奖金和津补贴的现象。

第三,由于目前公务员群体和事业单位职工的退休待遇存在差异,进一步强化教师群体与公务员群体间的实际工资水平的挂钩关系,可能会使退休教师的工资发放面临更大争议。如果退休教师据此集体要求其工资待遇比照退休公务员的工资待遇,则会进一步增加财政供养负担。一旦在退休教师的压力下,政府财政加强对退休教师的待遇保障,则会对社会养老保险并轨改革提出挑战。

第四,新的规定可能使民办教育发展面临矛盾的局面。2016年修订的《民办教育促进法》第二十八条规定,民办学校的教师、受教育者与公办学校的教师、受教育者具有同等的法律地位,同时也规定民办学校教职工在业务培训、职务聘任、教龄和工龄计算、表彰奖励、社会活动等方面依法享有公办学校教职工同等权利。在2018年的政策文件确立了公办中小学教师作为国家公职人员特殊的法律地位的要求下,按照《民办教育促进法》规定,民办学校的教师也应具备同等的"国家公职人员"的法律地位。然而,依据1993年《教师法》,社会力量所办学校的教师的待遇,由举办者自行确定并予以保障。这样,现行法律和规定形成了较为复杂和矛盾的局面:若民办中小学教师和公办中小学教师一样,也同等拥有"国家公职人员"的法律地位,其工资、社保等应由民办学校自行保障,还是财政也需要承担? 根据上文对政协提案的总结可以发现,在工资管控体制集权化的年代,两会代表对于中央出台各项教师福利待遇标准的呼声不断。新出台的政策虽然强化了对教师待遇的保障,但是两会代表依然可能提出更为细化的保障教师待遇的政策诉求。中小学教师"国家公职人员"法律身份的确立,以及教师和公务员实际工资待遇的挂钩关系加强,是提高教师待遇的重要举措,但也有可能会催生更多退休教师、民办教师、其他各级公办教师更多的集体性诉求,倒逼各级财政部门予以待遇保障。因此,相关问题需要进一步研究。

第十八章　义务教育阶段教师对工资待遇问题的网络诉求研究

——基于全国网络问政平台的大数据[①]

冯昕瑞　刘明兴[②]

教师工资体制可以影响教师的工作热情和激励,从而影响教学效果和学生成绩[③],故而,考察一线教师对工资待遇的态度诉求是理解工资体制的重要维度。随着互联网的普及,越来越多的民众通过网络问政平台留言表达现实中的不满和诉求[④],这也成为了解普通教师态度诉求的重要渠道。本文主要关注的问题是:义务教育阶段教师的工资体制如何影响其对工资待遇的网络诉求?

教师诉求与薪酬满意度相关。关于薪酬满意度[⑤]问题,理论界存在两种主要视角[⑥]:差异理论[⑦]认为个体的薪酬满意度是内心期望收入和实际感知收入水平之间的差异决定的,公平理论[⑧]认为个人与他人之间的投入产出比的比较才是决定薪酬满意度的核心。换言之,工资待遇的标

---

① 本文发表于《北京大学教育评论》2020 年第 3 期。

② 冯昕瑞,北京大学中国教育财政科学研究所博士研究生;刘明兴,北京大学中国教育财政科学研究所教授。感谢清华大学政治学系孟天广副教授、北京大学中国教育财政科学研究所赵师博士后对本研究进行机器学习方法论的交流和指导。文责自负。

③ 薛海平,王蓉.义务教育教师绩效奖金、教师激励与学生成绩[J].教育研究,2016(5):21-33.

④ 李莉,孟天广.公众网络反腐败参与研究:以全国网络问政平台的大数据分析为例[J].中国行政管理,2019(1):45-52.

⑤ 严格地说,主观的满意度和网络诉求并不相同,后者作为公共政策参与行为,固然受到主观薪酬满意度的影响,也可能受到网民个人特点、个体政策参与的成本收益分析等多方面的因素影响。所以,教师诉求可能与满意度问卷的测量结果呈现不同的特征。然而,教师的网络诉求作为公民网络政策参与的方式之一,具备更丰富的现实政策含义,且在网络大数据时代,该数据样本更易获得。本文主要探讨教师的网络诉求。

⑥ 贺伟,龙立荣.实际收入水平、收入内部比较与员工薪酬满意度的关系:传统性和部门规模的调节作用[J].管理世界,2011(4):98-110.

⑦ LAWLER E E. Pay and Organization Development [M]. Reading, MA: Addison-Wesley, 1981..

⑧ ADAMS J S. Inequity in Social Exchange[C]. //BERKOWITZ L. Advances in Experimental Social Psychology Vol. 2. New York: Academic Press, 1965: 267-299.

准及其结构在绝对和相对水平都将对教师的态度和诉求产生影响。已有研究发现,对教师而言,与公务员的比较将显著影响教师对薪酬增长、津补贴和薪酬结构的满意度。[①] 2008 年至 2016 年间全国多地均出现了公办教师集体性诉求事件,单纯靠加大财政投入并不能确保教师群体的稳定。[②] 已有研究认为,除了绝对薪酬水平,与他人的比较对态度诉求至关重要。然而,现有文献对于教师工资待遇态度诉求的研究以案例或局部地区部分学校的基于满意度量表的横截面调查数据分析为主[③],几乎没有对全国范围内不同时期的教师诉求的经验研究。并且,目前使用大数据分析诉求的文献中,几乎没有研究指出国家经济体制变迁对不同群体的诉求以及其中的攀比行为的影响。

鉴于义务教育阶段不同编制身份教师的工资及经费保障体制有较大差异,本文通过分析近年来全国性网络问政平台人民网"地方领导留言板"中不同身份教师的诉求特点,考察宏观体制对诉求的影响,总结留言诉求中反映出的教师工资体制面临的困境,并尝试对我国教师工资体制改革提出若干政策建议。

第一节　义务教育阶段教师工资体制和争论

一、不同身份教师的工资体制

当前,义务教育阶段主要存在三类不同编制身份的教师群体。[④] 第一类是作为教师主体的公办教师,实行全国统一的"绩效工资体制";第二类是临聘合同制教师,早期主要存在于偏远农村学校,近年来则成为城市人口流入地学校的重要师资补充,实行高度分权化的工资标准及缴费投入体制;第三类是农村特设岗位教师(特岗教师),作为当前农村青年教师补充的重要力量,中央财政设立专项资金用于保障特岗教师的工资性支出,并在政策上要求地方配套补齐特岗教师和公办教师的待遇差异。

---

①　杜屏,谢瑶.中小学教师薪酬满意度影响因素实证研究:基于公平理论的视角[J].华中师范大学学报(人文社会科学版),2018(2):168-177.

②　赵俊婷,刘明兴.基层教师的集体性维权:体制诱因、行动逻辑与演变趋势[M]//顾昕.社会政策与福利国家建设.南京:南京大学出版社,2018。

③　杜屏,谢瑶.中小学教师薪酬满意度影响因素实证研究:基于公平理论的视角[J].华中师范大学学报(人文社会科学版),2018(2):168-177.

④　现实中,还存在地方特岗教师、"三支一扶"中的支教教师、"硕师计划"等多种细分身份的教师群体存在。本文仅选取了三种最主要的教师群体进行讨论。

为了理解工资体制与教师诉求之间的关系,下文首先对三类教师工资体制做简要介绍。

(一)公办教师工资体制

在义务教育全面免除学杂费后,2009 年起,义务教育阶段学校开始实施绩效工资制度,基本工资执行国家统一标准,绩效工资和津补贴施行省级统筹、县域内均衡,并由中央进行总量调控和政策指导。具体而言,公办教师工资分为岗位工资、薪级工资、绩效工资、津贴补贴四部分。其中,岗位工资和薪级工资合计为基本工资,主要体现职称和工龄差异;绩效工资分为基础性(占比 70%,具体标准由省级及以下政府确定)和奖励性(占比 30%,由地方教育主管部门和学校确定分配方式)两部分。绩效工资改革对义务教育教师的地方性津补贴和奖金发放进行了严格的规范,将规范后的津补贴和原国家规定的年终一次性奖金纳入绩效工资总量。工资科目中的"津贴补贴"则包括由中央财政负担的艰苦边远地区津贴和国家统一规定的特殊岗位津贴补贴两部分。

2015 年,为解决基本工资多年未涨、基层工作人员工资待遇偏低问题,并配合机关事业单位养老保险制度并轨改革,中央启动了新一轮公务员和事业单位人员工资改革。此次改革基本延续了 2009 年教师绩效工资体制改革的思路,将部分津补贴或绩效工资纳入基本工资,适当提高基本工资比重,且进一步向基层工作人员倾斜。

总体而言,上述改革措施提高了义务教育阶段公办教师的工资待遇,更清晰地体现了"公平性原则",即教师工资不低于当地公务员水平(行业平等)、县域内义务教育学校绩效工资水平大体平衡(校际平等)。[①]

2018 年,中央发布了《关于全面深化新时代教师队伍建设改革的意见》,确立了公办中小学教师作为国家公职人员特殊的法律地位,并要求核定绩效工资总量时统筹考虑当地公务员实际收入水平。

(二)农村特设岗位教师工资体制

特岗教师制度始于 2006 年 5 月,中央为解决农村师资总量不足和结构不合理等问题,发布《关于实施农村义务教育阶段学校教师特设岗位计划的通知》,公开招募高校毕业生到西部"两基"攻艰农村学校任教。截至

---

① 曾晓东,张露匀,周惠.中小学教师工资制度的改革进展及面对的问题[J].教师发展研究,2018(1):31-37.

2018 年年底,全国累计招聘特岗教师约 75.4 万人[1],累计投入约 527 亿元[2]。

特岗教师在三年服务期内的工资体制不同于公办教师:国家教育行政部门制定特岗教师的工资标准,中央财政设立专项资金用于特岗教师的工资性支出,津补贴水平应"根据当地同等条件公办教师年收入水平和中央补助水平综合确定"。三年聘期结束后,特岗教师可自主选择是否继续留任,并获得当地教师编制,其工资体制也相应地与公办教师并轨。

尽管中央政策要求特岗教师在三年服务期内的工资待遇应比照当地公办教师发放,但因其执行的工资体制不同于公办教师,故基层实践中并不能保证两类教师待遇的平衡性。在计划实施早期,特岗教师的工资标准相较于当地公办教师普遍较高;其后,虽然中央屡次提高特岗教师的工资标准,但是许多地区公办教师的实际工资水平开始逐步高于特岗教师。

(三)临聘合同制教师工资体制

临聘合同制教师曾是农村地区教师群体的重要组成部分。随着清退补偿政策的出台,本文中提到的"临聘合同制教师"在不同历史时期被称为"民办教师"(1986 年前)、"临时代课教师"(简称"代课教师",1986 年至 2011 年)和"临时聘用教师"(2011 年后)等。在临聘合同制教师群体中,民办教师享有参照公办教师的工资待遇和退养政策。[3] 2006 年 3 月,国家教育主管部门出台"全部清退代课教师"的政策方案,加之同期作为农村师资补充新途径的特岗教师政策出台,临聘合同制教师在农村教师中的占比显著下降。伴随城市化进程,部分城区学校大班额矛盾凸显,临聘合同制教师又成为城市人口流入地学校师资补充的重要途径。在社会各

① 教育部教师工作司.加大落实力度 加快补齐短板 努力建设新时代高素质乡村教师队伍[EB/OL].(2019-02-26)[2020-01-04]. http://www. moe. gov. cn/fbh/live/2019/50340/sfcl/201902/t20190226_371169. html.

② 郑新蓉等.新时代"特岗计划"实施情况与乡村教师供给研究结题报告[R].2019.

③ 根据 1988 年 6 月国家教育委员会、财政部、人事部《关于农村年老病残民办教师生活补助费的暂行规定》(教〔1988〕100 号),符合补助条件的农村年老病残中小学民办教师享受国家民办教师补助费,其生活补助费由原工作单位按月发放,虽然生活补助费标准全国不做统一规定,由各省、自治区、直辖市根据当地经济情况自行制定,但最低标准不得少于现行民办教师补助费中的国家补助部分。而根据 1992 年《关于进一步改善和加强民办教师工作若干问题的意见》(教人〔1992〕41 号),各省区要分别规定不同地区的"民办教师工资最低保证数",且以县为单位,民办教师的工资收入不得低于该县公办教师平均工资额的 2/3,有条件的地区"实现与公办教师同工同酬",且要"逐步建立民办教师保险福利基金"。1997 年 9 月《国务院办公厅解决民办教师问题的通知》(国发办〔1997〕32 号)也提出,"有条件的地区,对离岗退养的民办教师可参照公办教师退休的有关规定执行"。

界的反对和批评声中,教育部调整了刚性"清退"政策。2011 年,教育部等四部委联合发布《关于妥善解决中小学代课教师问题的指导意见》(教人〔2011〕8 号),进一步明确地方是解决代课教师问题的责任主体,要求做好对代课教师的辞退补偿,"按照本人实际代课时间给予一次性经济补偿",并提出"将辞退代课教师依法纳入社保"。此后,各地相继出台针对已被清退的代课教师的具体补偿方案,主要包括一次性经济补偿、参加养老和医疗保险、按照教龄每月发放养老补助等。

临聘合同制教师的招聘、待遇标准和工资经费保障均实行高度分权化的体制。在义务教育免费政策全面推行后,在岗的临聘合同制教师往往与学校或地方政府签订劳务合同,其工资待遇也主要由地方财政负担,待遇水平也往往显著低于同一学校内的公办教师。部分地区由于财力等因素制约,严格限制学校聘用代课教师,许多学校迫于教学任务压力而违规自行聘任代课教师,相应的工资支出则通过挪用公用经费或违规收费来解决。甚至有个别学校要求因产假不能正常上课的教师"自掏腰包"聘请教师代课。可见,临聘合同制教师的待遇普遍偏低,且聘用方式相对多元化,并无统一的待遇标准和经费保障体制。[①]

（四）教师的津补贴

在本文对教师工资结构的讨论中,所谓"津补贴"主要包含三层内涵。其一是在工资体制改革中被纳入绩效工资管理的各种教师专设津补贴和奖金,例如班主任津贴、超课时补贴、教育教学成果奖励等;其二是工资科目中由中央统一设立、明确归类为津贴补贴的"艰苦边远地区津贴"和"特殊岗位津贴";其三则是指为公务员发放的年终绩效奖金、精神文明奖、乡镇工作补贴、公车补贴、住房补贴、通信补贴等,部分地区为了落实《教师法》中教师工资不低于公务员的"挂钩"条款,对教师也同步发放。

在下文的实例分析中,所谓教师的"特殊岗位津贴"主要指中央特设的乡村教师岗位津补贴科目。2013 年,中央要求按照"地方自主实施、中央综合奖补"的原则,对在连片特困地区乡村学校和教学点工作的教师给予生活补助。2015 年颁布的《乡村教师支持计划（2015—2020 年）》、2017 年下发的《国务院关于印发"十三五"推进基本公共服务均等化规划的通知》、2018 年印发的《中共中央、国务院关于全面深化新时代教师队伍建设改革的意见》等文件中,均强调要全面落实集中连片特困地区乡村

---

①　张越.编外教师权益保障机制研究:聘任制的视角[D].东北师范大学硕士学位论文,2011.

教师生活补助政策。

2015 年,国家对乡镇机关事业单位正式工作人员设立了乡镇工作补贴政策,并要求补贴标准向条件艰苦的偏远乡镇和长期在乡镇工作的人员倾斜。该项政策在落实的过程中,也逐步将教师纳入了范围,故而目前针对农村教师设立的"特殊岗位津贴"主要包括乡村教师生活补助金和乡镇工作补贴,但具体的发放标准及方式在县域之间存在较大差异。

总的来讲,特岗教师的工资体制最为集中统一,其次是公办教师,二者的工资水平与工资发放落实情况较好。相比之下,临聘合同制教师缺乏统一的工资标准,且工资水平较低。公办教师、特岗教师和临聘合同制教师在工资待遇标准集中程度、经费保障层级、与公务员"挂钩"的程度等工资体制上存在差异。

二、教师工资体制改革的效果及争论

实证研究表明,2009 年和 2015 年的教师工资体制改革起到了多方面的积极效果。首先,改革切实提升了教师工资水平[1][2],义务教育阶段公办教师待遇稳步提高,教师与公务员待遇的差距缩小[3]。虽然中小学教师工资总体上仍然低于公务员的平均工资水平[4][5],然而也有部分地区的教师认为其工资待遇已高于同级公务员,但实际收入仍低于公务员[6]。

其次,随着农村教师津补贴政策的实施,同一县域内的教师工资水平的均衡度提高[7],城乡间教师收入水平缩小甚至出现倒挂[8],部分地区农

---

① 吴红斌,马莉萍.义务教育绩效工资改革对教师工资水平的影响:基于县级面板数据实证分析的研究[J].教育研究,2017(3):46-52,90.

② 蔡雪,薛海平.工资改革提高了我国义务教育教师工资水平吗?[J].教育科学研究,2018(9):26-33.

③ 姜金秋,杜育红.义务教育学校绩效工资方案存在的问题、原因及对策:基于广西壮族自治区 A 小学的个案研究[J].现代中小学教育,2014(12):90-95.

④ 宁本涛.大国如何励"良师":教师绩效工资政策的成效与改进(一)[J].中小学管理,2018(9):18-20.

⑤ 薛海平,唐一鹏.理想与现实:我国中小学教师工资水平和结构研究[J].北京大学教育评论,2017(2):17-38,186-187.

⑥ 付卫东.县域义务教育教师工资待遇不平衡不充分:难题及破解——基于中西部 6 省16 个县(区)160 余所中小学的调查[J].河北师范大学学报(教育科学版),2019(4):5-12.

⑦ 范先佐,付卫东.义务教育教师绩效工资改革:背景、成效、问题与对策——基于对中部4 省 32 县(市)的调查[J].华中师范大学学报(人文社会科学版),2011(6):128-137.

⑧ 蔡雪,薛海平.工资改革提高了我国义务教育教师工资水平吗?[J].教育科学研究,2018(9):26-33.

村教师工资收入高于在县城的中小学教师[1][2][3]。

不过,教师工资体制改革并没有解决传统体制所面临的一些基本矛盾。这体现为集中统一的机关事业单位工资体制与地区经济差距不断拉大、人力资源市场日趋复杂之间的矛盾,中央政府既需要确保在地区之间、城乡之间、行政层级之间的工资待遇水平的平衡,又需要使工资待遇水平与当地的消费、物价水平相适应,既需要在宏观管理上建立强有力的政策抓手,又需要确保基层单位的自主权和工资激励机制的弹性。事实上,要同时实现这些政策目标是非常困难的。

第一,以提高基本工资标准及占比的政策调控手段被显著弱化。

义务教育阶段公办教师工资总量水平并非由单一层级的行政部门所控制,中央人社部门主要是通过调节基本工资水平及其在工资总量中的占比来实现政策目标。有研究指出,基本工资在工资结构中的重要性不断下降,工资结构中由地方制定标准并承担主要财政保障责任的绩效工资和津补贴,在工资结构中的占比越来越高,且成为地区间、城乡间教师工资差距的主要来源[4][5],早在 2010 年非基本工资部分就已经占到了教师实际工资的 50%—80%[6]。

随着不同地区经济发展水平的差距增大,不同地区之间的绩效工资差距拉大,中小学教师工资存在较为严重的中部地区凹陷、省级差异大的问题,且有进一步拉大的趋势[7][8],而绩效工资和津补贴是工资差距拉大

① 付卫东.县域义务教育教师工资待遇不平衡不充分:难题及破解——基于中西部 6 省 16 个县(区)160 余所中小学的调查[J].河北师范大学学报(教育科学版),2019(4):5-12.

② 薛海平,唐一鹏.理想与现实:我国中小学教师工资水平和结构研究[J].北京大学教育评论,2017(2):17-38,186-187.

③ 汪树坤.义务教育教师工资福利及补助支出差异研究:基于 2001—2017 年全国 31 个省(市、区)的面板数据[J].教育与经济,2019(4):89-96.

④ 范先佐,付卫东.义务教育教师绩效工资改革:背景、成效、问题与对策——基于对中部 4 省 32 县(市)的调查[J].华中师范大学学报(人文社会科学版),2011(6):128-137.

⑤ 安雪慧.我国中小学教师工资水平变化及差异特征研究[J].教育研究,2014(12):44-53.

⑥ 曾晓东,易文君.我国中小学教师工资的地区差异问题研究[J].华中师范大学学报(人文社会科学版),2015(5):155-161.

⑦ 沈有禄,马继迁.我国教师工资福利及补助支出的地区差异:2007—2016[J].教育经济评论,2019(2):98-128.

⑧ 杜晓利.我国中小学教师工资水平的比较分析与若干建议[J].中国教育学刊,2015(4):27-31.

的主要原因①②。

第二,中央财政的保障压力不断加大,难以建立稳定的工资正常增长机制。

在全国施行统一的基本工资标准、中央财政重点保障基本工资发放、托底绩效工资发放的体制下,越是提高基本工资的占比,中央财政的保障压力就越大,进而使得工资水平的正常增长和调整面临困难。

自绩效工资体制施行以来,虽然基础教育学校教师的地方性津补贴和奖金的发放被更加严格地规范,但由于物价水平上涨,基本工资的正常增长机制尚未建立,地方政府仍需依靠自设各类津补贴和奖金科目提高教师待遇。③ 事实上,地方政府一直有冲动自行出台各种津补贴和奖金政策,而为了维持地区间的平衡,中央政府则不得不对地方性薪酬政策进行周期性清理。④

对于中央统一出台的津补贴政策,地方政府则有动力将财政保障责任上推给中央财政。例如,虽然在政策原则上,乡村教师生活补助不制定统一的标准,地方应是落实乡村教师生活补助政策的责任主体⑤,且要求将农村特岗教师纳入实施范围,不过,乡村教师生活补助在很多连片特困地区变成了由中央财政全额负担的津补贴科目⑥,部分地区并不能落实特岗教师的相关待遇。

第三,基层学校经费自主权的缺失弱化了绩效工资体制的激励效果,挂钩机制的强化扭曲了教师的工资结构与教育工作特性的关系。

研究表明,教师工作激励与教师工资体制密切相关,学校掌握教师薪资分配自主权有利于建立合理的教师绩效工资激励制度、有助于提高教

---

① 曾晓东,易文君.我国中小学教师工资的地区差异问题研究[J].华中师范大学学报(人文社会科学版),2015(5):155-161.

② 赖德信.教师工资逐年增长、区域差异较大:我国教师工资的区域差异分析[J].中小学管理,2013(2):36-38.

③ 安雪慧.从资历到能力与业绩:义务教育学校教师工资等级和结构决定因素[J].教育研究,2015(12):25-35.

④ 赵俊婷,刘明兴.教师工资体制的宏观运转机理与基层实施效果分析[J].北京大学教育评论,2017(2):2-16,186.

⑤ 地区为主中央补:教育部就乡村教师补助答记者[EB/OL].(2012-02-06)[2020-01-04].http://www.moe.gov.cn/s78/A10/moe_601/201312/t20131220_161029.html.

⑥ 钟景迅,刘任芳.乡村教师生活补助政策实施困境分析:来自A省欠发达地区县级教育局长的质性研究[J].教育发展研究,2018(2):48-54.

师工作效率和学生成绩。[①]

　　工资管理体制的集权化削弱了学校的经费自主权,导致同一县域及同一学校内部教职工绩效工资分配不符合教育规律,出现了绩效工资变为"官效工资"、按照行政级别分配、"普通教师拿平均数"的情况,引发教师不满。[②]教师和公务员工资"挂钩"政策的加强,也使公办教师工资结构与公务员工资结构愈发趋同,教师工资的激励机制与其工作内容愈发脱钩。特别是地方设立的各种津补贴和绩效奖,原本应该更好地体现机关事业单位工作性质的差异性,但现实情况却恰好相反。

　　第四,公办教师、特岗教师和临聘合同制教师工资体制多轨运行,教师群体内部面临"同工不同酬"的矛盾。

　　公办教师与代课教师在工资待遇水平上存在较大差距,这是长期以来基层难以改变的顽疾。由于特岗教师尚未获得正式编制,很多地方政府也不能保障补齐特岗教师与当地公办教师的收入和津补贴差距。例如,虽然国家强调特岗教师属于乡镇工作补贴和乡村教师生活补助的发放范围,然而在基层特岗教师的相关补贴不能落实的情况时有发生。随着教师与公务员待遇"挂钩"政策力度的加强,公办教师比照公务员发放津补贴或绩效奖,特岗教师也往往难以比照公办教师发放。

　　在上述工资体制的矛盾下,公办教师、特岗教师和临聘合同制教师对于工资待遇的诉求呈现怎样的特点?2009年和2015年的工资体制改革对于三类教师的诉求产生了怎样的影响?下文使用人民网"地方领导留言板"的数据,对教师诉求进行大数据文本分析,以探讨上述问题。

第二节　数据来源及大数据文本分析方法

一、数据来源

　　本研究通过网络爬虫技术,爬取了2008年1月1日至2019年4月22日人民网"地方领导留言板"中174万条留言数据。人民网"地方领导留言板"是2008年正式运行的全国性网络问政平台,自创办以来,该平台

---

　　①　薛海平,王蓉.义务教育教师绩效奖金、教师激励与学生成绩[J].教育研究,2016(5):21-33.

　　②　范先佐,付卫东.义务教育教师绩效工资改革:背景、成效、问题与对策——基于对中部4省32县(市)的调查[J].华中师范大学学报(人文社会科学版),2011(6):128-137.

受到了地方政府和公众的广泛关注。① 使用该文本大数据研究教师诉求问题,主要基于以下考虑:首先,网络问政平台的性质决定了此样本数据以网民对各类问题的意见和建议为主体,就各类"教师待遇诉求"而言,相比于微博和论坛帖子的大数据,其更具有针对性;其次,样本数据的时段覆盖了绩效工资改革前夕至今,可以用于观测教师工资体制改革前后相关诉求的变迁;最后,该数据综合反映了全国各地区网民的诉求,能够较好地表现出全国性政策变迁及其地区执行差异在基层所产生的效应。

二、基于词嵌入的特征工程和基于机器学习的文本分类

由于计算机无法直接阅读人类语言,对文本大数据进行处理时,需要分为两大步骤。首先,需要将人类自然语言转化为计算机可以识别的向量(即"特征工程"的构建);然后,基于算法提取研究所需的数据特征进行分析(本文使用"有监督的机器学习"法)。

人民网"地方领导留言板"174 万余条数据覆盖了教育、环保、交通、医疗等方面的内容,为了从中有效抽取教师待遇诉求的相关留言并对其进行细致分析,本文主要采取以下操作步骤。

第一步,基于全部 174 万条留言数据,使用神经网络算法,构建语料库中每个词语在高维空间中所对应的向量。

在原始文本的数据矩阵的结构化转换过程阶段(即机器学习的特征工程构建),本文构建了基于词嵌入技术的 Word2Vec 模型。具体来讲,首先采用分词(使用 Python 的 Jieba 分词器,并加入和教师待遇相关的自定义词典)进行分词后,之后利用神经网络模型训练人民网 174 万条留言

---

① 对公众的政策参与,已有学者利用大数据自动文本分析技术研究公民诉求的议题特点、政府回应性的特点和模式(李锋,孟天广. 策略性政治互动:网民政治话语运用与政府回应模式[J]. 武汉大学学报(人文科学版),2016(5):119-128.孟天广,赵娟.网络驱动的回应性政府:网络问政的制度扩散及运行模式[J].上海行政学院学报,2018(3):36-44. SU Z, MENG T. Selective Responsiveness:Online Public Demands and Government Responsiveness in China[J]. Social Science Research,2016,59:52-67.)。也有学者分析公众对反腐败、环境诉求等特定社会问题的参与特点(李莉,孟天广.公众网络反腐败参与研究:以全国网络问政平台的大数据分析为例[J].中国行政管理,2019(01):45-52.贾哲敏,于晓虹.解析网络空间的公众环境诉求:议题,策略及影响[J].武汉大学学报(人文科学版),2016(6):125-133.)。上述研究利用机器学习技术对公民网络参与的话题特点进行分析,在研究方法上对本文具有启发性。

而得到词嵌入 Word2Vec 模型①,利用基于神经网络的 CBOW 算法,根据词语上下文,训练出人民网留言板全部词语的 300 维向量。大量的数据样本训练,使得词嵌入模型可以初步识别词语之间的关系(起到类似于"语义识别"的效果)②。表 18-1 中择要列举出一些和本研究直接相关的重要词语,以及将这些词语输入到基于 174 万条人民网留言数据和神经网络模型训练出的 Word2Vec 模型后模型给出的近义词。该模型列举出的近义词比较符合人类认知常识。③ 虽然该特征向量模型并不能完美地匹配人类对词语关系的认知,但可以在大数据自动文本分析时起到重要帮助。④

本文对比了基于词嵌入方法的 Word2Vec 模型、独热表示法模型(One-Hot)、词频—逆文档频率模型(TF-IDF)三种模型对原始文本库进行数据矩阵的结构化转换的方法,发现词嵌入法可以提高分类准确度。⑤目前,大部分大数据文本分析的研究方法都是传统的独热表示法,然而词嵌入方法可以大幅提高文本分类的准确度。⑥ 本文使用逻辑斯特算法对留言"是否属于义务教育阶段教师待遇诉求"进行机器学习模型的构建,绘制三种特征工程下的"受试者工程特征"(ROC)曲线,并采用 ROC 曲线下的面积(AUC)作为性能指标,进行效果比较。基于 One-Hot 模型的

---

① MIKOLOV T,CHEN K,CORRADO G,et al. Efficient Estimation of Word Representations in Vector Space[J]. arXiv preprint arXiv:1301.3781,2013.

② 由于每个词语的特征向量值难以解释且尚无完善的词语间关系的参考标准,所以较难通过定量方法直接判断该模型在"语义识别"上的优劣。然而,由于每个词语都是向量,可以通过计算词语之间的余弦相似度来识别近义词,并人工判断该模型的"语义识别"是否符合常识,来判断该模型的优劣度。

③ 例如"补贴"与词语"补助"、"补贴费"、"补帖"(该词语包含常见错别字)之间关系最为接近,"工资"与"基本工资"、"退休金"、"薪水"之间的关系最为接近,"教师"与"老师"之间的关系最为接近、"农村"与"乡村"之间的关系最为接近。

④ GRIMMER J,STEWART B M. Text as Data:The Promise and Pitfalls of Automatic Content Analysis Methods for Political Texts [J]. Political Analysis,2013,21(3):267-297.

⑤ 使用独热法(One-Hot)和词频—逆文档频率法(TF-IDF)构建文本特征向量,是目前使用机器学习进行文本分析比较主流的方法。然而,上述两种方法均为"词袋模型"(Bag of Words),其特点为:假设词与词之间相互独立,并不考虑词语之间的关系,并据此构建离散稀疏的矩阵来表示语句。然而,大多数情况下,词与词之间有复杂的关系,例如本研究中,"教师"和"老师"、"农村"和"乡村"、"补贴"和"补助"等词语为近义词。使用词嵌入技术(Word Embedding)对全部语料进行神经网络训练,从而构建 Word2Vec 模型,可以考虑到词语间的近义词关系,是对传统的"词袋模型"的改进,提高了机器学习的效果。

⑥ 沈艳,陈赟,黄卓.文本大数据分析在经济学和金融学中的应用:一个文献综述[J].经济学(季刊),2019(4):1153-1186.

AUC 为 0.90，基于 TF-IDF 模型的 AUC 为 0.88，基于 Word2Vec 的 AUC 为 0.91，为最高得分。可见，相比于另外两种模型，基于词嵌入的 Word2Vec 模型是本文中最佳的特征工程模型。本文在后续进行文本分析时，采用效果更佳的 Word2Vec 模型进行特征工程构建。

表 18-1　词嵌入 Word2Vec 模型近义词举例

补贴	工资	教师	农村
补助(90.66%)	基本工资(74.77%)	老师(80.19%)	乡村(56.85%)
补贴费(76.66%)	退休金(74.22%)	农村教师(75.94%)	乡下(53.47%)
补贴(76.66%)	薪水(72.17%)	小学教师(75.24%)	农村居民(50.63%)
补贴款(73.90%)	薪资(70.33%)	青年教师(75.11%)	新型农村(48.92%)
补助金(72.65%)	工资待遇(68.05%)	教职工(72.17%)	城镇化(48.54%)
财政补贴(68.58%)	发工资(67.50%)	幼儿教师(70.42%)	贫困山区(48.39%)
直补(67.16%)	工资标准(65.80%)	代课教师(69.88%)	贫困地区(47.48%)
直补款(62.50%)	职工工资(65.64%)	代课老师(68.03%)	农村基层(46.40%)

第二步，根据研究的问题，使用关键词初步筛选数据，缩小分析样本的范围和规模。本文研究的问题是教师诉求，然而留言中大量数据与教师无关，所以需从全部数据中首先筛选和教师相关的数据。在对全部留言进行抽样阅读时发现，关于教师待遇的留言往往都会提到"师"字。因此，在数据初步筛选时，对 174 万条数据以"师"作为关键词进行搜索，筛选出 93631 条可能与教师相关的留言。

第三步，从 9 万余条数据中，选取 4811 条留言(约 5.1%)数据进行人工分类编码。首先提取出属于教师待遇问题的留言。[①] 进一步编码时，确定留言是否属于工资待遇类诉求、津补贴类诉求、社会保障类诉求[②]、临聘合同制教师诉求、特岗教师诉求、离岗教师诉求、义务教育阶段教师诉求、农村教师诉求、比较其他教师诉求、比较公务员待遇诉求、比较其他地区诉求、要求调动类诉求等。

---

① 教师待遇类诉求包括对教师薪资、社会保障、住房、职称评聘、编制身份、工作调动等与教师各类待遇相关的诉求。

② 社会保障类诉求，主要包括对养老保险、医疗保险、失业保险、工伤保险、生育保险、住房公积金、职业年金等方面的诉求。

第四步,基于人工编码过程中对不同类别所对应的关键词的理解,增加对重要关键词的权重至 5 倍,通过加权平均构建每条留言在不同话题类别下所对应的特征向量(人工抽取识别出的部分类别所对应的重要关键词见附录)。基于此,计算出对于不同的编码类别来说,每条留言在 300 维空间中的向量。

第五步,针对每个类别的人工编码,使用"有监督的机器学习"法,基于上述特征向量和人工编码,基于交叉验证法调节模型参数并训练出最佳机器学习模型。选用 K 近邻、逻辑斯特回归、朴素贝叶斯和支持向量机算法,并对不同算法进行参数调节,对已编码的文本进行分类。训练集和测试集占比分别为 80% 和 20%。训练阶段采用交叉验证的方法,先分别找出每个算法的最佳参数,再将不同算法对应的预测准确率进行比较,挑选出最佳模型。

第六步,对于每个主题类别,使用最优模型对未编码的留言进行计算机分类,最终得出 9 万余条数据的全部编码。

最后,在机器学习后,对基于模型预测的部分数据编码进行人工调整校正。通过人工阅读机器编码的数据,分析机器识别分类基本符合测试集的准确率情况,并对部分数据进行人工校对后,得到最终与教师待遇相关的留言的分类情况。

简言之,本文在使用基于词嵌入法的 Word2Vec 模型进行特征工程构建后,采取"有监督的机器学习"法进行文本分类。该方法需要基于"专家知识"对文本数据进行人工编码,人工编码的选取则是基于研究者对研究问题的理解。下文将对教师诉求进行更细致的梳理分析,从而对人工编码的选取给予更多解释。

第三节　全国网络问政平台上的教师诉求分析

人民网"地方领导留言板"的设立,给群众创建了通过网络向省、市、县三级行政领导反映问题的平台。教师在该平台的留言多在抱怨现状、诉说问题、期待有效解决,虽然留言风格和话语内容各异,却依然可以提炼其中一些共同的特点,进而发现其中的演变趋势。

一、义务教育阶段公办教师留言①

（一）诉求与教师工资体制改革同步波动

教师工资待遇诉求构成了教师留言中的重要组成部分。相关留言或笼统地倾诉"教师生活！太苦了！""希望……给教师涨工资"，或提出"月度奖金""班主任津贴""生活补助""取暖费"等更为具体细致的工资待遇科目诉求。② 总体而言，2009 年和 2015 年两次工资体制改革前夕，都出现了较强的教师对薪资待遇的呼声和诉求（图 18-1）。2009 年和 2015 年，中小学教师平均工资增长率达到 15％以上③，改革带来了教师工资水平的提升，相关留言的数目及占比均有所下降。2008 年，虽然留言的绝对数目较少，然而占人民网总留言的比例相对较高。2009 年至 2011 年，随着义务教育阶段绩效工资改革的全面推进，公办教师的平均待遇水平得到普遍提升，相关留言的占比明显减少。2011 年后，提出教师工资待遇诉求的留言数目快速增加，在 2014 年又达到了新的峰值。中央于 2015 年年初启动新一轮机关事业单位薪酬体制改革，基层教师的基本工资和绩效工资水平得到进一步提高，相关留言占比再次下降。

（二）津补贴诉求逐渐增多

观察教师待遇留言的内容可以发现，在绩效工资改革伊始，留言中针对具体的津补贴的诉求较少，低于 20％（见图 18-2）。彼时，绝大多数留言为笼统地提出教师工资待遇问题，或是提出工资太低、要求涨薪，或是

---

① 网络爬虫取得的人民网留言数据中并不包含准确的留言者的身份信息，因此本文通过留言内容判定留言者身份。一些留言者在留言中明确自述为"代课教师""民办教师""高中教师""特岗教师""幼儿教师""高校教师"等，则据此判定留言者并非义务教育阶段的公办教师。在剔除上述留言后，其余未在留言中明确自述其所属学段和在编教师等身份，则根据语境归入"义务教育公办教师"留言。所以，本文对"义务教育"学段和"公办教师"身份的认定标准都较为宽口径，此种划分方法可能将部分其他学段和其他编制身份教师的留言划入公办教师类别。例如，假设特岗教师等非公办教师仅在留言中提到本县乡镇工作补贴等教师待遇诉求，然而未提及自己的身份，那么也被划分为公办教师留言；假设高中教师在留言中提出"教师待遇太低"而未说明自己的高中教师身份，该留言也被划到了义务教育学段。

② 此处所指的教师工资待遇类留言，不包含只提及教师社保、编制、职称、教师地域调动等其他方面诉求的留言。

③ 魏易.公共财政支持义务教育教师队伍建设专题研究报告［R］.北京大学中国教育财政科学研究所财政部任务课题，2019.

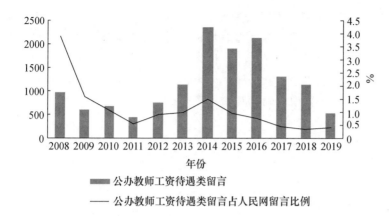

图 18-1　义务教育公办教师工资类留言数目及占比(2008 年—2019 年 4 月)

举报某地政府拖欠教师工资,等等。随着时间的推移,越来越多的留言中开始提及某项具体的津补贴科目的发放。直至 2016 年,义务教育阶段公办教师工资待遇类留言中有约 50% 都提到了具体津补贴或奖金科目。其中既包括国家和地方共同规定的教师津补贴科目(例如班主任津贴、连片特困地区乡村教师生活补助等),也包括公务员津补贴(例如国家批准但只有部分地区在执行的公务员改革性津补贴如车补、房补等,也包括年终绩效奖、精神文明奖等部分地方自设的津补贴)。

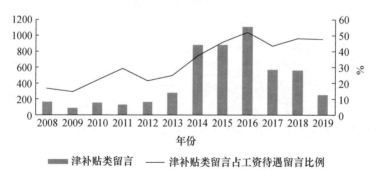

图 18-2　义务教育公办教师津补贴留言数目和占工资待遇
类留言比例(2008 年—2019 年 4 月)

（三）农村教师诉求显著攀升①

农村教师是县域义务教育教师的主体，其比例达到70％以上。② 在绩效工资改革初期，由于学校的创收行为被严格管控，部分城市教师在改革后的实际收入水平不升反降。与此同时，只有25％左右的义务教育阶段公办教师的留言中明确针对农村教师待遇问题（图18-3），城市教师是留言诉求的主体。

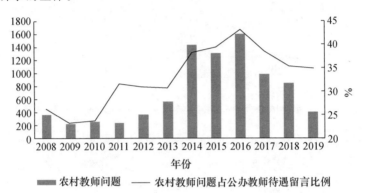

图18-3　义务教育公办教师留言中农村教师待遇留言
数目及占比（2008年—2019年4月）

如图18-3所示，随着时间的推移，越来越多的农村教师开始在人民网上留言。直到2016年，在公办教师的留言中有将近一半明确涉及农村教师问题。其中，农村教师提出津补贴诉求的比例在2014年至2016年达到了高峰。这主要是因为"乡村教师生活补助"和"乡镇工作补贴"等政策在各地的执行出现了较大差异（图18-4）。例如，有些县按照岗位的艰苦程度，在县域内部采取了有差别的补贴标准，有些县则对全部农村学校岗位给予了同样的补贴标准，有些县为了防止艰苦岗位教师补贴政策引起农村机关事业单位工作人员的攀比，规定只有在一些偏远村小、教学点任教的教师才享受这一政策，而在乡镇政府所在地的学校就不享受此项

---

① 农村教师留言的判断标准是：留言中明确其农村教师身份，或虽未明确其身份，然而在抱怨城乡待遇差距过大等农村教育问题。例如"农村的教师生活在水深火热之中 农村教师工资为什么那么低？城乡差别太大了，老师也不是圣人需要吃饭，条件好了才能更好地工作，学生也才能认识到知识有用"（留言编号：790233）。若留言中并未明确提及农村教师待遇问题，虽然仍存在农村教师留言的可能性，然而未被划入农村教师留言类别中。

② 付卫东.县域义务教育教师工资待遇不平衡不充分：难题及破解——基于中西部6省16个县（区）160余所中小学的调查[J].河北师范大学学报（教育科学版），2019（4）：5-12.

政策。这些都可能会激起教师的不满情绪。

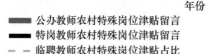

图 18-4　公办教师、临聘教师、特岗教师要求农村特殊岗位津补贴的
留言数目及占该类教师留言比例(2008 年—2019 年 4 月)

　　自 2013 年以来,乡村教师生活补助政策中,中央奖补资金力度和占总投入的比重不断上升。[①] 2013 年,中央财政共核拨综合奖补资金 9.15 亿元,2015 年,中央专项奖补金 22.8 亿元,占各地总投入的比例为 68.7%。2016 年和 2017 年,中央奖补分别增加至 29.8 亿元和 38.5 亿元。2018 年,中央奖补金额升至 45.1 亿元,已占各地投入的 91.67%,连片特困地区的教师生活补助基本由中央财政全额负担。随着中央保障水平的提升,乡村教师生活补助等农村教师专项津贴的发放落实情况好转。在中央支持力度加大的形势下,农村教师的呼声占比却始终保持在较高水平。

---

　　① 　数字整理自以下政策文件和国家教育新闻网中的资料:

　　教育部办公厅关于 2013 年连片特困地区乡村教师生活补助项目实施情况的通报(教师厅函〔2014〕3 号);

　　教育部办公厅关于 2015 年连片特困地区乡村教师生活补助实施情况的通报(教师厅〔2016〕4 号);

　　教育部办公厅关于 2016 年连片特困地区乡村教师生活补助实施情况的通报(教师厅〔2017〕1 号);

　　教育部办公厅关于 2017 年乡村教师生活补助实施情况的通报(教师厅函〔2018〕4 号);

　　教育部办公厅关于 2018 年乡村教师生活补助实施情况的通报(教师厅函〔2019〕3 号);

　　万玉凤. 教育部:2014 年 94.9 万乡村教师享受生活补助[EB/OL]. (2015-09-07)[2020-02-02]. http://www.jyb.cn/basc/xw/201509/t20150907_636155.html.

对照教师留言数据可以发现:第一,2013 年以来,乡村教师生活补助政策颁行后,农村教师关于津补贴的诉求留言数目激增;2015 年乡镇工作补贴政策出台后,公办教师和特岗教师留言中明确提到农村教师专项岗位津贴的留言比重达到 10% 以上(图 18-4);第二,2016 年后,中央财政对乡村教师生活补助的转移支付力度加强,各项农村教师津补贴的发放得到了较好的落实,相应的留言数目开始回落;第三,特岗教师和公办教师对于农村教师特殊岗位津贴的留言的趋势高度相似,而由于相关津补贴仅针对体制内教师发放,农村临聘合同制教师鲜有相应诉求。

需要指出的是,全国中小学教师的平均工资在 2017 年已达到近 8 万元/年的水平[①],两项农村教师津补贴在工资中所占比重并不太大,然而却引起了较为强烈的教师诉求。虽然中央财政转移支付的增加使得诉求有所缓和,然而在 2019 年又呈现出抬头的态势。

二、特岗教师留言

(一)诉求周期与公办教师相似

特岗教师的留言周期与公办教师有相似性,但是诉求的高峰更迟出现,与农村公办教师的诉求周期更为接近。公办教师的待遇诉求在 2014 年至 2016 年间达到了较高水平,然而特岗教师的留言在 2014 年的数目和占比仅为 2016 年高峰时的一半(图 18-5)。换言之,公办教师待遇的提高及其与特岗教师差距的拉大,在一定程度上使特岗教师留言攀升。此外,也有已经纳编的特岗教师要求补齐三年服务期内其与公办教师的待遇差距。2017 年后,特岗教师相关诉求的数目和占比开始下降,这可能与特岗教师待遇政策的进一步落实有关。

(二)津补贴诉求表现突出

特岗教师关于落实各项津补贴待遇的诉求特点与公办教师相似,均呈现出持续上升的趋势,且在 2016 年前后达到高点(图 18-6)。2016 年后,特岗教师关于津补贴的留言数目有所下降,但仍稳定在特岗教师工资待遇留言的 50% 左右。也就是说,随着公办教师待遇水平的提升,更多比例的特岗教师要求同步发放公办教师的各类津补贴。虽然特岗教师政策规定,与公办教师的待遇差距应由地方政府补齐,但部分地方发放中央批准的或者地区性津补贴时,并未将特岗教师群体考虑在内,与当地公办

---

① 魏易.公共财政支持义务教育教师队伍建设专题研究报告[R].北京大学中国教育财政科学研究所财政部任务课题,2019.

教师"同工不同酬"的状况引起特岗教师的不满。

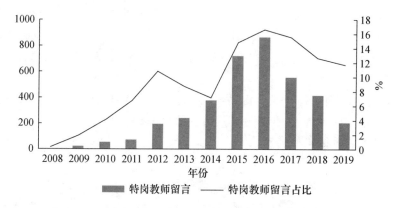

图 18-5 特岗教师留言数目及占比（2008 年—2019 年 4 月）

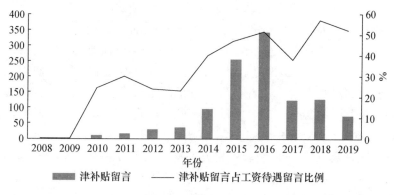

图 18-6 特岗教师留言中津补贴留言数目和占工资
待遇留言比例（2008 年—2019 年 4 月）

例如，"乡村教师生活补助"和"乡镇工作补贴"政策在执行过程中，很多特岗教师并不能享受这两项津补贴，或只享受了其中一项，许多特岗教师在留言中直接对两项农村教师津补贴提出诉求。例如：

书记，您好！X 市 XX 县在编教师发放乡镇工作补贴，为何不包括特岗教师？协议上说的相同待遇何从谈起？同为一线教育工作者，我们的权利也应得到保障。望书记百忙之中督办，谢谢！（留言编号：3968366）

根据 X 省财政厅、X 省教育厅《关于对在连片特困地区乡、村学校和教学点工作的教师给予生活补助的通知》，请问有没有包括特岗教师？很多其他县都对特岗教师发放生活补助,为何 XX 县没有,还把特岗教师明确排除在外? 各个县落实不统一,怎么办? 国家当初设立特岗教师一职,怎么可以连生活补助都不发放给我们呢? 这不公平? X 省这么多的特岗教师情何以堪? 请领导您关注一下特岗教师的处境吧。(留言编号:3144556)

可见,特岗教师在提出相关政策诉求时,多援引政策文件,要求与公办教师享受同等待遇,并对各县的落实情况进行比较,要求发放乡村教师生活补助或乡镇工作补贴。

三、义务教育阶段临聘合同制教师留言[①]

(一)诉求周期与公办教师不同

义务教育阶段临聘合同制教师的呼声与公办教师相比呈现不同的周期。在 2008 年绩效工资改革期间,公办教师的呼声处于高峰阶段,而临聘合同制教师留言的数量和占比都处于较低的水平(图 18-7)。在 2011 年教育部等四部委联合发布的要求妥善解决中小学代课教师问题的政策文件(教人〔2011〕8 号)出台后,2011 年至 2014 年期间,临聘合同制教师的留言达到高峰水平。随着各省政策不断出台和落实,2014 年至 2016 年则呈现下降趋势,2018 年后则有回暖的趋势。这与公办教师留言在 2014 至 2016 年达到高峰、自 2017 年开始下滑的周期特性,也有较大的区别。换言之,临聘合同制教师留言的周期变化与国家推动的两次工资体制改革的时点并不一致。近年来,随着机关事业单位社保并轨的推进,临聘合同制教师对养老保险等问题的诉求增加,也推动了相关留言数目和占比的增长。

在民办代课教师的辞退补偿、社会保障政策出台后,已离岗的[②]临聘合同制教师留言诉求是临聘合同制教师留言的重要组成部分(图 18-8)。离岗临聘合同制教师的留言数目和占比在近期呈现出上升趋势,并在

---

① 临聘合同制教师:指的是在人民网"地方领导留言板"上反映(曾)在公办学校任教的编制外教师,但不包括特岗教师。在留言的措辞中,这些教师会自称为"老民师""七八十年代的民办教师""民办教师""代课教师""校聘教师""临聘合同制教师""外聘教师"等。在学段上,大部分民办代课教师在留言中并没有明确说明自己的学段,但根据语境推测,将未主动说明自己学段的编制外教师默认为是义务教育阶段的教师。

② 离岗临聘合同制教师:指的是在留言中明确说明自己曾经是民办代课教师,然而目前处于"退休""被辞退/清退""下岗"等不在岗状态的编制外教师。若该教师留言中并未指出自己是已经离岗的临聘合同制教师,则默认为"在岗临聘合同制教师"。

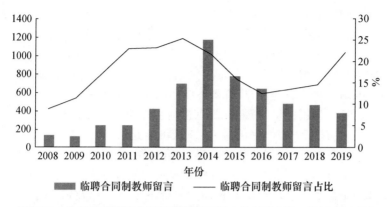

图 18-7 义务教育临聘合同制教师留言及占比（2008 年—2019 年 4 月）

2019 年超过了在岗临聘合同制教师的留言，占临聘合同制教师总留言量的比例接近 60％。

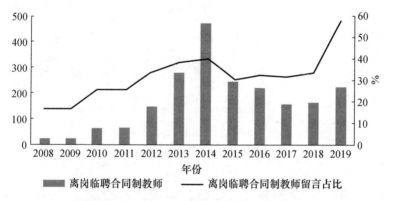

图 18-8 义务教育临聘合同制教师中已离岗教师留言及占比（2008 年—2019 年 4 月）

（二）并不强烈的城市临聘合同制教师诉求①

随着城市化进程的加快和城区新建学校的增加，城市临聘合同制教师数量近年来有较快增长。已有研究表明，随着城市化和流动人口的增加，城市学校教育资源和师资力量的需求增加，而编制标准的变化却滞后于人口的变化。除了与公办教师承担相似的课时量外，临聘合同制教师常常还要从事其他杂务事项，工作强度往往更大，然而在工资待遇上却较公办教师明显偏低，没有额外的奖金，且工资不能按时发放的现象时有发

① 城市临聘合同制教师留言，为直接提到其为某市、某区的临聘合同制教师的留言。若仅笼统提及临聘合同制教师诉求（未说明工作地），则未被划入此范围内。

生,与在编教师"同工不同酬"现象凸显。例如,深圳市等出台了临聘合同制教师相关政策的地区,临聘合同制教师工资收入依然不足公办教师的一半,在全国其他未出台政策的地区二者差距更大。[①] 与此同时,大城市生活成本高昂,房租、水电等日常开销远高于农村地区,城市临聘合同制教师在低薪下生活更为窘迫,收入不能匹配城市消费水平。[②]

然而在人民网的留言数据中,直接指明在市区工作的城市临聘合同制教师的留言数目非常少(图 18-9)。这可能是由于,在工资较低的情况下,相较农村临聘合同制教师,城市临聘合同制教师的流动速度更快。如果对待遇不满,城市临聘合同制教师更容易首先选择辞职,而非在留言板中建议和抱怨。尽管城市临聘合同制教师的不满未能在留言板中体现,但是频繁的教师流动可能会引起教育质量的下滑。

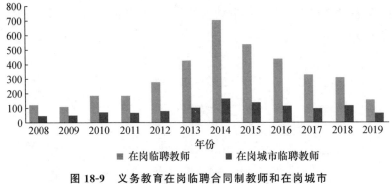

图 18-9　义务教育在岗临聘合同制教师和在岗城市临聘教师留言(2008 年—2019 年 4 月)

第四节　教师留言中的比较效应

进一步总结不同编制身份教师的留言特征,需要特别注意在留言中存在跨地区比较和跨身份比较效应。上文发现,不同教师工资体制下,不同编制身份的教师的诉求特点存在差异。在集权化的工资体制下,公办教师和特岗教师的留言周期呈现相似的特点。然而在分权化的工资体制下,临聘合同制教师却呈现不同的特征。在不同的工资体制下,公办教师、临聘合同制教师和特岗教师,不仅在诉求数目和占比上存在周期性差

---

① 张河森. 代课教师问题研究[D]. 华中师范大学博士学位论文,2016.

② 贺玲玲. 城市公办中小学代课教师生存现状研究:以深圳市为例[D]. 湖南师范大学硕士学位论文,2018.

别,在留言内容上的比较特点也有所不同。下文发现,集中统一的工资体制下,留言中的跨身份和跨地区比较效应更为强烈,而分权化的工资体制下,临聘合同制教师相关诉求较低。

一、日益增强的跨身份和跨地区比较效应

近年来政策文件要求落实教师和公务员工资收入"挂钩"的政策,保障教师工资,加强地区间的教育均衡。同时,中央对地方的转移支付力度也逐渐上升。反映在留言诉求中,公办教师对于公务员以及特岗教师对于公办教师的跨身份比较效应和全国不同区域之间的跨地区比较效应在逐渐增强,且相关的比较内容不断细化。

具体而言,特岗教师比较其他教师待遇的倾向最为强烈,在2019年接近50%的特岗教师待遇留言中比较了公办教师(图18-10)。这与特岗教师与公办教师高度挂钩的工资体制相关。

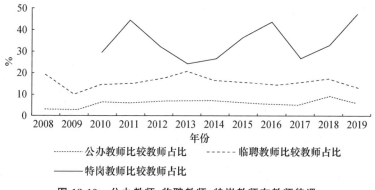

图 18-10　公办教师、临聘教师、特岗教师在教师待遇
留言中比较其他教师待遇的留言占比

然而,在分权化的财政体制下,体制外的在岗临聘合同制教师并未强烈要求出台相关政策要求刚性保障待遇。如图18-10所示,虽然临聘合同制教师待遇较低,然而该群体只有20%以下的留言要求与公办教师等其他教师"同工同酬"。

公办教师的工资待遇一般高于特岗教师和临聘教师,只有很低比例的公办教师在本群体内部相互攀比不同教龄和职称的教师待遇。公办教师的跨身份比较主要体现在攀比公务员待遇上。如图18-11所示,在公办教师的诉求中,有很多教师援引《教师法》等政策规定,在留言中抱怨教师待遇水平低于公务员。且随着时间的推移,越来越多的公办教师直接

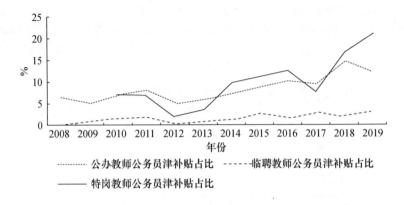

图18-11 公办教师、临聘教师、特岗教师在教师待遇留言中比较公务员津补贴的留言占比

对"精神文明奖""目标考核奖""综合治理奖""年终一次性工资奖励"等公务员津补贴、奖金提出诉求。有部分留言者甚至根据公务员津补贴的数额,列出了非常具体的讨薪诉求,例如:

X县教师讨薪诉求材料:一、总诉求:全面落实《教师法》,提高教师工资待遇。长期以来,X县教师工资总收入远远低于本地公务员工资总收入,县政府严重违反教师法规定。二、具体诉求:1.发放2014年和谐奖、综治奖、节能奖等共计12000元。2.补发去年奖金6000元。3.补发2013、2014年教师住房补贴、中餐补贴。4.提高教师住房公积金缴纳比例,和公务员一样。5.学校的工资分配方案要经过全体教师大会三分之二多数通过。6.补发2013、2014年每月工资600元,共14400元(留言编号:2812674)。

绩效工资改革前期,要求教师与公务员待遇挂钩的留言中,以笼统地要求比照公务员待遇的诉求为主,留言中要求比照公务员发放各类津补贴的呼声占比较小。绩效工资改革的推进使得教师的主要工资科目标准与公务员挂钩,笼统要求教师待遇比照公务员待遇的留言数目随之减少。然而,随着房价的提升和物价上涨,许多地区开始为公务员发放地方自设津补贴的现象愈发普遍,这些津补贴的发放有时并未将教师群体考虑在内。在这样的背景下,公办教师要求发放公务员的津补贴科目的留言数目和占比都快速增长,在2015年工资体制改革之后,比较公务员津补贴的教师诉求在留言中的占比居高不下。在2015—2016年的实地调研中,大部分中小学校长和教师反映,教师工资的发放水平与结构受到地方性津补贴政策的影响,且与公务员的趋同化趋势明显。[①]

可以进一步从图 18-11 中观测到,特岗教师对公办教师的待遇攀比传导至对公务员津补贴的诉求上。随着时间的推移,公务员规范性津补贴水平提升,公办教师比较公务员津补贴的留言占公办教师待遇诉求的比例上升。随着公务员改革性津补贴逐步在公办教师群体中发放,特岗教师比较公办教师待遇的同时,也越来越多地要求同步发放公务员津补贴。

然而,对公务员规范性津补贴的诉求并未传导至临聘合同制教师群体中。《教师法》中规定"教师的平均工资水平应当不低于或者高于国家公务员的平均工资水平",且说明"本法适用于在各级各类学校和其他教育机构中专门从事教育教学工作的教师",并未将编制外的临聘合同制教师排除在外。临聘合同制教师的工资体制尚未与公办教师和特岗教师挂钩,临聘合同制教师的诉求中只有非常低的比例提出应同步发放公务员津补贴科目。

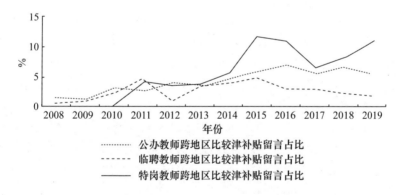

图 18-12 公办教师、临聘教师、特岗教师在教师待遇留言中比较
其他地区教师津补贴的留言占比

公办教师和特岗教师留言中,教师津补贴的跨地区比较效应也随着

① 笔者所在的北京大学中国教育财政科学研究所的教师工资财政保障机制课题组,在2015—2016 年对全国中、东、西 7 省 7 个县市的 30 余所学校进行教师工资调研,对中小学教师工资水平、结构等方面进行了深入考察,参见刘明兴等.北京大学中国教育财政科学研究所教师薪酬研究报告[R],2016。

时间的推移愈发凸显(图 18-12)。① 留言中或笼统地提出"其他地方"的待遇比"我们"要高,或非常具体地指出某个县、某个省的待遇要更高,例如:

> 相邻的 B、C 两市各级各类学校早就发放了 2014、2015 两年的目标奖,而 A 市人社局、财政局、教育局的解释是"还没有政策依据"。请问 XX 书记:A 市是不是 X 省管?这个目标考核奖 A 市该不该给教师发?A 市该不该落实《教师法》?(留言编号:4150071)。

在 2015 年工资体制改革后,公办教师群体要求同步发放其他地区津补贴科目的留言占比增加。在跨地区进行津补贴比较时,有越来越多的留言提及了目标考核奖、一次性奖励等公务员津补贴和奖金科目。

在特岗教师的留言中,要求比照公办教师保障待遇水平、对细致的工资科目提出诉求甚至通过比较公办教师待遇而要求发放津补贴和奖金的复杂诉求越来越多地显现。例如:

> 我是 X 县的一名普通特岗教师,自 2015 年参加工作以来敬岗敬业,在边远山区吃苦耐劳,对自己的工作认真完成。在 2015 时 XX 州发放州津贴,特别说明没有特岗教师的,瞬间觉得自己被隔离在外。后来经过一番波折我们的州津贴发下来啦,以为以后的每项福利可以想到我们,没想到,今年 3 月份改革性补贴的 300 元依然没有我们的。据我了解,XX 州大多数地方都发了这 300 元,唯独到现在 X 县都没有发放特岗教师的。这次的改革性补贴又没有我们特岗教师的,两笔福利的金额让我们感到差距太大,深深地让我们觉得自己身处不平等的状态。特岗教师的合同上同工同酬,与在职在编事业单位享受同等福利待遇的字还历历在目。和别人做一样的工作,甚至特岗教师去的地方更偏远,却受到这种不平等待遇,真的让我们特岗教师感到心寒。这次留言我们希望能维护我们的权益!(留言编号:4005154)。

在类似上述的诉求中,特岗教师不仅要求与正式在编教师享受同等福利待遇,而且比照其他地区情况,要求发放改革性津补贴。随着公务员津补贴在公办教师中同步发放,特岗教师的比较诉求也愈发明显。

---

① 由于"跨地区比较"类留言由于可能涉及大量地名,机器学习的效果不佳,所以主要用关键词的方法进行识别,主要采用关键词提取的方法。本研究(1)下载了全国省、市、县三级的地名数据;(2)列举了"周边县""其他县"等"跨地区比较类关键词";(3)利用机器学习识别关于"工作调动"的诉求。当留言中出现了 2 个或 2 个以上同级地名,或出现了"跨地区比较类"关键词后,且该留言不属于"工作调动"诉求,则被筛选出来,被归类为"跨地区比较"类留言。

　　跨地区比较津补贴发放的诉求在工资体制最为集中统一的特岗教师中最为热烈,其次是公办教师群体。工资体制最为分权化的临聘合同制教师群体比较其他地区津补贴发放的诉求始终在5%以下。

二、教师工资体制影响比较效应强弱

　　总结上文对教师诉求的分析可知,2009年和2015年工资体制调整后,教师工资水平得到普遍提升,教师诉求有所下降。这符合薪酬满意度的差异理论,即工资水平相对薪资的期望提升,满意度增加。然而2015年的改革后,虽然总体诉求有所下降,集中统一的工资体制下,公办教师和特岗教师诉求中跨身份和跨地区比较效应却逐渐增强且细化。[①] 薪酬满意度的公平理论认为,薪酬满意度和与他人的比较高度相关,而比较时的"公平感"是薪酬满意度的重要维度。不同工资体制下,不同编制身份的教师群体对工资的"公平感"的期望以及对地方政府"主持公道"的期待存在差异,进而影响了教师在网络问政平台中的诉求特点。集权化的工资体制下,教师更倾向于与其他地区、其他身份的教师及公务员进行比较,并诉诸网络问政平台,以期问题得到解决。然而,在分权化的工资体制下,临聘教师对待遇比照公务员、跨地区进行比较的"公平感"有着不同的期待,更少地在网络问政平台中提出跨身份和跨群体比较的诉求。

　　更细致地阅读留言可以发现,上述诉求中的跨地区和跨身份的比较效应的不同,不仅体现在集权化程度存在差异的体制内和体制外教师之间,也体现在集权化程度不同的工资科目上。总体而言,即使对体制内的教师,在国家批准设立的工资科目上,地区比较和身份比较效应都会强于由地方自行设立的工资科目,并且两种比较效应会存在相互增强的作用。例如,某地区提高了公务员的规范性津补贴水平[②],则该地区公办教师会要求相应提高绩效工资的水平,进而其他地区的公务员乃至教师也会提

---

　　① 在上文的描述性分析的基础上,对不同工资体制下教师诉求的更严格的定量分析,笔者已使用贝叶斯网络的方法进行进一步研究,研究结果同样支撑了本文的结论,但限于篇幅,此处不再赘述。

　　② 2006年公务员阳光工资体制改革后,中央主管部门将地方自行设立的多项地方性津补贴合并规范为"规范性津补贴",同时中央对规范性津补贴的地区差距和行政层级差距提出要求。

出类似的诉求。或者,某地区公办教师的待遇与公务员挂钩更紧密的时候,也会促使其他地区的教师更积极地要求执行挂钩政策。

对经济欠发达地区的机关事业单位,中央财政对于国家批准的工资科目均存在不同方式、不同程度的经费保障,上述比较效应所带来的地方工资增支会很快形成对于中央财政的压力,并且中央对于工资水平的干预越强,压力的传导就会越明显。

例如,对于国家统一规定工资水平并提供专项经费保障的特岗教师,当某个地区的特岗教师要求补发与公办教师的待遇差距时(包括国家规定科目以及地方自行设立科目),群体内部的地区待遇差距随之拉大,进而引起跨地区的比较效应。在此情况下,地方财政就有较强动力要求中央财政统一提高特岗教师的经费保障水平。

在阳光工资体制改革后,在不同地区、不同岗位的公务员之间,统一发放地方自设津补贴和奖金的趋势增强,且其在总体工资中占比迅速提高,甚至大幅度超过了公务员规范性津补贴的水平。在 2006 年之前,类似津补贴或奖金即便在同一地区内不同行政机关之间均存在显著差异,而阳光工资体制改革以来,地方政府采取对于公务员队伍统发的办法,这也使得教师群体的比较冲动增强。因此,在阳光工资体制改革前较长的历史时期内,对于地方自行设立的津补贴及奖金,两种比较效应都相对弱化,但近年来,随着地方自设津补贴和奖金的统发情况增强,比较效应出现了逐步强化的趋势。

针对编制外临聘合同制教师所采取的高度分权化的教师工资体制,有助于减弱两类比较效应,也更少地受到机关事业单位工资体制改革的影响,但也会造成师资质量和稳定性的下降。然而,一旦中央出台政策提高某一类临聘合同制教师(如老民办代课教师)的待遇或解决历史遗留问题时,则同样也会出现其他类别的临聘合同制教师也要求出台类似政策的局面。

第五节　研究结论和政策建议:厘清"条线" 权责、"层层"简政放权

本研究认为,中央层级责任的加强,强化了地区间的均衡以及对教师待遇的保障,有其积极正面的作用。然而,在宏观层面,地区经济发展差

距的扩大和物价水平的上升,是现行机关事业单位集中统一的工资体制所面临的主要矛盾,这其实是难以根除的难题。近年来,一、二线城市公务员的国家规定工资水平明显偏低,地方自行为公务员发放各类津补贴和奖金现象凸显,且在工资结构中占比日趋增高。在集中统一的工资体制中,公务员津补贴的发放带来了公办教师涨薪的联动效应。中央保障责任不断加强,然而公办教师和特岗教师在诉求中跨地区、跨身份进行比较的话语不断细化和升级。① 在教师不断加强的跨地区、跨群体比较的诉求中,教师待遇的财政保障层级不断上移,基层教师群体对中央财政的一致性压力增强。

在微观激励机制上,人员性经费对财政保障的过度依赖,也可能会影响基层提升发展教育的主观能动性,使诉求内容和工资待遇激励机制脱离教育本身的规律。良好的教学效果离不开教师工作热情的激发。对此,基层教育单位需要有足够的自主性,根据教师实际工作情况灵活调节教师待遇,从而更好地激励教师投入教学工作。然而,教师工资体制的刚性不断增强,教师工资结构和公务员愈发趋同,可能导致基层学校对教师工资的调节灵活度进一步丧失。对公办教师按照地方公务员津补贴照搬发放,基层教育单位可以灵活调节教师工资水平的空间缩小,使教师工资待遇的激励结构偏离了教学工作特性。

2020 年中央一号文件《关于抓好"三农"领域重点工作确保如期实现小康的意见》进一步强调落实中小学教师平均工资收入水平不低于或高于当地公务员平均工资收入水平的政策。2004 年起至今,连续十七年以"三农"为主题的中央一号文件中,首次将落实教师待遇与公务员"挂钩"的政策纳入。这在以往教师待遇政策的基础上,进一步强化了已有工资体制,为教师的跨地区、跨身份比较诉求提供了又一政策依据。然而,随

---

①　比较效应在集权化的工资体制下更容易表现强烈的原因是:在分权化的工资体制下,无论是经费保障还是工资标准都下沉基层,校长和地方政府都有更多的动力根据具体情况态度坚决地化解教师的不满,加之分权体系下不同教师的待遇情况差异化较大,更难以形成集体性的诉求。然而,集权化的工资体制下,由上级保障教师待遇发放,基层对教师诉求的态度也更为暧昧。教师的集体性涨薪诉求如果成功得到正面回应,可以使基层得到更多的财政拨款,符合基层实际利益。此时,基层单位与教师之间,更易在涨薪问题上形成"共谋",通过攀比其他地区、其他身份群体的待遇,共同向上级部门施压,以增加本地区、本群体的利益。所以,集权化的工资体制下,教师的诉求更为强烈,且跨身份、跨群体的比较效应更加凸显和细化。

着全国各地公共财政收入增幅减缓甚至同比下降①,刚性的工资保障体制既不利于基层教育活力的激发,也不利于教师群体的稳定。如何能既允许基层表达实际困难并合理提出诉求,又使其不过度依赖上级保障、更加积极地承担其责?这需要依靠财政体制和工资制度配合引导。

为了在宏观调控目标和微观激励功能之间寻求平衡,使工资体制既保障教师待遇水平在地区间、行业间、教师群体间的均衡性,又有一定的弹性和灵活度,适应实际教育教学特点,发挥各级部门和单位的主观能动性,本文建议:应以缓解过度的跨地区、跨编制身份的比较效应为改革导向,健全教师工资的宏观调控机制,确立清晰的调控目标,厘清人社部门、教育部门和财政部门的权力和责任,以省级统筹为基础增强财政激励措施,提高基层教育部门及学校调节津补贴水平的自主权。

一、明确宏观调控目标

考虑到地区设立的工资科目在工资总量中的占比已经达到较高水平,中央应放弃以提高基本工资占比为基本抓手的传统调控目标体系,转而强化管控不同省份间(主要是省会级大城市之间)工资平均总量水平的差距,以及省内不同行政层级之间的垂直压缩率。同时,对于国家批准的工资科目平均总量水平规定下限水平,并依据这个下限水平来设计中央财政的补助力度。在中央政策框定的范围内,省级政府出台适合本省情况的政策细则。

关于教师和公务员待遇"挂钩"的问题,可以省为单位核定公办教师平均工资水平(含地方性津补贴和奖金),在总量平均水平上实现与公务员挂钩,即要求二者的差距程度不能超过一定的幅度。而在具体工资科

---

① 近年来,各地财政收入增幅减缓,2020年新型冠状病毒疫情影响下,全国多地财政收入有所下降。例如:2020年一季度,北京财政收入1430.5亿元,同比下降11%;甘肃省一般公共预算收入183.5亿元,同比下降16%;贵州省一般公共预算收入累计425.28亿元,下降11.3%;吉林省地方级收入258.3亿元,同比下降11.9%。

参见:北京一季度财政收入1430.5亿元,同比下降11%[EB/OL].(2020-04-16)[2020-04-20].http://czj.beijing.gov.cn/zwxx/czyw/202004/t20200416_1805496.html.

甘肃省财政厅.2020年一季度全省财政收支情况[EB/OL].(2020-04-10)[2020-04-20].http://czt.gansu.gov.cn/shujuzhuanqu/caizhengshuju/20200410/165906343052dc.htm.

贵州省财政.2020年4月上旬全省财政收支简况[EB/OL].(2020-04-15)[2020-04-20].http://czt.guizhou.gov.cn/xwzx/czdt/202004/t20200415_55981942.html.

吉林省财政厅.一季度我省地方级收入增速居全国第17位[EB/OL].(2020-04-13)[2020-04-20].http://czt.jl.gov.cn/gzdt/202004/t20200413_7088068.html.

目的设立与发放水平上,不宜要求教师与公务员进行逐一对应、水平对等。

二、厘清管理部门的权责

应改变中央人社部门和财政部门分头管控基本工资和津补贴标准的格局,将基本工资、绩效工资和各项津补贴标准(包括地方性津补贴及奖金)的调控权统一归至人社部门,由人社部门对机关事业单位工资总量水平进行统筹管理。

强化财政部门对工资宏观调控机制的激励约束手段,根据"限高、稳中、托低"的宏观政策目标,对于中央规定的托底工资水平,通过中央转移支付进行保障。超过托底水平,则主要依靠地方财力的投入;对于突破中央限高水平的省份,扣减中央财政的转移支付或者税收返还;对于省内垂直压缩率或者教师与公务员的实际平均收入水平差距不达标的省份,扣减中央财政对其的转移支付或者税收返还,并拨付给该省内工资水平较低或者教师工资发放面临困难的市县。

三、强化省级统筹体制

为了实现对地区间、人群之间的均衡和差异的合理调控,基于上述部门权力分置的思路实现对工资总量的调控后,应将规范和调节工资水平及结构的权力层层下放。参照上述中央对省级的管控方式,省级及以下各个行政层级,都可设立对更低一级行政单位所管控的工资的地区间"水平"差异标准、不同行政层级之间的"垂直"差异标准,并结合财政奖补,对其直管的下一层级适当放权。

其中,最为关键的就是加强省级统筹能力的建设。中央可将基本工资和绩效工资的调控权下放至省级人社部门,在中央许可的政策目标范围之内,省级部门根据实际情况确定辖区内市县、行政层级、城乡之间的工资待遇差距水平。

现实中,如果难以实施较为硬化的省级统筹体制,依然需要中央财政为保障教师待遇出台专项转移支付政策。然而,中央财政在对教师待遇进行专项财政资金补助时,应尽量避免脱离现有的央地财政责任划分机制而单独设立另一套财政责任划分体制。专项转移支付的资金使用,应纳入现有的工资体制和财政体制的框架内。

中央应审慎出台类似"乡镇工作补贴""乡村教师生活补助金"等津补贴政策。事实上,此类津补贴在地方平均工资总收入的占比已经显著偏低,达不到有效调节城乡待遇水平差距的政策目标,反而在执行过程中引起了普遍性的比较行为。此外,一旦相应的财政支出责任过度向中央上移,就进一步造成对地方政府的逆向激励。建议此类津补贴政策今后主要由省级政府出台,事实上在教师绩效工资体制改革之前,地方政府普遍制定过调节本地区城乡待遇差距的津补贴政策。

四、有效规整教师身份差异的影响

教师工资的财政保障方式与教师的编制身份通常密切相关,由于不同财政资金来源渠道的政策安排很难同步,教师群体内部的待遇差距难以平衡。例如,在人社部门管控的工资体制外,由教育行政部门通过财政专项资金单独设立的特岗教师及其工资体制,就很难与公办教师实现待遇水平的同步调整,最终成为引发"同工不同酬"情绪的导火索。

为此,应改变为特岗教师单设工资标准的做法,将特岗教师的工资纳入中央人社部门进行统一管理。首先,统一特岗教师与公办教师的工资结构,中央和地方按照特岗教师的薪酬结构"分模块、按比例"进行财政责任分担;其次,中央财政执行跨省差异化补助标准,即按照基本工资和绩效工资之和的全省最低标准进行全额补助(或按照一定比例补助),其与当地公办教师的待遇差距由省级政府统筹解决;最后,如因特岗教师与公办教师之间的待遇不平衡造成集体性信访事件,则核减下一年度分配给该省的特岗教师指标。

对于编制外临聘合同制教师,可延续目前分权化的工资体制。不过,中央应统一规定其最低工资水平不能低于全省同一教育阶段公办教师的平均基本工资水平,其绩效工资或者津补贴政策细则由省级部门出台。

五、"层层"简政放权

为了增强基层教育单位的自主权,进而完善教师的激励机制,可以在区分公共服务性质并进行分类管理的基础上,增强地方政府和教育部门对办学经费的自主权和公共服务产品的定价权。由于目前不同学校提供的教育教学项目(如各类选修课程、课外活动)差别较大,省级教育部门应有权规定"基本公共服务"和"非基本公共服务"的界定范围,公共财政重点对"基本公共服务"进行保障。

对于"非基本公共服务"的定价权进行分权化管理,原则上可以下放到市县一级的物价部门,并尽量确保教育产品定价与服务质量之间的对应关系。省级政府应自行出台调控措施,对本省教育单位由"非基本公共服务"收入所支撑的津补贴和奖金的发放进行宏观管理。在此基础上,基层的教育行政部门和学校可以自行支配"非基本公共服务"带来的收入,例如用于调节公办教师、特岗教师或临聘合同制教师的津补贴和奖金的发放,或者弥补公用经费的不足。同时,为了缓解因教师不足而带来的大班额问题,可以允许一定比例的公用经费用于发放临聘合同制教师工资。

对照地方设公务员津补贴科目发放给教师的津补贴或奖金,应比照奖励性绩效工资的发放办法,由地方教育主管部门或者学校自主确定分配规则。保留学校对于津补贴水平的微调权,有助于激发基层教育单位的管理和教学活力,使教师工资结构设计更加契合其岗位特征。这不仅可以缓解教师薪酬结构与公务员愈发趋同而造成的教师激励机制扭曲问题,也有利于将教师诉求消化在更为基层的教育单位。

综上所述,构建稳健的宏观工资调控机制,需要系统总结近年来工资体制改革的经验教训,客观面对机关事业单位普遍存在的比较效应及其发生机理。在改革的取向上,要坚持"明晰调控目标、理顺责权关系、强化省级统筹、层层简政放权"的原则,建立在财力保障上有可持续性的、切合基层工作需要的教师工资体制。

附:部分重要主题加权平均处理时选取的关键词

津补贴		比较公务员待遇	农村特殊岗位津贴	比较其他教师待遇	比较其他地区
教龄津贴	通信费	公务员	乡镇生活补助	其他老师	其他县
班主任津贴	通信费	机关工作人员	乡镇生活补贴	其他教师	其他县
班主任补助	年终奖	机关人员	乡镇生活津贴	其他教师	其他县
教龄补助	年终绩效奖	公职人员	教师生活补助	其他老师	其他县
教龄补贴	一次性绩效奖	公务人员	教师生活补贴	其他教师	其他地方
津补贴	年终一次性	教师法	教师工作补贴	其他老师	其他县
车补	年终绩效	年终奖	教师工作补助	别的老师	周边各县
补贴	目标绩效	年终绩效奖	教师工作津补贴	别的教师	周边各县

津补贴	比较公务员待遇	农村特殊岗位津贴	比较其他教师待遇	比较其他地区
补助	综合治理奖	一次性绩效奖	老师生活补助	周边县
补贴	一次性绩效	年终一次性	老师生活补贴	周围各县
年终奖金	一次性考核	年终绩效	其他老师	周围县
年终奖	年终考核	目标绩效	其他老师	周围的县
生活补贴	一次性奖	综合治理奖	其他老师	周围的各县
生活补助	13个月工资	一次性绩效	农村教师专项补贴	同工不同酬	好多县
岗位津贴	13个月工资	一次性考核	农村教师专项补助	同工同酬	好多的县
岗位补助	13个月工资	年终考核	乡镇工作补贴	同岗不同酬	外县
教师补贴	13个月工资	一次性奖	乡镇工作补助	同等待遇	其他市
教师补助	13个月工资	13个月工资	农村工作补贴	相同待遇	其他的市
教师津贴	13个月工资	13个月工资	农村工作补助	同岗同酬	其他市
教师津补贴	目标考核奖	13个月工资	农村工作人员补贴	公办教师	其他的市
津补贴	考核奖	13个月工资	农村工作人员补助	正式教师	其他地方
奖金	精神文明奖	13个月工资	农村生活补贴	编制内教师	别的市
年终奖	综治奖	13个月工资	农村生活补助	有编制的教师	周边各市
一次性奖励	综合奖	目标考核奖	乡村工作补贴	有编制的老师	周边的市
一次性工资	一次性工资	考核奖	乡村工作补助	编制内老师	周边市
13个月工资	双拥奖	精神文明奖	乡村教师补贴	公办老师	周围各市
13个月工资	精神文明奖	综治奖	乡村教师补助	正式老师	周围市
13个月工资	双创奖	综合奖	乡村生活补贴	在编教师	周围的市
13个月工资	车补	一次性工资	乡村生活补助	在编老师	周围的各市
一次性奖金	房补	双拥奖	乡镇工作人员津贴	正式教师	好多市
房补	住房补贴	精神文明奖	乡镇工作人员补贴	正式教师	好多的市
车补	通信补贴	双创奖	乡镇工作人员补助	公平	外市
文明奖	通信补助	车补	乡镇工作人员津补贴	平等	其他省
考核奖	通话补助	房补		同等	其他的省
年终绩效奖	改革性补贴	住房补贴			其他省
奖励金	改革性津贴	通信补贴			其他省
取暖费	供暖费	通信补助			有些地方
采暖费	交通费	通话补助			别的省
暖气费		改、革性补贴			周边各省
		改革性津贴			周边各省
		取暖费			

第十九章　基层教师的集体性维权：体制诱因、行动逻辑与演变趋势[①]

赵俊婷　刘明兴[②]

第一节　前　言

20世纪90年代，乡镇政府拖欠农村教师工资，引起许多地区农村教师的维权活动。自农村税费改革伊始，中央政府确立了"国务院领导下，由地方政府负责，分级管理，以县为主"的农村义务教育管理体制。随后，中央实施了农村教师工资县级统筹、义务教育"一费制"、农村贫困家庭中小学生"两免一补"等教育财政改革措施，并增加了对贫困地区的转移支付，提高了地方政府的一般预算内财力水平，农村义务教育自此被逐步纳入公共财政的保障范围。但是，农村基层教师的各类集体性维权行动却并没有因此而逐渐减缓，在一些地区反而有增强的趋势。

自2008年以来，随着义务教育免费政策在城市和农村的全面实施，中央推行了教师绩效工资制度改革，对教师的津补贴制度进行了规范，同时提高了公办教师（特别是义务教育阶段教师）的工资待遇，使得教师工资与公务员工资之间的硬性挂钩机制被进一步强化。然而，全国许多省份却随之出现了多起公办教师（包括退休教师）的集体上访、罢课现象。[③]抗议活动往往是由高中教师策动，随后扩散到义务教育部门，乃至出现了全县内部许多学校连续罢课数日的情况。这种现象在2008年之前是非常罕见的。2014年至2015年年初，各地教师的集体性维权行动又呈现抬头的趋势，特别是东部和中部地区的一些县市，接连不断地出现了县域内部乃至跨县的罢课、上访活动。

与早期因拖欠教师工资诱发教师维权的情况相比，近年来教师集体

---

　　①　本文收录于：顾昕.社会政策与福利国家建设.南京：南京大学出版社，2018年.

　　②　赵俊婷，北京大学中国教育财政科学研究所博士后；刘明兴，北京大学中国教育财政科学研究所教授。

　　③　陈黎明.教师群访事件的政策基因[J].瞭望新闻周刊，2009(8)：40-41.

性维权的原因呈现出多元化的趋势。例如,公办教师的各类显性或者隐性津补贴低于公务员;因不同层级财政保障政策的差异导致教师群体内部收入分配不均,如农村特岗教师与当地编制内教师之间收入差异过大;公办学校教师对于绩效工资发放机制、医疗或住房政策不满;学校搬迁、合并或者民营化导致教师分流;公办高中或者幼儿园招聘代课教师的待遇问题;民办学校因资金链困境拖欠教师工资;民办公助学校教师社保待遇不到位或者教师要求返回公办学校;师生矛盾;等等。总体来看,大部分的教师集体性维权活动依然与薪酬体制密切相关。

为何公共财政投入的增加,并没有达到稳定教师队伍的目的? 本文基于抽样数据和互联网信息,对基层教师集体性维权活动的演变特征和行动逻辑进行了概括,并结合实地调查经验,尝试总结教师群体维稳政策的若干经验教训。

第二节　20 世纪 80 年代后期以来教师维权行动的演变特征

为了理解教师群体维稳的内在逻辑,我们需要大致回溯一下过去 30 多年来教师(特别是基础教育阶段教师)各类维权行动的演变特征。这里,我们将教师维权划分为三个历史阶段:一是 20 世纪 80 年代后期至 2000 年之前;二是从"以县为主"体制确立到 2007 年之前;三是"绩效工资政策"出台至今。

一、农村教师的工资拖欠及其维权行动

1985 年,随着《中共中央关于教育体制改革的决定》出台,我国建立了"地方负责、分级管理、以乡为主"的教育管理体制。在该体制下,农村中小学公办教师的工资主要由乡镇财政支付,民办教师的工资则由乡、村两级共同负责。自此,部分地区因为基层财政困难,直接波及教师工资的正常发放,尤其是拖欠民办教师工资的情况开始出现。[①]

1993 年,为了减轻农民负担,中央宣布取消涉及农民负担的多个集资、基金和收费项目,这对乡、村两级的教育投入产生了一定的冲击。与此同时,中央为了改善教师待遇,采用政策性增资的办法,要求地方财政

---

　　① "从 20 世纪 80 年代中期开始发生拖欠民办教师工资以来,全国除北京和西藏外,所有省份都不同程度地发生了拖欠工资的事件。"见:顾卫临.至圣的焦虑:关于拖欠教师工资的思考[J].开放时代,1994(5):50.

提高教师待遇。由于县乡两级财政困难,从 1993 年下半年开始,出现了大面积拖欠教师工资的现象,拖欠地区之多,金额之大,前所未有。①

教师工资发放得不到保障还与地方政府偏好经济发展类支出的倾向有关。20 世纪 90 年代初,为了地方企业的发展,地方县乡政府常常"借"教育经费(主要是教师工资)办企业。② 此外,为了建设各种公共设施,如修路、防洪等,地方政府也会向教师伸手要钱,教师的工资被直接扣掉捐款,甚至还会向教师摊派各种费用。而当教育资金被挪用时,教育行政部门却无能为力。

自 1993 年下半年开始,中央政府加大力度责令地方政府补发拖欠的教师工资,但这种运动式的做法难以从根本上解决问题。1994 年,国家出台的教师工资套改政策中规定增资部分由地方解决,拖欠教师工资问题由此又迅速复燃。结果,基层教师的各种维权行动此起彼伏,不少教师纷纷上书国家教委。③

1994 年分税制改革之后,财政体制集权化程度上升和宏观经济衰退导致县乡财政更加困难,基层的教育投入更加依赖各种预算外财政收入的支撑。④ 针对基层政府预算外收入规模的日益扩张⑤,中央于 1998 年前后加大了对于乱收费的治理力度,而农村基层拖欠教师工资以及公办、民办教师的各种维权活动也变得更加普遍。许多财力困难的乡镇甚至连续数月无法确保教师基本工资的发放,这显然比以往因无法落实上级政府的调资政策而造成的工资拖欠要严峻得多。

---

① 许嘉璐.检查拖欠教师工资札记[J].人民教育,1994(6):9.该文指出,"与拖欠教师工资形成鲜明对比的是,很多地方,除了教育领域外,党政机关官员的福利以及直属的行政事业单位的福利从未间断,反倒是待遇很好"。究其原因是,"大部分是各条条垂直戴帽下达的,款项也基本是上面拨的,或者系统的计划外资金,县里对这些钱无权支配"。

② 绝对不能拖欠教师工资——访国家教委副主任邹时炎[J].瞭望周刊,1993(13):18。该文提到:"县里建合资厂缺资金,强行扣每个教师 200 元。"

③ 例如,"河南省叶县×××名 1989 年由民办转公办的教师今年 3 月 5 日联名写信反映,国家规定的班主任津贴、书报费、新增粮油补贴等他们从未领到过,而且,至今还有 25 个月的工资被拖欠着。辽宁朝阳县也有教师状告说,他们又连续四个月没有发工资了。湖北天门的 9 名教师则反映,天门市部分乡镇去年的教师工资尚未如数兑现,今年又上'新债'"。见:顾卫临.至圣的焦虑:关于拖欠教师工资的思考[J].开放时代,1994(5):50.

④ 20 世纪 90 年代末期,基层政府面对的另外一个难题是,农民开始抵制各种税费负担的收缴。许多乡镇政府由于无法足额收取包括农业税在内的各类农村税费,财政资金紧张,就直接给农村教师下达税费征收指标,然后,再视税费征收任务完成的多寡,给教师发工资。

⑤ 1996 年预算外财政收入相当于财政预算内收入的 52.56%。见:刘克崮、贾康生.中国财税改革 30 年:亲历与回顾[M].北京:经济科学出版社,2008:304.

综上所述,20 世纪 90 年代教师群体的不稳定因素主要是基层政府拖欠教师工资所导致的。这个时期维权教师的主体是义务教育阶段的农村教师,既包括公办教师,也包括民办教师。除了正常的上访渠道之外,农村基层教师也会采取越轨式抗争的手段,例如,以学校为单位的小规模罢课行动,教师在放学时带领学生围堵乡镇政府,等等。不过,多个乡镇的教师联合围堵市县政府机关的情况并不多见。合规的维权活动也呈现出相似的特征。例如,基层教师以乡镇学区为基本单位,派出若干名教师代表赴地市级行政机关集体上访,状告所在乡镇政府领导,但上访本身并无过激行为,学区的教学秩序还能保证正常进行。甚至,维权教师以乡镇学区为单位联名上书中央部委。但是,跨乡镇、跨县的联名串访活动较为少见,这在一定程度上要归功于分权化的教育管理体制。

尽管在分级办学的时期,基层教师的待遇较低,拖欠工资的情况时有发生,但是在财政、人事体制分权化的前提下,公办教师或民办教师内部在待遇和聘用来源方面参差不齐,个体诉求不易统一,难以形成集体行动。即使发生维权活动,也比较分散,更难形成跨乡镇、跨县区的大规模教师群体性抗议行动。

二、代课教师群体的维权行动

1994 年,全国教育工作会议提出"争取到 20 世纪末基本解决民办教师问题"的战略目标。1997 年,中央下发《关于解决民办教师问题的通知》,文件要求通过地方责任制,全面落实"关、转、招、辞、退"五字方针,力争在 2000 年基本解决各地区民办教师问题。根据中央的政策精神,各地政府通过"民转公"考试等方式,将部分民办教师逐渐转为公办教师。1999 年,中央不再专门下达"民转公"专项指标后,地方政府开始清退考试不合格的民办教师。但在清退的同时,由于难以补齐因清退带来的岗位空缺,地方政府往往会继续留任被清退的民办教师,并从此赋予其"代课教师"的称谓。代课教师群体自形成伊始,其工资待遇水平便与公办教师存在悬殊差距。

2000 年前后,中央财政安排调资资金,开始核清欠发教师工资的数额,解决基层教师工资拖欠的问题。然而,该政策仅限于编制内的教职工和离退休人员,代课教师被排除在外。在"以县为主"的教育财政体制建立之后,公办教师工资发放体制集中到了县财政,这一举措确保了公办教师工资的正常发放,但导致代课教师与公办教师的待遇差距进一步拉大,客观上刺激了代课教师的不满情绪。

一项研究使用中国西部某省 20 个县 50 个乡镇学区的抽样数据,对 2000—2006 年间农村教师集体性维权行动的变化特征进行了分析。[①] 研究发现,农村教师维权的诱因主要围绕教师待遇不合理的问题,也就是说代课教师相对于公办教师以及教师相对于公务员的待遇差距是教师上访的关键诱因,而因拖欠工资引起的上访行为明显减少。不过,2002 年以前围绕着工资待遇问题的农村教师上访事件中,既有公办教师也有代课教师,但在 2002 年之后,一些规模较大的上访事件主要由代课教师发起。尽管在"以县为主"体制建立后,许多地区公办教师的工资水平和福利待遇依然与公务员存在差距,但这并没有导致公办教师维权行动大量出现。[②]

该研究发现,2002 年之后,教师集体性上访发生的地域范围在扩大,人员参与规模在扩大,事件在人员规模和请愿对象上的升级速度在加快;教师请愿对象越来越倾向于更高级别的行政部门,其中市县两级的行政机关是维权教师的重要施压对象。例如,在一个地级市内部,各县的代课教师会串联起来到市政府请愿。相对于 2002 年以前,集体性罢课事件的频率有所下降,但与较大规模集体性上访相伴随的罢课行动依然会发生。

当然,一些较大规模的越轨式抗争事件的诱因也并不仅仅源于代课教师与公办教师待遇差距拉大的问题。例如,上述研究发现,自农村税费体制改革开始,乡镇政府和农村学校的收费权被削弱,中西部地区的一些县政府却不愿意承担代课教师的工资,于是大批量强行裁撤代课教师,导致被裁撤代课教师大规模抗议事件的出现。

再比如,由于西部地区的"普九"攻坚任务在客观上要求增加农村教师数量,为了节省财政开支,一些地方领导临时招聘大中专毕业生来补充师资。与农村代课教师一样,这些青年教师的心理不平衡感强烈,维权冲动更强于中老年的代课教师。一些县政府在招聘时会做出在工作一定年限后转正的承诺,但最后难以兑现,迫使全县的青年代课教师采取维权抗争行动。[③]

---

① 刘明兴,赵丽霞.中国西部农村教师集体性维权行动分析[M]//肖唐镖.群体性事件研究:中国社会稳定研究论丛(第二卷)[C].上海:上海学林出版社,2011.

② 对于部分地区的公办教师,在县发工资之后,与公务员待遇的差距依然存在。比如,县财政仅仅保障教师的基本工资发放。工资差距在不同的县各不相同,调研中最为悬殊的县域内部差距是每月 2000 元。

③ 应当说,这一矛盾在"特岗教师"计划开始实施之后有所缓解,但其代价则是进一步提高了中央财政的保障压力。

2006年3月,在教育部例行的发布会上,教育部发言人提出,地方政府应在尽量短的时间内清退全部代课教师。与此同时,特岗教师计划的出台显著地减缓了落后地区招聘农村代课教师的压力。[①] 此后,代课教师的维权活动出现了新的变化趋势。

一方面,被清退的代课教师或者获取"退养身份"的代课教师依然没有停止各种上访维权活动。近年来,类似维权活动中跨县甚至跨省串访的势头有所上升;另一方面,代课教师并没有因为各种相关政策的出台而消失。实际上,由于城镇化建设在全国铺开,许多城市学校扩容速度过快,师资不足,又采取了招聘代课教师的做法。代课教师的现象开始从农村转移到了城市。

现实中,城市学校的代课教师也是长期存在的。例如,20世纪90年代中期,随着高等教育的扩招,很多地区的高中迅速扩大招生,并通过临时招聘高校毕业生的方式来缓解师资短缺的矛盾。不过,在很长的时期内,代课教师的集体性维权活动主要集中在义务教育阶段的农村学校,高中代课教师的维稳问题并不突出。尽管大量的高中代课教师也面临长期内无法落实编制的困境,但由于高中的收费能力较强,校长可以通过一定的经济手段来防止矛盾的激化。同样,城市义务教育阶段的学校也依靠预算外收入(如收取择校费)避免陷入农村学校的尴尬境地。[②] 然而,在教师绩效工资体制逐步确立之后,城市学校代课教师的维稳问题便浮出了水面。[③]

就当前的形势而言,部分地区的高中因基建规模过大,已经陷入了债务困境,而针对高中的收费政策却在逐步收紧。特别是自2014年以来,各地政府普遍提高了基础教育阶段教师的津补贴水平,但是对于高中教师,往往都是给政策、不给钱。如果高中财力不足,则高中教师的待遇会进一步降低;或者,部分高中迫于财务压力,强行裁撤代课教师。这两方面的因素会成为直接刺激公办教师和代课教师的不稳定因素。

---

① 2006年,教育部、财政部、原人事部、中央编办下发《关于实施农村义务教育阶段学校教师特设岗位计划的通知》,招聘高校毕业生到"两基"攻坚县农村义务教育阶段学校任教。特岗教师计划的招聘规模和覆盖地域在以后的年份中逐渐扩大。

② 例如,许多城市学校在代课教师待遇的问题上,努力避免农村学校公办和民办教师高度差异化的格局,并以较高水平的津补贴和奖金来调动公办和代课教师的工作积极性。当然,这样做的前提是学校本身具有较充足的预算外收入来源。

③ 例如,2014年9月9日,湖北孝感高级中学100多名教师因为长期不能解决编制聚集在校门维权。见:王巧爱.孝感百余非在编教师静坐维权[N].东方早报,2014-9-11:A21.

值得注意的是,近年来地方政府在城区和乡镇投资新建了大量的公办幼儿园,学前阶段教师的规模迅速增长。但是,公办幼儿园在基建完成之后,教师编制和人员性经费投入非常短缺,以低工资大量雇佣代课教师成为各地缓解这一矛盾的主要手段,但这也成为城市和农村新增代课教师的重要根源。诚然,公办幼儿园也具备通过预算外收入来调节园内教师收入分配的能力,但是相比高中阶段,则显得捉襟见肘。公办园的年轻代课教师之所以在短期内能够忍受低工资(相对于公办教师),是因为大家存在能够转正为编制内教师的期望,一旦期望落空,要么辞职,要么便可能被卷入抗争活动。

三、绩效工资体制改革引发的教师维权

自 2006 年开始,中央推行了新中国成立以来机关事业单位第四次工资体制改革,通过加大级别工资的作用、提高艰边津贴标准、开展县以下机关公务员职务与职级并行制度试点工作等措施,强化了对基层公务员工资的倾斜力度。2008 年,在义务教育免费政策在城市和农村全面实施的同时,中央推行了教师绩效工资制度改革。是次改革提高了公办教师(特别是义务教育阶段的教师)的工资待遇,加强了中西部地区教师基本工资发放保障机制,对教师的津补贴制度进行了规范(学校通过各项创收为教师发放津补贴、奖金的行为受到了更加严格的控制)。

然而,在绩效工资改革伊始,全国便出现了多起教师集体性维权事件。以公开报道的四川和重庆两地为例,2008 年 9 月至 10 月间,四川省的郫县、邛崃市、资中县、华蓥县,重庆市的铜梁县、永川区、长寿区、綦江县相继发生了教师集体性维权事件。在此之后,教师维权活动又在山西、湖南、湖北、内蒙古等地蔓延。[①]

本轮教师维权的直接诱因是多方面的。例如,在中央颁布了绩效工资政策之后,各地区执行政策的步调并不一致,部分地区在短时间内未能达到中央要求的政策标准,很多邻近县市的教师工资水平(或者教师与公务员之间)出现较大差异;[②]在岗教师工资上涨的同时,地方财政的保障力度偏软,导致退休教师相对工资水平(替代率)下降;由于严控学校通过

---

① 陈黎明.教师群访事件的政策基因[J].瞭望新闻周刊,2009(8):40-41.

② 例如,重庆永川在 2008 年发文提出,绩效工资肯定兑现,实施绩效工资水平不低于所在地区公务员工资收入平均水平。但事实上,同样资历的教师的工资只相当于公务员的 1/2 左右。见:秦轩.重庆永川教师"软罢课"调查[A].中国新闻周刊,2008(41).

预算外收入发放教师津补贴,部分高中阶段的教师以及城市学校教师在改革之后实际收入水平不升反降。

各地区教师维权活动的动员特征也发生了改变:(1)公办教师取代了代课教师,在城市学校任教的教师代替农村教师开始成为维权群体的主力;(2)教师对于工资收入(特别是津补贴)与本地公务员刚性挂钩的要求变得日益强烈;(3)抗议活动往往是由高中教师策动,随后扩散到义务教育部门,乃至出现了全县内部多个学校参与罢课的局面;(4)集体性维权动员的过程和时间趋于缩短,跨地区的攀比、传染效应增强。

2010年之后,随着绩效工资政策在各地区逐步落实,教师的集体性维权行动趋于缓和,但2013年以来,又呈现迅速抬头的态势。通过搜集互联网上教师集体性维权事件的信息,我们可以粗略地刻画这一波动性趋势。如图19-1所示,不完全统计发现从2006年至2015年7月之间,教师集体性维权事件在2008年以及2014年出现了两次高峰。①

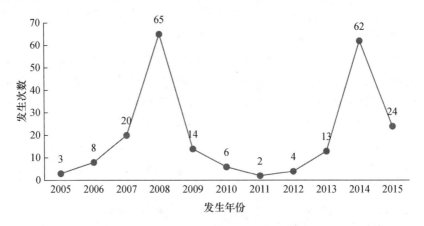

图 19-1 教师维权事件历年发生次数

如图19-2所示,进入2014年,各地教师维权事件已经时有发生,高峰则主要出现在2014年11月至2015年1月之间。其中,一个比较重要的导火索是2014年11月黑龙江肇东市教师罢课事件。该事件发生后,黑龙江省多地教师相继举行了集体性维权行动。与此同时,河南、湖北、山东、广东、湖北、安徽、江西等省也出现了教师维权的高峰(见图19-3)。

---

① 由于互联网上可以找到的事件数与现实中实际发生数量可能存在较大差距,因此这里的图示仅仅能够反映现实状况中的趋势性信息。此外,为了分析绩效工资体制对于公办教师维权行动的影响,我们没有将代课教师集体性维权的事件统计在内。

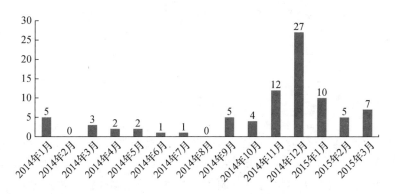

图 19-2　教师维权发生的月度频次(2014 年 1 月—2015 年 3 月)

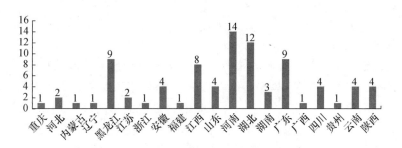

图 19-3　各省(市)教师维权的频次(2014 年—2015 年 7 月)

相比 2008 年,维权教师的行动特点主要体现在:(1)公办学校教师对于公务员的各种显性、隐性待遇变动都非常敏感,早已不限于账面工资的差异,甚至一些传闻也会引起教师群体的大规模抗议;[①](2)维权事件更多地集中在东部和中部地区的一些县市,少数省会一级城市也出现了较大规模的教师维权活动;(3)集体性罢课作为一种越轨式的抗争手段被越来越普遍地采用。并且,相比以往在校园内静坐抗议的"软罢课"方式,罢课教师会经常采取更具对抗性的手段(如直接围堵市县政府)。

在本轮教师维权的高峰中,地方政府面对教师抗争往往更倾向于采取"花钱买稳定"的办法,应对手段趋于软化。例如,在 2015 年年初,我们走访河南某县时,当地教师的维权尚处于网络动员的阶段,该县政府就立

---

①　例如,2013 年 5 月,湖北洪湖市教师罢课、围堵县政府。其原因是,该县为了完成"教育投入实现 4％"的达标任务,把财政资金在上级检查结束之后抽走,结果被传为挪用改善教师待遇款项。见:占才强,王伟凯.湖北洪湖市教师:低工资与高大楼存疑[N].南方都市报,2013-5-14.

即出台政策提高教师的津补贴，以防止事态扩大。尽管"花钱买稳定"的办法在短期内有助于迅速平息事态，但在长期内却会刺激更多的抗议行动。

第三节　教师维权抗争的行动逻辑

一种流行的看法是，中国人的思维习惯是不患寡而患不均，因此在体制内财政供养人员的收入水平相对高于社会平均收入水平的情况下，需要以集权化的办法尽量缩小体制内人员的收入差距（避免相互攀比），这样就可以达到体制内维稳的目标。不过，从过去多年的政策实践来看，工资发放保障机制的强化并没有带来教师群体的维稳效果。

实际上，教师集体性维权行动的发生需要满足一定的前提条件，除了教师收入相对于公务员收入及社会平均收入的差距之外，还取决于三方面的因素。第一是教师收入来源结构的多元化程度。来源结构越单一，越依赖于预算内拨款，越容易促成跨单位、跨地区的维权行动。第二是制订薪酬标准的行政集权程度。决策者的行政层级越高，名义上的工资标准越统一，矛盾可能越大。第三是基层学校的管理层对本单位教师的控制能力与意愿。这三方面因素直接影响了维权教师的集体行动能力。

首先，组织者若欲进行大范围的动员，需要参与者具有一致性的利益诉求。教师收入来源越多元化，利益诉求也就越多元化，广泛性的动员就越难以实施。农村税费改革前，尽管农村教师待遇普遍偏低，但由于财政、人事权力分散，公办教师或代课教师的收入水平、结构和聘用来源在学校内部和学校之间差异很大，彼时教师的个体诉求不容易统一起来，难以形成较大规模的集体行动。[①]

伴随着财政集权化改革，国家连续多次提高了公务员和教师的基本工资标准，并强化了农村教师工资发放的财力保障机制。改革使公办教师与公务员之间以及公办教师群体内部的工资收入差距逐步缩小，然而优质师资的收入却明显下降。财政集权化保障了公办教师工资的正常发放，的确在 2002 年至 2007 年间起到了稳定公办教师的作用。不过，该政

---

① 当时，一些教学表现优秀的农村学校可以通过招收大量择校生来获取事业性收入，第一线教学的骨干教师，津补贴和奖金收入往往远高于工资收入。比如，笔者走访的湖北某县，2000年时一名优秀的农村初中教师骨干各种收入总和可达每月 2500 元，相当于当时乡镇公务员账面工资的 3 倍。而一些办学绩效较差的学校则面临工资发放困难的窘境。

策发挥效力的一个隐含前提是,学校保留了通过预算外收入调节教师津补贴水平的权力。而在绩效工资体制开始实施后,学校(特别是优质学校)的经费自主权进一步萎缩,公办教师维稳的难度就迅速增加了。一旦县财政没有将公务员和教师的收入水平(或者福利待遇)绝对拉平,就很容易造成全体教师的不满。

其次,行政决策机制越集中,越容易为维权活动制造"依法抗争"的借口,也越容易产生跨单位、跨区域的传染效应。例如,相当一段时间内,为解决农村师资不足,县政府、县教育局、乡镇政府、乡镇学区、村委会或学校都聘用了代课教师,各自的聘用条件存在较大差异。由于代课教师的薪酬待遇是由不同主体所决定的,那么谁出的政策,教师们就会去找谁解决问题。此时,即使发生维权活动,也会分散在不同地域单元之内,难以演变成跨地区的集体性行动。如果由县政府统一聘用或者解聘代课教师,或由省、市级财政统一出台政策解决代课教师的待遇问题,那么原本分散化的矛盾就会迅速集中起来。

同理,关于公办教师薪酬标准的决策机制越集中,就越容易引起矛盾。比如,中央出台某一个增发工资政策后,除非能在财力上给予充分保障,否则一旦地方没有全面落实,就很容易导致跨地区的维权活动。在基层教师来自预算外收入的各种津补贴被严格控制的情况下,这个问题会变得尤为严重。2008年至2009年各地公办教师大范围维权活动的突然出现与此因素密切相关。事实上,恰好是在绩效工资体制确立之后,公务员和教师之间的待遇差距对于教师维权的刺激作用变得更加显著,而二者之间实际工资差距的确由于工资体制改革而缩小。

最后,体制内维稳的政策效果与基层单位的自主权密切相关。在分级办学的教育管理体制下,基层各单位都有一定的财政自主权和人事管理权,因此更容易建立乡镇学区或学校层面的激励机制,包括津补贴发放和人事调动机制。相应地,基层单位的主要负责人也有一定的主观能动性和政策自主权去提升教学绩效及确保教师队伍稳定;针对某些不稳定因素,县教育局、乡镇政府、乡镇学区和学校都会各自承担一部分责任,也就减缓了教师向更高级别行政单位上访的可能性,有利于把矛盾化解在基层;同时,越处于基层的单位,其行政权力越小,对上访活动的反应就越敏感,在自身财力许可的前提下会更有积极性也容易以更低成本来缓解矛盾。

对于行政级别较高的政府,一方面,常规的教师维权活动难以对其造成足够的压力,结果就在客观上迫使教师提高维权的群体规模;另一方面,更高级别的政府在出台一些政策方面更加谨慎,因为牵涉面较宽,考虑的因素更加复杂,所以政策反应就比较迟缓。当较大规模维权行动爆发时,市县政府要么采取强硬措施压制维权活动,但结果只能是在长期内激化矛盾;要么,市县政府为了尽快息事宁人,仓促出台调资政策,结果产生了跨区域的示范效应,使以后的维稳工作难度变得更大。

财政集权化的改革使乡镇政府和基层学校(学区)的管理层对教师的激励手段和控制力都大幅削弱。[①] 结果,乡镇政府和学校(学区)的领导既缺乏积极性也缺乏相应的政策手段来稳定教师队伍。校长本人的工作绩效也缺乏相应的奖励制度配套,干好干坏都一样,岗位自身的吸引力下降。校长与其为了维稳而去得罪教师,还不如辞职不干。基层维稳的防火墙一旦瓦解,各方面的矛盾就会迅速聚集,更高级别的政府其实很难应对。

例如,2014 年教师维权高峰的出现,从表面来看,是由于自绩效工资体制改革以来,中央一直没有出台调资政策,而在此期间市场工资率却在持续提高。但是,只要回顾过去三十年的历史,我们就会发现教师工资的绝对水平及其与市场工资率的差异并不必然与教师维权行动(特别是较大规模的维权行动)相关。集权化的工资决策体制显然无法在短期内根据各地劳动力市场的实际情况进行快捷、有效的反应,故而赋予基层单位一定的自主权、构建一个有弹性的工资管理体制是非常有必要的。

必须指出的是,小规模的、合规的教师维权活动也有一定的积极意义。分权化的体制下,由于行政部门和教育管理部门之间的责权利没有清晰的划分,一些小规模的上访不断发生,其实是教育管理部门和行政机关之间权力再平衡的产物。刘明兴等人的研究表明,一些乡镇学区的领导为了向乡镇政府争取更多的自主权,就在暗中支持教师发起维权活动,并向县政府夸大维权风险信号,迫使乡镇政府让步。这里,教育管理部门的中层干部和教师们站在一条战线上,增强了维权行动的效果。不过,由于基层教育部门的负责人直接介入了维权活动,他们也有动力将教师维权活动的规模和强度控制在一定的范围之内,而不会纵容维权活动无限制升级。[②]

---

① 李小土,刘明兴,安雪慧.西部农村教育财政改革与人事权力结构的变迁[J].北京大学教育评论,2008(4):68-83,195-196.

② 刘明兴,赵丽霞.中国西部农村教师集体性维权行动分析[M]// 肖唐镖.群体性事件研究:中国社会稳定研究论丛(第二卷)[C].上海:上海学林出版社,2011.

第四节　教师群体维稳的潜在风险与政策得失

本文的研究表明,教师维权事件的发生遵循一定的内在逻辑,单纯依靠增加财政投入,并不能够保证教师队伍的稳定。如果为了缓解机关事业单位因为收费而引起的社会冲突(如学生家长因不满高收费政策而采取的上访行动),就过度限制其经费的自主权,那么就有可能会导致行政机关、教育部门内部的利益分配冲突,诱发财政供养队伍内部的不稳定因素。随着事业单位内部调节教师收入水平的能力下降,公立学校内部的微观激励机制被削弱,公务员、公办教师、代课教师之间的利益分配关系变得更加复杂,而教师群体本身的集体性维权行动能力却因为工资制度的财政集权而被强化。

在实践效果上,集权化的政策举措既无法达成社会层面的维稳目标,也无法实现财政供养人口的维稳目标。与此同时,传统的政策思路在财政体制层面也缺乏可持续性。自 20 世纪 90 年代末期以来,围绕机关事业单位人员薪酬的标准、结构、财政发放保障机制所进行的多次改革,均是以不断强化中央财政的支出压力为代价。在当前财政增收局面日趋严峻的情况下,教师群体维稳风险的上升与财政收支矛盾的累积造成了公共政策设计的困境。

第一,体制内的维稳压力本身已经起到了推动公务员和教师工资水平上涨的作用。2015 年,在中央新一轮薪酬体制改革启动的同时,各地政府已经着手大幅提高公务员和教师津补贴水平(包括各种年终绩效奖),津补贴的上涨往往先于基本工资的上调。在许多地区,津补贴的涨幅也远高于基本工资的上调幅度。这与 2014 年以来教师群体维稳压力的上升密切相关。然而,调整津补贴的政策在各地间步骤不一致,省级政府也难以对涨幅进行系统性调控,地区间实际收入差距有可能进一步拉大。这既与中央的工资政策目标相悖,也会刺激中长期体制内维稳的潜在风险。

第二,自 2015 年以来,部分地区的财政收入已经出现了比较严重的负增长,地方财政保吃饭、保运转的困难加大。其结果是,地方财政只能通过扩大债务规模来确保工资发放,但所造成的宏观风险最终还是要中央政府来承担;或者,地方政府倒逼中央财政进一步加大财政投入力度。为了应对财政支出刚性,中央势必要强化税收上缴的压力,或者通过增发货币来刺激经济。显然,这些做法既不利于基层的维稳,也不利于经济的复苏。如果中央政府无法承受因工资体制集权化所带来的持续财政增支压力而放弃原有的保障机制,那么一旦中央政府采取"只出政策不出钱"的办法,只要地方政府落实不到位,将会迅速刺激包括教师和公务员在内的财政供养人员的不满情绪。

综上所述,鉴于以往的政策实践经验,为了降低教师队伍的维稳风险,决策部门有必要考虑对事业单位绩效工资制度进行分权化导向的改革,增加基层单位的经费自主权和工资水平的灵活度,同时改革工资体系的宏观调控方式。这在宏观经济衰退的环境下已经显得日益紧迫。

第二十章 中国西部农村教师集体性维权行动分析①

刘明兴　赵丽霞②

　　自20世纪90年代以来,乡镇政府拖欠农村教师的工资,引起许多地区农村教师的上访、罢课活动。自农村税费改革伊始,中央确立了"国务院领导下,由地方政府负责,分级管理,以县为主"的农村义务教育管理体制。为此,中央财政增加了对贫困地区的转移支付,提高了地方政府的一般预算内财力水平;同时,实施了农村教师工资县级统筹、义务教育"一费制"、农村贫困家庭中小学生"两免一补"等教育财政改革措施,逐步将农村义务教育纳入公共财政保障范围。伴随着中央的改革,地方财政预算内教育投入逐年增加,保证了农村公办教师工资准时发放。但是,农村教师的各类集体性上访行动却并没有因此而逐渐减少,在一些地区反而有增多的趋势。特别是自2008年中央政府执行义务教育阶段全免杂费政策及2009年实行教师绩效工资制度以来,全国许多省份出现了多起公办教师集体上访、罢课的现象。③ 为什么教育财政投入的增加,并没有达到稳定教师队伍的目的? 本文通过对西部甲省农村乡镇学区的抽样调查,对农村教师的集体性上访行动的变化特征进行了简要描述,并结合实地调查经验,尝试总结教师群体维稳的若干经验教训。

第一节　抽样学区教师集体性上访的基本情况

　　根据2006年对西部甲省20个县、50个乡镇学区的抽样调查,我们简要总结2000年至2006年上半年样本学区教师集体性上访维权行动的

---

　　①　本文原载于《群体性事件研究:中国社会稳定研究论丛(第二卷)》,肖唐镖主编,上海学林出版社,2011年版。作者对原文进行了较大幅度的修改。

　　②　刘明兴,北京大学中国教育财政科学研究所教授;赵丽霞,北京大学教育学院硕士研究生。

　　③　陈黎明.教师群访事件的政策基因[J].瞭望新闻周刊,2009(8):40-41.

分布特点。① 这里，纳入统计范围的集体性上访行动需要满足两个条件：一是参与上访的教师群体，至少有一次的行动规模在 10 人之上（指直接以走访形式参与，通过联名方式则不算）；二是上访诉求的最高对象层级达到了乡镇、县级或者县以上教育行政部门或者政府部门，即乡镇学区、乡镇政府、县教育局、县级政府或者县以上教育部门、县以上党委政府部门中的一级或者多级。②

农村教师上访行动的原因、规模、结果、诉求方式在事件之间以及同一事件内部（时序上的演化）都有不同的特点。为了更准确地描述教师上访维权的行为特点，下文先以"上访事件"为单位进行简单的统计描述；然后，以每个调查年度中所发生的"上访行动"为单位，考察"上访事件"的时间变化趋势。

一、"上访事件"的特点

我们的调查中所统计到的事件最早发生在 1991 年，最晚到 2006 年。又因事件的持续时间不同，其结束时间也有差异。本文仅统计结束时间在 2000 年至 2006 年之间的事件。统计结果显示，满足上述限制条件的事件有 42 起。③ 这些事件持续时间在 1 至 11 年不等，涉及 23 个学区，占到样本学区总数的 46%。概括来讲，这些事件有如下特征。

1. 起止年份和持续时间的分布特点。从统计来看，42 起事件中，开始时间在 2000 年、2003 年和 2005 年的事件较多，各有 6 起（表 20-1）；持续 3 年及 3 年以下的事件占到事件总数的 71%；其中，持续 1 年的事件数最多，有 16 起。这也就是说，伴随着基础教育财政体制的变迁，教师群体的上访事件在逐渐增多，而且大多数事件的持续周期在 1 到 3 年之间。

---

① 在每一个抽样学区中，我们随机抽取了样本村庄的学龄儿童，并向这些儿童的任课教师发放问卷。问卷中，我们要求被访谈的教师填写他们所知晓的本学区的各种教师维权事件。我们根据教师所提供的信息，再逐一进行核对清理。对于其中的疑问，我们进行了电话和实地回访，最终得到了一个农村教师维权的数据库。不过，这种数据收集的方法会遗漏掉一些规模小、强度低的维权活动信息，因此本文在汇报统计结果的时候，也主要分析那些具有一定参与规模和行动强度的上访事件。

② 这里不讨论单纯地采取"罢课"形式的维权抗议行动。

③ 抽样调查统计到的"事件"（即不限定条件的事件总数）总共有 286 件。

表 20-1 教师上访事件开始年份的分布特征

开始年份	1996	1997	1998	1999	2000	2001	2002	2003	2004	2005	2006	总计
事件数	1	3	3	2	6	3	4	6	5	6	3	42

注:仅包括开始时间在 2006 年之前、结束时间在 2000 年之后的上访事件。

由于调查时间的限制,数据中所反映的结束时间在 2006 年并不一定代表该事件到此为止。因此,如果排除 2006 年新发生的和仍在持续的事件,截至 2005 年年底,已经结束的事件有 29 起。而且,通过对比表 20-1 和表 20-2 可以发现,持续最长的 3 起事件到 2005 年年底还没结束,2006 年上半年仍在持续的事件有 13 起。这说明 2006 年教师上访活动仍然比较频繁。

表 20-2 教师上访事件持续时间的分布特征

持续年限	1	2	3	4	5	6	7	10	11	总计
事件数	16	10	4	3	2	3	1	2	1	42
2005 年年底前结束的事件	13	7	2	2	1	3	1	0	0	29

2. 教师待遇问题是诱发教师集体上访的主要因素。总结起来,可以分为两类:一类是因教师基本待遇未满足而引发的上访行为,如拖欠教师基本工资、看病费用报销难;一类是教师群体内外待遇相对分配不公平而催生的集体上访行为,如教师待遇不合理、招考不合理、职称评定不公、奖金和津贴发放不公等。这两类都属于以"经济利益"为主题的诉求。

表 20-3 事件起始原因统计表(1996—2006)

原因	1996—1999	2000—2002	2003—2006	总计
拖欠教师工资	7	10	10	27
看病费用报销难	0	1	5	6
学校财务问题	1	1	2	4
学校奖金和津贴发放不公	1	2	1	4
评职称不公平	1	1	3	5
教师调动不合理	2	1	1	4
学校教学方法不合理	1	1	0	2
校长的领导方式不恰当	0	1	0	1

原因	1996—1999	2000—2002	2003—2006	总计
工作业绩考核和优秀评定不公平	2	0	0	2
教师待遇不合理	1	5	5	11
教师分配不合理	1	2	0	3
教师招考不合理	0	3	3	6
学历不被承认	1	0	0	1

注：因一起事件发生的原因是多重的，这里对各类原因频率的合计并不等于事件的总数。

根据我们对引发 42 起事件的初始行动的原因的统计可以看出（表20-3），"拖欠教师工资"出现的频率最高，27 次；其次是教师待遇不合理，11 次；再次是看病费用报销难和教师招考不合理，分别为 6 次。而且1996—1999 年新开始的事件一共有 9 起，其中 7 起的原因之一就是"拖欠教师基本工资"，比重达 78%；到了 2000—2002 年期间，这个比重为76.9%；到 2003—2006 年期间，该比重为 50%。相反，在 2000 年之后，教师待遇不合理、招考不合理成为事件发生的重要因素；在 2003—2006 年期间，"看病费用报销难"也是一个重要因素。这说明 2002 年之前，教师诉求的原因主要是基本待遇未得到满足。2002 年之后，教师群体诉求的原因开始多重化，除了基本待遇未满足的问题，也有教师群体内外部待遇不公平的问题。

3. 上访对象级别在 2002 年之后开始上升。首先是初始上访对象在2002 年前后的变化。从表 20-4 的统计来看，2003 年之后，最先向"乡镇政府领导"上访的事件减少至零；而最先向"学区领导"上访的事件数增加；且 2003 年开始出现最先向"县级政府领导""县以上教育部门领导""县以上政府领导"的上访事件。这与 2002 年之后开始实行的教师工资"县级统筹"的教育财政体制在时间上是一致的。其次，从同一个事件发生的过程中上访对象的变化来看，上访对象达到县级政府、县以上教育部门或者县级以上政府的事件有 30 起，其中在两年之内达到的有 27 起，占90%；在两年以上时间内达到的有 3 起，而且这 3 起事件都开始于 2000年之前（表 20-5）。也就是说，2000 年之后所发生的事件，上访对象达到县级以及县以上教育行政部门或政府所用的时间不超过两年。

表 20-4　事件的初始上访对象统计

初始上访对象	2000 年之前	2000	2001	2002	2003	2004	2005	2006	总计
校长	6	4	3	3	1	2	2		21
学区领导	1				1	1	2		5
县教育局领导							1	1	2
县以上教育部门领导						1	1		2
乡镇政府领导	2	2		1	3				8
县级政府领导				1	1		1		3
县以上政府领导								1	1
合计	9	6	3	4	6	5	6	3	42

注:初始上访对象是指该起事件最初发生时最先诉求的对象。

表 20-5　上访对象达到县级政府、县以上政府或者县以上教育部门的事件统计

所用时间	2000 年之前	2000	2001	2002	2003	2004	2005	2006	总计
未至该级别	3	2		1	3	1	2		12
一年	2	4	1	1	3	4	4	3	22
两年	1		2	2					5
两年以上	3								3

　　4. 教师群体上访的规模有扩大化的趋势。从事件的初始上访规模来看,2002 年以后 50 人以下规模的事件有减少的趋势,而且 2002 年开始出现初始规模在 50 人以上的事件(表 20-6)。从表 20-7 可以看出,有 15 起事件的最大规模超过 50 人,10 起事件的规模在 30—50 人之间,4 起事件的规模在 20—30 人之间,剩余 12 起事件的规模在 20 人以下。从表 20-6 和表 20-7 的对比可以发现,有 7 起事件的规模从 50 人以下扩大到 50 人以上。其中,有 6 起事件的开始时间在 2002 年年底之前。而这 6 起事件中,又有 5 起是在 2002 年以及以后年份才达到 50 人以上规模的。由此可以发现,2002 年之后,教师群体上访的规模开始增加。且越晚近发生的事件,规模上升速度越快(见表 20-8)。

表 20-6　上访事件的最初规模统计

初始规模	2000之前	2000	2001	2002	2003	2004	2005	2006	总计
10 人以下	6			2					8
10—20 人	1	3	1		2	1	4	1	13
20—30 人		1				2			3
30—50 人	2	2	2		3	1			10
50 人以上				2	1	1	2	2	8
合计	9	6	3	4	6	5	6	3	42

表 20-7　上访事件的最大规模统计

最大规模	2000之前	2000	2001	2002	2003	2004	2005	2006	总计
10—20 人	1	3			2	1	4	1	12
20—30 人	1		1			2			4
30—50 人	3	1	2	1	3				10
50 人以上	3	2		3	1	2	2	2	15

注：该表中的年份为事件的开始时间。因一起事件的最大规模缺失，事件数加总后仅为 41。

表 20-8　最大规模扩大至 50 人以上的事件

事件序号	开始时间	最初规模	规模变化的年份	最大规模
1	1997	10 人以下	2002	50 人以上
2	1997	10 人以下	2005	50 人以上
3	1998	10—20 人	1999	50 人以上
4	2000	30—50 人	2004	50 人以上
5	2000	30—50 人	2006	50 人以上
6	2002	10—20 人	2006	50 人以上
7	2004	30—50 人	2005	50 人以上

5. 诉求的结果。从表 20-9 和表 20-10 可以看出，诉求结果的好坏和上访对象的级别高低、规模的大小并没有特别明显的关系。但是总体而言，上访者虽然倾向于诉求于较高级别的政府部门，但是得到满意结果的可能性并不会增加；上访的规模扩大更容易达到满意的结果。

表 20-9　上访结果与上访对象(事件内最高级别)的关系

上访对象最高级别	满意	不满意	问题解决、组织者遭报复	问题没解决、组织者遭报复	总计
县以上政府	5	12	1	1	19
县以上教育部门	1	3			4
县级政府		4			4
县以上教育部门和县级政府(共存)	2				2
县级教育局	1			1	2
乡镇政府	1	3			4
学区	1	4			5

注:该表统计的是相应的事件数,各类加总后为40。

此外,从诉求结果与上访原因的关系看,得到满意结果的事件 10 起,有 8 起事件的起因是"拖欠教师基本工资";而结果"不满意"的事件的发生原因开始呈现多重性,除了"拖欠教师基本工资",也有"教师招考不合理""教师待遇不合理""看病费用报销难""教师调动不合理""教师奖金评定不公"等影响教师群体内外部公平的因素。[①]

表 20-10　上访结果与上访规模(事件内最大规模)的关系

上访者最大规模	满意	不满意	问题解决、组织者遭报复	问题没解决、组织者遭报复	总计
10—20 人	2	8	1	1	12
20—30 人	1	3			4
30—50 人	1	9			10
50 人以上	6	9		1	16
合计	10	29	1	2	42

二、"上访事件"的变化趋势

前文以完整的"上访事件"为单位来考察教师集体性上访行动的原因、规模和诉求方式等特征。为了分析调查年度(2000 年至 2006 年上半年)中上访活动的时间变化趋势,我们对各个上访事件在不同年度的活动情况进行了分解。这里,在某一个调查年度中的上访活动需满足规模在

---

① 最后也有 3 起事件的结果是"组织者遭到了报复",原因是"学历不被承认""奖金评定不公""拖欠教师基本工资"。

10 人之上,诉求对象的级别在乡镇学区及学区之上的教育行政部门或者政府部门,不满足这两个条件的上访活动不再统计。也就是说,对于同一个上访事件,在其持续的多个年度中,可能只有部分年份才能够满足该条件,不能达到这两个前提的活动,在相应的调查年度中不在统计范围之内。之所以如此处理数据,主要是为了保持跨年度的统计可比性。统计结果显示,2000 年至 2006 年,满足上述条件的上访活动一共有 73 个[①],涉及 20 个学区。对于同一个上访事件来说,参与维权的教师在同一个年份内,可能会发起多次上访活动,我们的调查数据尚无法显示具体频次的信息。因此,只能在每一个调查年度中,将在同一个事件内部达到前提要求的上访活动,记为"一个上访活动"。

1. 上访规模的演变特征。从表 20-11 中可以看出,上访规模在 50 人以上的活动数量一直在上升;规模在 30—50 人之间的上访活动在 2003 年年底之前一直呈上升态势,2003 年之后开始下降;规模在 10—20 人之间的事件数在 2003—2005 年期间也较多。即,大规模上访活动越来越多,中等规模活动开始减少,小规模活动频发。这再次验证了上访规模扩大的变化特征。

表 20-11　上访活动在规模和时间上的分布(2000—2006 年)

年份	10—20 人	20—30 人	30—50 人	50 人以上	总计
2000	5	3	2		10
2001	2	2	3	1	8
2002	2		4	3	9
2003	6		5	2	13
2004	5	2	2	3	12
2005	6		1	5	12
2006	2	1	1	5	9

2. 上访对象的变化特征。表 20-12 统计了 2000—2002 年和 2003—2006 年两个时间段内上访对象出现的频率。从中可以发现 2000—2002 年期间,向"乡镇政府""县级教育局"和"县以上教育部门"上访的频率较高;而 2003—2006 年期间,向"学区领导""县教育局""县政府"和"县以上教育部门"上访的频率较高。这说明,较早年份教师群体上访的对象是乡

---

① 这里也有维权行动借助于法律、新闻媒体和罢课的方式向教育部门或者党委政府部门抗议的。另外,也有借助于法律、新闻媒体和罢课等方式、规模在 10 人之上的维权行动 14 次。

镇政府和教育行政部门,而 2002 年之后,除了教育行政部门,县级政府成为教师上访的一个重要的诉求对象。并且,所有 50 人以上的上访活动中,到"县/区教育局""县以上教育部门"和"县政府"上访的频率较高,这也能说明上访的规模越大,越倾向于向高级别的政府或者教育行政部门上访。

表 20-12　上访活动的诉求对象分阶段频率统计表

上访对象	2000—2002 年		2003—2006 年	
		其中规模在 50 人以上		其中规模在 50 人以上
学区领导	15	3	25	7
乡镇政府	18	1	22	7
县/区教育局	20	4	23	10
县政府	15	2	26	8
县以上教育部门	17	3	23	9
县以上政府	12	1	17	5
上访总数	27	4	46	15

三、罢课行动分析

实地调查数据显示,教师群体不仅通过上访来维护自己的权益,有时也会采取罢课的形式进行抗议。在上文提及的 42 起事件中,有 10 起伴随着罢课。这 10 起事件开始时间都较早,大部分在 2000 年年底之前。而且伴随罢课的上访行动在 2000—2002 年期间出现的频率较高,1999年、2003 年和 2005 年出现的频率次之。

这些伴随罢课的上访事件的诱因基本上都是"拖欠教师基本工资"。相比之下,伴随罢课的上访事件的参与人数规模会大于那些不伴随罢课的上访事件,上访对象的行政级别也较高。在这 10 起事件所持续的各个调查年度中,一共出现 21 个伴随着罢课的上访活动(即一起事件内部在同一个调查年度的上访活动算为"一个活动")。其中,8 个上访活动的规模在 50 人以上,14 个上访活动的规模在 30 人以上。另外,伴随罢课的事件的上访对象大部分会上升至县政府、县以上教育部门或者县以上政府。

尽管伴随罢课的上访事件对地方政府造成了较大的压力,但是这 10起事件的最终结果却并不乐观,仅有 3 起事件得到了满意的结果,7 起事件的结果并不满意,而且有一起事件的组织者遭到了打击报复。

此外,还有 3 起没有伴随上访的单纯的罢课事件。其起始原因分别是"拖欠教师基本工资""学校财务问题"和"教师待遇不合理",规模也在30—50 人之间,而且有两起罢课事件的结果是"满意"。

当然,除了上访与罢课,也有上访者诉诸媒体或者借助法律来维护权益。教师通常是在向教育部门政府部门上访时,利用这些方式以扩大上访行动的社会影响力。

此外,根据实地调查的经验,在 2002 年以前涉及教师待遇问题的农村教师上访事件中,既包含公办教师,也包含代课教师。在 2002 年以后,一些规模较大的上访事件主要由代课教师发起的。这可能是由于在"以县为主"体制确立之后,公办教师的工资逐步得到了保障,公办教师与代课教师之间的待遇差距逐渐拉大造成的。当然,上文所描述的仅仅是农村教师的情况。如果考虑到城市学校的话,那么情况就会更加复杂一些。比如,一些国有企业下属学校转制导致的教师待遇问题,民办学校转制中的教师编制问题,都是近年来触发教师上访的缘由。此外,在教师绩效工资制度开始实施后,教师集体性维权活动的总体特征再次发生了转变。2009 年在全国范围内出现的教师集体上访活动基本上是以公办教师(或者公办退休教师)为主,这种现象值得我们进一步反思其深层的制度根源。

第二节　教师上访事件发生的背景因素分析

自 2001 年开始,中央实施了"以县为主"的教育财政体制改革,就是为了确保教师工资的发放,稳定农村的师资队伍。但是,按照上文的统计分析,2002 年之后较之 2002 年之前,教师集体性上访发生的地域范围在扩大,规模在提高,诉求对象越来越倾向于更高级别的政府部门。集体性上访之所以会加剧,源于两方面的原因:一是政府和教育体系内部的利益分配所产生的冲突更为复杂;二是教师集体行动能力在增强。

一、政府和教育体系内部的利益分配冲突

1. 地方政府教育投入的积极性不高

无论是在分级办学的体制下,还是在"以县为主"的时期,基层政府对于农村教育投入不足,是中西部地区的普遍现象。投入不足直接导致了如下两方面的问题。

（1）公办教师的实际待遇低于公务员（预算内工资水平），且不能保证按时、足额发放。[1] 在甲省，这个问题在分级办学时期尤为突出。许多乡镇由于无法足额收取包括农业税在内的各类农村税费，财政资金紧张，就直接给教师下达税费征收指标，然后再视税费征收任务完成的多寡，给教师发工资。拖延几个月甚至半年不发工资的情况时有发生。

（2）农村公办教师缺编，导致农村学校大量聘用代课教师，而代课教师的待遇普遍低于公办教师。在我们的调查样本中，代课教师的平均工资只有公办教师的 1/4 左右。因此，一名正式教师的工资可以请 3 到 4 名代课教师，基层政府为缓解财政支出压力，有动力低薪聘用代课教师。[2]

按照官方统计，2008 年全国范围内代课教师有 354084 人，甲省有16732 人，所占比例大概为全国的 4.72%。其中，小学代课教师占岗位教师的比例为 11.04%，位居全国之首；初中代课教师占岗位教师比例为2.97%，也是少数几个比较高比例的省份之一。在本文的农村抽样学区之中，一共有 14 个乡镇学区的小学代课教师和招聘教师的比例占到小学教师总数的 20% 以上，个别达到了 60%。初中代课教师的比例则明显低于小学。

实际上，对于代课教师问题，各级教育部门一直无法提出很好的解决方案，政府部门之间也难以达成一致意见。比如，甲省在 2008 年出台《关于退养民办教师生活补助标准的通知》，提高了 1984 年年底在册的退养民办教师的生活补助水平。但是，为了出台这个政策，教育部门和财政部门进行了长期的谈判。

在这种情况下，代课教师上访、教师集体上访事件不断在各个县出现，影响了正常秩序和社会稳定。而且近年来，上访教师的人员组成结构和上访手段都出现了一些变化。例如，学历资格达标、要求转为正式教师

---

[1]　关于基础教育阶段教师待遇的研究文献，可以参见：杨建芳. 基础教育教师收入对师资供给的影响[J]. 教育学报，2009，5(2)：62-67；杨玉春. 中小学教师待遇问题调研报告[J]. 当代教育科学，2009 (5)：19-23.

[2]　关于代课教师的研究文献比较丰富，可以参见：庞丽娟，韩小雨. 我国农村代课教师：现实状况及政策建议[J]. 教育发展研究，2007(4)：35-39；柴江. 西部农村代课教师生存现状调查[J]. 现代中小学教育，2007(7)：47-50；安雪慧，颉俊祥. 西部农村代课教师发展现状调查[J]. 教师教育研究，2008(1)：65-70；张兆芹，徐炜. 关于深圳市代课教师制度的思考[J]. 深圳大学学报(人文社会科学版)，2008(6)：147-152；柴江. 西北农村地区代课教师的变化：基于 2000-2007 年的调查[J]. 上海教育科研，2009(5)：4-6.

的年轻代课教师加入了上访的队伍;还有一些学历达标的教师先占住代课教师的位置,然后再利用劳动法状告政府,提高福利待遇。

2. 行政权力部门对于教师人事管理的过度干预

政府部门对于教师人事管理的过度干预,导致公办教师资源配置的严重不均衡和教师激励体制的扭曲。这也表现为三方面的问题。(1)即使是全县总体上公办教师已经满编,偏远农村学校依然要靠代课教师来保持运转。每年新录用的公办教师要么通过活动各种社会关系,被分配到县镇所在地的学校,要么虽然分配到边远学校,但是很快就又调回了县镇学校。例如,在甲省 K 县的访谈中,教育局局长表示,新分配的教师中只有一半人可以分配到缺编的农村学校。而在分配后的 2—3 年内,又会有将近半数的新教师从缺编的偏远学校调入超编的县镇学校。(2)教师录用、分配、调动的过程中存在权钱交易的现象,引起许多教师和社会人士(特别是待业的大中专毕业生)的不满情绪。例如,从农村学校调动进城的问题上,或者从村小调往乡镇中心学校,各县所采取的政策差异很大。只有少数县能够做到按照考试成绩来决定教师的调动。而一些党委政府部门的领导干部利用权力之便,通过教师的录用、调配收受贿赂,结果诱发了不稳定因素。(3)在教师的评优选先、职称评定等环节上,同样存在许多不健康的现象,造成了"教学业绩不如社会关系管用"的消极现象,影响了教育绩效和教师队伍的稳定发展。

二、分权化的体制与教师的集体上访

在分级办学的时期,待遇不高虽然不利于教师队伍的积极性和稳定性,却不一定会引致集体性的上访,特别是一些大规模的上访串联活动。

1. 在财政和人事权力分散化的前提下,公办教师或代课教师内部在待遇和聘用来源方面实际上是参差不齐的,难以形成集体行动。广泛的集体性行动需要一定的前提。第一,参与者需要具有一致性的利益问题。尽管教师的待遇普遍偏低,但是财政分权的体制下,教师待遇在学校内部和学校之间存在较大差距,因此教师个体间的诉求不容易统一起来,难以集体行动。第二,需要导致利益冲突的行政主体具有同一性。为了解决师资不足的问题,县政府、县教育局、乡镇政府、乡镇学区、村委会或学校都在不同数量规模上聘用代课教师,各自的聘用条件、时间皆不相同。如果是不同的乡镇政府、教育管理部门、学校、村委会所做出的决策(谁做的政策,就找谁解决问题),那么即使发生上访活动,也会分散在不同的地域单元之内,而难以演变成跨地区的集体性行动。

2. 分权化的体制下,乡镇政府、教育局和乡镇学区各自承担了一部分责任,从而减缓了教师向更高的行政单位进行上访的可能性,有利于将矛盾化解在基层。同时,从化解矛盾的角度看,越是基层的单位,其行政权力越小,对上访活动的反应就越敏感,在自身财力许可的前提下,就更有积极性也容易以更低的成本来缓解矛盾。

对于行政级别较高的政府,一方面,一般性的上访活动难以对其造成足够的压力,结果就在客观上要求教师提高上访的群体规模;另一方面,更高级别的政府在出台政策方面更加谨慎,因为牵涉面较宽,考虑的因素更加复杂,所以政策的反应就比较迟缓。此外,县级及其以上级别政府有权采取强硬措施压制上访活动,但结果只能是在长期内激化了矛盾。

3. 分权化的体制下,基层各单位都有一定的财政自主权和人事管理权限,因此更容易建立学校/学区层面上的激励机制(包括津补贴的发放和人事调动)。相应地,基层单位的主要负责人也具备一定的自主权(政策手段)来确保教师队伍的稳定。

李小土等人的研究发现,人事权力的配置与教师激励机制存在密切的关系。[①] 由县教育局任命学区校长并且学区校长调配学区内教师的权力格局,比较有利于基层教师激励机制的建立;而人事权力过度集中,或者县教育局和乡镇政府进行交叉控制,都不利于基层学区对教师的业务管理与激励。相对而言,由乡镇政府同时掌握学区校长任命权和教师调配权,优于过度集中和交叉控制的机制。在财政集权和人事体制集权的过程中,教师的激励机制就会被扭曲。这不仅引起了教师队伍内部的矛盾,也导致基层单位的负责人丧失自主权,最终只能把矛盾上推。

4. 小规模上访活动的存在,也有一定的积极意义。分权化的体制内,由于行政部门和教育管理部门之间的责权利没有清晰的划分,一些小规模的上访不断发生,其实是教育管理者和乡镇政府之间的权力平衡所需要的。

我们在调查中发现,一些乡镇学区的领导为了向乡镇政府争取更多的自主权力,就在暗中支持教师发起维权活动,并向县政府夸大风险信号,迫使乡镇政府让步。这里,教育管理部门的中层干部和教师们站在一条战线上,增强了抗议行动的效果。不过,由于基层教育部门的负责人直接介入了维权活动,他们也有动力将教师维权活动的规模和强度控制在

---

① 李小土,刘明兴,安雪慧."以县为主"背景下的西部农村教育人事体制和教师激励机制[J].教师教育研究,2010(3):49-55。

一定的范围之内,而不会纵容维权活动无限制升级。

一旦权力集中到县政府,教师人事安排的问题同样会成为县级领导之间权力博弈的筹码。调研发现,甲省 G 县县委书记在离任前夕,大量调动农村教师进城,结果被其他县委常委抓住把柄,并将消息透露出去,引发教师群体和待业大学生的集体抗议。在这种情况下,虽然抗议行动也在客观上遏制了人事权力的滥用,但是由于规模较大,在事态控制方面有一定的难度,所引致的后果也比较复杂。

三、财政集权与教师群体不稳定因素的加剧

伴随着教育财政体制的集权化改革,公办教师工资发放体制集中到了县级政府,这容易引起如下几方面的不稳定因素。

1. 自农村税费体制开始,乡镇政府和农村学校的收费权被削弱,县财政却不愿意承担代课教师的工资,于是强行裁撤代课教师,矛盾被激化。这方面的例子在全国范围内都存在。我们在吉林、湖北、甘肃等省都发现 2002—2003 年前后被裁撤代课教师的大规模抗议事件。

2. 在以县为主的体制下,县财政被迫承担了部分代课教师的工资投入,即所谓"县聘代课教师"的工资。但是,随着公办教师工资的上涨,其与县聘代课教师的待遇差距逐渐拉大,引起县聘代课教师持续性的集体上访。在甲省 G 县,自 2002 年以来,县聘代课教师就开始全县串联,集体上访,要求涨工资。尽管县政府在压力之下,将月工资水平从 300 元提高到 450 元,但是县聘代课教师集体上访的活动并没有停止。

3. 2002 年,甲省政府曾要求地方停止招收代课教师。但是,2002 年以来,公办教师的工资水平越来越高,地方领导聘用代课教师的积极性反而上升,以压低人员性经费投入。结果,代课教师队伍不但没有缩减的趋向,反而越来越大。

根据我们的访谈,甲省曾于 2003 年进行过一次统计,代课教师有 31831 人。但是到 2005 年再次统计时,按照"进一个师范生辞退一名代课教师"的规定,应该减少到 21000 人左右,但是统计出来却达 28000 人。当然,这仅仅是一个内部的统计数据。

4. 裁撤代课教师的同时,"普九"攻坚却在客观上要求增加教师的数量。于是,甲省的部分县政府通过临时招聘大中专毕业生的方式来补充师资。这些新招聘教师的不稳定性比传统意义上的农村代课教师更严重,因为他们和新任公办教师基本站在同一条起跑线上,心理上的不平衡感很强。一些县政府在招聘之时,做出按照一定条件转正的承诺,最后难以兑现,激化事态。

　　2005 年,在甲省 J 县发生 600 多名招聘教师到县政府集体上访事件。这也是在调查样本县中最大人数规模的上访活动。上访的理由有两方面,一是招聘教师的待遇过低,二是前任县长做出容许教师转正的承诺,而现任县长却不认账。事后,县政府采取了高压手段来控制事态,引起了教师内部普遍对政府的不满情绪。

　　5. 对于部分地区的公办教师,在县发工资之后,与公务员待遇的差距依然存在。工资差距在不同的县各不相同,调研中最为悬殊的县域内部差距是每月 2000 元。这个问题在中部地区更加严重,甲省的情况则要好一些。此外,一些地方政府在医疗、养老保障方面,对公务员和教师采取不同的政策措施。一些欠发达地区的县政府从在岗公办教师的工资中,扣除一定比例作为教师的养老保险金,同时又用这部分资金给退休教师发工资。这些做法都会触发公办教师的集体上访。

　　在乡镇发工资的时代,公办教师虽然待遇也不高,但是各个学校之间参差不齐,所以难以集体行动。在一些中等发达地区,一些教学成绩优秀的农村学校,通过招收大量的择校生,来获取预算外事业性收入。在第一线教学的骨干教师,工资待遇远低于奖金收入。比如,在湖北 J 县,我们发现一名优秀的农村初中教师骨干在 2000 年时,校内各种收入总和可达每月 2500 元,这实际上相当于乡镇政府公务员账面工资的 3 倍。但是,在统发工资和免杂费之后,公办教师之间的收入差距迅速缩小,优质师资的收入明显下降,教师收入出现了普遍低于公务员的状况。

　　6. 财政集权导致教育人事体制的过度集权,从而使得教师激励体制进一步被扭曲。李小土等人的研究发现,实行这些政策之后,乡镇政府逐步退出了农村教育的人事管理,取而代之的主要是县委组织部和县教育局,只有部分地区实现了教育系统内分权的模式。[①] 教育人事权限的集中,使得农村学区校长的任命、村小校长的任命和教师的分配与调动,都进一步控制在县级政府手中。在这种情况下,县级政府部门对教育体系内部的过度干预就难以避免。结果,乡镇政府和农村学校的领导既缺乏积极性,也缺乏相应的政策措施,来稳定农村的教师队伍。

---

　　① 李小土,刘明兴,安雪慧.西部农村教育财政改革与人事权力结构的变迁[J].北京大学教育评论,2008(4):80-83,195-196.

第三节 结 语

2008 年以来,伴随着义务教育免费政策在城市和农村的全面实施,中央推行了教师绩效工资制度改革,对教师的津补贴制度进行了规范,同时提高了公办教师(特别是义务教育阶段教师)的工资待遇,使得教师工资与公务员工资之间的硬性挂钩机制被进一步强化。然而,这一改革举措却引起了全国多个省份教师(包括退休教师)的集体性上访活动。例如,各地区执行政策的步调不一致,导致邻近县市的教师工资出现了较大差异;部分高中阶段教师以及城市学校教师的津补贴的实际水平下降;在岗教师工资上涨的同时,退休教师的相对工资水平下降;等等。尽管教师抗议的原因各异,从跨区域集体行动能力的角度来看,其抗议强度明显高于世纪之交因工资拖欠而导致的教师维权上访活动。这种现象值得决策部门反思。

尽管 2009 年全国各地的教师集体性维权行动最终趋于缓和,但是教师绩效工资制度在现实执行中却并不顺利。本应依据绩效考核发放的工资部分往往只能采取平均分配的方式,绩效工资制度被虚化。一些学校在对教师工资进行二次分配的时候,往往由于部分教师的抵制而流产。为此,县级政府把教师的绩效工资集中起来,再根据考核结果进行统一发放,却引起了全县教师的集体抗议。实际上,在甲省的调查样本学区中,许多学区在免杂费政策实施之前都采取了各种与教师收入水平挂钩的奖惩措施,只要业绩考核和奖惩制度合理,就不会引起教师的集体抗议。究其原因,这些奖惩措施的资金来源往往是学校的各种收费收入,而收费的水平取决于学校的办学质量。一旦学校依赖财政拨款来进行奖惩,而拨款总额却与学校的办学质量无关,则奖惩制度在教师内部就难以执行了。

自 2008 年教师工资制度改革之后,教师的基本工资标准至 2014 年一直没有提高。近年来,教师的集体抗议行动又有再次抬头的趋势。特别是东部和中部地区的一些县市,接连不断地出现了县域内部乃至跨县的罢课、上访活动。抗议活动往往是由高中教师策动,随后扩散到义务教育教师,乃至出现了全县内部许多学校连续罢课数日的情况。这种情况在 2008 年之前是非常罕见的。

本文的研究表明,教师上访维权事件的发生遵循一定的内在逻辑,单纯依靠增加财政投入,并不能够保证教师队伍的稳定。事实上,如果仅仅为了缓解政府、事业单位因为收费而引起的社会冲突(学生家长因不满高收费政策而采取的上访行动），就限制收费的自主权，那么就有可能会导致政府、教育部门内部的利益分配冲突，诱发财政供养队伍内部的不稳定。随着事业单位内部调节教师收入水平的能力下降，公务员、公办教师、代课教师之间的利益分配关系变得更加复杂；同时，教师群体本身的集体性维权行动能力却因为工资制度的财政集权而被强化。换言之，在一定的条件下，社会维稳目标（控制社会人员的上访）和政府内部的维稳目标（控制教师的上访）是相互冲突的。教育部门的财政集权程度实际上是在这两个维稳目标之间摇摆。

为了降低教师队伍的维稳风险，决策部门有必要考虑对事业单位绩效工资制度进行市场化导向的改革，增加基层单位的经费自主权和工资水平的灵活度，而不是继续强化 2008 年的政策思路。

参 考 文 献

中文部分

安雪慧.我国中小学教师工资水平变化及差异特征研究[J].教育研究,2014(12).

安雪慧.义务教育学校教师绩效工资政策效果分析[J].中国教育学刊,2015(11).

安雪慧.从资历到能力与业绩:义务教育学校教师工资等级和结构决定因素[J].教育研究,2015(12).

安雪慧,刘明兴,李小土.农村教师评价体制变革中的教师激励机制[J].中国教育学刊,2009(10).

安雪慧,颉俊祥.西部农村代课教师发展现状调查[J].教师教育研究,2008(1).

蔡雪,薛海平.工资改革提高了我国义务教育教师工资水平吗?[J].教育科学研究,2018(9).

柴纯青,从春侠.教师绩效工资政策访谈:来自地方教育局长的声音[J].中小学管理,2009(5).

柴江.西部农村代课教师生存现状调查[J].现代中小学教育,2007(7).

柴江.西北农村地区代课教师的变化:基于2000～2007年的调查[J].上海教育科研,2009(5).

陈黎明.教师群访事件的政策基因[J].瞭望新闻周刊,2009(8).

陈松林.崇明县实行教师工资县级统筹新办法:拖欠教师工资顽症得以治愈[J].上海人大月刊,1996(8).

陈赞.20世纪90年代教师工资问题研究[J].清华大学教育研究,2003(1).

邓业涛.关于小学师资状况与教育质量的实证研究[D].硕士学位论文,北京大学教育学院,2005.

杜屏,谢瑶.中小学教师薪酬满意度影响因素实证研究:基于公平理论的视角[J].华中师范大学学报(人文社会科学版),2018(2).

杜晓利.对我国教师工资水平的实证分析与政策建议[J].教育理论与实践,2014(34).

杜晓利.我国中小学教师工资水平的比较分析与若干建议[J].中国教育学刊,2015(4).

范先佐.构建"以省为主"的农村义务教育财政体制[J].华中师范大学学报(人文社会科学版),2006(2).

范先佐,付卫东.义务教育教师绩效工资改革:背景、成效、问题与对策:基于对中部4省32县(市)的调查[J].华中师范大学学报(人文社会科学版),2011(6).

范晓东.权威体制下的"特岗计划"府际间合作治理研究[J].教师发展研究,2017(2).

付卫东.努力构建"以省为主"的义务教育学校教师绩效工资保障机制[J].教育与经济,2013(3).

付卫东.县域义务教育教师工资待遇不平衡不充分:难题及破解——基于中西部6省16个县(区)160余所中小学的调查[J].河北师范大学学报(教育科学版),2019(4).

葛新斌,胡劲松.政府与学校关系的现状与变革:以珠江三角洲地区公立中小学为例[J].华南师范大学学报(社会科学版),2001(6).

顾卫临.至圣的焦虑:关于拖欠教师工资的思考[J].开放时代,1994(5).

郭晓东.农村义务教育"分级管理"体制问题探析[J].教学与管理,2003(31).

国家统计局.中国统计年鉴[Z].北京:中国统计出版社,2002—2007.

何祚庥,兰士斌,鄐丽文.我国教师收入的合理水准[J].科技导报,1990(6).

贺玲玲.城市公办中小学代课教师生存现状研究:以深圳市为例[D].湖南师范大学硕士学位论文,2018.

贺伟,龙立荣.实际收入水平、收入内部比较与员工薪酬满意度的关系:传统性和部门规模的调节作用[J].管理世界,2011(4).

贺雪梅.我国中小学教师工资分配制度改革研究[D].湖南师范大学硕士学位论文,2010.

胡平平.挑战:我的40年教育实践及反思[M].北京:教育科学出版社,2014.

贾哲敏,于晓虹.解析网络空间的公众环境诉求:议题,策略及影响[J].武汉大学学报(人文科学版),2016(6).

姜金秋,杜育红.我国中小学教师工资水平分析(1990~2010年)[J].上海教育科研,2013(5).

姜金秋,杜育红.提高中小学教师工资水平的方案设计及可行性分析[J].教育研究,2014(12).

姜金秋,杜育红.我国中小学教师工资等级研究[J].教师教育研究,2014(4).

姜金秋,杜育红.义务教育学校绩效工资方案存在的问题、原因及对策:基于广西壮族自治区A小学的个案研究[J].现代中小学教育,2014(12).

教育部发展规划司.中国教育事业统计年鉴2001[M].北京:人民教育出版社,2001.

教育部人事司,教育部教育发展研究中心.2002年全国教师队伍状况分析报告[R].2002.

康宁.优化教师激励机制与约束机制的制度分析[J].教育研究,2001(9).

赖德信.教师工资逐年增长、区域差异较大:我国教师工资的区域差异分析[J].中小学管理,2013(2).

劳凯声,蔡金花.教师法律地位的历史沿革及改革走向[J].中国教育学刊,2009(9).

雷万鹏.中国农村教育焦点问题实证研究[M].武汉:华中科技大学出版社,2007.

李锋,孟天广.策略性政治互动:网民政治话语运用与政府回应模式[J].武汉大学学报(人文科学版),2016(5).

李莉,孟天广.公众网络反腐败参与研究:以全国网络问政平台的大数据分析为例[J].中国行政管理,2019(1).

李青藻.关于福建省长乐、福清、罗源三县普及义务教育的调查[J].教育评论,1988(6).

李瑞峰,郭大,辛贤.中国农村义务教育投入:现状及政策建议[M].北京:中国农业出版社,2009.

李小土,刘明兴,安雪慧.西部农村教育财政改革与人事权力结构变迁[J].北京大学教育评论,2008(4).

李小土,刘明兴,安雪慧.西部农村教育人事与教师激励体制的测度与比较[Z].北京大学中国教育财政科学研究所工作论文,2008.

李小土,刘明兴,安雪慧."以县为主"背景下的西部农村教育人事体制和教师激励机制[J].教师教育研究,2010(3).

李星云.国外中小学教师工资制度对我国的启示[J].教育与经济,2008(3).

李占乐.中国公民社会参与公共政策制定的渠道和方式[J].理论导刊,2011(3).

瞭望周刊记者.绝对不能拖欠教师工资:访国家教委副主任邹时炎[J].瞭望周刊,1993(13).

林小英.中国教育政策过程中的策略空间:一个对政策变迁的解释框架[J].北京大学教育评论,2006(4).

林小英.教育政策文本的模糊性和策略性解读:以民办高校学历文凭考试相关政策为例[J].教育发展研究,2010(02).

林小英.教育政策变迁中的策略空间[M].北京:北京大学出版社,2012.

林小英,陈学飞.民办高等教育政策变迁中的策略空间[J].高等教育研究,2005(06).

刘积亮.代课教师现状分析:以湖北和江苏为例[R].北京大学中国教育财政科学研究所内部报告,2010.

刘克崮,贾康生.中国财税改革30年:亲历与回顾[M].北京:经济科学出版社,2008.

刘明兴.甘肃省农村教师集体性上访问题[R].北京大学中国教育财政科学研究所内部报告,2010.

刘明兴.教师绩效工资改革 好事如何办好[N].中国青年报,2015-05-18(10版).

刘明兴.教师薪酬体制改革:历程、困境与出路[R].北京大学中国教育财政科学研究所研究报告,2015.

刘明兴,等.教师薪酬研究报告[R].北京大学中国教育财政科学研究所,2016.

刘茗,姚冰,王大民.农村贫困地区义务教育的调查与思考[J].当代教育论坛,2005(4).

吕丽艳,"以县为主"的农村义务教育管理体制运行状况个案调查[J].东北师范大学学报(哲学社会科学版),2004(1).

马红梅.教师工资的影响因素及差异形成机制[J].教育测量与评价(理论版),2011(11).

孟天广,赵娟.网络驱动的回应性政府:网络问政的制度扩散及运行模式[J].上海行政学院学报,2018(3).

宁本涛.大国如何励"良师":教师绩效工资政策的成效与改进(一)[J].中小学管理,2018(9).

庞丽娟,韩小雨.我国农村代课教师:现实状况及政策建议[J].教育发展研究,2007(4).

庞丽娟,韩小雨,谢云丽,等.完善机制落实义务教育教师绩效工资政策[J].教育研究,2010(4).

秦轩.重庆永川教师"软罢课"调查[J].中国新闻周刊,2008(41).

曲铁华,张立军.农村义务教育教师政策:近30年的演进与思考——以农村教师工资待遇为视角[J].沈阳师范大学学报(社会科学版),2012(5).

容中逵.教师绩效工资实施问题及其臻善:基于对浙江省的实地调研[J].中国教育学刊,2012(1).

容中逵.近20年来我国代课教师政策文本分析[J].教育理论与实践,2016(31).

桑青松,黄卫明.农村中小学教师职业倦怠调查[J].中国公共卫生,2007(10).

申素平.对我国公立学校教师法律地位的思考[J].高等教育研究,2008(9).

沈艳,陈赟,黄卓.文本大数据分析在经济学和金融学中的应用:一个文献综述[J].经济学(季刊),2019(4).

沈有禄,马继迁.我国教师工资福利及补助支出的地区差异:2007—2016[J].教育经济评论,2019(2).

宋婷娜,郑新蓉.从"补工资"到"补机制":"特岗教师"工资性补助政策的实施效果[J].北京大学教育评论,2017(2).

苏文锦.法国教师教育考察综述[J].中国大学教学,2002(1).

孙喜亭.教育原理[M].北京:北京师范大学出版社,1993.

唐一鹏,胡咏梅.我国义务教育阶段教师工资制度框架设计:经济学和管理学的视角[J].教师教育研究,2013(4).

汪树坤.义务教育教师工资福利及补助支出差异研究:基于2001—2017年全国31个省(市、区)的面板数据[J].教育与经济,2019(4).

王炳明.加强中小学教师培训的示范性举措:"国培计划"概述[C]//李方.教师培训研究与评论(第2辑).北京:北京师范大学出版社,2011.

王继平.合理调整我国教师政策价值取向初探[J].教师教育研究,2005(6).

王巧爱.孝感百余非在编教师静坐维权[N].东方早报,2014年9月11日:A21版.

王蓉.公共教育解释[M].北京:中国财政经济出版社,2009.

王蓉.关于代课教师若干问题的初步思考[R].北京大学中国教育财政科学研究所简

报,2010.

魏易.公共财政支持义务教育教师队伍建设专题研究报告[R].北京大学中国教育财政科学研究所课题报告,2019.

吴福生.解决教师队伍不稳的几点建议[J].群言,1988(11).

吴福生.教育热点刍议[J].当代教育科学,1989(3).

吴福生.教师·教师法·师范教育[J].高等师范教育研究,1990(4).

吴红斌,马莉萍.义务教育教师工资水平、结构与地区差异变化:基于对绩效工资改革前后的比较研究[J].教师教育研究,2015(6).

吴红斌,马莉萍.义务教育绩效工资改革对教师工资水平的影响:基于县级面板数据实证分析的研究[J].教育研究,2017(3).

吴木銮.我国政策执行中的目标扭曲研究:对我国四次公务员工资改革的考察[J].公共管理学报,2009(3).

伍银多.教育立法过程中公共参与机制和行动特点:基于1983—2012年全国两会提案的实证分析[D].北京大学博士学位论文,2017.

薛海平,闵维方.中国西部教育生产函数研究[J].教育与经济,2008(2).

薛海平,唐一鹏.理想与现实:我国中小学教师工资水平和结构研究[J].北京大学教育评论,2017(2).

薛海平,王蓉.义务教育教师绩效奖金、教师激励与学生成绩[J].教育研究,2016(5).

杨建芳.基础教育教师收入对师资供给的影响[J].教育学报,2009(2).

杨建芳.义务教育教师收入分配制度存在的问题与对策:以江苏、湖北为例[J].浙江社会科学,2010(11).

杨建芳,王蓉.义务教育教师与公务员的收入比较[J].教育与经济,2008(4).

杨挺.教师绩效工资制度审视:人力资本的视角[J].中国教育学刊,2010(7).

杨玉春.中小学教师待遇问题调研报告[J].当代教育科学,2009(5).

于洋.谁在为高校自主权发声:对政策文本、学术文本与新闻文本的内容分析[D].北京大学博士学位论文.2016.

曾晓东,易文君.我国中小学教师工资的地区差异问题研究[J].华中师范大学学报(人文社会科学版),2015(5).

曾晓东,鱼霞.中国中小学教师发展报告2014[M].北京:社会科学文献出版社,2015.

曾晓东,张露匀,周惠.中小学教师工资制度的改革进展及面对的问题[J].教师发展研究,2018(1).

曾晓东,周惠.英美中小学教师工资制度地区差异实现机制的比较研究[J].比较教育研究,2014(12).

占才强,王伟凯.湖北洪湖市教师:低工资与高大楼存疑[N].南方都市报,2013-05-14.

张宸珲.民族地区教育财政优惠政策扩散效应研究[D].北京大学博士学位论

文. 2016.

张德元."以民为主"、"以县为主"与"以国为主":论我国农村义务教育体制的变迁与现实选择[J]. 重庆工商大学学报(西部经济论坛),2003(4).

张河森. 代课教师问题研究[D]. 华中师范大学博士学位论文,2016.

张文玉,王江璐. 高等教育财政政策的演进逻辑(1983—2012 年):中央与地方博弈策略分析[R]. 北京大学中国教育财政科学研究所简报第 17-4 期(总第 146 期),2017.

张新平. 教育行政组织的发展与创新:对基层教育行政的个案研究[M]. 南京:南京师范大学出版社,2003.

张越. 编外教师权益保障机制研究:聘任制的视角[D]. 东北师范大学硕士学位论文,2011.

张兆芹,徐炜. 关于深圳市代课教师制度的思考[J]. 深圳大学学报(人文社会科学版),2008(6).

赵宏斌,惠祥凤,傅乘波. 我国义务教育教师绩效工资实施的现状研究:基于对 25 个省 77 个县 279 所学校的调查[J]. 教育理论与实践,2011(28).

赵俊婷,刘明兴. 教师工资体制的宏观运转机理与基层实施效果分析[J]. 北京大学教育评论,2017(2).

赵俊婷,刘明兴. 基层教师的集体性维权:体制诱因、行动逻辑与演变趋势[M]// 顾昕. 社会政策与福利国家建设. 南京:南京大学出版社,2018.

赵爽. 对"以县为主"政策实施的分析:东北某农业县的教育调查[J]. 教育发展研究. 2002(12).

郑新蓉等."新时代'特岗计划'实施情况与乡村教师供给研究"结题报告[R]. 2019.

钟景迅,刘任芳. 乡村教师生活补助政策实施困境分析:来自 A 省欠发达地区县级教育局长的质性研究[J]. 教育发展研究,2018 (2).

朱新民. 改革开放以来农村中小学教师待遇政策变迁研究:以 P 县为个案[D]. 南京师范大学硕士学位论文,2008.

英文部分

ADAMS J S. Inequity in Social Exchange [C]. // BERKOWITZ L. Advances in Experimental Social Psychology(vol. 2). New York:Academic Press,1965.

ATKINSON A,BURGESS S,CROXSON B, et al. Evaluating the Impact of Performance-related Pay for Teachers in England [J]. Labour Economics,2009,(3).

BAICKER K,GORDON N. The Effect of State Education Finance Reform on Total Local Resources [J]. Journal of Public Economics,2006,90(8-9).

BALLOU D. Pay for Performance in Public and Private Schools [J]. Economics of Education Review,2001,20(1).

BALLOU D,PODGURSKY M. Teacher Pay and Teacher Quality [M]. Kalamazoo,

MI: W. E. Upjohn Institute for Employment Research. 1997.

BEHRMAN J R, DEOLALIKAR A B, SOON L Y. Promoting Effective Schooling Through Education Decentralization in Bangladesh, Indonesia, and Philippines[R]. Asian Development Bank ERD Working Paper Series NO. 23, 2002.

BISHOP J H, MANE F, BISHOP M, MORIARTY J. The Role of End-of-course Exams and Minimal Competency Exams in Standards-based Reforms[C]// RAVITCH D. Brookings Papers in Education Policy 2001, Brookings, Washington, DC,2001.

BOYD D, LANKFORD H, LOEB S, et al. How Changes in Entry Requirements Alter the Teacher Workforce and Affect Student Achievement[R]. NBER Working Paper 11844, 2005.

BOYD D, LANKFORD H, LOEB S, et al. The Draw of Home: How Teachers' Preferences for Proximity Disadvantage Urban Schools [J]. Journal of Policy Analysis and Management, 2005, 24 (1).

CHUBB J E, MOE T M. Politics, Markets, and the Organization of Schools [J]. American Political Science Review, 1988, 82(4).

DEE T S, KEYS B J. Does Merit Pay Reward Good Teachers? Evidence from a Randomized Experiment [J]. Journal of Policy Analysis and Management, 2004, 23 (03).

EBERTS R, HOLLENBECK K, STONE J. Teacher Performance Incentives And Student Outcomes [J]. The Journal of Human Resources, 2002, 37(4).

FAGUET J P, SANCHEZ F. Decentralization's Effects on Educational Outcomes in Bolivia and Colombia [J]. World Development, 2008, 36(7).

FALLETI T G. A Sequential Theory of Decentralization: Latin American Cases in Comparative Perspective [J]. American Political Science Review, 2005, 99(3).

FIGLIO D N, KENNY L W. Individual Teacher Incentives and Student Performance [J]. Journal of Public Economics, 2007, 91(5-6).

GALIANI S, SCHARGRODSKY E, HANUSHEK E A, et al. Evaluating the Impact of School Decentralization on Educational Quality [J]. Economia, 2002, 2(2).

GLEWWE P, ILIAS N, KREMER M. Teacher Incentives[R]. Cambridge, MA: NBER Working Paper 9671, 2003.

GRIMMER J, STEWART B M. Text as Data: The Promise and Pitfalls of Automatic Content Analysis Methods for Political Texts [J]. Political Analysis, 2013, 21(3).

GROPELLO E D. Education Decentralization and Accountability Relationships in Latin America[R]. The World Bank Policy Research Working Paper 3453, 2004.

HANUSHEK E A. The Economics of Schooling: Production and Efficiency in Public School [J]. Journal of Economic Literature, 1986, 24(3).

HANUSHEK E A. Publicly Provided Education [M]. // AUERBACH A J, FELD-STEIN M. Handbook of Public Economics. Amsterdam: North-Holland, 2002.

HANUSHEK E A. The Failure of Input-based Schooling Policies [J]. The Economic Journal, 2003, 113(485).

HANUSHEK E A. Incentive-based Financing of Schools[R]. The SFRP Working Paper 14, 2007.

HANUSHEK E A, RAYMOND M E. Does School Accountability Lead to Improved Student Performance? [J]. Journal of Policy Analysis and Management, 2005, 24(2).

HANUSHEK E A, STEVEN G R. Teacher Quality [M]// HANUSHEK E A, WELCH F. Handbook of the Economics of Education. Amsterdam: Elsevier, 2006.

HEYNEMAN S P, LOXLEY W A. The Effect of Primary-school Quality on Academic Achievement across Twenty-nine High-and Low-income Countries [J]. American Journal of Sociology, 1983, 88(6).

HOXBY C M. School Choice and School Productivity (or Could School Choice Be a Tide That Lifts All Boats?) [C]. National Bureau of Economic Research, Inc. , 2002.

KING E M, GUERRA S C. Education Reforms in East Asia: Policy, Process, and Impact [A]. Washington, DC: The World Bank, 2005. .

LADD H F. The Dallas School Accountability and Incentive Program: an Evaluation of Its Impacts on Student Outcomes [J]. Economics of Education Review, 1999, 18 (1).

LAVY V. Evaluating the Effect of Teachers' Group Performance Incentives on Pupil Achievement [J]. Journal of Political Economy. 2002, 110(6).

LAVY V. Paying for Performance: The Effect of Financial Incentives on Teachers' Effort and Students' Scholastic Outcomes[R]. Hebrew University Working Paper, 2003.

LAVY V. Performance Pay and Teacher's Effort, Productivity and Grading Ethics [R]. NBER Working Paper No. 10622, 2004.

LAWLER E E. Pay and Organization Development [M]. Reading, MA: Addison-Wesley, 1981.

MIKOLOV T, CHEN K, CORRADO G, et al. Efficient Estimation of Word Representations in Vector Space [J]. Computer Science, 2013.

MURALIDHARAN K, SUNDARARAMAN V. Teacher Incentives in Developing Countries: Experimental Evidence from India[R]. Working Paper, Harvard University, 2006.

OWEN H-B. Performance-Based Rewards for Teachers: A Literature Review[R]. Paris:OECD,2003.

PODGURSKY M. Teams versus Bureaucracies: Personnel Policy, Wage-Setting, and Teacher Quality in Traditional Public, Charter, and Private Schools[R]. Education Working Paper Archive, 2006.

PODGURSKY M, MONROE R, WATSON D. Teacher Mobility, Pay, and Academic Quality[R]. For presentation at the Society of Labor Economists Annual Meeting, May 4-5, 2002, Baltimore. Working draft, Department of Economics, University of Missouri-Columbia, 2002.

PODGURSKY M, MONROE R, WATSON D. The Academic Quality of Public School Teachers: An Analysis of Entry and Exit Behavior [J]. Economics of Education Review, 2004, 23 (5).

RAUDENBUSH S W, BRYK A S. Hierarchical Linear Models: Application and Data Analysis Methods (Second Edition) [M]. New York: Sage Publication, 2002.

SCAFIDI B, SJOQUIST D, STINEBRICKNER T. Do Teachers Really Leave for Higher Paying Jobs in Alternative Occupations? [J]. Advances in Economic Analysis & Policy, 2006, 6(1).

SCAFIDI B, SJOQUIST D, STINEBRICKNER T. Race, Poverty, and Teacher Mobility [J]. Economics of Education Review, Elsevier, 2007, 26(2).

VIGNOLES A, LEVACIC R, WALKER J, et al. The Relationship Between Resource Allocation and Pupil Attainment: A Review[R]. The Department of Education and Employment Research Report 228, 2000.

WOESSMANN L. Institutional Comparisons in Educational Production [J]. CESifo DICE Report, 2004, 2(4).

WOESSMANN L. Growth, Human Capital and the Quality of Schools: Lessons from International Empirical Research [M]. Mimeo, Ifo Institute for Economic Research at the University of Munich, 2006.

WOESSMANN L. Cross-country Evidence on Teacher-Performance Pay [J]. Economics of Education Review, 2011, 30(3).

WOESSMANN L, WEST M R. Class-Size Effects in School Systems Around the World: Evidence from Between-Grade Variation in TIMSS [J]. European Economic Review, 2006, 50(3).